# 国家重要农业资源台账体系建设与应用研究

张 华 等 著

中国农业科学技术出版社

图书在版编目（CIP）数据

国家重要农业资源台账体系建设与应用研究／张华等著. —北京：中国农业科学技术出版社，2020.12

ISBN 978-7-5116-4601-9

Ⅰ.①国… Ⅱ.①张… Ⅲ.①农业资源-资源管理-研究-中国 Ⅳ.①F323.2

中国版本图书馆 CIP 数据核字（2020）第 020642 号

| | |
|---|---|
| 责任编辑 | 于建慧 |
| 责任校对 | 贾海霞 |

| | |
|---|---|
| 出 版 者 | 中国农业科学技术出版社<br>北京市中关村南大街 12 号　邮编：100081 |
| 电　　话 | （010）82109708（编辑室）　（010）82109702（发行部）<br>（010）82109709（读者服务部） |
| 传　　真 | （010）82106650 |
| 网　　址 | http://www.castp.cn |
| 经 销 者 | 各地新华书店 |
| 印 刷 者 | 北京建宏印刷有限公司 |
| 开　　本 | 787mm×1 092mm　1/16 |
| 印　　张 | 22.5 |
| 字　　数 | 528 千字 |
| 版　　次 | 2020 年 12 月第 1 版　2020 年 12 月第 1 次印刷 |
| 定　　价 | 100.00 元 |

◀━━ 版权所有·翻印必究 ━━▶

# 《国家重要农业资源台账体系建设与应用研究》
# 编 委 会

主　　著：张　华

副 主 著：王道龙　　杨　鹏　　陈世雄　　吴文斌　　罗其友

参著人员：张合成　　陈印军　　姜文来　　屈宝香　　王利民

　　　　　陈仲新　　尤　飞　　姚艳敏　　霍剑波　　丁力洪

　　　　　唐鹏钦　　欧阳儒彬　刘　洋　　吴国胜　　高春雨

　　　　　李　刚　　高明杰　　雷秋良

# 序　言

建立国家重要农业资源台账制度，是提升农业资源环境综合监管能力，推动农业绿色发展和生态文明建设的基础性、战略性、前瞻性工作，是新时期摸清农业资源底数的重要抓手。对于系统积累农业资源数据、改革农业发展评价体系，监测农业资源变化、实现农业资源动态精准管理，构建农业资源承载能力预警机制、保障农业资源安全，转变发展方式、提高农业资源配置效率具有重要作用。

按照中共中央办公厅、国务院办公厅《关于创新体制机制推进农业绿色发展的意见》，以及《全国农业现代化规划（2016—2020年）》中"建立重要农业资源台账制度"的要求，今后一个时期，我国农业资源管理要通过建立台账制度，来提升农业资源精准管理水平。为此，要在理念上尽快树立现代农业资源观，在路径上突出抓好建立农业资源监测体系、分类推进农业资源资产化、构建资源节约型绿色生产体系、建立资源节约长效机制等4项任务。

2016年以来，原农业部发展计划司组织各地开展重要农业资源台账制度建设。中国农业科学院农业资源与农业区划研究所作为从事农业资源研究的国家队，依托农业布局与区域发展、农业资源利用与区划、农业遥感等创新团队，率先进行了国家重要农业资源台账制度建设研究。历时四年，完成了台账制度建设顶层设计，构建了底数清晰的重要农业资源监测体系理论和方法，推进了各地重要农业资源台账制度建设，为实施农业资源节约集约利用战略，实现农业绿色发展考核提供了有力科学支撑。

《国家重要农业资源台账体系建设与应用研究》系统总结了2016年以来台账研究和实践成果，全书包括绪论、农业资源台账的框架设计、农业资源台账建设规范、重要农业资源台账的建设内容、国家重要农业资源台账示例、国家重要农业资源台账平台建设,以及国家农业资源台账建设发展趋势展望等七个章节。相信本书的出版能为现代农业资源观建立、农业资源的科学高效管理,以及农业农村绿色高质量发展提供重要的参考和借鉴。

中国农业科学院

2020 年 12 月

# 前　言

土地、水、气候、生物、废弃物等重要农业资源是农业绿色和可持续发展的前提和基础。农业资源数据分布在不同管理部门，存在着底数不清、管理分散，影响了农业资源的保护利用和科学管理。

为贯彻落实党中央国务院关于加快推进生态文明建设决策部署，按照中共中央办公厅、国务院办公厅《关于创新体制机制推进农业绿色发展的意见》，以及《全国农业现代化规划（2016—2020年）》建立重要农业资源台账制度的要求，2016年以来在原农业部发展计划司的指导下，中国农业科学院农业资源与农业区划研究所组织专家开展国家重要农业资源台账制度建设研究，提出国家重要农业资源制度建设5项主要内容：农业资源台账、监测体系、标准规范、管理平台、台账制度；遴选出农业水、土、气、生、农业废弃物、农业社会经济资源共444项指标，制定了数据来源、指标定义、值域范围等标准规范；开发多级多用户农业资源台账汇交系统、管理系统，实现农业资源数据的在线汇交、空间表达、组合查询、空间动态展示功能，以及移动端与PC端台账数据的互通互查。

本书系统总结了国家重要农业资源台账制度建设研究成果，科学地构建了节约优先的农业资源观，提出了底数清晰的重要农业资源监测方法，阐明了主体明确、合理利用的资源资产变化监管制度，为建立农业绿色发展考核制度提供了有力的科学支撑。

本书的出版得到原农业部发展计划司、现农业农村部发展规划司领导的大力支持、指导和帮助。希望本书的出版能为农业资源的科学高效管理和农业农村绿色高质量发展提供参考和借鉴。

# 目　　录

第一章　绪论 ································································ （1）
　第一节　背景 ······························································ （1）
　第二节　农业资源台账制度建设原则和任务 ···························· （6）
第二章　农业资源台账的框架设计 ······································· （10）
　第一节　农业资源台账的基本特征 ······································ （10）
　第二节　农业资源台账的中国实践 ······································ （17）
　第三节　农业资源台账的国外实践 ······································ （27）
　第四节　农业资源台账监测体系建设与布局 ··························· （38）
　第五节　农业资源承载力的监测评估方案 ······························ （46）
第三章　国家重要农业资源台账建设规范 ································ （56）
　第一节　国家重要农业资源台账数据库分类与结构标准 ·············· （56）
　第二节　国家重要农业资源台账数据采集规范 ························ （75）
　第三节　国家重要农业资源台账核心元数据 ··························· （97）
　第四节　国家重要农业资源台账数据汇交规范 ························ （108）
　第五节　国家重要农业资源台账数据共享与服务规范 ················ （110）
第四章　国家重要农业资源台账的建设内容 ····························· （114）
　第一节　农用地资源台账建设研究 ······································ （114）
　第二节　农业水资源台账制度建设研究 ································· （131）
　第三节　农业气候资源台账制度建设研究 ······························ （152）
　第四节　农业生物资源台账制度建设研究 ······························ （176）
　第五节　农业废弃物资源台账项目研究 ································· （191）
　第六节　农业社会经济资源台账 ········································· （203）
第五章　国家重要农业资源台账示例 ······································ （217）
　第一节　国家重要农业资源概况 ········································· （217）
　第二节　农用地资源示例 ················································· （219）
　第三节　水资源示例 ······················································· （246）
　第四节　农业气候资源示例 ·············································· （271）
　第五节　农业生物资源 ···················································· （281）

第六节　农业废弃物资源……………………………………………（301）
第六章　国家重要农业资源台账平台建设…………………………………（308）
　　第一节　国家重要农业资源台账远程汇交系统建设……………………（308）
　　第二节　国家重要农业资源台账管理系统建设…………………………（317）
第七章　我国农业资源台账建设发展趋势展望……………………………（329）
　　第一节　农业资源节约优先与台账制度若干问题思考…………………（329）
　　第二节　探索建立重要农业资源监测与管理制度………………………（335）
参考文献…………………………………………………………………………（339）
图表索引…………………………………………………………………………（343）

# 第一章 绪 论

## 第一节 背 景

土地、水、气候、生物等重要农业资源是发展农业生产、实现农业现代化的基础。农业资源数据管理分散、底数不清，影响了科学决策和资源的永续利用，成为农业现代化发展的短板。农业农村部发展计划司（全国农业资源区划办公室）负有"组织开展农业资源调查、监测及分析评价工作"的重要职责，有义务摸清农业资源底数。为贯彻落实党中央国务院关于加快推进生态文明建设决策部署，按照《全国农业现代化规划（2016—2020年）》建立重要农业资源台账制度的要求，我们开展了建立国家重要农业资源台账制度研究。

### 一、农业资源台账制度的基本内涵

农业资源台账制度是资源台账、资源监测、资源核算、资源预警和资源报告制度等的总称，主要通过建立省地县三级资源清单和资源图件形式，全面系统地反映水、土、气、生等重要农业资源的种类、数量、质量、时空分布及其动态变化。

### 二、建立农业资源台账制度的背景

#### （一）资源资产化管理是世界经济社会发展的大趋势

工业化革命以来，人类利用自然资源进入空前的广度和深度。目前，资源数量和质量安全已对人类经济社会的可持续发展构成了巨大威胁，迫使人类对资源价值观、利用和管理方式进行反思，产生了一系列理论，展开了一系列改革，取得了重要成效。发达国家率先抛弃"资源没有价格，资源不是资产，资源不是资本"观念，逐步量化管理，将资源纳入国民经济核算体系，推进资源资产化、资本化，稳步优化资源配置，推动可持续发展。目前，挪威、美国、英国、加拿大等20多个国家和地区，采用了将资源量化管理并纳入国民经济核算的"绿色GDP"体系，为我国农业资源台账建设提供了借鉴。

#### （二）自然资源永续利用是国家生态文明战略的重要内容

党的"十八大"提出"五位一体"的战略布局，把生态文明建设提到前所未有的高度。党的十八届三中全会提出，建立系统完整的生态文明制度体系，健全自然资源资产产权制度和用途管制制度，将成为我国今后10年全面改革的重要内容。坚持人与自然和谐共生，建设生态文明是中华民族永续发展的千年大计。2015年9月中共中央、国务院印发的《生态文明体制改革总体方案》我国资源管理提出明确的时间表、路径图，就是到2020年，我国要"构建归属清晰、权责明确、监管有效的自然资源资产产权制度"。为贯彻以上战略部署，2015年国务院编制发布了《编制自然资源资产负债表试点方案》，努力摸清自然资源资产的家底及其变动情况，为推进生态文明建设、有效保护和永续利用自然资源提供信息基础、监测预警和决策支持。农业资源台账制度的建立和完善，将有力配合中央生态文明整体战略部署，促进编制自然资源资产负债工作的深入推进，为科学管理、利用农业自然资源提供有力支撑。

**（三）习近平总书记要求发展经济要算资源环境综合账**

习近平总书记高度重视自然资源可持续利用，多次讲话强调自然资源要纳入经济核算和政府考核。2013年5月24日，他在中央政治局第六次集体学习时指出，"要完善经济社会发展考核评价体系，把资源消耗、环境损害、生态效益等体现生态文明建设状况的指标纳入经济社会发展评价体系，使之成为推进生态文明建设的重要导向和约束。一定要彻底转变观念，再不以GDP增长率论英雄……"。2015年1月，他在云南考察时指出，"要把生态环境保护放在更加突出位置，像保护眼睛一样保护生态环境，像对待生命一样对待生态环境。在生态环境保护上一定要算大账、算长远账、算整体账、算综合账。经济要发展，但不能以破坏生态环境为代价。生态环境保护是一个长期任务，要久久为功"。2015年10月，他在党的十八届五中全会上指出，"必须加快推动生产方式绿色化，构建科技含量高、资源消耗低、环境污染少的产业结构和生产方式，大幅提高经济绿色化程度，加快发展绿色产业，形成经济社会发展新的增长点。必须加快推动生活方式绿色化，实现生活方式和消费模式向勤俭节约、绿色低碳、文明健康的方向转变，力戒奢侈浪费和不合理消费"。

贯彻习近平总书记讲话精神，就要着力改变农业自然资源"家底不清、变化不察、质量不明"的现状，准确把握农业生产主体对农业自然资源资产的占有、使用、消耗、恢复和增值活动情况，全面反映农业发展的资源消耗、环境代价和生态效益，从而为环境与发展综合决策、政府综合绩效评估考核等提供重要依据，有力地推动我国农业绿色发展。

## 三、建立我国重要农业资源台账制度的重大意义

**（一）构建现代农业发展资源数据清单、摸清掌握我国农业资源底数的需要**

20世纪70—80年代，全国农业资源区划委员会组织开展全国农业资源调查，基本查清了当时我国农业资源状况，为领导决策发挥了重要作用。此后，随着全国及地方区划委的撤销，未再开展过综合性的全国农业资源调查工作。尽管国土、水利、气象、农业等部门相继开展了一系列单项的农业资源调查工作，但各部门主要是立足自

身的需求开展数据采集，数据的时点、周期、范围及发布不一致，缺乏统筹，没有建立共享机制，农业资源底数不清已经成为制约现代农业发展的短板之一。农业部门是现代农业建设的主管部门，迫切需要建立国家重要农业资源台账，全面掌握农业资源底数，用科学的资源数据、现代化的管理手段支撑决策，科学指导农业和农村经济工作。

**（二）构建完善农业资源监测体系、监测农业资源变化的需要**

农业资源是不断变化的，需要在摸清资源底数的基础上实时监测，建立农业资源监测体系，跟踪农业资源数量、质量及时空分布的变化，分析原因，为农业资源台账更新提供数据支撑。《生态文明体制改革总体方案》要求，健全国家自然资源资产管理体制，完善资源总量管理和全面节约制度，划定粮食生产功能区和重要农产品生产保护区，开展农业水价综合改革，逐步建立农业灌溉用水总量控制和定额管理制度；建立耕地草原休养生息制度和生态建设补偿机制。这一系列改革任务对农业资源的管理和利用提出了新的要求。与此同时，农业农村部等八部委为推进国家农业可持续发展试验示范区建设，组织开展了试验示范区评价指标体系制定等工作，以科学合理、公开公正地开展试验示范区评估确定工作。上述工作都需要大量及时、准确的农业资源数据支持，迫切需要推动完善农业资源监测体系，建立重要农业资源台账制度，为工作任务的落实提供支撑。

**（三）构建资源承载能力预警机制、评价农业资源稀缺程度和利用效率的需要**

新时期党中央对自然资源管理做出了一系列部署，提出了严格的要求。《生态文明体制改革总体方案》提出，研究制定资源环境承载能力监测预警指标体系和技术方法，建立资源环境监测预警数据库和信息技术平台，定期编制资源环境承载能力监测预警报告，对资源消耗和环境容量超过或接近承载能力的地区，实行预警提醒和限制性措施。由农业农村部承担农业资源环境承载力监测预警工作。同时，总体方案也要求健全自然资源资产产权制度，探索编制自然资源资产负债表，对领导干部实行自然资源资产离任审计。这些都迫切需要摸清农业资源"家底"，对重要农业资源进行动态监测，建立资源承载能力监测预警机制，科学测算我国农业资源承载力状况、变化趋势，评估农业资源稀缺程度和资源利用率，为实施农业资源环境承载力监测预警管理，合理调控农业资源开发强度、利用方式，实现可持续发展提供依据。

## 四、发达国家建立农业资源台账制度的经验和启示

美国、加拿大、欧盟等发达国家和地区非常重视农业资源监测管理工作，为农业决策、生产管理等提供信息支撑和科学依据。

**（一）美国**

在1956年首次开展自然资源现场勘测的基础上，美国农业部自然资源保护局于1977年开始实施国家资源清单计划。计划目标是监测耕地、牧场、湿地、城市与建设用地，调查统计土壤、水和其他自然资源的状况，随时记录资源变化情况，对资源变

化趋势进行评价，同时开展实施资源保护措施后所获成效的评价。

2000年以后，国家资源清单计划的调查周期由每隔5年一次调整为每年一次。其监测系统遍布美国50个州及所属岛屿，共设立22万个耕地样本点。由于实施国家资源清单计划的监测时间长达40年，且样本设计符合统计学规律，摸清了资源底数，实现了数据共享，为政府制定自然资源保护政策、规划自然资源项目提供了科学依据。

国家资源清单采用统计、遥感、GIS等技术方法开展农业自然资源调查与监测。美国农业部自然资源保护局与爱荷华州立大学合作设立数据统计中心，将调查所得到的数据制成大量的信息地图和统计图表交由爱荷华州立大学管理，建立数据共享平台，实现资源数据广泛共享，支持农业——环境政策的发展。

（二）加拿大

加拿大在全球率先使用地理信息系统技术进行农业资源调查。20世纪60年代以来，该系统一直服务于农业土地资源监测、物种清查、植物和野生动物调查，经过30年的实践，发展成为加拿大土地管理信息系统，应用于联邦诸省，在农业资源管理中发挥了巨大作用。加拿大统计局建立了专门的国家环境与资源账户体系，2006年发布了官方编制手册，规范了自然资源核算原则和方法，农业自然资源的主要指标通过农业普查每5年更新一次。

（三）欧盟

以可持续发展为目标的农业资源监测在欧洲各国广泛开展，法国、德国、意大利等欧盟主要成员国都利用遥感和GIS技术开展农业资源监测，服务农业生产管理与决策。1988年开始，欧盟利用遥感技术监测各成员国农业资源变化情况。2006年选取27万多个样点，采用实地调查与遥感结合的技术路线，监测欧盟成员国农业资源，调查每3年开展一次。2015年，调查了28个成员国的27万多个样点，获得了丰富的农业资源信息。同时，在欧盟联合研究中心设立数据中心，负责农业资源监测业务实施、数据汇总分析、监测评估报告准备与数据共享服务等。

英国利用欧盟环境经济综合核算系统，建立了本国的自然资源账户，2011年，英国统计局开始编制自然环境白皮书，将自然资源资产的价值纳入国家资产负债表。2013—2015年，初步完成土地覆盖账户、农田账户、湿地账户、林地账户和海洋账户等计量评估工作；2015—2020年，逐步完善草原账户、荒地账户、水资源账户和土壤账户的计量评估工作。

国外已有工作对我国开展农业资源监测具有重要学习借鉴价值。主要启示有：一是农业资源管理是农业现代化的重要组成部分。绿色发展是农业现代化的重要标志，资源永续利用是农业现代化的基本要求。必须建立节约集约循环利用的资源观，加强农业资源管理，实现资源与信息融合，促进农业可持续发展，加快农业现代化进程。二是农业资源监测管理是政府的重要职能。资源管理是公共性的，不能由生产者或企业来承担。农业资源监测与管理具有宏观性和公益性，是政府农业管理部门应该行使的重要职能。发达国家均将该职责作为公共职能，由政府来行使职责。三是农业资源台账制度是农业资源现代化管理的重要手段。农业资源台账制度是农业资源监测管理的有机组成部分。建立农业资源台账制度可以准确掌握农业资源存量、空间分布及动态变化，是新时期农业资源现代化管理的重要手段。四是建立共享机制是农业资源台账制度可持续运行的重要保障。国家农业资源监测与管理的宏观性和公益性，决定了共享机制是农业资源台账制度可持续运行的重要保障。农业资源台账只有在部门间、全社会的广泛共享才能最大化发挥信息资源的综合效用。

## 五、我国农业资源监测工作开展情况及工作基础

### （一）我国农业资源监测体系的历史沿革

1978年全国科学大会通过《全国科学技术规划纲要（1978—1985年）》，把全国农业自然资源调查和农业区划研究列为全国重点科技攻关项目计划的第一项任务。1979年国务院决定设立全国农业自然资源调查和农业区划委员会，要求有计划地、长期开展农业资源调查和农业区划工作。

20世纪80年代国家、省、市、县四级开展了大规模的农业资源调查与区划工作，首次系统摸清了我国农业资源家底，将全国划分为10个一级区、38个二级区，形成了以《中国综合农业区划》为代表的一系列研究成果，揭示了我国农业自然条件的基本地域差异。90年代，重点组织各地开展了农业区域开发规划工作，基本查清了我国农业后备资源的数量、质量和分布，明确了我国农业资源深度开发和广度开发的潜力、重点和开发途径，形成了以《全国农业区域开发总体规划》为代表的系列研究成果。

进入21世纪，农业农村部组织开展了"全国农业资源与区划基础数据库建设"工作，实现全国农业资源调查与区划研究成果的数字化，同时开展了典型地区耕地数量质量变化、土地流转、作物秸秆资源化利用、农业面源污染调查等农业资源监测和农业功能区划研究工作，取得了重要进展。

### （二）我国农业资源监测工作的突出贡献

*1. 摸清20世纪80年代我国农业资源家底*

全国2000多个县开展了农业资源调查工作，摸清了水、土、气、生资源现状及存在的问题，为从实际出发，趋利避害，合理利用开发和保护农业资源，提供了科学依据。

*2. 揭示我国农业资源地域分异规律*

将我国分为10个一级农业区和38个二级农业区，为扬长避短，发挥比较优势，调整农业区域布局提供了重要支撑。

*3. 制定我国农业空间布局优化方案*

基于农业资源调查数据，研究提出了我国农业结构调整方案，设计了我国16个优势农产品和144个特色农产品空间布局总体方案，完成国家主体功能区规划农业部

分的编制，为推动优势农产品产业带建设和农业功能区建设提供了重要的决策支持。

**4. 实现农业资源遥感监测系统业务化运行**

集成运用现代高新技术，初步建成作物产量监测、草原监测和重大自然灾害遥感监测系统，实现了业务化运行，成为农业农村部农情会商的重要数据源。

当前，我国农业现代化已进入全面推进、重点突破、梯次实现的新阶段，面对耕地数量减少、质量下降，地下水超采，投入品过量使用，农业面源污染加重等问题，推动绿色发展和资源永续利用已成为现代农业建设的必然选择。为此，农业资源监测管理应成为政府的重要职能，而我国现有的体制机制不能适应农业现代化发展的新要求。主要问题是：思想观念仍停留在重农业生产轻资源保护，对农业资源管理重视不够；现阶段动态的农业资源现状底数不清、监测能力不足、农业资源综合管理薄弱；农业资源管理机构和队伍不健全，农业资源数据分散在多部门、缺乏有效协调共享机制。按照党的十八届五中全会提出的五大发展理念和《中共中央国务院关于加快推进生态文明建设的意见》《生态文明体制改革总体方案》的要求，推进农业绿色发展，按照节约集约循环利用资源观，开展农业资源的动态管理，迫切需要建立国家重要农业资源台账制度。

## 第二节　农业资源台账制度建设原则和任务

### 一、总体思路、基本原则和建设目标

**（一）总体思路**

全面贯彻党的"十八大"和"十九大"精神，深入贯彻习近平总书记系列重要讲话精神，认真落实党中央、国务院的决策部署，坚持节约资源和保护环境的基本国策，树立绿色发展理念和节约集约循环利用农业资源观，以摸清农业资源底数、构建农业资源台账制度为目标，以重要农业资源监测、数据采集为基础，建立重要农业资源监测体系，搭建数据共享平台，开展农业资源科学评价，定期发布农业资源报告，促进形成资源高效利用、生态系统稳定、产地环境良好、产品质量安全的现代农业格局。

**（二）基本原则**

1. 规范标准，分级建设

由农业农村部组织制定国家重要农业资源台账标准，省级农业部门可参照国家标准，结合本省的实际细化省级标准。省、市、县三级行政部门，要按照国家统一标准采集数据、统一规范等要求建立农业资源台账，确保农业资源数据指标部门间、区域间口径一致，为当地政府农业资源监测、评价、宏观决策服务，同时，为国家台账建设实时提供农业资源监测数据。

2. 动态更新，科学评价

充分利用国家现有的资源与环境监测体系，采用遥感、大数据、云计算等先进技

术，建立健全耕地质量、作物面积、草原面积与植被、养殖水面、农业废弃物数量及其利用、农业面源污染等方面的监测体系，实时监测农业资源变化，更新台账数据，构建农业资源评价指标体系和数学模型，科学评价农业资源。

3. 开放共享，统一管理

农业资源数据涉及农业、自然资源、水利、气象等多部门，遵循"共享是原则，不共享是例外"的原则，联合相关部门建立农业资源台账开放共享机制。建立农业资源数据中心，构建农业资源数据交换制度，实现农业资源数据的统一管理。

4. 试点先行，持续推进

坚持试点先行与全面推进相结合，在国家农业绿色发展先行区、国家现代农业示范区开展先行先试，率先建立重要农业资源台账，摸索总结经验，逐步向全国各省、市、县推进。

（三）建设目标

到2025年，国家、省、市、县四级重要农业资源监测体系基本建立，重要农业资源底数清晰，重要农业资源数据平台实现业务化运行，及时掌握农业资源变化情况，每年根据需要形成国家、省、市、县四级农业资源报告和农业资源承载力监测预警报告，基本形成全国重要农业资源台账制度，为农业资源合理利用和承载力评价提供数据基础，为农业结构调整提供决策支持，为农业政策的实施和重大项目的监管提供手段，为科学研究提供数据支撑，促进农业可持续发展和农业现代化建设。

构建国家、省、地、县四级有关部门间、农业部门内部数据采集协调机制，开展农业资源补充监测，实现重要农业资源数据的稳定获取、动态更新，形成国家、省、地、县四级农业资源台账，重要农业资源底数清晰。

制作耕地基本地块单元、作物、草原、渔业水域、农村承包地五张空间分布图，为管理决策提供直观的基础底图，同时动态反映农业资源变化情况。

搭建重要农业资源数据共享平台，实现国家、省、地、县四级有关部门间、农业部门内部数据共享。

制定统一的农业资源数据采集、监测、评价标准和方法，建立起国家重要农业资源台账制度体系，实现农业资源台账科学管理。

建立农业资源变化及利用效率评估报告机制，定期发布农业资源报告和农业资源承载力预警报告，为指导各地依据自然资源承载力合理发展农业生产和领导决策提供依据。

## 二、当前的主要任务及工作

（一）主要任务

1. 建立各级农业资源台账

通过整体谋划，制定农业资源数据清单和标准。系统收集相关部门的农业资源数据，汇集以县级行政单元为基本单元的重要农业资源底数和动态变化数据，建立

### ▲ 国家重要农业资源台账体系建设与应用研究

国家农业资源数据中心，搭建国家农业资源数据共享平台，建立国家、省、市、县四级农业资源台账，实现与国家农业大数据平台、全球农业调查分析系统的互联互通、共建共享。各地根据实际情况，建立本级农业资源数据中心，或者建立农业资源数据远程汇交系统。省、市、县按照"谁建谁用谁管"的原则，分级管理农业资源台账。

2. 建设农业资源监测体系

充分利用现代科技手段，建立健全农业资源监测网点。运用遥感等先进技术手段，开展遥感监测，实现对我国重要农业资源的动态监测。依托农业部门建立资源监测队伍，设立耕地质量、作物面积、草原面积与植被、养殖水面、农业废弃物数量及其利用、农业面源污染等监测网点，实现农业资源动态监测，支撑农业资源数据更新。

3. 建立国家重要农业资源台账制度体系

建立农业资源数据采集与共享制度、农业资源台账管理制度、农业资源报告发布制度和农业资源综合评价预警管理制度，制定农业资源数据采集、监测和评价标准规范，全面提升农业资源综合管理能力。

4. 发布两个报告

研究制定农业资源评价指标体系、数学模型，统一评价方法，分析农业资源变化及利用效率，评估农业资源开发利用成效、问题，预测未来发展趋势，开展农业资源承载力评价，定期发布农业资源报告和农业资源承载力预警报告。

——农业资源报告。包括耕地、草地、渔业养殖水面、水资源、气候资源、生物资源等农业资源数量与质量、利用方式、利用效率及对农业和农村经济的贡献和影响等内容。编制全国或区域性的农业资源报告，也可以择机编制专题报告。

——农业资源承载力预警报告。包括农业资源现实生产能力、潜在生产能力、资源环境超载状况、预警提醒和限制性措施建议等内容。编制全国或区域性的农业资源承载力预警报告。

5. 制作五张农业资源空间分布图

利用遥感等技术制作耕地基本地块单元、作物、草原、渔业水域、农村承包地空间分布图。

——耕地基本地块单元空间分布图。包括耕地图斑、沟渠道路等线状地物、耕地图斑的所有权属性、耕地坡度等级、耕地面积等信息，为遥感监测、快速解译和业务化运行提供基础底图，同时也为粮食生产功能区和重要农产品生产保护区划定和监管提供基础底图。

——农作物空间分布图。包括主要农作物种植面积信息。指导种植业结构优化调整，为农业政策性补贴、农业保险和轮作、休耕试点等提供数据支撑。

——草原空间分布图。包括不同类型草原（草地）的空间分布面积和植被、争议区域草原分布面积等信息。为草畜平衡、草原保护、草原生态奖补、重大工程监测评价等提供数据支撑。

——渔业水域空间分布图。包括不同类型的渔业水域面积、水质等信息。为养殖水面的生态环境监管提供数据支撑。

——农村承包地空间分布图。包括家庭承包地块分布、地块权属、面积等信息。为解决土地权属纠纷、引导土地流转、促进适度规模经营等提供数据支撑。

**(二) 当前重点工作**

1. 研究起草《国家重要农业资源台账制度建设指导意见》

在开展建立国家农业资源台账制度研究的基础上，起草《国家重要农业资源台账制度建设指导意见》，推进全国各地农业资源台账制度建设工作。

2. 编制台账制度及实施方案

制定国家重要农业资源台账的理论与方法体系研究计划；编写农业资源监测体系建设方案，主要包括监测内容、监测网点、监测队伍、监测机构等内容；制定农业资源普查工作方案，主要包括农业资源普查内容、方法、标准和保障措施等内容。

3. 创设技术标准与方法

制定国家农业资源台账标准体系、国家农业资源数据共享平台标准，农业资源遥感监测标准，农业资源承载力评价方法，农业资源综合评价模型等，国家农业可持续发展试验示范区评价指标体系。

4. 研究运行机制和政策

综合分析国外农业资源监测管理与台账制度建设体制与政策，以及相关部委资源管理的经验和做法，调研我国资源台账的主要用户类型结构及需求特征，结合台账建设利益相关者的数据供给渠道和属性，提出数据共建共享的机制和县级农业资源数据报送制度，设计农业资源台账管理体制政策和农业废弃物资源统计制度。尽快与相关部门沟通，抓紧落实已有的成熟数据。

5. 启动先行先试

选择有较好工作基础的1个省、2个市、10个县级国家农业绿色发展先行区或国家现代农业示范区作为试点，率先建立重要农业资源台账，摸索总结经验。

# 第二章 农业资源台账的框架设计

## 第一节 农业资源台账的基本特征

### 一、农业资源台账的定义

农业资源台账是指记录农业资源存量、增减明细的相关详细文件合集，本质上是农业资源信息数据库。农业资源是指与农业生产相关的土地、水、气候、生物等重要资源。台账记录的信息包括两个方面：从时间线上来看，农业资源台账涵盖农业资源的动态增减情况，包含资源种类、流向、数量、负责人等信息；具体到每一个事件时点，农业资源台账包含与这一事件相关的工作计划、工作进展、工作总结、效果评估、配套措施等详细资料。农业资源台账是农业资源使用和管理的原始资料，能够清楚地反映农业资源存量和使用情况，是核查农业资源利用效率的客观依据。

### 二、农业资源台账的必要性

农业生产关乎人民基本生活和国家粮食安全，农业生产过程离不开农业资源的开发和利用，土地、水、气候、生物等重要农业资源是发展农业生产的根本和基础。过去我国现代农业建设取得了很大的成就，但也付出了较大的资源环境代价。在资源环境约束趋紧的背景下，农业发展方式粗放的问题日益凸显。把资源环境因素纳入农业发展和现代农业建设中来，是未来发展的必然趋势，农业资源台账制度从制度设计入手转变农业发展思路。农业资源台账制度对掌握农业资源底数，分析评价农业资源变化及利用效率，提高农业资源管理水平，促进农业可持续发展意义重大。

（一）摸清农业资源底数存量

摸清农业资源底数是农业资源监管的基础性工作，建立重要农业资源台账制度，能够摸清中国农业资源的底数和当前存量，为将来明确农业发展方向、科学指导农业生产奠定基础。农业资源是农业生产的基本前提，农业生产的布局和规划要以全面的农业资源分布情况为基础，然而农业资源底数不清是中国农业部门的重要短板。全国农业资源区划委员会曾在 20 世纪 70—80 年代组织了全国农业资源调查工作，掌握了中国农业资源分布状况，指导了农业生产相关政策的制定。改革开放 40 年以来，中国农业制度、技术等方面发展迅速，对农业资源的使用和开发程度也在不断加大，中国农业资源的分布必然发生重要变化。目前，我国农业资源供需矛盾非常突出，人均耕地面积为世界平均水平的40%，人均淡水资源量仅为世界的28%，而农产品需求却呈刚性增长，我国人口总量每年增加700万左右，相当于每年大约要增加40亿千克粮食、80万吨肉类、50万吨植物油。定期对农业资源底数进行统计摸底，对指导农业政策制定、动态调整农业政策至关重要。此外，我国农业资源信息收集大多基于各部门需求独立展开，在数据采集的时点、周期、范围及发布上差异较大，难以形成统一的、系统的农业资源分布图谱，指导农业现实决策。所以，有必要在过去信息收集系统的基础上，建立一个统一的农业资源信息收集、处理、分析和发布平台，更好地为农业发展服务。总的来看，在资源约束不断加紧的情况下，要实现新时期农业生产的各项目标和促进农业生产转型，首先必须摸清农业资源与环境现状，监测并预测其发展，才能促进农业资源科学、合理、综合、有效的利用。

**（二）监测农业资源动态变化**

在摸清资源底数的基础上，要进一步了解农业资源变化情况并分析其原因，监督农业资源的流量和流向是农业资源台账的重要方面。农业资源的动态变化和未来发展趋势是合理利用和保护农业资源的前提，监督农业资源的增减情况是评估农业资源使用效率的基础。改革开放40年农业发展大量消耗了农业资源，发展过程中的污染问题也威胁着农业资源的上限。中国水土流失面积占国土面积约40%，相当于9个日本或35个韩国的面积，全国约90%的可利用天然草原不同程度地退化。工业"三废"和城市生活垃圾等污染向农业农村扩散，耕地数量减少质量下降、地下水超采、投入品过量使用、农业面源污染问题加重，农产品质量安全风险增多。在农业资源过度消耗、农业资源不断逼近上限的情况下，中国农业资源的产出效率非常低，加剧了农业资源的负担。中国普遍干旱缺水，农业用水占全国用水总量的70%左右，其中灌溉用水占农业用水总量的90%以上，但农业用水利用率只有40%左右，每立方米水平均生产粮食仅为1千克，远低于欧洲等发达国家70%左右的水平。中国农业资源非常丰富，但时空分布不均，年际变化较大，尤其在全球气候变化和中国农业发展迅速的背景下，这种变化在未来只会更加剧烈。建立农业资源台账，对不同时期、不同区域、多种类型农业资源进行动态监测，才能科学分析中国农业资源现状、变化动态和发展趋势，评估农业资源利用情况、变化情况，以及资源利用率、劳动生产率、土地产出率等，为科学合理地开发利用农业资源，布局农业生产，提高农业资源利用效率提供依据。

**（三）完善农业资源统计制度**

中国未来的农业发展需要以农业资源台账的数据搜集为基础，促进农业与信息的高度融合，利用数据分析工具指导农业生产和农业规划，以农业资源台账为基础促进重要农业资源的整合至关重要。《全国农业现代化规划（2016—2020年）》指出，要推进信息化与农业深度融合，建立集农业数据监测、分析、发布和服务于一体的国家数据云平台，加强农业遥感基础设施建设，建立重要农业资源台账制度。国务院下发的《生态文明体制改革方案》要求开展自然资源管理体制、自然资源资产负债表、自然资源统一确权登记、资源环境承载能力监测预警机制、生态红线划定等一系列自然资源领域的改革任务。《中华人民共和国国民经济和社会发展第十三个五年规划纲要》和 2016 年《国家农业可持续发展实验示范区建设方案》要求建立农业资源管理制度，实现对重要农业资源的监测评估。以上所有工作都需要大量及时、准确的农业资源数据，然而目前农业资源数据收集还存在大量的问题，难以满足未来发展的需求。可以看出农业资源数据搜集是未来农业发展的重要方面，建立农业资源数据库是现代农业发展的必然要求。迫切需要推动完善农业资源监测统计体系，建立重要农业资源台账制度，为工作任务的落实提供支撑。

### 三、农业资源台账的基本特征

台账管理过去主要用于企业管理和统计部门信息收集。在企业管理中台账较为成熟，台账能够反映出经济运行动态及存在的问题，为调整和控制企业经营管理提供重要依据。例如，企业生产设备管理主要基于静态的设备基础信息台账管理，如资产管理系统（EAM），而发电厂主要采用基建 MIS 系统和生产运营 MIS 系统。在统计部门，国家对统计调查对象统计台账的设计有严格规定。2010 年 1 月 1 日开始实施的《中华人民共和国统计法》第二十一条规定"国家机关、企业事业单位和其他组织等统计调查对象，应当按照国家有关规定设置原始记录、统计台账，建立健全统计资料的审核、签署、交接、归档等管理制度"，2011 年年报开始国家统计局推行的"一套表"联网直报正式实施。

目前台账管理的思想和方法已广泛用于社会管理的方方面面，拓展了台账管理的使用范围，积累了较多的经验。近年来自然资源环境约束加紧，对自然资源使用的监督管理已经深入社会管理的思想和管理体系，台账管理与自然资源管理密切相关。建立农业资源台账制度，有必要在已有研究和制度的基础上展开，回顾相关文献能够提供一些良好的借鉴。因此，将从农业资源台账与社会管理台账、自然资源核算、资源可持续发展和农业生产效率的四方面关系入手对相关研究进行梳理。

#### （一）农业资源台账与社会管理台账

利用台账思想进行社会管理现在已非常普遍。在社会问题治理方面，台账能够有效进行信息汇总和分析决策，例如四川德阳中江县的"三本台账"，包括民生工作台账、困难群众工作台账、社会稳定工作台账，实现对社会问题的基础排查、信息汇总和分析决策，同时改善了基层政府履行职能的效果。日本利用居民基本台账制度简化居民住所申报手续，并妥善管理居民登记信息。政府可以为每位居民提供各种行政服务的基础，居民可以作为处理居民相关事务的主要凭据。在政府督查方面，台账也是重要的管理工具。在干部人事管理方面，建立涵盖基本信息、工作实绩、品的作风、舆论评价和推荐情况等方面干部日常管理台账体系能够实现从严治吏的目的。在政府督查方面推行督查台账管理制度，依据督查任务来源，构建"决策台账+专项台账+审批台账"管理体系，有助于推动政府机关作风转变，强化政府执行力，提升政府公信力。

资源环境台账是社会管理台账的重要方面。国家对各资源进行统计时，普遍使用台账管理方法，其中用台账管理已经成为水资源管理的重要组成部分，并以国家文件的方式内嵌入国家水利统计方案中。台账建设是准确获取水利普查动态指标数据的重要方式，《第一次全国水利普查实施方案》和《第一次全国水利普查台账建设技术规定》明确对部分动态指标进行设置和调整，水利台账质量的好坏直接关系到经济社会用水情况调查和河湖取水口取水量普查数据的质量。在环境管理方面，环境隐患风险台账是企事业单位生产过程中一个综合环境管理的、整体隐患风险评估审定的支撑材料资料和各项记录总称，台账是过去政府网格化管理的重要补充，有利于实现环保工作全覆盖，确保网格化管理实现监管督办有领导、监管任务有专人、监管责任有落实。台账有助于识别生态建设中存在的问题，提高决策的准确性和科学性，为生态建设提供支撑性材料。

可以看出，资源台账是资源管理的关键手段，农业资源台账制度建立有良好的政策和实践基础。在不同资源类型上，各级政府在政策法规制定和政策实践上广泛涉及，在一些关键资源类型上还有国家法律明文规定。实践表明，各地出于自身管理和上级监督检查的便利，资源台账的实践经验也比较丰富。但是，已有的资源台账缺乏对农业资源台账的系统整合，并不是一个统一的信息管理体系，难以实现对农业部门的有效服务。

**（二）农业资源台账与自然资源核算**

资源台账是自然资源核算体系中的基础环节，起到为自然资源核算提供基础数据的作用。自然资源核算是以自然资源消耗和生态破坏的核算来修正国民经济核算体系的核算方法，20世纪80年代一些国家开始实践，2000年开始，联合国陆续颁布SEEA-2000、SEEA-2003、SEEA-2012标志着自然资源核算从理论逐步过渡到较为成熟的核算实践，中国从2000年绿色GDP核算开始实践探索。自然资源核算的主要目标是编制自然资源资产负债表，以客观、全面、系统地反映特定时空内自然资源资产的数量与质量、存量与流量的信息报告。自然资源核算有实物核算和价值核算两个步骤，对应资产负债表分为实物量表和综合价值量表，其中实物核算是价格核算的基础。实物核算要求对自然资源的流量、存量及其变化情况进行统计。李金华（2016）指出，自然资源资产种类繁多、情况复杂，数据和资料采集困难，有必要建立国家自然资源资产数据库，设置关于自然资源资产的统计台账，收集、积累中国自然资源资产的时间序列数据和截面数据，用以支撑自然资源资产负债表的编制。资源台账是用账户的形式对自然资源及其利用情况进行真实、准确和连续统计，以反映某类自然资源的存量、流量和平衡状况。事实上国内外在进行自然资源核算的实物统计时，普遍采用账户方式。1993年的SNA核算手册中的自然资源核算注重实物量账户，包括材料、能源和自然资源实物资产平衡，即期初期末存量和中间的变化。过去研究中提及的专题数据库、实物量账户等都是不同的称呼方式。国内外在实物核算上的经验非常丰富，实物量核算较价值量核算容易得多、数据也最为齐全，说明在资源台账的设立、数据收集方面有较多的实践基础。可以看出，资源台账是自然资源核算的最基础环节，价值核算基于实物核算，实物核算依赖于台账数据。

农业资源核算是自然资源核算的重要方面，中国学者从20世纪90年代开始就强调建立农业资源核算体系。农业是国民经济的基础，关乎人民基本生活。在农业发展中资源保护与耗用是一个永恒的矛盾，二者的失衡会导致资源耗用过快或资源保护过度，耗用过快会加速农业资源衰竭，导致农业生产不可持续，威胁人类生存，而资源的过度保护会导致农业生产禀赋不足，从而不利于农业发展，所以有必要对农业资源进行核算。谷树忠等（1998）指出，农业自然资源核算是对一定时间和空间内的农业自然资源，从实物、价值和质量等方面，在其真实统计和合理估价的基础上，统计、核实和测算其总量和结构变化并反映其平衡状况的工作。农业自然资源核算的基础是资源统计和估价。统计是反映自然资源数量和质量及利用状况最有效的手段，不正确、不及时、不系统的自然资源统计对自然资源核算具有严重的阻碍作用，农业自然资源核算必须建立在真实的资源统计基础上。资源基本统计包含两个步骤：第一，界定自然资源核算对象，农业自然资源基础主要包括耕地等农用土地资源、农用水资源、农用能源、农业生物资源等；第二，对自然资源进行实物量统计，其中包括统计自然资源的数量、质量、利用等情况。这一过程对于自然资源核算具有决定性作用，关系到核算能否顺利进行、核算结果的可信与否。

总体来看，农业资源台账与自然资源核算关系密切，尤其与农业资源核算紧密相关。农业资源台账是自然资源核算体系中的基础部分，承担数据采集、整理功能。自然资源核算和农业资源核算体系建立时，包含了农业资源台账建立的思想和框架，能够为农业资源台账的建立提供参考。但是也需要注意两者也存在不同之处：第一，农业资源台账还包括与资源流动相关的政策文件等，是一个文件合集，从而保证决策可追溯和责任明确；第二，自然资源核算和农业资源核算主要从资源消耗、污染的角度进行统计，而农业资源台账记录客观的资源存量和变动，除土地、水、生物资源之外，还包含气候资源、物种等，覆盖范围更广。

（三）农业资源台账与资源可持续利用

农业是典型的资源型产业，农业资源利用与农业资源可持续发展存在依存协调关系。农业发展规模、水平和空间分布很大程度上取决于农业资源的多寡、分布情况及利用状况。农业资源的可持续利用是农业发展的基础。在农业资源可持续利用的研究中，农业资源的定义与自然资源核算稍有差异，主要指的是人们在进行农业生产活动或者其他农业经济活动过程中利用到的各种资源，通常包含农业自然资源与社会资源，其中，农业自然资源指的是自然界客观存在的，能够给农业生产提供服务的各种物质、条件的总称，如水资源、耕地资源、物种资源等。这里的定义范围更广，与农业资源利用紧密相关，更贴合农业资源统计和管理的实践需要。中国人口众多，然而耕地面积小、资源紧缺，加上农业资源环境加剧恶化，农业发展的资源约束非常紧。目前，我国已形成了"边治理、边破坏"和"局部有所改造、整体继续恶化"的被动的农业自然资源利用局面，使土壤侵蚀、水土流失严重，森林生态功能降低，土地沙漠化仍在发展，农业生态环境问题日趋严重。促进农业可持续利用已成为农业发展的耽误之急。在农业资源使用过程中，利用新的理念、规划方式、技术等，改变传统的农业资源利用方式，促进农业资源可持续利用。

收集农业资源基础数据是资源可持续利用的前提，统计监督农业资源使用情况能够强化农业资源可持续利用。首先，识别资源可持续利用的问题，需要以详细的农业资源数据为基础。以资源约束下的粮食安全保障能力分析为例，第一步就要对耕地资源、水资源的数量、质量和空间分布进行分析。其次，农业资源可持续利用的方案，需要以准确的农业资源数据为基础。周小萍等（2004）认为农业资源可持续利用模式采用三级指标分类法构建，第一级为农业资源自然基础特征亚系统，包含热量（温度）指标、水分状况指标与地形地貌指标，第二级为微地域资源基础特征亚系统，包含土地、水为主的微地域资源特征。两者说明了农业资源的空间特征和农业资源基础，在这两者的基础上，才能进一步确定第三级——农业资源利用的方式。最后，强化农业资源数据的统计收集，把农业资源的使用纳入农业资源利用评价指标体系中，能够促进农业资源可持续利用。建立农业资源评价和核算制度、补偿制度、规划和监督制度等，有助于形成以资源养资源、发展资源业的良性循环。我国农业自然资源产权关系模糊，国家和集体所有权形同虚设，对农业自然资源的使用被当作获取短期高收益的手段，资源破坏现象严重，开展农业资源核算对于农业资源的所有权关系和农业资源有偿使用制度，有明显的强化作用。以此为思路，要建立土地、水、林、草等农业资源的实物账户和价值量账户，以支持建立综合的环境与经济核算体系，这些都需要农业资源的基础数据。

建立现代高效生态农业战略，"高效"是其出发点和落脚点，它包括高效益和高效率两方面的含义，如实现高的投入产出率、高的能源资源利用率和高的土地产出率等。中国农业资源利用率比较低，其中化肥有效利用率仅为30%，灌溉水资源有效利用率小于40%，各种农副产物不到20%，与发达国家相比非常落后，这种资源利用方式对环境也造成了较大的污染与破坏。与此同时，中国现在生产的农产品大多质量与档次不够高，国际竞争力不强，导致许多农业资源闲置或浪费。

总的来看，农业资源台账与农业资源可持续利用是相互促进的关系。农业资源可持续利用相关研究对农业资源的定义对农业资源台账更有借鉴意义，农业资源不仅应当考虑农业资源的破坏方面，还应当把与农业相关的所有自然资源和社会资源考虑在内。分析农业资源可持续利用存在的现实问题、策略选择和绩效评价，需要以详细的农业资源存量和流量统计为基础，而农业资源数据统计是农业资源台账的主要功能，促进农业资源可持续利用需要加强农业资源台账制度的完善。另一方面，农业资源台账制度详细记录农业资源使用情况，明确农业资源去向数量、使用权限、相关政策文件等，间接约束农业资源滥用，对农业资源可持续利用有直接的监督作用。

### （四）农业资源台账与农业资源区划

农业资源区划的基础是农业资源调查统计，农业资源调查统计是农业资源台账的重要职能。农业区划在农业资源调查的基础上，根据各地不同的自然条件与社会经济条件、农业资源和农业生产特点，把全国或一定地域范围划分为若干不同类型和等级的农业区域，并分析研究各农业区的农业生产条件、特点、布局现状和存在的问题，指明各农业区的生产发展方向及其建设途径。农业是利用动植物的生长繁殖来获得产品的物质生产部门，对资源环境依赖性较强，复杂多变的资源环境和社会经济环境决定了农业生产的复杂性及时空的变异性。农业生产的主要特点表现在具有明显的地域性、季节性与周期性。所以，摸清农业资源特征是农业资源区划的前提。

1949年以来，我国进行过多次资源环境调查，获得了大量的图件和数据。1978—1985年全国进行了大规模农业资源调查和区划，积累了大量的土地、水、气候、生物资源等数据及资料。1981年中央政府编制《中国综合农业区划》，针对水土资源的合理开发利用、农业生产布局和结构调整、因地制宜实行农业技术改造等，提出了建议和战略措施；并在此基础上，根据地域分异规律和分级系统，分别阐明了10个一级区和38个二级区的基本特点、农业生产发展方向和建设途径。20世纪80年代，遥感技术开始应用到农业资源信息的采集工作中，利用遥感手段获得了大量的农业资源信息，并在此基础上建立了各种类型的农业资源管理系统，为后来农业资源综合利用开发奠定了基础。

## 四、农业资源台账建设要点

中国农业资源台账制度建设处在起步阶段，出台了专门的建设指导方案。在中国资源环境约束加紧的背景下，农业发展亟待转型，建立农业台账制度是一项基础性工作，意义重大。中国农业资源调查工作经验丰富、组织结构完整，利用台账制度进行社会管理和自然资源实物核算的经验比较丰富，给农业资源台账建设奠定了非常好的基础。为了建立一个对推进农业现代化建设和农业可持续发展的农业资源台账制度，在反思过去实践过程存在的问题，借鉴发达国家农业资源调查的基础上，提出以下政策建议。

第一，进一步细化农业调查方案，设计统一的台账账户，制定统一的操作规范。现行的《我国重要农业资源台账制度建设实施方案》在指标设置、台账设计和操作规范上还不够细化，无法与国外农业资源调查相比，也无法与国内水利部门的台账建设方案相比。建设方案不明确会导致各层级统计部门数据收集上的随意性，数据整合难度增大。因此，要从台账的操作层面，认真规划、细致设计，拿出一个切实可行的操作方案。主要负责部门牵头，确定台账统计指标，设计统一的台账账户，解释测量指标的含义，制定统一的操作规范。细化的程度应当达到业务不熟练的统计人员对照调查方案的操作步骤和规程仍能独立完成统计工作,以确保了统计规范和统计口径的一致性,降低数据整合难度。

第二,整合现有组织结构,优化部门职能和分工,降低部门协调成本,提高运行效率和数据共享程度。中国农业资源调查统计由全国农业资源区划委员会办公室和中国农业科学院农业资源与农业区划研究所等单位组织开展,实践经验非常丰富,农业资源台账的职能和过去的有一定重合,应当基于现有的组织结构展开,以明确部门的职能分工前提下,推动多部门协调配合。需要明确台账建设主管部门与执行部门、农业数据统计部门之间的分工,避免相互推诿或重复统计。农业部门与外部其他部门之间的分工也要明确,适当收回部分重要农业资源的统计权限,把重要农业资源统计工作的主动性交到农业部门手里。以文件形式规定在农业部门需要时必须及时、认真地提供帮助,不得拖延或敷衍。

第三,开发台账数据收集系统,整合先进测绘技术,确保强有力的技术支撑。在细致设计农业资源台账建设方案的基础上,探索开发台账数据收集系统。按照台账建设方案的各项规定,设计系统架构。把过去农业资源区划工作中发展起来的先进农业资源测绘技术整合到数据收集系统中,把它作为系统中的一个功能区,直接调用完成数据测量和录入。把台账数据汇总系统与过去建立的农业资源动态信息系统结合起来,避免重复建设,提高历史资源的使用效率,同时可根据农业资源台账的新要求增加新的功能。农业资源台账要不断提高技术水平,农业资源管理的未来发展是综合运用信息管理、自动监测、知识工程、精确控制、网络通信等现代信息技术,应当不断探索研制出符合中国国情的、具有较强综合性和科学性的大型资源管理技术平台和软硬件产品。

第四,设计样本抽样和数据收集方式,探索台账常规化运行方案,提高数据时效性。农业资源管理对农业资源统计信息的时效性要求不断提高,现在的统计手段已经跟不上现实发展的要求。目前农业资源调查技术比过去更加先进,能够大大降低调查的难度,提高调查的效率,但仅从技术上提高是不够的,还应当探索更加灵活的样本抽样和数据收集方式。美国和英国的经验值得借鉴,可以把全国划分为多个调查试验点,利用抽样方法选择有代表性的子样本作为调查对象,每年抽查样本资源分布和使用情况。以灵活的抽样方法,配合更便捷的调查技术,降低调查成本,建立起台账的常规化运行方案,缩短调查周期。

## 第二节 农业资源台账的中国实践

### 一、中国农业资源台账的历史演进

中国过去没有完整的农业资源台账制度,明确提出建立重要农业资源台账制度是在2016年10月《全国农业现代化规划(2016—2020)》(国发[2016]58号)。但

### ▲ 国家重要农业资源台账体系建设与应用研究

是中国历来重视农业资源的调查统计工作，并以农业资源调查为依据指导农业生产和规划布局。从实践上来看，与农业资源台账制度类似的调查统计、分析报告工作一直都在进行。目前要建立农业资源台账制度，就是要在以往分散的农业资源统计工作的基础上，建立统一的职能部门和数据平台。因此，梳理过去与农业资源统计相关的实践经验，对总结农业资源统计经验，规划设计农业资源台账制度很有必要。

涉及中国农业资源统计的实践经验可以分为两类。一类是全国面上的统一调查和分析，与农业资源台账非常相近的有农业资源区划调查和自然资源核算。另一类是具体到某一部门的台账制度，一般由该部门的主管机构负责发布、实施和统计。这一部分将对第一类实践经验进行总结，以突出农业资源统计的历史演进情况。

**（一）农业资源区划视角**

农业资源与区划是合理开发利用农业资源，发展农业生产，建立科学管理，实现农业现代化的基础工作。其中，农业资源调查统计是农业资源区划的基础性工作。新中国成立以来，国家历来重视农业资源与区划工作，在农业资源统计上做了大量的调查和统计工作。回顾农业资源调查的实践经验，能够为目前农业资源台账制度提供一些参考。

1. 古代、近代农业资源著述（1949年以前）

古代或者近代的农业资源调查统计通常以不同的地理条件划分区域，分别记录区域内的农业资源特征。公元前300年左右，战国时代的《禹贡》一书以当时的全国地理区域划分，详细描述了各州的土壤、植被、物产、田赋登记和贡品名录情况。秦汉以后的《汉书·地理志》及《元和郡县志》等地方志，都是在行政区划的基础上，记录山川、人口、物产等情况。20世纪30年代开始，我国地理学家开始对部分省份进行农业区划分析，收集了大量农业资源数据。其中，较有代表性的是金陵大学美籍教授Buck与中国学者一起调查的涵盖东部22省的《中国的土地利用》一书，其中涵盖了气候、土壤、树木等自然资源，此外重点包括农业项目，如耕地、各类型未垦地、田块大小、劳力、人工灌溉、梯田以及农艺方式等。

2. 1949—1965年：研究全国农业分区，关注农业生产的地域分工

新中国成立初期对农业资源的分析的重点在农业的区域划分。第一个五年计划（1953—1957年）指出中国领土辽阔，各地区农业生产条件和水平差异较大，有必要先研究全国农业分区，以利于实施计划任务，合理配置农业生产。1954年以来，全国各级政府都建立了农业区划工作机构，原农业部指导农业区划工作，形成了《中国农业区划的初步意见》和《关于花粉中国农业经济区划的初步方案》。1954年，中国科学院由竺可桢带头、苏联专家为顾问的团队对全国的地貌、气候、水文、潜水、土壤、植被、动物、昆虫和综合自然区划9个方面进行了调查并出版了专著。1957年，全国按县一级搜集统计了主要农作物统计资料，并由原农业部计划经济局编撰了《全国主要农作物分布图集》。1963年，召开全国年工业科学技术工作会议，把农业自然资源调查和农业区划列为10年全国农业科学发展规划的第一项重点项目。

## 3. 1966—1977 年：农业资源区划工作停滞

1966 年 3 月，第二次全国农业区划工作会议在广东召开，主要内容是交流各地域农业区划工作的经验，各部委与地方开展了广泛的农业自然条件评价和区划工作。这段时期的成果主要有两个：一个是原农业部土壤普查办公室委托中国科学院地理科学与资源研究所编制了一部以土地利用为中心内容的著作《全国农业现状区划》（草稿）；一个是国家大地图集统筹委员会编辑出版的《中华人民共和国自然地图集》，全面介绍了全国的自然环境、自然条件分布状况及相关研究成果。当年夏天，第二次农业资源区划工作因"文化大革命"被迫停止。

## 4. 1978—1985 年：重启农业资源区划工作，重点开展全国性农业资源调查

在此期间，农业自然资源调查工作成为农业资源区划工作的重点。党的十一届三中全会以后，停滞 10 余年的农业资源调查工作开始恢复筹备。1978 年 3 月，中央召开全国科学大会，"全国农业自然资源调查和农业区划研究"列入《1978—1985 年全国科学技术规划纲要（草案）》重点科学技术研究项目的第一项，开启了我国第三次农业区划工作，其中，农业资源调查是第三次农业区划工作的基础。工作设想是在 1985 年以前，初步查明我国的土地、水、气候和生物资源，得出比较符合实际的数量与质量数据资料，对利用现状和前景进行科学评价。在此基础上提出有关调整生产布局和建立合理的生产结构，进行农业基本建设的主攻方向和增产途径等方面的建议。

1979 年 4 月 3—7 日，全国农业自然资源调查和农业区划会议上进一步明确了农业资源调查的几项具体任务：一是土地资源调查，尽快掌握农林牧业等各类土地资源数量、质量及潜力；二是对资源开发利用问题较多、农林牧矛盾比较突出的地区进行农业自然资源综合研究，尽快提出合理开发利用方案；三是土壤普查，以县为单位搞好试点，由点到面铺开；四是对全国已建和拟建的自然保护区，提出布局、规划和对稀有珍贵动植物保护的方案。1984 年针对土地资源调查工作，国务院发布了《关于进一步开展土地资源调查工作的报告》，指出"全国土地资源调查工作，由全国农业区划委员会领导，具体工作由农牧渔业部牵头，林业、水利、建设、测绘、统计等部门分工负责，密切配合"（国发［1984］70 号文）。与此同时，其他农业资源统计工作也在稳步展开。至 1985 年底，全国共 2108 个县（除西藏）完成了资源调查和农业区划，首次形成了国家、省、市、县相配套的农业资源区划体系，全国性的农业资源调查工作告一段落。

## 5. 1986—1989 年：开展重点地区农业资源调查工作，探索建立资源信息动态监测网点

按照第三次农业区划的设想，要在 1990 年以前进一步查清全国各类农业自然资源的数量和质量，对各地区、各流域的水土资源平衡进行科学分析，提出发挥农业自然资源增产潜力的建议。实际上这一时期的农业资源调查工作主要集中在对某些区域的农业资源进行调查，并非全面普查。完成了全国沿海滩涂资源调查，浙、闽、赣、皖、苏等 5 省东南丘陵坡地资源调查和山区气候资源调查。绘制 1∶100 万全国土地

资源图和 1∶400 万土壤侵蚀区划图。组织科研部门进行北方山区土地荒漠化和南方丘陵地区水土流失动态监测研究。

这一时期市场逐步放开，为了满足政策制定者调控农业和农村经济发展的需要，1987 年初全国农业资源区划办公室以［1987］农（区办）字第 5、第 10 号两个文件分别下发了全国网点县及一般县农业资源经济信息动态监测方案。通过建立动态监测网点，及时准确掌握农业资源的数量、质量、分布和变化趋势情况。检测内容包括：农业资源利用变化，主要指土地利用结构及生态环境变化；农村产业结构变化及原因、趋势；农产品供需和农村经济情况以及重大农业自然灾害等。中国农业科学院农业资源与农业区划研究所承担农业资源和区划信息系统研究，建立全国农业资源区划数据库、模型库。

6. 1990—1995 年：扩大农业资源调查范围和深度，服务全国农业区域开发总体规划

为加强对农业部门的宏观指导，1990 年提出《全国农业区域开发总体规划》（国发办［1990］47 号）。1991 年 2 月 7 日，《关于进一步加强农业区划工作的报告》（国发［1991］7 号），明确了这一阶段的工作重点，其中涉及农业资源调查的有两个方面，都顺利完成：一是组织完成全国以县为单位的"四低""四荒"农业后备资源调查，该调查是为总体规划服务，其中"四低"指的是中低产田、低产园、低产林地、低产水面，"四荒"指的是荒地、荒山、荒滩、荒水。全国 28 个省、自治区、直辖市（除海南、西藏和台湾）都完成了调查数据的逐级汇总上报工作，最后编撰的《农业综合开发后备资源调查报告》于 1994 年 6 月 20 日上报国务院。二是初步建立农业资源经济信息动态监测体系。该体系实现航天遥感和地面网点县相结合，统计了土地利用结构、农业生产灾害、重点农业生态环境、农业生产过程和农村经济等 5 方面的数据。在此期间，农业区划部门和农业系统从事遥感的单位扩展到 13 个，其中，7 个遥感中心由区划部门之间进行业务管理，专业技术人员 200 多名，网点县扩大到 300 个，从事有关小麦、草原、棉花播种面积检测，草原火灾检测的调查。利用地面网点进行了土地利用结构、农业经济状况、农业生产情况等方面的调查。

7. 1996 年至今：农业资源数据更新，强化农业资源管理

1996 年至今，农业资源区划工作的重点在农业功能区划上，对农业资源信息采集的力度下降。以各级农业资源区划办公室主要在更新农业资源数据。与此同时，加大了对农业资源管理政策、农业资源管理法规方面的研究。农业资源动态监测系统逐步完善，提供了农业遥感监测的业务化水平。2004 年全国农业资源区划办公室启动"农业资源合理利用与保护区划"工作。2006 年开始进行全国五大作物（小麦、玉米、水稻、棉花、大豆）大比例尺作物空间分布及面积调查工作。2007 年全国农业资源区划办公室选择 7 个试点率先开展农业功能区化试点工作。2008 年农办计［2008］34 号文件的出台，进一步推动农业功能区划工作的开展。

从农业资源区划政策的历史演进来看，全国性的农业资源调查统计工作主要集中

在 1978—1985 年。此后的农业资源调查统计是局部的、间断的和任务导向型的，规模和范围与过去的没有办法相比。可以看出，农业资源调查统计实际上是为区域规划和开发服务的。为了更好地利用农业资源统计数据，国家农业资源区划部门做了两方面工作：一是在分析农业资源优势和开发潜力的基础上制定农业资源利用与农业发展规划；二是在基础调查的基础上，逐步建立农业资源动态监测体系。

（二）自然资源核算视角

农业资源台账的账户形式，与自然资源核算中资产负债表的形式比较相近。在自然资源核算中，实物核算是价值核算的基础。我国自然资源核算起步在20世纪80年代初，恰好在农业资源区划全国性农业资源调查结束之后。在此期间农业资源区划工作重点转移，农业资源统计工作进入低谷，但此时自然资源核算开始兴起，自然资源核算要求以实物核算为基础，在一定程度上强化了对资源统计的需求，两者在一定程度上有承接关系。目前，我国在自然资源核算方面的价值核算上争议较大，但在实物核算上意见比较统一，加之实物核算账户和资源台账思路相近、形式相似，回顾自然资源核算的演进过程也能为当前农业资源台账建设提供一些思路。

1980—1999 年：自然资源核算意识形成与理论研究。20世纪80年代初，国务院环境保护领导小组办公室和国家统计局联合建立环境保护统计制度。1988年，国务院发展研究中心和美国世界资源研究所合作开展"自然资源核算及其纳入国民经济核算体系"的研究。同年，国家环保局按照世界银行"扩展的财富"的理论和方法，对1978年以来我国的国民储蓄率进行核算，侧重于将自然资源核算纳入国民资产负债核算研究。

2000—2013 年：初步探索自然资源核算。1994年，国务院审议通过《中国21世纪议程》，提出在建立社会主义市场经济体制中，充分运用经济手段，促进保护资源和环境，实现资源可持续利用。2001年，国家统计局以重庆作为试点开展资源环境核算，为绿色GDP核算奠定基础。2003年，原国家统计局试编了《全国自然资源实物量表》，涵盖土地、矿产、森林、水等4种自然资源。2004年，国家统计局、原国家环保总局联合开展了中国环境与经济绿色GDP核算研究。2005年3月，原国家环保总局和国家统计局启动了10个"绿色GDP"试点省市。2006年9月，原国家环保总局和统计局联合发布了《中国绿色国民经济核算研究报告2004》。

2013年至今：生态文明助推自然资源核算。2013年5月，国家统计局和林业局联合启动了中国森林资源核算及绿色经济评价体系研究，利用第八次全国森林资源清查结果和相匹配的全国生态定位站网络观测数据，对全国林地林木资源价值和森林生态服务功能价值进行了核算。2014年10月，国家林业局和国家统计局联合在北京发布了中国森林资源核算研究成果。2015年，环境保护部政策法规司司长李庆瑞介绍说，国家重新启动"绿色GDP"核算研究项目。2015年11月18日，国务院办公厅印发《编制自然资源资产负债表试点方案》该项方案对负债表编制的指导思想、编制原则做了详细说明，指出"按照自然资源变动因素，依据行政记录和统计调查监测资料，建立自然资源增减变化统计台账，及时填报相关指标"。2016年，《国务院关于全民所有自然资源资产有偿使用制度改革的指导意见》指出，要"建立全民所有自然资源资产目录清单、台账和动态更新机制，全面、准确、及时掌握我国全民所有自然资源资产'家底'，为全面推进有偿使用和监管提供依据。"

可以看出自然资源台账是自然资源核算的基础。我国的自然资源核算制度还在建设过程中，自然资源实物核算的多年实践中还是能够得到一些关于资源调查统计的经验。例如，在数据收集方面可以从以下几个渠道收集资源数据。在土地资源方面，主要有国土资源部和各级国土部门的土地资源详查数据、国土资源年鉴、国土资源管理年鉴的相关数据以及基本农田监测数据；全国尺度的土地利用遥感监测数据可以作为参考数据源，例如中国科学院资源环境科学数据中心发布的全国1∶10万土地利用数据，该数据集以 Landsat TM/ETM+、CBERS、HJ-1 等 30m 左右分辨率的多光谱遥感影像为数据源，采用计算机自动解译和专家判读相结合的方法，从 1980 年起每 5 年更新；各级农业部门可以提供农业生产和管理统计信息，如农业生产年报、农业统计资料等，可以补充土地资源数量信息、提供土地资源质量及生产管理信息。在水资源方面，主要来自水务集团和各级水利部门的水资源公报，包括年降水量、地表水、地下水水资源量和区域水资源总量数据、区域水资源流动数据、分区县水质数据等，此外还有细分区县尺度的水功能区划空间数据等。

### （三）农业资源台账最新进展

正式提出农业资源台账制度是在 2016 年 8 月 19 日农业农村部联合国家发展改革委、科技部、财政部、原国土资源部、原环境保护部、水利部、原国家林业局制定的《国家农业可持续发展试验示范区建设方案》（农计发［2016］88 号）。方案的建设目标是"到 2020 年，试验示范区的农业产业布局与资源环境承载力逐步匹配，转变农业发展方式取得积极进展，农业资源保护水平与利用效率逐步提高，重要农业资源台账制度基本建立，农业环境突出问题治理取得阶段性成效，生态系统功能逐步提升，农村环境明显改善，乡村更加美丽宜居。"附件给出《国家农业可持续发展试验示范区重要农业资源清单》，并指出以此表为基础数据，各试验示范区可根据本地区农业资源统计情况增加台账数据指标。为确保数据及时准确，各试验示范区应建立由一个部门牵头的农业资源数据协调机制，建立台账，有条件地搭建数据平台。

2016 年 10 月 17 日，国务院国发［2016］58 号《全国农业现代化规划（2016—2020 年）》"推进信息化与农业深度融合"方面指出，要"加强农业遥感基础设施建设，建立重要农业资源台账制度"，在组织事实上要求原农业部、国家发展改革委牵头，工业和信息化部、财政部、国土资源部、环境保护部、水利部、商务部、国家统计局、国家林业局、中国科学院、中国气象局等部门参与。

在各地农业资源区划部门的积极推动和支持下，台账试点范围逐步扩大，探索了台账制度建设技术路线和工作组织方式，积累了数据采集经验，初步建立系统反映

## 第二章 农业资源台账的框架设计

水、土、气、生等重要农业资源的种类、数量、质量、时空分布及其动态变化，以"五个一"（一本账、一个体系、一套标准、一个平台、一套制度）为主要内容台账制度，构建了2010—2018年农业资源底数，基本实现台账系统业务化试运行，并纳入农业农村部重大信息平台。

1. **基本建立了重要农业资源台账**

各试点单位成立了工作领导小组，安排专项经费并从国土、水利、林业、气象等单位抽调业务骨干开展工作，顺利完成台账数据采集、比对、上报等工作，2017年共收集了全国65个县2010年、2015年的水、土、气、生、废台账数据。2018年收集到172个县2010—2016年的台账数据。2019年收集到109个县2017—2018年的台账数据。在国家重要农业资源台账项目的支持下，完成第一批国家农业绿色发展先行区40个主体2019年耕地、草地主要农作物、设施农业空间分布数据编制，以及2018—2019年1 120户、每户60项农业资源指标的农户级农业资源台账数据采集工作。编制形成了2017年、2018年和2019年《国家重要农业资源台账报告》及试点县农业资源评价报告。

2. **建立台账数据采集体系和平台**

运用遥感、统计、调查（APP人机调查）等资源监测方法，初步建立国家省、市、县、农户"五级"数据采集体系，以及2~10米分辨率空间数据制作方案。积极推进建设台账数据库标准体系和数据管理应用平台，开发完成台账汇交系统。三年来，台账汇交系统运行稳定，可支撑各地多级多用户台账数据及时汇交，确保台账数据安全。同时开发完成台账管理系统，实现台账数据组合查询应用台账数据进行耕地资源承载力评价、农业可持续发展评价并生成农业资源现状报告。开发农户农业资源台账数据采集系统，实现农户级农业资源数据实时采集。

3. **基本实现了台账数据规范化、制度化管理**

2017年，推动在中国农业科学院农业资源与农业区划研究所建立了国家农业资源数据中心，配备专家实时指导台账汇交、审核，专人从事数据管理和共享，为各级农业资源管理提供数据支撑保障。2018年，编制了台账操作指南和系统操作手册，建立了台账数据审核管理制度，确保数据规范、准确。各试点单位主动作为，湖北省、河北邯郸等地探索建立了一整套重要农业资源台账制度建设管理体系，为各地推进台账制度建设提供了样板。2019年，深入推进第一批国家农业绿色发展先行区农业资源2~10米分辨率空间分布数据和农户级县级不同尺度台账数据的制作和采集，为实现农业资源多尺度空间管理奠定了基础。

## 二、中国农业资源台账的实践情况

从历史演进部分可以看出，中国农业资源台账出现得比较晚，目前正在规划研究和组织实施阶段，直接的实践情况还有待时间的检验。但与农业资源台账思路相关、手段相似的政策实践非常多，本部分将对这些实践情况进行梳理。

## ▲ 国家重要农业资源台账体系建设与应用研究

### （一）农业资源统计情况

农业资源区划委员会在农业资源统计工作上功不可没，以全国面上调查和专题调查相结合的形式，对中国农业资源情况进行了全面统计。20世纪70—80年代，农业资源区划委员会为满足农业发展需要，组织了全国性的农业资源调查，覆盖土地资源、水资源、气候资源、生物资源等，全面摸清了当时中国农业资源底数和分布情况，为农业区域划分奠定了基础。1985年以后全国性的调查鲜有进行，大多根据农业发展的现实需要进行专题调查，针对某一地区或某一种资源集中统计。可惜的是，过去的农业资源区划工作中，没有明确以台账的形式对农业资源进行统计。

### （二）资源台账实践情况

尽管台账在过去的农业资源统计过程中使用不多，但台账在资源统计上的应用却非常广泛，有一些已经比较成熟，可以考虑把资源台账的思路和方法应用到农业资源统计中，建立农业资源台账。

1. 土地台账

利用台账手段进行土地资源管理的实践非常多，但都是各地根据自身情况建立，没有一个统一的台账建立标准。

一些地方探索了耕地保护的台账管理办法，规范了耕地使用和管理规范，分类管理方法提高了耕地保护的管理效率，收到了较好的效果。以江西省为例，2008年江西省出台《关于建立土地执法监管长效机制落实耕地保护共同责任的意见》，其中提出实行严格的耕地保护量"红、绿、蓝"三色台账管理制度，对不同类型不同保护水平的土地进行分类台账管理：对实际耕地和基本农田面积高于保有量底线的，实行"绿色"台账管理，允许报批占用耕地项目；对接近保有量底线的，实行"蓝色"台账管理，控制报批占用耕地项目；对达到保有量底线的，实行"红色"管理，原则上不批准重大占用耕地项目。

土地利用台账是国土资源管理的重要手段，发挥了信息查询、资源共享、管理监测的功能。土地利用是国土资源管理的重要业务部门，担负着国有建设用地的出让和划拨、工程建设项目临时用地、农村宅基地、农业设施项目用地等土地使用权的审批和建设用地批后监管等职责。土地利用台账是土地使用权审批的明细记录表，一般而言，国土资源部门的土地利用台账分为3个账本。土地收储台账应当详细记录每宗土地的地理位置、面积大小、土地来源、收储金额等基本情况。土地出让台账除了反映每宗地的申请用地单位、地理位置、面积、容积率、出让价款、合同签定日期、约定缴款时间等基本信息外，更需要动态反映土地出让款缴纳的时间、次数、已缴数、未缴数，使每笔出让款都能在台账中得到动态反映。土地使用证台账应当反映出土地具体位置、面积、土地使用类型、使用期限、土地用途、申请发证单位名称和土地证编号。

在土地流转方面台账制度也广泛使用。吉林省公主岭市环岭街道利用台账进行土地流转管理工作，保障了土地流转双方的利益，稳定了土地承包关系。当地土地台账的具体操作程序能够给农业资源台账的实践提供一些借鉴。环岭街道根据土地流转相关法律法规建立了《环岭街道土地使用、流转管理台账》。首先，做好台账登记工作，准确掌握农户土地持有情况数据。当地组织街道党工委、办事处组织村支书、村主任和村会计召开了专题会议，并决定每村派出一名街道干部包村进行把关，每个村推荐2~3名懂会计业务，文化程度比较高、办事认真的村民代表参加协助村会计进行台账的建立和登记。台账登记完后，各村根据街道的要求，又组织其他村干部对照《土地承包情况登记表》与台账逐个农户逐个项目进行一次复核，确保万无一失。土地管理台账要由专人保管和登记。其次，对发生土地流转的农户，在土地管理台账上分别进行登记，本村农户之间进行的土地流转，转出方和接转方都要进行土地管理台账登记，转出方增加登记。如果本村农户的承包地流转给外村农户承包经营，在台账上只对本村转出方农户减少登记。对于转包和转让的流转双方，只在土地管理台账的本户账页上分别作减少和增加登记，而土地互换的流转双方，与上述两种流转方式的账务处理不同，它既要在台账本户账页上的增加栏登记。他们规定土地流转后的台账登记，要以土地发生变动，必须先签合同，然后根据合同再登记台账。台账管理制度规范了土地流转方式，保障了流转各方的权益，加强了村集体对本村土地管理的监控力度，减少了土地承包纠纷。

2. 水利台账

为配合2010—2012年第一次全国水利普查，国务院第一次全国水利普查领导小组办公室出台了《第一次全国水利普查台账建设技术规定》（以下简称《规定》）。这是国家有关部门在资源调查管理方面，明确使用台账制度的一个案例。《规定》从台账的建立、组织分工、台账表建立、指标设定和获取、填表说明等方面进行了详细说明，非常全面深入，值得借鉴。

《规定》一共分为11个部分。第一个部分明确台账建设的目的，第二个部分规定台账建设的对象和范围，第三个部分说明台账建设的主要内容，第四个部分说明台站搞建设的原则与要求，第六部分明确台账建设的步骤，第七部分是台账建设的组织分工，第八部分是台账建设的时间安排，第九部分为河湖取水口清查表及填表说明，第十部分列出台账表和填表说明，附录部分说明了经济社会用水调查对象确定方法。台账建设过程规定如下：基础资料收集整理，确定灌区、工业企业、建筑业及第三产业用水户名录，河湖取水口预清查登记，落实建立台账单位，完善取用水计量设施，发放台账表，开展典型调查，建立台账，监督检查，台账录入与审核。

该次水利普查一共有3个主要台账，分别是灌区区用水量台账表、工业建筑业与第三产业取用水量台账表、河湖取水口取水量台账表。另外，分设了四个辅助台账，分别是灌区取水辅助台账表、灌区用水辅助台账表、有水表计量用水户辅助台账表、无水表计量取水用户辅助台账表。每一个台账的项目设置、调查方案都做了统一规定。

### 三、中国农业资源台账的问题与挑战

总的来看，中国在农业资源调查和统计方面有悠久历史和实践经验。中国农业资源区划工作开展时间非常早，做了大量农业资源的调查和收集工作，涵盖全国面上调查和针对局部地区某类资源的专题调查，推动了遥感等信息技术的应用，收集了丰富的农业资源数据，为后来的农业区划工作奠定了基础。后来兴起的自然资源核算制度，部分承接了自然资源调查统计的任务，探索实践了自然资源实物账户的编制工作。除此之外，台账在社会各行业资源管理和调查统计工作方面应用非常广泛，各行业普遍根据自身需求建立台账，国家相关部门也开始针对行业自身特点设立统一的台账及管理规定，实践中台账管理取得了良好的效果。可以看出建立农业资源台账制度，不仅是政府部门的政策要求，而且顺应了资源管理的发展趋势。中国在2016年明确提出建立重要农业资源台账制度，从目前的情况和历史经验来看，中国农业资源台账存在着以下问题和挑战。

（一）统计渠道多且口径不一致

从历史演进的情况来看，中国农业资源调查工作一直在进行，数据非常丰富，但由于统计口径不一致，很难整合利用。统计口径差异的原因在于统计渠道较多，各部门会根据自己的需求进行农业资源的调查，收集的数据能够符合自身的统计需要但对其他部门适用性较差。以耕地资源统计为例，耕地数据可以从国家统计局、农业农村部、国家土地管理局等多个部门获取，但不同来源的数据差异很大，无法判断耕地资源的真实情况。统计渠道多导致口径不一致，不利于准确把握中国农业资源的特征。除此之外，每一次数据收集都需要花费大量的调查成本，调查部门各自为政，重复统计的情况不可避免，容易造成财政和社会资源的浪费。

（二）部门条块分割共享性较差

农业资源的范围比较大，通常都由不同的部门分别进行调查统计。但是，政府各部门职权界限不清、利益的矛盾和冲突，部门条块分割比较明显。加之国家统计职能部门受统计制度的约束，没有将所有重要农业资源项目都囊括进来，导致部分农业资源的数据没有实现共享。农业资源区划工作建立了一个统一的全国农业资源区划委员会进行管理，能够在一定程度上进行组织协调工作，但农业资源调查不仅涉及农业内部各部门的组织协调，还需要农业以外水利、国土、气象等多部门的大力配合，目前外部组织协调的难度仍然非常大，数据共享性也不够理想。

（三）基层统计工作落后于国家

在具体操作层面，基层农业资源统计工作经常落后于国家统计工作。地方农业资源统计的意识较为薄弱，重视程度不够。一些地方只注重对耕地资源的调查和统计，其他农业资源的分布和利用情况没有作为工作重点，统计项目的设置比较少，难以全面了解当地各种农业资源的分布和利用情况。地方统计机构技术手段较为落后，在项目设置上差异较大，统计口径不一致，数据准确性较差，难以提供真实可靠的统计信

息。缺乏规范的农业资源动态观测点和观测网，统计年份时断时续，口径不一致，缺乏连续性，难以进行对比分析。目前基层统计工作的不完善，难以满足国家建立农业资源台账的要求。在农业资源台账建立过程中，需要对基层部门的职能和操作规范上进行明确要求和规定。

**（四）缺乏常规化调查的制度保障**

从农业资源调查的历史演进可以看出，过去全国性的农业资源摸底工作主要依赖全国性大规模普查。普查的难度之大、成本之高其实是显然易见的。中国在20世纪70—80年代进行了全国性的农业资源调查工作至今40余年，没有再组织过类似的普查活动，大多以专题调查的方式进行。目前我国农业资源约束加紧，对农业资源的摸底和管理亟待提上议事日程，但现有的农业资源数据陈旧落后，难以满足指导农业发展的需求，然而农业资源的利用和变化情况需要实时掌握，常规化的农业资源调查统计工作非常有必要。农业资源台账制度的建立，就是要弥补这样的不足，实现对农业资源的实时动态管理，把农业资源的调查统计和管理作为政府的常规工作。

## 第三节 农业资源台账的国外实践

### 一、国外农业资源台账的历史演进

从国际角度来看，与农业资源台账紧密相关的是自然资源核算。自然资源核算体系中，自然资源实物核算是基础环节。国外自然资源核算的演进大概是这样一个过程：人类逐渐意识到自然资源的重要性，提出自然资源纳入经济发展核算中，对此进行研究和实验，最后成为一个较为成熟的框架，以联合国的文件形式升级为国际标准。通过对自然资源的核算，实现对自然资源使用的监督和管理，提高了自然资源的使用效率。

20世纪40—70年代：自然资源核算萌芽时期。最早在1946年，英国经济学家约翰·希克斯提出了绿色GDP思想，开始考虑在经济核算的同时考虑对资源环境的影响，但此时还只是一个发端。时隔近十年之后，1953年，西方国家提出了国民账户体系（SNA）。1973年，苏联提出了物质产品平衡表体系（System of Material Product Balances, MPS）。后面两个是经济核算的基本结构。在两种衡量体系指导下，各经济体的发展都出现了问题。西方国家的SNA重视经济产值和经济增长速度，忽略了对资源的影响和环境条件，导致资源和环境破坏，使这些国家开始反思经济核算体系是否合理。

20世纪70年代至1991年：各国自然资源核算探索阶段。在经济快速发展带来沉重的资源环境负担的背景下，很多国家开始着手尝试进行自然资源核算，积累了丰富的实践经验，也改进了国内经济评价指标，促进经济可持续发展。1978年，挪威最早开始了资源环境核算，其环境账户以国民经济为模型，作为决策者评估能源交替增长的工具。1987年，挪威国家统计局和能源委员会提交了《挪威自然资源核算》的研究报告，将自然资源分为实物资源和环境资源两大类。芬兰政府建立自然资源核算体系框架，涵盖森林资源核算、环境保护支出费用统计和空气排放调查，随后展开了大范围的环境价值核算研究。欧盟在总结挪威、芬兰两国实践经验的基础上，提出了包括环境账户的国民核算矩阵（NAMEA）。1985年，荷兰中央统计局开始进行土地、能源、森林等方面的核算，荷兰是最早提出排放量核算的国家，荷兰的水资源核算主要借鉴了联合国SEEA的框架体系和核心范围。1987年，法国统计和经济研究所发表《法国的自然遗产核算》，1989年又发布了一系列在国际上有较大影响的研究成果，如《环境核算体系——法国的方法》。1989年，印度尼西亚（以下简称'印尼'）对森林、石油储量和土壤的资产进行了折旧评估。1990年，墨西哥把石油、土地、水、空气、森林纳入环境经济核算范围，率先实现了绿色GDP。1991年，联合国提出综合环境和经济核算体系（System of Integrated Environmental and Economic Accounting, SEEA）的思想，但此时的影响力还比较有限。

1992年以后：自然资源核算体系国际指导意见出台，自然资源核算的国家范围在扩大。1992年，世界环境与发展大会的召开为环境和资源核算及国民经济账户体系的研究工作提供了新的契机。1993年，联合国统计司建立了与SNA相一致的、可系统地核算环境资源存量和资本流量的框架，即综合环境与经济核算体系（System of Integrated Environmental and Economic Accounting, SEEA-1993）。SEEA-1993是SNA的卫星账户体系，是可持续发展经济思路下的产物，主要用于在考虑环境因素的影响条件下实施国民经济核算，是对SNA账户体系的补充。2001年，联合国可持续发展委员会（CSD）专家工作组第一次发布了《环境管理核算的规程与原则》。2003年，联合国修订了SEEA-1993，简称SEEA-2003，在概念与定义统一方面做了许多尝试。SEEA-2003详细说明了自然资源的物理量、混合环境—经济账户及其估价方法，但未包括环境恶化的价值估价。在此期间，1993年，美国建立了反映环境信息的资源环境经济整合账户体系。同期，日本开始进行本国SEEA的构造性研究，建立了较为完整的SEEA实例体系，并给出了1985和1990年日本绿色GDP的初步估计。1996年，印尼完成了本国1990—1993年的自然资源环境账户核算。在SEEA的影响下，国际社会陆续推出了《欧洲森林环境与经济核算框架》（The European Framework For Integrated Environmental and Economic Accounting For Forests, IEEAF）（IEEAF-2002）、《联合国粮农组织林业环境与经济核算指南》（Manual for Environmental and Economic Accounts for Forestry: a Tool for Cross-sectoral Policy Analysis）等。2012年，SEEA中心框架（简称SEEA-2012）出台，把核算标准提升到国际统计标准，该框架增加了环境退化及相关措施和评估方法的讨论。

## 二、国外农业资源台账的建设规程

目前，自然资源核算虽有国际统一标准，但具体到各个国家的农业资源调查和管理上，各国的实践又有一些差异。世界各国的农业资源条件差异较大，经济发展水平不同，很多国家除了在自然资源核算的过程中对资源进行了清算，还针对本国的农业资源进行了广泛的调查。以美国为例,从自然资源核算的角度来看,美国的自然资源核算比欧洲国家开展得晚,目前还在进程中。美国在1994年公布了资源环境与经济综合核算体系。其核算分为3个部分:第一,建立基础框架,完成矿产资源的核算工作和自然资产的原型估计;第二,核算可再生性资源;第三,在以上两个阶段的基础上进行环境资产核算。目前,美国经济分析局已经完成前两个阶段的工作,对美国地下矿产资源和森林资源进行了初步核算。英国的自然资源核算采用的是欧盟的环境经济核算系统(European System for the Collection of Economic Information on the Environment, SE-RIEE)。其中包含了很多卫星账户,分别是环境保护支出账户、自然资源使用及管理账户、环境产业记录、特征活动投入产出分析、物质流量账户。账户在与实务数据联系之外,海域资源环境相关的经济活动和贸易。英国政府在国家资产负债表的框架之下,增加了环境账户,环境账户分为3类:自然资源核算账户主要包括土地、木材和已探明可开采的石油和天然气储量;物流核算账户主要包涵化石燃料、能源耗减、大气排放和物料流量;财政核算账户包括与资源环境保护相关的税收和支出。2013—2015年,英国初步完成了土地覆盖账户、碳账户、林地账户、农田账户、湿地账户和海洋账户的计量评估工作。

实际上,自然资源核算只是众多发达国家资源调查的一个方面,很多国家进行农业资源调查的历史非常悠久。发达国家已经把农业资源管理广泛应用到支撑农业现代化的各个方面,成为农业政策制定、农业规划编制、农业项目管理的依据和基础,为中国建立重要农业资源台账制度提供了宝贵的经验。

**(一) 美国国家资源存量调查(NRI)**

在农业资源调查统计方面,美国已经形成了一套系统的常规调查项目——国家资源存量调查项目(National Resources Inventory Survey Program, NRI Survey Program)。该项目对美国非联邦用地(包括私人土地、部落、信托土地、州或地方政府持有的土地)的土地利用和这些土地上自然资源(包括土壤、水等其他资源)情况、发展趋势进行调查。NRI调查由美国农业部自然资源保护服务局(Natural Resources Conservation Service, NRCS)负责,由爱荷华州立大学调查统计与方法研究中心提供技术支持。国家资源存量调查项目受到国家政策的大力扶持,包括1972年开始颁布的《农村发展法案》(Rural Development Act)、1977年开始颁布施行的《水土保持法》(Soil and Water Resources Conservation Act)、1996年颁布的《联邦农业改良与改革法案》(Federal Agriculture Improvement and Reform Act)、2002年颁布的《农场安全与农村投资法案》(Farm Security and Rural Investment Act)。

1. 调查发展历程

美国国家资源存量调查的历史非常悠久,在NRI项目正式颁布之前就开展了大量的资源调查活动。

20世纪20年代至1976年:重点调查土壤资源。20世纪20年代,联邦政府对土壤资源开展一系列调查。1934年进行了水土流失调查(Erosion Survey)。到30年代中期，美国农业部建立土壤保护服务局（Soil Conservation Service）[①]，负责组织与土壤有关的调查活动，当时的调查大概每10年组织一次。包括1945年的土壤和水资源保护需求存量调查（Soil and Water Conservation Needs Inventory）和后来1958年和1967年的保护需求存量调查（Conservation Needs Inventories）。1975年，进行了后备作物调查（Potential Cropland Study），集中调查了适耕土地的情况。这一阶段的调查内容主要是土壤，包括土地利用、土壤肥力、土地类型、涵养措施、水土流失、基础农田登记等指标。对土壤资源的调查使美国政府意识到，农业资源调查数据能够为政府决策提供重要的数据支持，有必要加大农业资源调查力度。

1977—1999年：国家资源存量（NRI）调查正式开展，专题调查同步展开。1977年，国家资源存量（NRI）调查正式展开，每五年开展一次，一共进行了5次调查，调查数据通常在调查结束2~3年后公布。调查范围从过去的土壤资源扩展到私人土地上的所有农业资源，分为地区数据和调查点数据。地区数据包括农场建设用地、农村交通设施、侵蚀面积、风蚀面积、小型水体、大型水体、小型河道、大型河道、河流冲沟数量等。调查点数据的调查对象是土地所有者，调查内容包括土地数据、作物种植情况、森林覆盖情况、水利条件、湿地情况、盐碱化情况、资源保护情况、水土流失状况、野生动植物资源等。针对过去调查抽样成本较高的情况，1987年NRI调查采用了新的抽样技术，30%的数据用遥感测绘的方法获得，采用地理资讯系统（GIS）输入样本数据并检查数据质量。1992年在计算机软件的协助下，调查时间缩短到一年之内。1997年配备了个人数据设备（Personal Data Device），显著提高了田野调查数据收集的效率和准确度。在此期间，自然资源保护服务局还开展了一系列专题调查，包括1991年的实地调查、1995年的水土流失更新调查、1996—1998年连续3年的国家资源存量特别调查、1999年国家资源田野调查。5年一次的全面调查摸清了美国农业资源存量，提供了非常丰富的数据资料。但是调查难以跟上自然资源快速变化的现实情况。

2000年以后：开始国家资源存量年度调查，提供了丰富有效的即时信息。为了弥补上一阶段信息更新较慢的缺陷，2000年以后美国农业部、自然资源保护服务局用永续盘存法（Continuous Inventory Approach）改进调查方案。政府在全国范围内确定30万个基础抽样单元（Primary Sampling Units），每次调查抽取8万个调查单元，其中包含4.5万个核心调查单元（"core" sample）和3.5万个流动样本（"rotation" or "supplemental" sample）。抽样调查结果取决于抽样过程、区域内基础抽样单元数量和当地的自然资源特征，自然资源保护局在每次调查之后会公布调查结果的边际误差，但总体来看国家资源存量年度调查数据在州和国家层面上是可靠的。

2. 数据采集方案

采用两阶段抽样方法进行。第一阶段进行土地抽样，确定调查土地之后，第二阶

---

① SCS在1994年更名为自然资源保护服务局（Natural Resources Conservation Service）。

段对土地区域范围内的点进行抽样。国家基础样本由约 30 万个区域和 80 万个采样点组成。采样通过遥感拍照的方式进行。核心样本从基础样本中抽取，流动样本根据调查年份的不同和当年调查重点的不同选取。

为了能够更好地指导数据采集工作，美国农业部自然资源保护局专门建立了一套网络系统（图1）。数据收集网络指导系统（NRI Data Collection Instructions）是重要的组成部分，系统内全面部署了当年的调查方案：第一部分为背景介绍，包含调查的背景、当前调查相较过去调查的变动；第二部分介绍数据调查的基本步骤，根据调查样本是核心样本、流动样本还是新增样本，对应不同的调查方法（图2）；第三部分为数据收集协议；第四部分是数据收集软件，软件根据地区数据和样本点在数据指标和收集方法上的差异设置了不同的统计方法；第五部分为术语合集，对调查中可能出现的术语进行了全面地收集和解释。

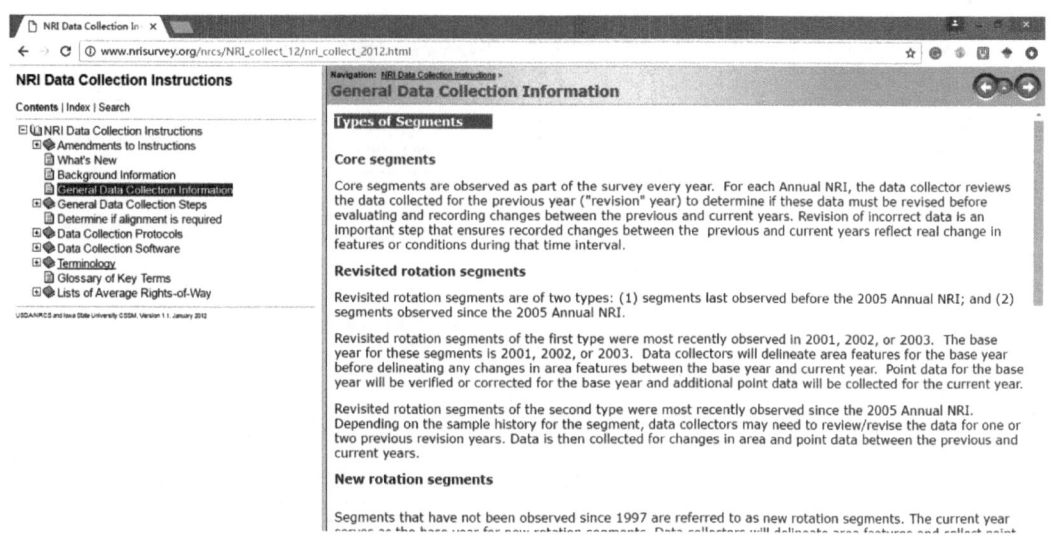

**图1　美国国家资源存量调查数据收集指导系统**
资料来源：美国国家资源存量调查（NRI）数据收集指导系统网址：
http：//www.nrisurvey.org/nrcs/NRI_ collect_ 12/nri_ collect_ 2012.html

美国国家资源存量调查实现了电子化统一管理，统计部门专门开发了针对 NRI 的调查软件 NRI_ Collect。软件主界面见图3。地区数据通常包括空间数据和列表数据。空间数据可以用 NRI_ Collect 软件中的工具进行测绘。其余的附加地区特征属性从软件自带的工具箱中选择对应指标添加。NRI_ Collect 测绘工具包可以对水体、溪流、交通等情况进行测量。样本点的调查只需要列表数据，不需要空间数据。软件自带资源测量指标，只需要把测量数据输入即可，测量指标包括土地覆盖、湿地和深水栖息地、水土流失、土地使用情况、生态涵养措施等资源调查项目。测绘软件的开发不仅简化了测量手段、降低了测绘成本，而且促使调查形成了一套统一的测绘标准和衡量指标，保证数据口径一致。

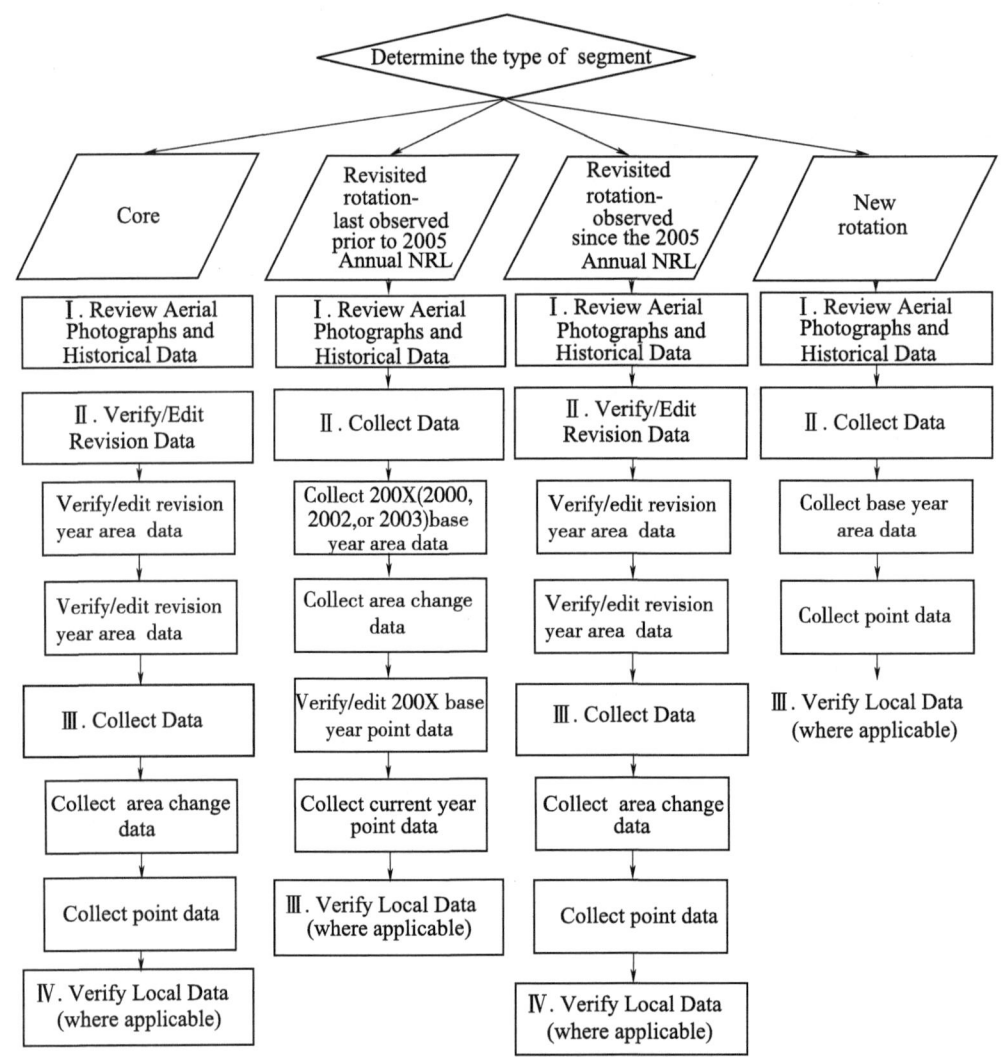

**图 2　美国国家资源存量调查数据调查步骤**
资料来源：美国国家资源存量调查（NRI）数据收集指导系统网址：
http：//www.nrisurvey.org/nrcs/NRI_ collect_ 12/nri_ collect_ 2012.html

国家资源存量调查致力于提供在科学的调查方法指导下获取的数据资料，从而更好地为决策服务。美国国家资源存量调查数据有良好的数据特征：第一，数据质量高，数据最早可追溯到1982年，由自然资源数据收集专家收集；第二，数据共享程度高，与农业部自然资源保护服务局的土壤调查数据关联，可以进行有关土壤资源的研究分析；第三，完整性好、时效性强，提供国家层面口径一致的数据库，能够对所有非联邦所有土地上相关资源进行趋势分析。美国国家资源存量调查在制定国家自然资源保护政策和项目方面发挥了关键作用，有助于公众了解自然资源问题，并为研究人员提供了国家层面上全面一致的资源数据信息。

## 第二章 农业资源台账的框架设计

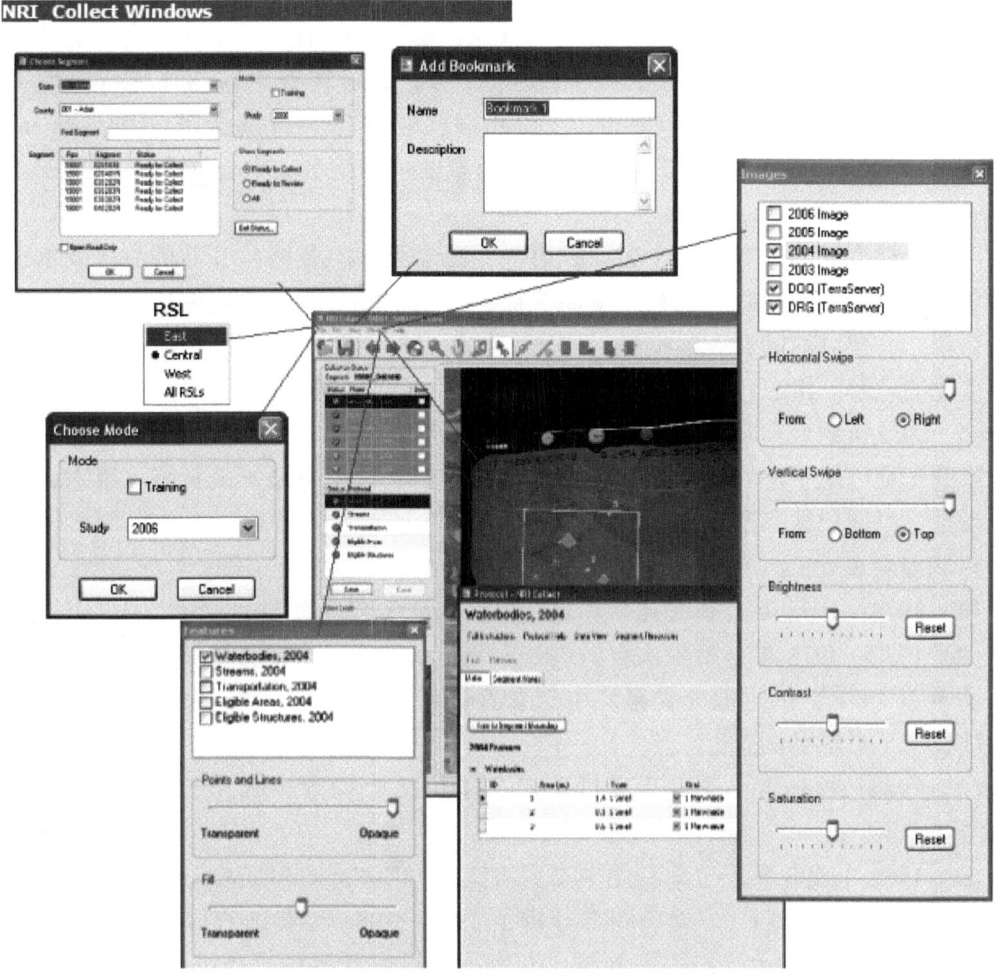

**图3　美国国家资源存量调查软件主界面**

资料来源：美国国家资源存量调查（NRI）数据收集指导系统网址：http://www.nrisurvey.org/nrcs/NRI_collect_12/nri_collect_2012.html

美国国家资源存量调查已经非常成熟，统计抽样方法设计合理，技术手段比较先进。遥感技术、地理咨询系统大大提高了调查效率和准确程度，针对数据收集设计的网络指导手册和调查软件简化了数据收集流程。美国国家资源存量调查很好地服务于政府政策和项目制定，甚至在生态资源调查、气候变化调查方面也发挥了很大作用。

### （二）英国乡村调查（CS）

英国在农业资源调查统计方面也做了大量的工作，其中有代表性的综合性调查是乡村调查（Countryside Survey）①，乡村调查的目的是统计英国乡村的自然资源，用标准化的科学方法和分析方案调查乡村的栖息地、地貌、植被、河流、土壤和土地覆盖等情况，展示乡村变化及原因，为政府决策服务。农村调查由自然环境研究理事会（Natural Environment Research Council）和环境、食物与农村事务部（Department of Environment，Food and Rural Affairs）资助，调查由生态与水文中心（Centre for Ecology & Hydrology）负责执行。

英国乡村调查的内容有6个方面。第一，记录英国、英格兰、苏格兰、威尔士和北爱尔兰农村地区的地貌、植被、土地覆被、土壤、淡水等自然资源状况，按时出具报告。第二，与以前的调查数据进行比较，分析农村的变化及原因，增加对农村地区发展变化的理解。第三，收集、存储和分析数据，优化数据整合方案。第四，对外提供数据，为政策制定和学术研究提供数据支持。第五，对农村发生的变化进行综合评估，有助于更好地了解农村变化对英国乡村的影响、对生态系统的影响。第六，提供基准数据，以便评估和适应气候变化的影响。

1. 调查发展历程

（1）1974—1978年  在舍德兰和坎布里亚开展生态调查。

（2）1977—1978年  第一次乡村调查。调查统计256个调查区域，调查区域从生态水文中心（ITE）的土地分类系统中选取有代表性的地块得到，采用生态水文中心开发的技术工具辅助调查。

（3）1984—1986年  第二次乡村调查。对1978个调查区域开展全面调查，增加了部分调查区。

（4）1986—1993年  土地利用生态后果调查（Ecological Consequences of Land Use Change project，ECOLUC）。这项调查分析了1978—1984年英国农村发生的变化，并对1990年的调查提出改进措施。同时，开发了农村信息系统（Countryside Information System，CIS）。

（5）1990—1993年  第三次乡村调查。此次调查受到自然环境研究理事会、环境部、工业部、英国国家空间中心和自然资源保护协会支持。对1984个调查区域进行全面调查，新增508个调查区域，首次加入淡水指标，绘制出第一份英国土地覆被图。

（6）1998—2000年  第四次乡村调查。此次调查受到自然环境研究理事会支持。一共完成1900个调查区域的复查，完成额外区域569个。首次单独报告苏格兰乡村调查结果，绘制出第二份土地覆被图，包含爱尔兰在内。

（7）2007—2008年  第五次乡村调查。此次调查受自然环境研究理事会（Natural Environment Research Council）和环境、食物与事务部（Department of Environment，Food and Rural Affairs）支持。此次调查复查了所有调查区域。首次从联邦整体

---

① 网址：http：//www.countrysidesurvey.org.uk/

和各国的角度分别给出调查结果。

2. 数据调查方案

英国乡村调查的数据收集方案有两种，一个是田野调查（Field Survey），另一个是土地覆被图（Land Cover Map）。

田野调查是对样本调查区域的详细研究。样本调查区域大小为1平方千米，范围覆盖英格兰、苏格兰和威尔士。根据英国资源分布状况适当选择样本，确保样本具有全国代表性。选择适当的样本数量，保证调查结果是稳健可靠的。调查之前对样本的区位信息保密，以避免人为干扰样本调查。在这种抽样方法下，代表区域能够真实反映村庄变化，确保研究的可比性。调查配备便携式数据记录器，装有专门设计的统计软件。在1平方千米的调查区域内搜集的信息包括：地块区位特征、河流池塘数据、土壤数据，信息中包括图片。

土地覆被图用卫星图像生成，可以全面反映整个英国土地的植被覆盖情况。1990年和2000年两次的土地覆被图已经成功被英国政府部门、科研机构采纳。2007年的卫星图像进度将提高，土地覆被图可用于以下几个领域的分析：气候、水、生态系统、海洋、生态保护、影响评估、健康、农业、景观规划、电讯、城市研究、教育宣传、碳核算等。

调查数据编制在乡村信息系统（CIS）中，该系统基于微软Windows系统开发，便于决策者、研究者及社会公众获取数据。

总的来看，乡村调查数据内容丰富、可靠性强。调查的范围和复杂程度在增加，数据内容不断丰富，价值不断提高。过去乡村调查的数据帮助跟踪陆地、淡水和动植物栖息地的变化，在制定和评估农业政策方面帮助较大。

**（三）澳大利亚实物核算表**

澳大利亚的农业资源调查范围广泛，但缺乏有代表性的大范围调研。澳大利亚农业与水资源部下属的农业、资源经济与科学局（Australian Bureau of Agricultural and Resource Economics and Sciences，ABARES）[1]，收集了大量农业资源数据，建立了澳大利亚自然资源数据库（Australian Natural Resources Data Library，ANROL)[2]，收集了土地、水资源、气候、森林等农业自然资源的详细信息。由于缺乏有代表性的全国性调查方案，这里主要介绍澳大利亚环境核算的情况。从20世纪90年代起，澳大利亚政府每5年对全国生态环境开展一次全面普查，做出系统评估，并向议会提交详细的环境评估报告。澳大利亚环境核算开展较早，环境核算中物质核算是基础，下面以土地核算为例介绍澳大利亚土地核算的实物表，为农业资源台账建设提供一些参考。

澳大利亚的土地核实物表一共有3个部分。主表是《SEEA2012》中规定的土地平衡表（表1），另外两个表是根据澳大利亚本土情况建立的辅助表。土地实物计量

---

[1] 网址：http://www.agriculture.gov.au/abares/

[2] 网址：http://data.daff.gov.au/anrdl/php/anrdlSearch.html

的单位是面积,进行实物计量要能够记录清楚一个时间段内土地面积存量和流量的变化情况。土地平衡表按照"土地用途=土地覆被类型"的平衡式构建,其中土地覆被类型是指某宗土地所具有的用途,所以用途和覆被类型是从不同角度衡量不同土地,两者分别相加最后数量肯定是一致的。在平衡表中,横行表示可以表示某宗土地所具有的用途是归属的覆被类型,纵列来表示该种土地的最终用途(耿建新等,2015)。

表1  澳大利亚土地平衡表　　　　　　　　　　　单位:公顷

| 土地覆被＼用途 | 建筑用地 | 开采地区 | 裸地 | 内陆水道 | 灌溉种植（牧场） | 旱作种植（牧场） | 湖泊 | 湿地 | 合计 |
|---|---|---|---|---|---|---|---|---|---|
| 原生植被 | | | | | | | | | |
| 农业种植 | | | | | | | | | |
| 放牧养殖 | | | | | | | | | |
| 水产养殖 | | | | | | | | | |
| 社区服务（住宅） | | | | | | | | | |
| 商业用途 | | | | | | | | | |
| 工业用途 | | | | | | | | | |
| 遗产、保护区 | | | | | | | | | |
| 其他 | | | | | | | | | |
| 合计 | | | | | | | | | |

另外的两个表是辅助表格,分别从土地覆被类型(表2)和土地用途(表3)两个角度记录土地使用情况。两个辅助表格的情况与土地利用的实际情况相似,可以从现有数据中直接获取,把现有数据归档整理,便于对土地资源进行监督管理。在附表的基础上,可以对土地利用情况汇总整合,最终填制土地平衡表。用附表辅助主表,能够降低填表难度、提高数据准确性。

表2  按州和领地分类的土地覆被表——摸索—达令河流域　　　单位:公顷

| 州、领地＼土地覆被 | 新南威尔士 | 维多利亚 | 昆士兰 | 南澳大利亚 | 澳大利亚首都领地 | 合计 |
|---|---|---|---|---|---|---|
| 建筑用地 | | | | | | |
| 开采地区 | | | | | | |
| 裸地 | | | | | | |
| 内陆水道 | | | | | | |
| …… | | | | | | |

表3 按州和领地分类的土地使用表——摸索—达令河流域　　　单位：公顷

| 州、领地<br>土地覆被 | 新南威尔士 | 维多利亚 | 昆士兰 | 南澳大利亚 | 澳大利亚首都领地 | 合计 |
|---|---|---|---|---|---|---|
| 农业 | | | | | | |
| 林业 | | | | | | |
| 水产养殖用地 | | | | | | |
| 建设及相关区域用地 | | | | | | |
| …… | | | | | | |

#### （四）日本农业资源调查

日本也调查农业资源，但对农业资源范围的定义非常狭窄，调查内容比较简单。日本农业资源调查官网的资料较少[①]，仅根据能获得的有限资源进行介绍。日本农业资源调查的目的是收集可耕地、可耕但抛荒的土地、农村道路的相关数据，分析农村土地是否能满足食物需求和农业农村发展的需要。调查分为两个部分，一个是对耕地的调查，一个是对乡村道路维护状况的调查。耕地调查的指标包括耕地面积、抛荒耕地面积、放牧草场面积，每年12月开始调查。乡村道路调查的指标包括村道长度、硬化道路长度、村内桥梁数量、村内桥梁总长度等，每年12月调查。该调查由日本农林水产省组织实施，当地统计部门负责执行。数据通过邮寄或电子邮件的形式汇总。可以看出，日本农业资源调查的范围与中国差异较大，可能的情况是日本其他农业资源划分在其他部门的统计范围内，为了避免重复统计，农林水产省负责的项目较少。

### 三、国外农业资源台账的经验启示

以上两个部分分别从自然资源实物核算和农业资源调查两个角度梳理了国外实践经验。不同国家自然资源条件、社会经济发展程度、农业产业比重差异较大，在农业资源调查的实践上差异也比较大，各国因地制宜采取不同的农业统计调查方案。总的来看，发达国家普遍重视农业资源调查统计工作，实践证明，农业资源调查能够指导农业政策制定、促进农业可持续发展。各国实践过程中存在一些亮点值得中国借鉴。

#### （一）单独设立调查项目

在大多数发达国家中，农业资源调查保持较高的独立性，与其他部门的调查统计项目重合度比较低。独立设立农业资源调查项目，赋予农业资源调查较高的地位，肯定了农业资源调查的重要性。在庞大的政府组织机构中，较高的政治地位意味着较大的影响力与资源动员能力，利于调查工作的推进。国外农业项目还有一个特征是，与

---

① 日本农业资源调查网址：http://www.maff.go.jp/j/tokei/kouhyou/sigen/

农业生产紧密相关的土地、水、气候等重要农业资源基本都分配给农业统计部门，减少了与其他部门协调的成本，维持了调查的独立自主。事实上，很多发达国家政府中的农业部门通常还涵盖了环境和资源部门，在一个组织框架下开展农业资源统计工作，能够一定程度避免条块分割带来的协调成本。

### （二）采用先进调查技术

美国国家资源存量调查使用了遥感技术和地理资讯信息系统，英国乡村调查使用卫星图像分析系统，显著降低了农业调查成本。在先进的农业技术的帮助下，英美两国农业资源调查的区域范围不断扩大，调查时间也在缩短，调查的覆盖面增加，能更好地反映国家农业资源分布情况。采用先进的调查技术可以提高数据测量的准确性，提高数据质量。伴随检测成本降低，美国国家资源存量调查项目分类的数量从一开始的5个扩展到现在的接近30个，增加资源测量指标能够加深对国家农业资源底细的把握。

### （三）开发数据收集系统

发达国家都有专门的农业资源数据库，便于查阅信息，更好地服务决策者和研究者。美国在数据库之外，开发了专门的软件收集测量信息。软件完全按照农业资源调查方案开发功能，配有详细的使用说明，在软件系统内部，内嵌详细的调查方案和指标说明。这样"傻瓜式"的设计便于调查者使用，对基层部门业务不够熟练的统计人员非常适用。建立数据收集系统还有一个好处是，系统设计是统一的，用户不能向过去纸质账户一样随意增减或者篡改调查指标。这样就从源头上保证了数据口径的一致性，提高了数据的共享性。

### （四）缩短调查周期

发达国家农业资源统计周期有变短的趋势。首先从技术上来看是可行的，美国农业部门规模较大，情况比较复杂，在先进的调查技术和数据收集系统的帮助下，大大缩短了数据收集时间。其次，缩短调查周期是数据分析的必然要求。农业生产过程中天气变化、自然灾害等突出问题较多，农产品市场的波动随着市场化和全球化的深入不断加剧，农业市场分析对数据的即时性要求较高。过去的农业资源调查周期太长，难以满足现实发展的需要，历史数据分析结果一旦与当前情况不符易得到有误导性的结果，影响决策的准确度。

## 第四节 农业资源台账监测体系建设与布局

### 一、我国农业资源监测现状

#### （一）农用地资源

1. 耕地质量监测

自1984年开始，全国农业技术推广服务中心累计在全国30个省（区、市）的

149个县（市、区）建立了定位监测点190个（2008年）国家级耕地土壤长期定位监测点，监测地块的耕作制度、种植类型、土壤类型、分布面积、生产能力、灌排方式、地理位置、管理水平、技术投入等28项内容，对土壤有机质、全氮、有效磷、缓效钾、速效钾的监测每年一次，对土壤pH值、微量元素（有效铁、锰、铜、锌、硼、钼），重金属（镉、汞、铅、铬、砷）的监测每五年一次。监测点的选择在各区域具有一定代表性，涵盖了主要的种植结构和主要的粮食作物，并兼顾了高、中、低不同的耕地地力水平，最大程度地反映全国耕地质量的实际。2016年，耕地监测工作表现出3方面变化：首先是扩大了点位数据，在以往357个国家监测点的基础上扩大到850个，涵盖43个主要耕地土类，年度监测数据增加2万余个；其次是耕地监测拓展了养分指标。在继续监测有机质、全氮、有效磷和速效钾等指标的基础上，拓展监测了反映土壤养分持续供应能力的全磷、全钾指标，以及与农产品产量和品质密切相关的中微量元素指标；三是增加了健康指标。首次监测反映土壤健康状况，与农产品质量安全相关的重金属指标，并采用土壤环境质量标准评价健康状况。

此外，2011年国土资源部下发《国土资源部办公厅关于开展耕地质量等级监测试点工作的通知》（国土资厅函［2011］5号），在全国选择15个基本农田示范县开展耕地等级监测试点工作，其主要监测内容：一是对基本农田整理（建）引起的耕地等级变化进行监测评价；二是对土地复垦开发新增的耕地进行等级评定；三是因各种因素造成耕地减少对区域耕地生产能力影响进行监测评价。为便于监测成果与原农用地分等成果的比较，监测指标采用各试点县原农用地（耕地）分等指标。

2. 耕地数量监测

监测内容，2009年县级各种农用地面积、耕地分坡度及面积数据；县级分年度农用土地面积与变更（增加面积、减少面积、净增减面积）数据（监测部门，国土资源部）。

（二）农业水资源

监测内容，基于第一次全国水利普查的县级河湖基本情况、农村供水、塘坝窖池、灌溉面积、灌区建设、地下水取水井、经济社会用水情况等数据；基于第二次全国水资源及其开发利用调查评价的一级区、二级区、三级区的降水量、蒸发量、地表水资源量、地下水资源量，水资源总量及其可利用量，地表、地下水水质，污染源调查、开发利用状况及基础底图等数据（监测部门，水利部）。

（三）气候资源

监测内容，全国2 400多个站点各年度日均、年均、累年气温、降水、日照时数、风速、辐射值等数据（监测部门，中国气象局）。

（四）生物资源

监测内容，县级各种农作物和畜禽的种植（养殖）规模和产量（监测部门，农业农村部）。

（五）废弃物资源

秸秆、畜禽粪污、废旧农膜等，尚未建立监测体系。

## 二、我国重要农业资源台账监测内容

### (一) 已有体系监测指标

国家重要农业资源台账分为水资源台账、农用地资源台账、气候资源台账、生物资源台账、农业废弃物资源台账、社会经济资源台账，其中，通过已有监测体系可获取的指标有444项。

1. 水资源台账

水资源台账分为3类，分别为水资源数量、水资源质量、水资源利用；部分主要数据由区水务局提供。

2. 农用地资源台账

农用地台账分为13类，分别为土地面积、农用地面积、耕地面积、园地面积、林地面积、草地（草原）面积、水域面积、土地退化情况、草原质量、农业部门耕地质量分等、农田土壤肥力状况、农田污染状况、农田地下水状况。主要数据分别由区自然资源局、林业局、农业服务中心提供。

3. 气候资源台账

气候资源台账分为4类，分别为农业气候资源、气象灾害情况、土壤墒情、主要农作物生长发育观测。主要数据由区气象局提供。

4. 生物资源台账

生物资源台账分为4类，分别为农业生产、主导品种、生物遗传资源、农业生态环境。主要数据均由通过县级统计部门获取。

5. 农业废弃物资源台账

农业废弃物资源台账分为10类，分别为秸秆资源、秸秆资源综合利用、主要秸秆还田情况、畜禽粪污资源量、畜禽粪污资源化利用、废旧农膜及回收情况、农药包装废弃物回收、病死畜禽及无害化处理情况、蔬菜废弃物资源量及利用水平、乡村环境。主要数据由农业服务中心提供。

6. 社会经济资源台账

社会经济资源台账分为9类，分别为绿色食品、有机农产品和地理标志农产品认证农作物、规模化畜禽养殖量、绿色食品、有机农产品和地理标志水产品、绿色食品、有机农产品和地理标志畜产品、生产资料、农民收入和农民生活、农村机械化和能源、设施农业、农业科技和农村人才。主要数据由农业服务中心、信息中心提供。

### (二) 需新建体系监测指标

现有监测体系主要涉及县级重要农业资源的状况，为了完善国家重要农业资源台账，需要对农户或地块级别的农业资源进行监测，建立地块级农业资源监测体系。

新增监测指标共6个（调查表详见表4）：农田灌溉用水量、农用地面积变化、地块产量、牧户（农户）存栏量/出栏量、秸秆利用方式、肥料使用量，具体如下述。

## 第二章 农业资源台账的框架设计

1. 农业用水资源指标

（1）监测目的　获取农业部门独有的地块分作物的农业用水灌溉量，用于分析农业用水的结构、农业用水现状和预测，农业结构调整农业用水量变化等。

（2）监测内容　农田灌溉用水量，农田所有作物生长周期内灌溉用水量。

（3）监测方法　定点农户监测，如果有计量设施，按照计量设施统计；如果没有计量设施，农户按照地块进行估计。

2. 农用地资源指标

（1）监测目的　以农户为基本监测单元，掌握耕地和牧草地数量（面积）、规模化程度（平均单个地块面积和单个农户面积）、土地质量的变化情况。

（2）监测内容　农用地面积变化监测，分年监测，分析其变化情况。遥感、农户填报同时进行。

耕地面积，耕地总面积、承包耕地面积、租赁耕地面积、耕地种植面积、耕地休闲（撂荒）面积。

草地（草原）面积，草地总面积、已划入基本草原面积、放牧面积、打草面积、禁牧面积。

（3）监测方法　遥感、取样测试、定点农户监测。

土地面积和地块数遥感监测与农户填报分别进行，其目的是相互验证。

3. 生物资源指标

（1）监测目的　为了客观地核查农业生物资源量，反映农业生物资源和自然生物资源的相互制约和影响关系，在试点县建设农业生物资源长期观察点。考虑到青海试点县的实际情况，分别在试点县建立典型养殖场（小区）监测点和种植业监测点。其中，典型养殖场（小区）监测点重点监测高寒高海拔地区畜牧养殖量对天然草地的影响，以评估分析草原草场的畜牧承载量。种植业监测点用于监测高寒高海拔地区种植业产量情况，以评估和分析影响该类型区域种植业发展的关键因素。

（2）监测内容　农业生产，农药使用量、作物类型、种植面积、总产量。

牧业/养殖业，养殖类别、品种、出栏量、存栏量。

（3）监测方法　定点农户监测。

4. 农业废弃物资源台账

（1）监测目的　通过秸秆利用方式监测，明确农户种植作物秸秆资源量，各种秸秆自用或售卖用于还田、燃料、饲料、食用菌基料、工业原料以及废弃和焚烧的比例，有利于明确区域秸秆资源利用结构，发现秸秆资源利用中存在的问题，为区域秸秆资源利用及政策出台提供参考。

（2）监测内容　重点监测农户当年主要播种农作物种植类型、产量，每种农作物秸秆的利用途径（包括还田、饲料、食用菌基料、燃料、工业原料、焚烧或废弃）。

（3）监测方法　定点农户监测。

5. 其他资源台账

（1）监测目的　推进农业清洁生产的问题，最大难题在于化肥农药的滥用、过度使用。绿色是农业的本色，绿色发展是农业供给侧结构性改革的基本要求。通过对田间地块农用地的主要肥料施用量的调查监测，减少农业面源污染，实现化肥零增长目标，推行绿色生产方式，增强农业可持续发展能力。

(2) 监测内容　地块面积，地块类型（水田、旱地、水浇地）、种植作物，施肥时间，施肥品种，养分含量（N_ P_ K_），施肥用途（底肥、追肥）、施用方法、肥料用量。

(3) 监测方法　定点农户监测。

### 三、农业资源台账监测样本选取

**(一) 监测样本选择方法**

为了保证监测样本选择的科学性和客观性，需要应用抽样的方法确定监测对象。

1. 抽样原则

(1) 目的性原则　以农业资源台账总体方案和目标为依据。

(2) 可测性原则　抽样设计能够使样本本身计算出有效的估计值或者样本变动的近似值。

(3) 可行性原则　设计的抽样方案再实践上切实可行。

(4) 经济性原则　抽样方案的实施节约费用，经济实用。

2. 抽样方法选择

分层抽样，也叫类型抽样。先将总体中的所有单位按某种特征或标志（如性别、年龄、职业、地域等）划分成若干类型或层次，然后再在各个类型或层次中采用简单随机抽样或系统抽样的方法抽取一个子样本，最后将这些子样本合起来构成总体的样本。

3. 分层抽样的优点

不增加样本规模的前提下降低抽样误差，提高抽样精度。分层抽样的最基本目的，在于把异质性较强的总体分成一个个同质性较强的子总体，以便提高抽样的效率，达到更好的抽样效果。

便于了解总体内部不同层次的情况，以及对总体中不同层次进行单独研究，或者进行比较研究。

4. 分层抽样的运用需要注意的问题

(1) 分层的标准问题　以所要分析和研究的主要变量或相关变量作为分层的标准；以保证各层内部同质性强、各层之间异质性强、突出总体内在结构变量作为分层变量；以已有明显层次区分的变量作为分层标准。

(2) 分层的比例问题　按比例分层，按各种类型或层次中的单位数目同总体单位数目间的比例来抽取子样本的方法，该方法可以确保得到一个与总体结构完全一样的样本。

不按比例分层，主要便于对不同层次的子总体进行专门研究或进行相互比较。但若要用样本资料推断总体时，则需要先对各层的数据资料进行加权处理，即通过调整样本中各层的比例，使数据资料恢复到总体中各层实际的比例结构。

5. 关于抽样样本规模

统计学中，通常把超过30个的称为大样本，当样本规模大于30时，其平均值的分布将接近正态分布；而社会学研究中的样本规模，通常不能少于100个（图4）。

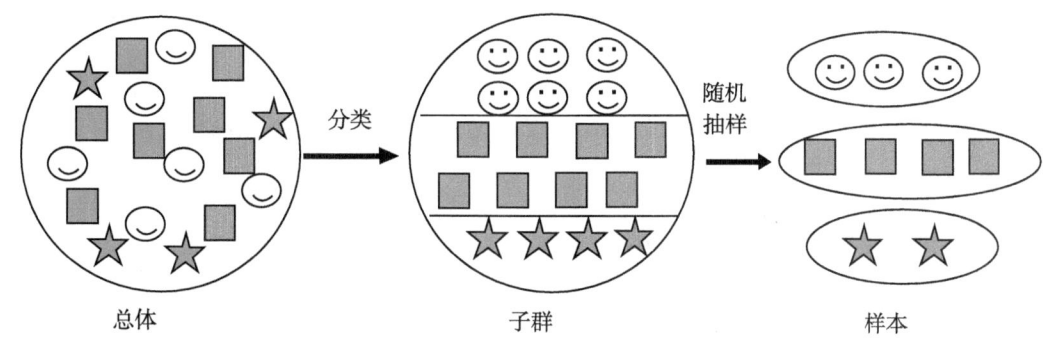

**图 4　抽样样本选择示意图**

6. 影响样本规模确定的因素

（1）总体的规模　总体规模达到一定程度时，样本规模的增加与它并不保持同等的增长速度。

（2）抽样的精确性　置信区间越小，则所要求的样本规模就越大。

（3）总体的异质性　异质性越大，样本规模要求越大。

（4）其他因素　研究主体所拥有的经费、人力和时间。

**（二）监测样本确定**

1. 样本分层

按照从事行业及生产特点的不同，将农业生产者分为种植户、养殖户、种养结合户三大类。

种植户是指栽培各种农作物以及取得植物性产品的农业生产者，种植业收入占其农业经营收入的80%以上。包括各种农作物、林木、果树、药用和观赏等植物的栽培，有粮食作物、经济作物、蔬菜作物、绿肥作物、饲料作物、花卉等园艺作物。

养殖户是指利用畜禽等已经被人类驯化的动物取得肉、蛋、奶、羊毛、山羊绒、皮张、蚕丝和药材等畜产品的生产者，养殖业收入占其农业经营收入的80%以上。养殖对象主要包括牛、马、驴、骡、骆驼、猪、羊、鸡、鸭、鹅、兔、蜂 等家畜家禽饲养业和鹿、貂、水獭、麝等 野生经济动物驯养业。

种养结合户是指将种植业和养殖业紧密衔接、采取生态循环生产模式的农业生产者，将畜禽养殖产生的粪污作为种植业的肥源，种植业为养殖业提供饲料，并消纳养殖业废弃物，使物质和能量在动植物之间进行转换。

2. 等距随机抽样

等距随机抽样是一种随机抽样，等距抽样也称为系统抽样、机械抽样、SYS 抽样，它是首先将总体中各单位按一定顺序排列，根据样本容量要求确定抽选间隔，然后随机确定起点,每隔一定的间隔抽取一个单位的一种抽样方式。

(1) 排序　将监测县县域划分为1千米网格,每个网格作为一个样本,按地理位置进行排序。

(2) 确定抽样间隔　样本总量除以30确定抽样间隔,并在第一个抽样间隔内随机抽取一个单位作为样本单位。

(3) 确定样本有效性　按计算的抽样距离作等距抽样,直到抽满30个单位后,确定其有效性。若有效样本不足30个,则缩短抽样间隔重复等距抽样步骤,直至有效样本超过30个。

## 四、监测网点建设方案及运行机制

### (一) 监测对象长期稳定

为保证监测数据的连续性和可比性,如无不可抗力因素,选定的监测地块须保持长期稳定,若遇到由于土地流转等因素导致地块经营权发生变更的,监测农户则需要相应调整。

### (二) 监测工作稳定支持

研究制定监测对象补助标准和监测工作经费标准,农业农村部划拨资金设立国家重要农业资源监测专项经费,对监测农户和县级数据收集上报人员进行经费支持;县级农业主管部门将农业资源监测工作列为年度工作计划,并进行相应考核。

### (三) 建立科学的运行机制

建立国家重要农业资源台账运行机制,明确各级任务分工。农户记录,即监测地块的经营农户负责地块级监测指标的日常记录;县级收集,即县级设立信息员,负责地块监测指标数据的收集、校验和上报工作;市、省、国家逐级审核重要农业资源台账。

### (四) 建立定期培训制度

农业资源台账国家团队每年组织1~2次对省级区划管理部门和县级信息员的培训,培训内容为自然资源管理理论与方法、现代化信息手段应用以及问题经验交流等;县级农业部门定期开展对监测地块经营者的培训,培训内容主要为指标解释、数据采集记录过程中应注意的问题、监测设备的使用说明等。

**表4　地块级农业资源调查示例**

| 农户编号 | | 调查年度 | | 调查人 | | 调查时间 | |
|---|---|---|---|---|---|---|---|
| 1. 基本情况 | | | | | | | |
| 调查地点 | | 省(市)县乡村 | | | | 邮编 | |
| 经度 | | | | 纬度 | | | |
| 农户姓名 | | 耕地面积(亩) | | 水田 | 旱地 | | 水浇地 |
| 主要种植作物 | | | | | | | |

## 第二章 农业资源台账的框架设计

(续表)

### 2. 本年度地块种植及灌溉等情况

| 地块位置（土地确权地块编号） | 地块面积（亩） | 地块性质 | 种植作物类型 | 种植面积（亩） |
|---|---|---|---|---|
|  |  |  |  |  |
|  |  |  |  |  |

| 产量（千克） | 耕地休耕（撂荒）面积（亩） | 灌溉面积（亩） | 灌溉次数 | 总灌溉水量（立方米） |
|---|---|---|---|---|
|  |  |  |  |  |
|  |  |  |  |  |

| 灌溉费用（元） | 灌溉水量（立方米） | | | |
|---|---|---|---|---|
|  | 第1次 | 第2次 | 第3次 | 第_次 |
|  |  |  |  |  |
|  |  |  |  |  |

| 农膜使用量(千克) | 农药使用量(千克) | | | |
|---|---|---|---|---|
|  |  |  |  |  |
|  |  |  |  |  |

| 化肥用量（千克/亩） | 养分含量情况(%) | 肥料名称 | | | 有机肥使用量（千克/亩） | 有机肥名称 | |
|---|---|---|---|---|---|---|---|
| | | 大量元素 | N | | | | |
| | | | $P_2O_5$ | | | | |
| | | | $K_2O$ | | | 使用量 | |
| | | 其他元素 | 养分名称 | | | | |
| | | | 养分含量 | | | | |
| | | 使用量（千克/亩） | | | | | |

### 3. 农户草地利用情况

| 草地面积（公顷） | 可利用面积（公顷） | 牛（头） | | |
|---|---|---|---|---|
| | | 年末存栏量 | 年出栏量 | |
|  |  |  |  |  |
|  |  |  |  |  |

| 羊（只） | | 饲草购买量（千克） | |
|---|---|---|---|
| 年末存栏量 | 年出栏量 | | |
|  |  |  |  |

(续表)

| | | 4. 秸秆利用方式（%） | | | |
|---|---|---|---|---|---|
| 1. 还田 | | 2. 自用饲料 | 3. 用作燃料 | 4. 废弃或焚烧 | 5. 售卖 |
| 6. 其他 | | | | | |

地块性质：1. 承包；2. 租赁；3. 自开垦

种植类型：1. 小麦；2. 玉米；3. 大豆；4. 水稻；5. 棉花；6. 青稞；7. 油菜……

## 第五节　农业资源承载力的监测评估方案

农业是我国国民经济的基础产业之一，是社会经济发展和国家战略安全的重要保障，而农业资源则是农业发展赖以存在的基础要素，其承载力是合理安排农业发展的前提和基础。只有摸清资源承载力，才能对农业生产进行合理安排。当前，我国正处于全面建设小康社会和推进生态文明建设的关键时期，也是传统农业向现代农业转型的重要阶段，国家"十三五"规划纲要提出了新的资源发展观，即树立节约集约循环利用的资源观，推动资源利用方式根本转变，加强全过程节约管理，大幅提高资源利用综合效益，农业资源在经济社会转型发展中的作用日益重要。但同时，我国农业面临着农产品供求转型、发展方式转变、资源环境约束趋紧、"三生"功能协调发展障碍等诸多新问题和新形势，局部地区农业资源已难以承载社会经济和生态安全健康发展。因此，亟需建立科学合理的农业资源承载力监测预警机制。

目前，已有大量文献对资源环境承载能力进行了研究，并取得了显著的成果。从研究对象来看，已有研究主要集中在水资源、土地资源以及地区相对资源承载能力等方面。从资源承载力的研究思路和方法来看，目前大多研究基于承载力的概念，从承载对象方向切入，即通过测算承载对象（人口、经济或生态）的理论承载规模，根据实际承载规模与理论承载规模之间平衡关系进行承载状态的监测预警。这种方法适用于评价对象是相对封闭的系统，技术进步缓慢，与其他地区之间的物质能量交换量较小，可忽略不计。它的特点是契合承载力的概念，但缺点是计算复杂，操作难度大，对于耕地等农业资源的承载能力计算会出现逻辑上的缺陷和矛盾。因此，提出另外一种计算承载力的思路，即从承载体方向切入，通过监测评价承载体（自然资源本底）变化态势进行承载状态的监测预警。这种思路方法简便直观，适用于评价对象是一个技术进步快、与其他地区间的物质能量交换量大、流向复杂、数据获取难的开放系统，例如省级、县级层面农业资源承载力的计算。

建立资源环境承载能力监测预警机制，对水土资源、环境容量和海洋资源超载区域实行限制性措施,是中央全面深化改革的一项重大任务。农业资源承载力监测预警机制的建立作为其中的重要组成部分,将为建立全国资源环境承载能力监测预警提供重要支撑,对加强资源保育保护、推进农业绿色发展和政府社会治理能力的提升提供重要抓手。

## 一、基本概念与理论框架

### (一)基本概念

农业资源是一种特定的资源,是指农业生产活动中所利用的有形投入和无形投入,有广义和狭义之分。广义的农业资源是指所有农业自然资源、自然条件和农业生产所需要的社会经济技术资源的总和。狭义的农业资源仅指农业自然资源和自然条件,不包括农业生产的社会经济技术条件。本研究中农业资源指狭义的农业自然资源。樊杰等认为资源环境承载能力是指作为承载体的自然基础对作为承载对象的人类生产生活活动的支撑能力。农业资源承载能力则是一定时期和一定区域范围内,在维持区域农业可持续发展需要且农业区域生态环境功能仍有维持其稳定的条件下,区域农业资源系统所能承载的人类各种经济社会活动的能力。其承载体为农业资源系统,承载对象为涉农的各种社会经济活动。农业资源承载力监测预警是全国资源环境承载力监测预警的重要组成部分,它是运用一定的科学方法,对我国农业资源进行监测和评价,并对未来进行预测,预报不正常状态的时空范围和危害程度并提出防范措施的一种管理活动。

### (二)理论框架

DPSIR(驱动力—压力—状态—影响—响应)概念模型,是由PSR概念模型发展演变而来,由欧洲环境署(EEA)于1998年首次提出。该模型基本包含了区域发展过程中所涉及的所有要素,能够较好地揭示人地关系地域系统内部各子系统的逻辑关系和系统发展演变过程,已被广泛应用于资源环境评价领域中。本文试图通过构建农业资源承载能力的DPSIR模型,建立农业资源与人类活动过程的相关关系链,揭示农业资源承载能力监测预警的理论基础。

在农业资源承载能力的DPSIR概念模型中,"驱动力"可看成承载体资源变化的潜在原因,是承载对象即人类活动各种因素的内在动力;"压力"是人类经济社会活动和农业生产过程中对农业资源的索取和利用,是农业资源态势变化的直接原因;"状态"是指农业资源在上述驱动力和压力作用下呈现出的状况,是二者作用的直接体现;"影响"是指农业资源与人类活动作用系统所处状态对区域社会、经济、资源等的影响程度与反馈结果;"响应"是人类外部环境对农业资源系统直接和简介的管理调控行为。农业资源承载体和承载对象既是在"驱动力—压力—状态—影响—响应"这一逻辑关系下相互作用、相互影响而产生一系列动态变化和协调演进(图5)。

承载能力通常是指一个承载体对承载对象的支撑能力,而农业资源承载能力反映

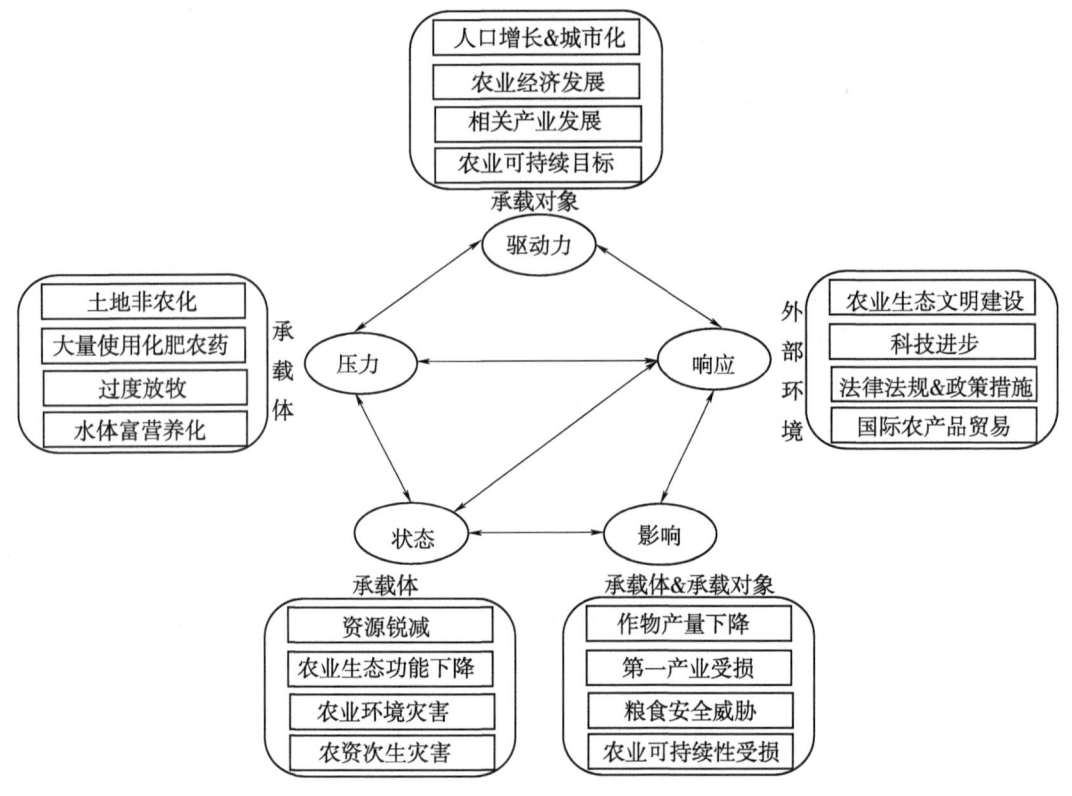

**图 5 农业资源承载能力的 DPSIR 理论模型**

了作为承载体的农业资源条件对人类生产生活活动的支持能力。随着承载体对承载对象的压力不断增加，承载体即农业资源的健康态势不断恶化。在承载对象和承载体二者相互作用的过程中，承载压力曲线会形成临界点、超载点和不可逆点 3 个重要的阈值点 A、B、C（图 6）。临界超载是指可能发生惯性逼近超载的状态，或治理与调控的成本激增的拐点。超载是指承载体难以满足承载对象压力增长需要、或承载体将出现恶化的状态。不可逆则是指采取任何干扰措施无法恢复承载体的原有状态。因此，基于承载体压力的这一变化过程，进行农业资源承载能力预警，就会出现两种逻辑思路。第一种思路是对农业资源承载力的阈值，即 A、B、C 3 个点进行研究和测算，若在某一时刻某种资源承载水平达到或接近阈值点，则应对相应状态发出预警；第二种思路是基于某一时间段，对某种农业资源在阈值之间的变化过程（如 AB、BC 段）进行诊断并对相应状态进行预警，即如果资源状态在某一时间段内出现恶化的趋势，则对其发出相应的预警。也就是说，农业资源承载能力预警既可以通过确定资源承载能力关键阈值的方式进行超载状态的预警，也可通过资源基础条件的变化态势进行预警。

农业资源系统是一个复杂、开放的巨系统，其影响因素具有技术进步快、数据难以获取的特点，同时系统内要素与相邻地区间物质和能量交换量大、流向复杂。因此，从传统的承载力估算思路即承载对象承载力阈值确定的角度来看，对省域或县域尺度的农业资源承载力的研究将出现逻辑思路不通的问题。例如，对土地资源承载力的计算，一般思路是通过计算区域内耕地产出粮食所能承载的人口数量或一定人口数量情况下所需要的耕地面积。但在目前的市场化格局下，地区人口完全可以依靠区域外粮食的供给，这一点在粮食主销区尤为明显。因此，用常规的确定阈值的思路来计算农业资源承载力将会面临逻辑上的缺陷。基于以上原因，采取另外一种思路，即通过农业资源条件的变化态势来进行农业资源承载力监测预警机制的设计。

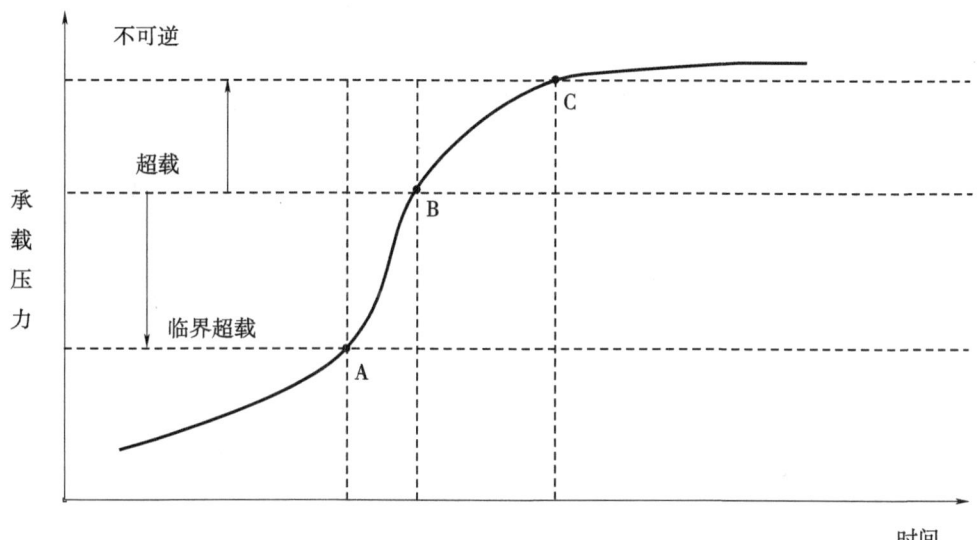

图6　农业资源承载能力监测预警过程

## 二、技术思路与方法

### （一）农业资源承载力监测预警思路

从理论依据的角度，由于农业资源对国家粮食安全和地区稳定发展具有重大战略意义，任何单项评价指标发生恶化都将出现严重后果，因此，基于短板效应理论，当承载体（耕地、草地）评价中有任意单项指标发生恶化，就认为承载力出现过载。从时间跨度上看，由于承载力监测评价定位于常态化、动态化监测以及超载预警，由于短时间内农业资源一般不会发生剧烈变化，因此，宜将评价时间设置为间隔3~5年的承载力变化情况。农业资源承载力监测预警思路可归纳为：以区域可持续发展和驱动力—压力—状态—影响—响应概念模型为基础，基于农业自然资源条件利用变化态势这一维度，采用单项指标与综合指标相结合，短板效应与集成评价互为佐证的方式，开展区域农业资源承载力监测预警。最后，在人地关系地域系统大框架下，解析农业资源承载力超载成因，并提出优化方案和政策创设建议。

## (二) 农业资源承载力预警技术流程

根据我国农业资源本底条件的实际,立足全国主体功能区规划和全国农业可持续发展规划,以县级行政区为评价单位,开展农业资源(耕地、草地资源)评价,确定超载类型,划分预警等级,全面反映我国县域农业资源承载能力状况,并分析超载原因、预研对策措施建议。具体技术路线如图 7 所示。

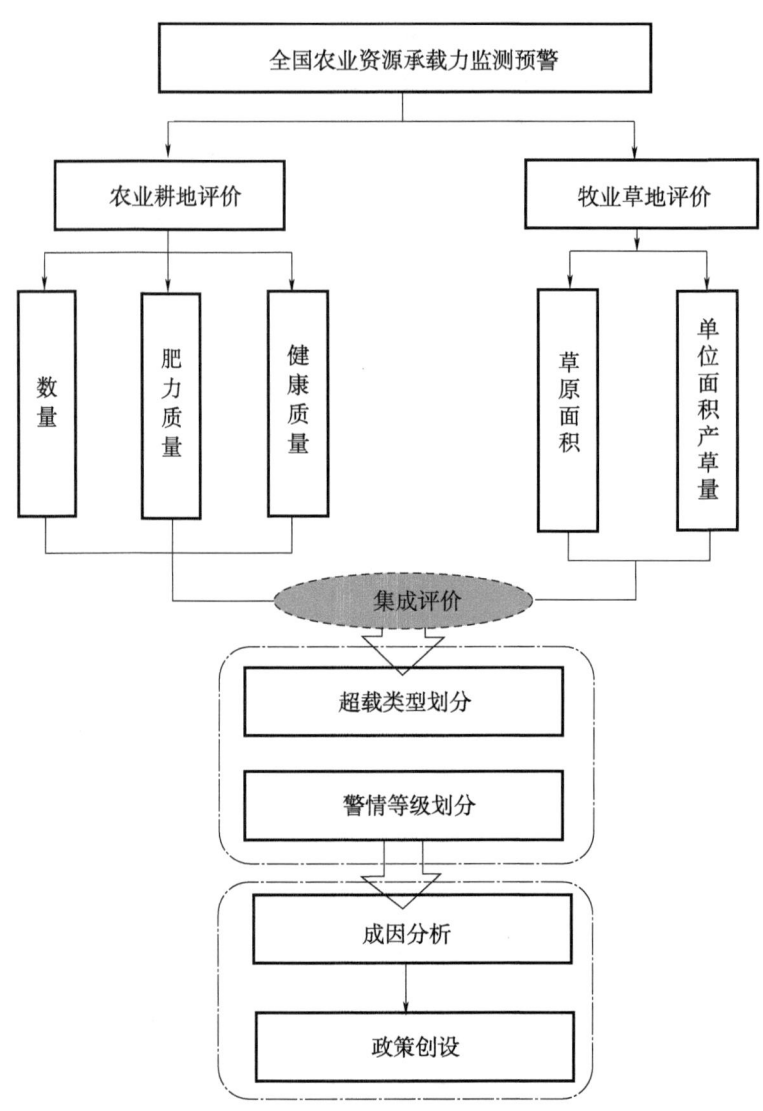

图 7　农业资源承载能力监测预警技术路线

## (三) 农业资源承载力评价指标与方法

1. 农业地区耕地资源

从耕地资源的数量、肥力质量和健康质量 3 个维度建立综合评价指标体系进行评价。

(1) 指标及含义 耕地数量评价通过耕地面积变化率来表示。耕地肥力质量评价以肥力变化指数为特征指标,通过土壤养分和土壤pH值的等级变化反映。由于土壤中氮、磷、钾的含量属于快变量、受化肥施用量不同而呈现出快速变化,因此用有机质含量表示土壤养分状况。土壤养分和土壤pH值等级划分见表5、表6。由于不同作物对土壤酸碱性的偏好具有差异性,因此在实际操作中,各地可对照表7中土壤pH值的等级划分确定不同标准。

表5 土壤养分含量分级标准

| 项目 | 单位 | 分级标准 | | | | | |
| --- | --- | --- | --- | --- | --- | --- | --- |
| | | 一级 | 二级 | 三级 | 四级 | 五级 | 六级 |
| | | 丰富 | 较丰富 | 中等 | 较缺乏 | 缺乏 | 极缺乏 |
| 有机质 | 克/千克 | >30 | 20~30 | 15~20 | 10~15 | 6~10 | <6 |

表6 土壤pH分级标准

| 级别 | 4 极酸性 | 3 强酸性 | 2 中弱酸性 | 1 中性 | 2 中弱碱性 | 3 强碱性 | 4 极碱性 |
| --- | --- | --- | --- | --- | --- | --- | --- |
| pH值 | <4.5 | 4.5~5.5 | 5.5~6.5 | 6.5~7.5 | 7.5~8.5 | 8.5~9 | >9 |

耕地健康状况评价采用耕地健康变化指数为特征指标,借助内梅罗综合污染指数,通过Pb、Cr、Zn、Cu、Cd、As等元素所构成的重金属综合污染水平的等级变化来反映。土壤污染水平分级标准见表7。

表7 土壤污染水平分级标准

| 等级 | $P_{综}$ | 污染等级 |
| --- | --- | --- |
| 1 | $P_{综} \leq 0.7$ | 安全 |
| 2 | $0.7 < P_{综} \leq 1$ | 警戒 |
| 3 | $1 < P_{综} \leq 2$ | 污染 |
| 4 | $2 < P_{综} \leq 3$ | 中度污染 |
| 5 | $P_{综} > 3$ | 重度污染 |

(2) 评价方法 耕地数量评价通过耕地面积变化率来表示。计算公式如下:

$$\Delta R (\%) = \frac{R_a - R_b}{R_b} \times 100 \tag{1}$$

式中,$\Delta R$为期末年耕地面积,$R_a$为期初年耕地面积。$R_b$为期初年耕地面积。当$\Delta R > 5\%$时,耕地数量为趋良型态势,$\Delta R < -5\%$时,耕地数量为恶化型态势,当$-5\% \leq \Delta R \leq 5\%$时,耕地数量为临界超载状态。

用土壤养分和土壤pH值等级变化情况反映耕地肥力质量,用土壤污染水平等级变化情况反映耕地健康状况。计算公式如下：

$$\Delta CG_i = CG_{ij} - CG_{i0} \quad (2)$$

式中，$\Delta CG_i$ 为单项指标的等级变化量，$CG_{ij}$ 和 $CG_{i0}$ 分别为期末年和期初年第 i 个指标所处的等级，i=1, 2, 3, 分别为有机质、pH 值和土壤污染等级。耕地肥力质量变化指数（$\Delta CG_i$）取各单项指标等级变化量的最大值，耕地健康变化指数（$\Delta CG_i$）为土壤污染等级变化值。

当 $\Delta CG_i > 1$ 时，耕地肥力质量和耕地健康水平呈恶化态势；当 $\Delta CG_i = 1$ 时，耕地肥力质量和耕地健康水平为临界超载；当 $\Delta CG_i \leq 1$ 时，耕地肥力质量和耕地健康水平呈趋良态势。

2. 牧业地区草地资源

（1）指标及含义　草地资源评价主要表征草地资源支撑农业发展等各种人类活动过程中，数量和质量发生变化的情况。其中数量指标为草原面积变化率；质量指标用单位面积产草量变化率表示。

（2）算法与步骤　草原面积变化率和单位面积产草量变化率均是指草地指标期末期初差值与期初值的比率。计算公式如下：

$$G_i(\%) = (V_a - V_b)/V_b \times 100 \quad (3)$$

式中，$G_i$ 为草地面积变化率和单位面积产草量变化率，$V_a$ 和 $V_b$ 分别为期末值和期初值。

将草地资源各指标评价结果划分为超载、相对稳定和趋良 3 种类型。当各指标变化率 $G_i < -10\%$，为恶化类型；当 $-10\% < G_i < 10\%$ 时，为相对稳定类型；当 $G_i > 10\%$ 时候，为趋良类型。

（四）农业资源承载力集成评价

1. 超载类型划分

在农业地区耕地资源评价、牧业地区草地资源评价基础上，遴选集成指标，采用"短板效应"原理确定超载、临界超载和不超载 3 种超载类型。

集成指标的确定。集成指标是农业资源超载类型划分的基本依据，包括 5 个来自耕地和草地资源的评价指标（表 8）。

表 8　超载类型划分中的集成指标及分级

| 指标来源 | 指标名称 | 指标分级 | | |
| --- | --- | --- | --- | --- |
| 耕地资源 | 耕地数量 | 恶化 | 临界超载 | 趋良 |
|  | 耕地质量变化指数 | 恶化 | 临界超载 | 趋良 |
|  | 耕地健康变化指数 | 恶化 | 临界超载 | 趋良 |
| 牧草资源 | 草地面积指数 | 超载 | 临界超载 | 不超载 |
|  | 单位面积产草量变化指数 | 超载 | 临界超载 | 不超载 |

超载类型的确定。集成指标中任意1个超载（恶化）或4个以上临界超载（相对稳定），确定为超载类型；任意1个临界超载，确定为临界超载类型；其余为不超载类型。

2. 预警类型划分

监测农业资源承载能力的变化情况是认知农业自然本底要素的前提和基础，为预警工作提供上游服务。对农业资源现有状况进行预警是指导地区农业绿色发展的重要手段。针对超载类型划分结果，将超载型和临界超载型进行类型细分，形成五级预警体系，能够更加细化、有针对性的指导地区生产。将农业资源超载类型中，集成指标中有3个以上为超载或5个指标均为临界超载的，判定为极重预警（红色预警），其余为重度预警（橙色预警）；将农业资源临界超载类型中，集成指标中有2个以上为临界超载的，判定为中度预警（黄色预警），其余为轻度预警（蓝色预警）（图8）。

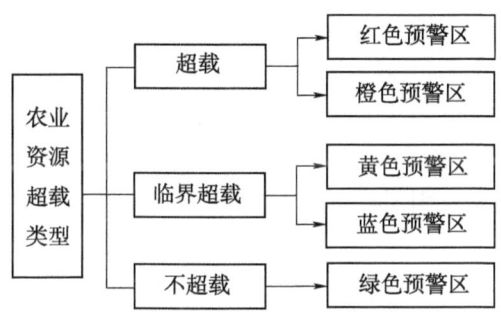

**图8　超载类型与预警等级关系**

## 三、基于台账数据的试评价

以国家农业资源台账制度试点地区杭锦后旗为试评价对象。杭锦后旗位于内蒙古自治区西部，全境处于引黄自流灌溉的平原地带，由于独特的地理气候条件，加之境内又有河套地区最早开挖和改造的引黄自流灌溉渠系乌拉河、杨家河、黄济渠三大干渠，灌溉便利，自古就是一个宜耕宜牧的农牧交错地区。但由于气候变化和人类活动等因素，杭锦后旗耕地中有大约一半为盐碱地，对地区农业发展形成了严重制约。因此，开展杭锦后旗农业资源承载力试评价和预警等级划分，对地区可持续发展以及承载力评价预警指标方法体系建设具有重要意义。

从国家农业资源台账系统数据库提取了杭锦后旗2011年和2015年的耕地面积、土壤有机质、土壤pH值、草地面积、"三化"（退化、沙化、盐碱化）草原面积共5个指标数据。由于目前数据库尚在建设过程中，无法获得耕地健康评价中所需重金属数据和单位面积产草量数据，故暂不做耕地健康状况评价，同时草地单产数据暂用"三化"草原面积数据替代。根据农业资源承载力评价指标和方法，对杭锦后旗农业资源承载力监测预警等级试评价结果如表9所示。

基于集成评价中县域农业资源承载力超载和预警类型划分方法，最终得到杭锦后旗农业资源承载力监测评价超载类型为临界超载,预警等级为黄色预警。

表9 杭锦后旗农业资源承载力试评价结果与超载类型

| | 耕地面积 | 土壤有机质 | 土壤 pH 值 | 草地面积 | 草地单产 |
|---|---|---|---|---|---|
| 单项评价结果 | -1.57% | 0 | -1 | -0.54% | 0 |
| 超载类型 | 临界超载 | 趋良 | 趋良 | 临界超载 | 临界超载 |

## 四、农业资源承载力调控

1. 成因分析

结合农业资源各个集成指标的不同要素状况,针对不同地域特点,解析不同超载类型和不同预警等级农业资源超载的成因。可结合主成分分析、层次分析、因子分析等方法,重点分析耕地和草地的数量、质量和健康状况及其变化趋势,识别和定量评价超载的关键因素及其作用程度,并从自然本底要素、区域发展定位及外部宏观政策等角度阐述不同地区超载成因。

2. 政策创设

针对超载成因,从支持引导政策、约束管理政策和应急处理政策三个导向维度,从财政、投融资、产业、土地、人口、环境等方面预研政策措施,按照预警等级探索不同管控强度的差异化限制性措施,引导和约束各地严格按照农业资源承载能力谋划发展。农业地区和牧业地区基本上属于国家主体功能区规划中的限制开发的地区,各地应严控大规模高强度的城镇化和工业化建设等非主体功能开发活动,把解决社会效益和经济效益相统一的问题作为政策制定的主要着眼点,着重破解我国农产品主产区在主体功能建设中经济收益不到位、区域差距不断拉大的问题。主要注重以下几个方面的政策制定:一是健全农产品和生态产品的利益平衡机制,使农产品主产区在提供优质稳定的农产品过程中得到足够的补偿;二是推进粮食生产功能区、重要农产品生产保护区和特色农产品优势区建设,保障粮食供给和农民增收;三是尽可能避免农产品主产区粗放式开发农业资源等现象的发生或加剧。

## 五、结论与展望

开展农业资源承载能力监测预警工作意义重大。党的十八届三中全会通过的《中共中央关于全面深化改革若干重大问题的决定》中明确指出,"建立资源环境承载能力监测预警机制,对水土资源、环境容量和海洋资源超载区域实行限制性措施。"农业资源承载能力作为建立资源环境承载能力监测预警机制的重要组成部分,同时也作为衡量我国农业现代化和农村经济社会可持续发展的基础指标,将对我国农业生产结构转型升级和农民生活条件改善发挥重要参考价值。

基于承载体变化态势视角的资源承载力监测预警机制思路适用于现代开放的地区农业系统。按照党中央的全面部署,全国省级和县级层面资源环境承载能力监测预警工作正在进行当中，鉴于以往的资源环境承载力测算思路在具体的实践工作中遇到了可操作性和逻辑科学性上的问题。本研究提出了基于承载体变化态势视角的农业资源承载力监测预警机制思路设计。与经典的承载力测算思路相比，它更适用于一个开放的、能流物质流和信息流都频繁交换的评价对象（如农业资源承载力评价），也为其他资源承载能力监测预警提供一种新的思路和方法。

初步构建了农业资源承载能力监测预警指标体系框架。基于科学性、系统性、代表性、可操作性的原则，提出耕地、草地共5个二级指标的评价指标体系，基本反映了区域农业资源状况，但对于特殊地区承载力的测算仍有一定的局限性。未来需要结合农业资源台账制度的建立和农业遥感等新兴技术，获取更为全面的农业资源数据，进一步细化农业资源承载能力指标体系，并针对不同地区、不同时空尺度提出差异化的农业资源承载能力评价方法。

要进一步完善农业资源承载能力监测预警体系建设。农业资源承载能力监测和预警是在统一的顶层设计和部署下开展的上下游工作。监测是基础，预警是手段，最终目的是推进农业资源的可持续利用和农民生活质量的提升改善。因此，农业资源承载能力监测预警工作不能仅重视监测或预警某一个方面而忽略另一方面，而应以最终目的为导向，从健全法规制度、加强组织领导、实行目标责任绩效考评、强化监督检查等方面全面完善农业资源承载能力监测预警机制。

# 第三章 国家重要农业资源台账建设规范

## 第一节 国家重要农业资源台账数据库分类与结构标准

### 一、范围

本部分规定了国家重要农业资源台账数据库分类、文件命名、内容结构和编码。本部分适用于"农业资源台账制度建设"项目,其他相关应用可参照使用。

### 二、规范性引用文件

下列文件对于本文件的应用是必不可少的。凡是注日期的引用文件,仅注日期的版本适用于本文件。凡是不注日期的引用文件,其最新版本(包括所有的修改单)适用于本文件。

GB/T 2260 中华人民共和国行政区划代码

GB/T 7408 数据元和交换格式 信息交换 日期和时间表示法。

### 三、数据库基本内容、存储格式和数据文件命名

#### (一)数据库内容

国家重要农业资源台账数据库包括水资源台账数据库、农用地资源台账数据库、气候资源台账数据库、生物资源台账数据库、农业废弃物资源台账数据库、社会经济资源台账数据库。数据库数据来源及更新频率见表10。

表10 国家重要农业资源台账数据库说明

| 序号 | 数据库名称 | 内容说明 | 数据来源 | 数据更新频率 |
| --- | --- | --- | --- | --- |
| 1 | 水资源台账数据库 | 包括水资源数量、水资源质量、水资源利用 | 水利部门统计数据(如第二次水资源评价数据,水资源公报数据,水资源年度统计数据) | 年 |

## 第三章 国家重要农业资源台账建设规范

(续表)

| 序号 | 数据库名称 | 内容说明 | 数据来源 | 数据更新频率 |
|---|---|---|---|---|
| 2 | 农用地资源台账数据库 | 包括土地面积、土地退化、草原质量、耕地质量、农田污染、农田地下水状况等信息 | 土地面积数据：自然资源部门（第二次全国土地资源调查数据）等；<br>森林覆盖率、应建农田林网农田面积、已建农田林网农田面积、可利用草原面积、基本草原（草地）面积、禁牧草原面积数据：林草局森林资源统计数据，农业农村部门草原资源普查数据等；<br>土地退化数据：林草局和自然资源部门统计数据等；<br>草原质量数据：农牧部门统计数据，自然资源部门调查数据等；<br>耕地质量数据：农业农村部门（测土配方施肥数据、耕地质量等级数据）等；<br>农田污染数据：农业农村、环保、自然资源部门统计数据等；<br>农田地下水数据：水利部门统计数据 | 年 |
| 3 | 气候资源台账数据库 | 包括农业气候资源、气象灾害情况、土壤墒情、农作物生长发育观测等信息 | 农业气候资源：气象部门地面气象观测数据，主要来自中国气象局建立的2400多个地面气象观测台站（含基准站、基础站、一般站）的观测资料，基本覆盖全国各个省市县；<br>农业灾情数据：民政、气象部门统计数据；<br>土壤墒情、农作物生长发育观测：气象、农业农村部门地面气象观测数据 | 年 |
| 4 | 生物资源台账数据库 | 包括农业生产、主导品种、生物遗传资源、农业生态环境 | 农业生产、主导品种：农业农村部门统计数据；<br>生物遗传资源、农业生态环境：林草局统计数据 | 年，遗传生物资源与生物多样性数据为5年 |
| 5 | 农业废弃物资源台账数据库 | 包括秸秆资源综合利用、秸秆还田、畜禽粪污资源化利用、废旧农膜及回收、农药包装废弃物回收、病死畜禽及无害化处理、蔬菜废弃物利用等信息 | 农业农村部门统计数据 | 年 |
| 6 | 社会经济资源台账数据库 | 包括绿色食品、有机农产品和地理标志农产品认证农作物产量、规模化畜禽养殖量、绿色食品、有机农产品和地理标志农产品认证畜禽产品产量、绿色食品、有机农产品和地理标志农产品认证水产品产量、生产资料、农民收入等信息 | 农业农村部门统计数据 | 年 |

## （二）存储格式

国家重要农业资源台账数据库存储格式为 EXCEL，数据最小统计单元为县。

## （三）数据库文件命名

国家重要农业资源台账数据库文件命名由农业资源台账名、行政级别、扩展名组成，如图9所示。

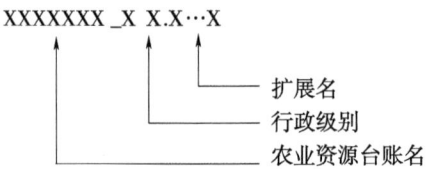

**图9　国家重要农业资源台账数据库文件命名格式**

文件命名格式说明：

农业资源台账名：7 位英文字母，其中，水资源台账为 water，农用地资源台账为 land，气候资源台账为 climate，生物资源台账为 biology，农业废弃物资源台账为 offal，社会经济资源台账为 else。

行政级别：下划线"_"加 2 位英文字母，其中县级为_ CL，市级为_ PL，省级为_ PR，国家级为_ NT。

扩展名：多位英文字母，EXCEL 自动生成。

## 四、数据库内容结构和编码

### （一）水资源台账数据库

水资源台账数据库包括水资源数量、水资源质量、水资源利用等信息，其属性数据结构见表11。其中是否必填项中，"M"为必填，"O"为选填。

**表11　水资源台账数据库结构**

| 指标类别 | 序号 | 指标名称 | 字段代码 | 数据类型 | 长度/位数 | 单位 | 是否必填 | 值域 |
|---|---|---|---|---|---|---|---|---|
| 水资源数量 | 1 | 行政区划名称 | areaname | 字符型 | / | / | M | |
| | 2 | 行政区划代码 | areacode | 整型 | 6 | / | M | 见 GB/T 2260 |
| | 3 | 年份 | year | 日期型 | 4 | / | M | CCYY（GB/T 7408），如 2015 |
| | 4 | 多年平均水资源总量 | w_ amma | 数值型 | 2 | 亿立方米 | M | ≥0.00 |
| | 5 | 多年平均地表水资源总量 | w_ sfwamma | 数值型 | 2 | 亿立方米 | M | ≥0.00 |
| | 6 | 多年平均地下水资源总量 | w_ gdamma | 数值型 | 2 | 亿立方米 | M | ≥0.00 |
| | 7 | 多年平均地表水与地下水资源重复量 | w_ sfwgdma | 数值型 | 2 | 亿立方米 | M | ≥0.00 |
| | 8 | 多年平均年产水模数 | w_ wmodel | 数值型 | 2 | 万立方米/平方千米 | M | ≥0.00 |
| | 9 | 水资源总量 | w_ am | 数值型 | 2 | 亿立方米 | M | ≥0.00 |
| | 10 | 地表水资源量 | w_ sfwam | 数值型 | 2 | 亿立方米 | M | ≥0.00 |

(续表)

| 指标类别 | 序号 | 指标名称 | 字段代码 | 数据类型 | 长度/位数 | 单位 | 是否必填 | 值域 |
|---|---|---|---|---|---|---|---|---|
| 水资源数量 | 11 | 地下水资源总量 | w_gdam | 数值型 | 2 | 亿立方米 | M | ≥0.00 |
| | 12 | 地表水与地下水资源重复量 | w_sfwgd | 数值型 | 2 | 亿立方米 | M | ≥0.00 |
| | 13 | 降水总量 | w_prec | 数据型 | 2 | 亿立方米 | M | ≥0.00 |
| | 14 | 人均水资源量 | w_wrpc | 数据型 | 2 | 立方米/人 | M | ≥0.00 |
| | 15 | 评价河流长 | w_arlen | 数据型 | 2 | 千米 | M | ≥0.00 |
| | 16 | Ⅰ类 | w_rwqI | 数据型 | 2 | % | M | ≥0.00 |
| | 17 | Ⅱ类 | w_rwqII | 数据型 | 2 | % | M | ≥0.00 |
| | 18 | Ⅲ类 | w_rwqIII | 数据型 | 2 | % | M | ≥0.00 |
| | 19 | Ⅳ类 | w_rwqIV | 数据型 | 2 | % | M | ≥0.00 |
| | 20 | Ⅴ类 | w_rwqV | 数据型 | 2 | % | M | ≥0.00 |
| | 21 | 劣Ⅴ类 | w_rwqbV | 数据型 | 2 | % | M | ≥0.00 |
| 水资源利用 | 22 | 农业用水功能区总个数 | w_atotal | 整型 | 16 | 个 | M | ≥0.00 |
| | 23 | 农业用水功能区中达到Ⅴ类以上水质个数 | w_anumber | 整型 | 16 | 个 | M | ≥0.00 |
| | 24 | 农村生活污水集中处理村个数 | w_svillage | 整型 | 16 | 个 | M | ≥0.00 |
| | 25 | 行政村总数 | w_nvillage | 整型 | 16 | 个 | M | ≥0.00 |
| | 26 | 灌溉面积总计 | w_irr | 数据型 | 2 | 千公顷 | M | ≥0.00 |
| | 27 | 农田有效灌溉面积 | w_falirr | 数据型 | 2 | 千公顷 | M | ≥0.00 |
| | 28 | 林地有效灌溉面积 | w_flirr | 数据型 | 2 | 千公顷 | M | ≥0.00 |
| | 29 | 果园有效灌溉面积 | w_fgirr | 数据型 | 2 | 千公顷 | M | ≥0.00 |
| | 30 | 牧草有效灌溉面积 | w_plirr | 数据型 | 2 | 千公顷 | M | ≥0.00 |
| | 31 | 其他有效灌溉面积 | w_othirr | 数据型 | 2 | 千公顷 | M | ≥0.00 |
| | 32 | 农田有效实灌面积 | w_acfalirr | 数据型 | 2 | 千公顷 | M | ≥0.00 |
| | 33 | 旱涝保收面积 | w_grhafd | 数据型 | 2 | 千公顷 | M | ≥0.00 |
| | 34 | 节水灌溉面积总计 | w_wsirr | 数据型 | 2 | 千公顷 | M | ≥0.00 |
| | 35 | 喷灌面积 | w_swsirr | 数据型 | 2 | 千公顷 | M | ≥0.00 |
| | 36 | 微灌面积 | w_miwsirr | 数据型 | 2 | 千公顷 | M | ≥0.00 |
| | 37 | 低压管道面积 | w_lpwsirr | 数据型 | 2 | 千公顷 | M | ≥0.00 |
| | 38 | 渠道衬砌面积 | w_clwsirr | 数据型 | 2 | 千公顷 | M | ≥0.00 |
| | 39 | 其他节水灌溉面积 | w_othwsirr | 数据型 | 2 | 千公顷 | M | ≥0.00 |
| | 40 | 水肥一体化耕地面积 | w_inirr | 数据型 | 2 | 千公顷 | O | ≥0.00 |
| | 41 | 农业水价综合改革推广耕地面积 | w_comra | 数据型 | 2 | 千公顷 | M | ≥0.00 |

(续表)

| 指标类别 | 序号 | 指标名称 | 字段代码 | 数据类型 | 长度/位数 | 单位 | 是否必填 | 值域 |
|---|---|---|---|---|---|---|---|---|
| 水资源利用 | 42 | 农田灌溉水有效利用系数 | w_euirr | 数据型 | 2 | % | M | ≥0.00 |
| | 43 | 大型灌区灌溉水有效利用系数 | w_laeuirr | 数据型 | 2 | % | O | ≥0.00 |
| | 44 | 中型灌区灌溉水有效利用系数 | w_meuirr | 数据型 | 2 | % | O | ≥0.00 |
| | 45 | 小型灌区灌溉水有效利用系数 | w_seuirr | 数据型 | 2 | % | O | ≥0.00 |
| | 46 | 纯井灌区灌溉水有效利用系数 | w_peuirr | 数据型 | 2 | % | O | ≥0.00 |
| | 47 | 农业结构调整节水量 | w_asad | 数据型 | 2 | 亿立方米 | O | ≥0.00 |
| | 48 | 供水量合计 | w_sup | 数据型 | 2 | 亿立方米 | M | ≥0.00 |
| | 49 | 地表水供水量 | w_sfwsup | 数据型 | 2 | 亿立方米 | M | ≥0.00 |
| | 50 | 地下水供水量 | w_gwsup | 数据型 | 2 | 亿立方米 | M | ≥0.00 |
| | 51 | 其他供水量 | w_othsup | 数据型 | 2 | 亿立方米 | M | ≥0.00 |
| | 52 | 用水量合计 | w_use | 数据型 | 2 | 亿立方米 | M | ≥0.00 |
| | 53 | 农业用水量 | w_ause | 数据型 | 2 | 亿立方米 | M | ≥0.00 |
| | 54 | 工业用水量 | w_iuse | 数据型 | 2 | 亿立方米 | M | ≥0.00 |
| | 55 | 生活用水量 | w_duse | 数据型 | 2 | 亿立方米 | M | ≥0.00 |
| | 56 | 生态用水量 | w_euse | 数据型 | 4 | 亿立方米 | M | ≥0.0000 |
| | 57 | 农业供水量合计 | w_asup | 数据型 | 2 | 亿立方米 | M | ≥0.00 |
| | 58 | 地表水供水量 | w_sfwssup | 数据型 | 2 | 亿立方米 | M | ≥0.00 |
| | 59 | 地下水供水量 | w_gwasup | 数据型 | 2 | 亿立方米 | M | ≥0.00 |
| | 60 | 其他供水量 | w_othasup | 数据型 | 2 | 亿立方米 | M | ≥0.00 |
| | 61 | 农业用水量合计 | w_ausema | 数据型 | 2 | 亿立方米 | M | ≥0.00 |
| | 62 | 农田用水量 | w_fause | 数据型 | 2 | 亿立方米 | M | ≥0.00 |
| | 63 | 林地用水量 | w_wause | 数据型 | 2 | 亿立方米 | M | ≥0.00 |
| | 64 | 果园用水量 | w_gause | 数据型 | 2 | 亿立方米 | M | ≥0.00 |
| | 65 | 牧草用水量 | w_pause | 数据型 | 2 | 亿立方米 | M | ≥0.00 |
| | 66 | 粮食作物用水量 | w_gcuse | 数据型 | 2 | 亿立方米 | M | ≥0.00 |
| | 67 | 经济作物用水量 | w_ecuse | 数据型 | 2 | 亿立方米 | M | ≥0.00 |
| | 68 | 蔬菜用水量 | w_vuse | 数据型 | 2 | 亿立方米 | M | ≥0.00 |

**(二) 农用地资源台账数据库**

农用地资源台账数据库包括土地面积、土地退化、草原质量、耕地质量、农田污染、农田地下水状况等信息,其属性数据结构见表12。其中是否必填项中,"M"为必填,"O"为选填。

表12 农用地资源台账数据库结构

| 指标类别 | 序号 | 指标名称 | 字段代码 | 数据类型 | 长度/位数 | 单位 | 是否必填 | 值域 |
|---|---|---|---|---|---|---|---|---|
| | 1 | 行政区划名称 | areaname | 字符型 | / | / | M | |
| | 2 | 行政区划代码 | areacode | 整型 | 6 | / | M | 见 GB/T 2260—2017 |
| | 3 | 年份 | year | 日期型 | 4 | / | M | CCYY（GB/T 7408—2005）,如2015 |
| | 4 | 土地面积 | l_area | 数值型 | 2 | 公顷 | M | ≥0.00 |
| | 5 | 农用地面积 | l_agra | 数值型 | 2 | 公顷 | M | ≥0.00 |
| 耕地面积 | 6 | 耕地面积 | l_fara | 数值型 | 2 | 公顷 | M | ≥0.00 |
| | 7 | 水田面积 | l_wata | 数值型 | 2 | 公顷 | M | ≥0.00 |
| | 8 | 水浇地面积 | l_irra | 数值型 | 2 | 公顷 | M | ≥0.00 |
| | 9 | 旱地面积 | l_dra | 数值型 | 2 | 公顷 | M | ≥0.00 |
| | 10 | 基本农田（永久基本农田）面积 | l_fga | 数值型 | 2 | 公顷 | M | ≥0.00 |
| | 11 | 高标准农田面积 | l_hsga | 数值型 | 2 | 公顷 | M | ≥0.00 |
| 园地面积 | 12 | 园地面积 | l_ga | 数值型 | 2 | 公顷 | M | ≥0.00 |
| | 13 | 果园面积 | l_oa | 数值型 | 2 | 公顷 | M | ≥0.00 |
| | 14 | 茶园面积 | l_tga | 数值型 | 2 | 公顷 | M | ≥0.00 |
| | 15 | 其他园地面积 | l_otha | 数值型 | 2 | 公顷 | M | ≥0.00 |
| 林地面积 | 16 | 林地面积 | l_fla | 数值型 | 2 | 公顷 | M | ≥0.00 |
| | 17 | 有林地面积 | l_hfla | 数值型 | 2 | 公顷 | M | ≥0.00 |
| | 18 | 灌木林地面积 | l_shfla | 数值型 | 2 | 公顷 | M | ≥0.00 |
| | 19 | 其他林地面积 | l_othfla | 数值型 | 2 | 公顷 | M | ≥0.00 |
| | 20 | 森林覆盖率 | l_tvfla | 数值型 | 2 | % | M | ≥0.00 |
| | 21 | 应建农田林网农田面积 | l_sbfla | 数值型 | 2 | 公顷 | M | ≥0.00 |
| | 22 | 已建农田林网农田面积 | l_bfla | 数值型 | 2 | 公顷 | M | ≥0.00 |
| 草地（草原面积） | 23 | 草地面积 | l_pa | 数值型 | 2 | 公顷 | M | ≥0.00 |
| | 24 | 天然牧草地面积 | l_npa | 数值型 | 2 | 公顷 | M | ≥0.00 |
| | 25 | 人工牧草地面积（含改良草地） | l_apa | 数值型 | 2 | 公顷 | M | ≥0.00 |
| | 26 | 其他草地面积 | l_othpa | 数值型 | 2 | 公顷 | M | ≥0.00 |
| | 27 | 可利用草原面积 | l_agpa | 数值型 | 2 | 公顷 | M | ≥0.00 |
| | 28 | 基本草原（草地）面积 | l_bpa | 数值型 | 2 | 公顷 | M | ≥0.00 |
| | 29 | 多年生人工草地面积 | l_apag | 数值型 | 2 | 公顷 | M | ≥0.00 |
| | 30 | 禁牧草原面积 | l_gpa | 数值型 | 2 | 公顷 | M | ≥0.00 |
| | 31 | 湿地总面积 | l_wetla | 数值型 | 2 | 公顷 | M | ≥0.00 |

(续表)

| 指标类别 | 序号 | 指标名称 | 字段代码 | 数据类型 | 长度/位数 | 单位 | 是否必填 | 值域 |
|---|---|---|---|---|---|---|---|---|
| 水域面积 | 32 | 水域及水利设施用地面积 | l_wta | 数值型 | 2 | 公顷 | M | ≥0.00 |
| | 33 | 河流水面 | l_rva | 数值型 | 2 | 公顷 | M | ≥0.00 |
| | 34 | 湖泊水面 | l_lka | 数值型 | 2 | 公顷 | M | ≥0.00 |
| | 35 | 水库水面 | l_rsa | 数值型 | 2 | 公顷 | M | ≥0.00 |
| | 36 | 坑塘水面 | l_wpa | 数值型 | 2 | 公顷 | M | ≥0.00 |
| | 37 | 沿海滩涂面积 | l_cba | 数值型 | 2 | 公顷 | M | ≥0.00 |
| | 38 | 内陆滩涂面积 | l_iba | 数值型 | 2 | 公顷 | M | ≥0.00 |
| | 39 | 其他水域面积 | l_oba | 数值型 | 2 | 公顷 | M | ≥0.00 |
| | 40 | 可养殖水面 | l_csa | 数值型 | 2 | 公顷 | M | ≥0.00 |
| | 41 | 可养殖湖泊水面 | l_lcsa | 数值型 | 2 | 公顷 | O | ≥0.00 |
| | 42 | 可养殖水库水面 | l_rcsa | 数值型 | 2 | 公顷 | O | ≥0.00 |
| | 43 | 可养殖坑塘水面 | l_wcsa | 数值型 | 2 | 公顷 | O | ≥0.00 |
| | 44 | 可养殖沿海滩涂面积 | l_ccsa | 数值型 | 2 | 公顷 | O | ≥0.00 |
| | 45 | 可养殖浅海面积 | l_scsa | 数值型 | 2 | 公顷 | O | ≥0.00 |
| 土地退化 | 46 | 土地退化总面积 | l_ldga | 数值型 | 2 | 公顷 | M | ≥0.00 |
| | 47 | 土地沙化面积 | l_ldsa | 数值型 | 2 | 公顷 | M | ≥0.00 |
| | 48 | 已治理土地沙化面积 | l_dldsa | 数值型 | 2 | 公顷 | M | ≥0.00 |
| | 49 | 石漠化土地面积 | l_rdsa | 数值型 | 2 | 公顷 | M | ≥0.00 |
| | 50 | 已治理石漠化土地面积 | l_drdsa | 数值型 | 2 | 公顷 | M | ≥0.00 |
| | 51 | 土地盐渍化面积 | l_lsza | 数值型 | 2 | 公顷 | M | ≥0.00 |
| | 52 | 已治理土地盐渍化面积 | l_dlsza | 数值型 | 2 | 公顷 | M | ≥0.00 |
| 草原质量 | 53 | "三化"草原面积 | l_tga | 数值型 | 2 | 公顷 | M | ≥0.00 |
| | 54 | 已治理"三化"草原面积 | l_dtga | 数值型 | 2 | 公顷 | M | ≥0.00 |
| | 55 | 草原综合植被盖度 | l_gvc | 数值型 | 2 | % | M | ≥0.00 |
| 农业部门耕地质量分等 | 56 | 耕地质量分等面积合计 | l_aclq | 数值型 | 2 | 公顷 | M | ≥0.00 |
| | 57 | 一等地面积 | l_fstoa | 数值型 | 2 | 公顷 | M | ≥0.00 |
| | 58 | 二等地面积 | l_sndoa | 数值型 | 2 | 公顷 | M | ≥0.00 |
| | 59 | 三等地面积 | l_trdoa | 数值型 | 2 | 公顷 | M | ≥0.00 |
| | 60 | 四等地面积 | l_fthoa | 数值型 | 2 | 公顷 | M | ≥0.00 |
| | 61 | 五等地面积 | l_fveoa | 数值型 | 2 | 公顷 | M | ≥0.00 |

(续表)

| 指标类别 | 序号 | 指标名称 | 字段代码 | 数据类型 | 长度/位数 | 单位 | 是否必填 | 值域 |
|---|---|---|---|---|---|---|---|---|
| 农业部门耕地质量分等 | 62 | 六等地面积 | l_sixoa | 数值型 | 2 | 公顷 | M | ≥0.00 |
| | 63 | 七等地面积 | l_sveoa | 数值型 | 2 | 公顷 | M | ≥0.00 |
| | 64 | 八等地面积 | l_ethoa | 数值型 | 2 | 公顷 | M | ≥0.00 |
| | 65 | 九等地面积 | l_nieoa | 数值型 | 2 | 公顷 | M | ≥0.00 |
| | 66 | 十等地面积 | l_tenoa | 数值型 | 2 | 公顷 | M | ≥0.00 |
| 农田土壤肥力 | 67 | 土壤有机质样本数 | l_sosn | 整型 | 16 | 个 | M | ≥0.00 |
| | 68 | 土壤有机质平均值 | l_somv | 数值型 | 2 | 克/千克 | M | ≥0.00 |
| | 69 | 土壤全氮样本数 | l_stn | 整型 | 16 | 个 | M | ≥0.00 |
| | 70 | 土壤全氮平均值 | l_stmv | 数值型 | 2 | 克/千克 | M | ≥0.00 |
| | 71 | 土壤有效磷样本数 | l_sapn | 整型 | 16 | 个 | M | ≥0.00 |
| | 72 | 土壤有效磷平均值 | l_sapmv | 数值型 | 2 | 毫克/千克 | M | ≥0.00 |
| | 73 | 土壤速效钾样本数 | l_sakn | 整型 | 16 | 个 | M | ≥0.00 |
| | 74 | 土壤速效钾平均值 | l_sakmv | 数值型 | 2 | 毫克/千克 | M | ≥0.00 |
| | 75 | 土壤pH值样本数 | l_saphn | 整型 | 16 | 个 | M | ≥0.00 |
| | 76 | 土壤pH值 | l_saphv | 数值型 | 2 | 数值 | M | ≥0.00 |
| 农田污染 | 77 | 耕地污染面积 | l_fpa | 数值型 | 2 | 公顷 | M | ≥0.00 |
| | 78 | 重金属污染农田面积 | l_hmcfa | 数值型 | 2 | 公顷 | M | ≥0.00 |
| 农田地下水 | 79 | 地下水严重漏斗区农田面积 | l_sgffa | 数值型 | 2 | 公顷 | M | ≥0.00 |

**(三) 气候资源台账数据库**

气候资源台账数据库包括农业气候资源、气象灾害、土壤墒情、农作物生长发育观测等信息，其属性数据结构见表13。其中是否必填项中，"M"为必填，"O"为选填。

表13 气候资源台账数据库结构

| 指标类别 | 序号 | 指标名称 | 字段代码 | 数据类型 | 长度/位数 | 单位 | 是否必填 | 值域 |
|---|---|---|---|---|---|---|---|---|
| | 1 | 行政区划名称 | areaname | 字符型 | / | / | M | |
| | 2 | 行政区划代码 | areacode | 整型 | 6 | / | M | 见 GB/T 2260—2017 |
| | 3 | 年份 | year | 日期型 | 4 | / | M | CCYY（GB/T 7408—2005），如2015 |

(续表)

| 指标类别 | 序号 | 指标名称 | 字段代码 | 数据类型 | 长度/位数 | 单位 | 是否必填 | 值域 |
|---|---|---|---|---|---|---|---|---|
| 农业气候资源 | 4 | 年降水量 | c_pcpa | 数值型 | 4 | 毫米 | M | ≥0.0000 |
| | 5 | 年平均气温 | c_tpaa | 小数型 | 4 | ℃ | M | -50~50 |
| | 6 | 年极端最低气温 | c_aetmin | 小数型 | 4 | ℃ | M | ≥-50 |
| | 7 | 年极端最高气温 | c_aetmax | 小数型 | 4 | ℃ | M | 0~60 |
| | 8 | 年日照时数 | c_sdura | 小数型 | 4 | 小时 | M | ≥0.0000 |
| | 9 | 年太阳辐射总量 | c_drdt | 小数型 | 4 | 兆焦耳/平方米 | O | ≥0.0000 |
| | 10 | 年累计蒸发皿蒸发量 | c_pepa | 小数型 | 4 | 毫米 | O | ≥0.0000 |
| | 11 | ≥0℃积温 | c_acct0 | 小数型 | 4 | ℃ | M | ≥0.0000 |
| | 12 | ≥10℃积温 | c_acct10 | 小数型 | 4 | ℃ | M | ≥0.0000 |
| | 13 | 无霜期 | c_frfs | 整型 | 16 | 天数 | M | 0~366 |
| | 14 | 初霜日 | c_ffd | 整型 | 16 | 日序 | M | 0~366 |
| | 15 | 终霜日 | c_efd | 整型 | 16 | 日序 | M | 0~366 |
| | 16 | 年累计参考作物蒸散量 | c_pepa20 | 小数型 | 4 | 毫米 | O | ≥0.0000 |
| 气象灾害 | 17 | 农作物受灾面积 | c_cafa | 小数型 | 4 | 亩 | M | ≥0.0000 |
| | 18 | 农作物成灾面积 | c_cdsa | 小数型 | 4 | 亩 | M | ≥0.0000 |
| | 19 | 农作物绝收面积 | c_agca | 小数型 | 4 | 亩 | M | ≥0.0000 |
| | 20 | 旱灾受灾面积 | c_drafa | 小数型 | 4 | 亩 | M | ≥0.0000 |
| | 21 | 旱灾成灾面积 | c_drsa | 小数型 | 4 | 亩 | M | ≥0.0000 |
| | 22 | 旱灾绝收面积 | c_drca | 小数型 | 4 | 亩 | M | ≥0.0000 |
| | 23 | 洪涝灾受灾面积 | c_flfa | 小数型 | 4 | 亩 | M | ≥0.0000 |
| | 24 | 洪涝灾成灾面积 | c_flsa | 小数型 | 4 | 亩 | M | ≥0.0000 |
| | 25 | 洪涝灾绝收面积 | c_flca | 小数型 | 4 | 亩 | M | ≥0.0000 |
| | 26 | 风雹灾受灾面积 | c_hdfa | 小数型 | 4 | 亩 | M | ≥0.0000 |
| | 27 | 风雹灾成灾面积 | c_hdsa | 小数型 | 4 | 亩 | M | ≥0.0000 |
| | 28 | 风雹灾绝收面积 | c_hdca | 小数型 | 4 | 亩 | M | ≥0.0000 |
| | 29 | 冷冻灾受灾面积 | c_fzfa | 小数型 | 4 | 亩 | M | ≥0.0000 |
| | 30 | 冷冻灾成灾面积 | c_fzsa | 小数型 | 4 | 亩 | M | ≥0.0000 |
| | 31 | 冷冻灾绝收面积 | c_fzca | 小数型 | 4 | 亩 | M | ≥0.0000 |
| | 32 | 台风灾受灾面积 | c_tpofa | 小数型 | 4 | 亩 | M | ≥0.0000 |
| | 33 | 台风灾成灾面积 | c_tposa | 小数型 | 4 | 亩 | M | ≥0.0000 |
| | 34 | 台风灾绝收面积 | c_tpoca | 小数型 | 4 | 亩 | M | ≥0.0000 |

（续表）

| 指标类别 | 序号 | 指标名称 | 字段代码 | 数据类型 | 长度/位数 | 单位 | 是否必填 | 值域 |
|---|---|---|---|---|---|---|---|---|
| 土壤墒情 | 35 | 10厘米土壤相对湿度 | c_srlh10 | 整型 | 16 | % | O | ≥0 |
| | 36 | 20厘米土壤相对湿度 | c_srlh20 | 整型 | 16 | % | O | ≥0 |
| | 37 | 30厘米土壤相对湿度 | c_srlh30 | 整型 | 16 | % | O | ≥0 |
| | 38 | 40厘米土壤相对湿度 | c_srlh40 | 整型 | 16 | % | O | ≥0 |
| | 39 | 50厘米土壤相对湿度 | c_srlh50 | 整型 | 16 | % | O | ≥0 |
| | 40 | 70厘米土壤相对湿度 | c_srlh70 | 整型 | 16 | % | O | ≥0 |
| | 41 | 100厘米土壤相对湿度 | c_srlh100 | 整型 | 16 | % | O | ≥0 |
| 农作物生长发育观测 | 42 | 一季稻发育期名称 | c_fsrdd | 字符型 | / | / | O | ≥0 |
| | 43 | 一季稻发育期日期 | c_fsrt | 日期型 | 4 | / | O | MMDD（GB/T 7408—2005），如0420 |
| | 44 | 早稻发育期名称 | c_erdd | 字符型 | / | / | O | |
| | 45 | 早稻发育期日期 | c_ert | 日期型 | 4 | / | O | MMDD（GB/T 7408—2005），如0420 |
| | 46 | 晚稻发育期名称 | c_lrdd | 字符型 | / | / | O | |
| | 47 | 晚稻发育期日期 | c_lrt | 日期型 | 4 | / | O | MMDD（GB/T 7408—2005），如0420 |
| | 48 | 春玉米发育期名称 | c_smdd | 字符型 | / | / | O | |
| | 49 | 春玉米发育期日期 | c_smt | 日期型 | 4 | / | O | MMDD（GB/T 7408—2005），如0420 |
| | 50 | 夏玉米发育期名称 | c_sumdd | 字符型 | / | / | O | |
| | 51 | 夏玉米发育期日期 | c_sumt | 日期型 | 4 | / | O | MMDD（GB/T 7408—2005），如1020 |
| | 52 | 春小麦发育期名称 | c_swdd | 字符型 | / | / | O | |
| | 53 | 春小麦发育期日期 | c_swt | 日期型 | 4 | / | O | MMDD（GB/T 7408—2005），如0420 |
| | 54 | 冬小麦发育期名称 | c_wwdd | 字符型 | / | / | O | |
| | 55 | 冬小麦发育期日期 | c_wwt | 日期型 | 4 | / | O | MMDD（GB/T 7408—2005），如0420 |
| | 56 | 高粱发育期名称 | c_shdd | 字符型 | / | / | O | |
| | 57 | 高粱发育期日期 | c_sht | 日期型 | 4 | / | O | MMDD（GB/T 7408—2005），如0420 |
| | 58 | 谷子发育期名称 | c_mtdd | 字符型 | / | / | O | |
| | 59 | 谷子发育期日期 | c_mtt | 日期型 | 4 | / | O | MMDD（GB/T 7408—2005），如0420 |
| | 60 | 大豆发育期名称 | c_sbdd | 字符型 | / | / | O | |

(续表)

| 指标类别 | 序号 | 指标名称 | 字段代码 | 数据类型 | 长度/位数 | 单位 | 是否必填 | 值域 |
|---|---|---|---|---|---|---|---|---|
| 农作物生长发育观测 | 61 | 大豆发育期日期 | c_sbt | 日期型 | 4 | / | O | MMDD（GB/T 7408—2005），如 0420 |
| | 62 | 甘薯发育期名称 | c_sptdd | 字符型 | / | / | O | |
| | 63 | 甘薯发育期日期 | c_sptt | 日期型 | 4 | / | O | MMDD（GB/T 7408—2005），如 0420 |
| | 64 | 马铃薯发育期名称 | c_ptodd | 字符型 | / | / | O | |
| | 65 | 马铃薯发育期日期 | c_ptot | 日期型 | 4 | / | O | MMDD（GB/T 7408—2005），如 0420 |
| | 66 | 棉花发育期名称 | c_ctndd | 字符型 | / | / | O | |
| | 67 | 棉花发育期日期 | c_ctnt | 日期型 | 4 | / | O | MMDD（GB/T 7408—2005），如 0420 |
| | 68 | 油菜发育期名称 | c_rpdd | 字符型 | / | / | O | |
| | 69 | 油菜发育期日期 | c_rpt | 日期型 | 4 | / | O | MMDD（GB/T 7408—2005），如 0420 |
| | 70 | 花生发育期名称 | c_pndd | 字符型 | / | / | O | |
| | 71 | 花生发育期日期 | c_pnt | 日期型 | 4 | / | O | MMDD（GB/T 7408—2005），如 0420 |
| | 72 | 甘蔗发育期名称 | c_sgdd | 字符型 | / | / | O | |
| | 73 | 甘蔗发育期日期 | c_sgt | 日期型 | 4 | / | O | MMDD（GB/T 7408—2005），如 0420 |
| | 74 | 甜菜发育期名称 | c_btdd | 字符型 | / | / | O | |
| | 75 | 甜菜发育期日期 | c_btt | 日期型 | 4 | / | O | MMDD（GB/T 7408—2005），如 0420 |

### （四）生物资源台账数据库

生物资源台账数据库包括农业生产、主导品种、生物遗传资源、农业生态环境等信息，其属性数据结构见表14。其中是否必填项中，"M"为必填，"O"为选填。

表14 生物资源台账数据库结构

| 指标类别 | 序号 | 指标名称 | 字段代码 | 数据类型 | 长度/位数 | 单位 | 是否必填 | 值域 |
|---|---|---|---|---|---|---|---|---|
| | 1 | 行政区划名称 | areaname | 字符型 | / | / | M | |
| | 2 | 行政区划代码 | areacode | 整型 | 6 | / | M | 见 GB/T 2260—2017 |
| | 3 | 年份 | year | 日期型 | 4 | / | M | CCYY（GB/T 7408—2005），如 2015 |

(续表)

| 指标类别 | 序号 | 指标名称 | 字段代码 | 数据类型 | 长度/位数 | 单位 | 是否必填 | 值域 |
|---|---|---|---|---|---|---|---|---|
| 农业生产 | 4 | 农作物播种面积 | b_agtsa | 小数型 | 4 | 千公顷 | M | ≥0.0000 |
| | 5 | 粮食作物播种面积 | b_atsa | 小数型 | 4 | 千公顷 | M | ≥0.0000 |
| | 6 | 粮食作物总产量 | b_aty | 小数型 | 4 | 万吨 | M | ≥0.0000 |
| | 7 | 夏收粮食播种面积 | b_ashtsa | 小数型 | 4 | 千公顷 | M | ≥0.0000 |
| | 8 | 夏收粮食总产量 | b_ashty | 小数型 | 4 | 万吨 | M | ≥0.0000 |
| | 9 | 秋收粮食播种面积 | b_afhtsa | 小数型 | 4 | 千公顷 | M | ≥0.0000 |
| | 10 | 秋收粮食总产量 | b_afhty | 小数型 | 4 | 万吨 | M | ≥0.0000 |
| | 11 | 谷物播种面积 | b_aatsa | 小数型 | 4 | 千公顷 | M | ≥0.0000 |
| | 12 | 谷物总产量 | b_aaty | 小数型 | 4 | 万吨 | M | ≥0.0000 |
| | 13 | 稻谷播种面积 | b_abtsa | 小数型 | 4 | 千公顷 | M | ≥0.0000 |
| | 14 | 稻谷总产量 | b_abty | 小数型 | 4 | 万吨 | M | ≥0.0000 |
| | 15 | 小麦播种面积 | b_actsa | 小数型 | 4 | 千公顷 | M | ≥0.0000 |
| | 16 | 小麦总产量 | b_acty | 小数型 | 4 | 万吨 | M | ≥0.0000 |
| | 17 | 冬小麦播种面积 | b_adtsa | 小数型 | 4 | 千公顷 | M | ≥0.0000 |
| | 18 | 冬小麦总产量 | b_adty | 小数型 | 4 | 万吨 | M | ≥0.0000 |
| | 19 | 春小麦播种面积 | b_aetsa | 小数型 | 4 | 千公顷 | M | ≥0.0000 |
| | 20 | 春小麦总产量 | b_aety | 小数型 | 4 | 万吨 | M | ≥0.0000 |
| | 21 | 玉米播种面积 | b_aftsa | 小数型 | 4 | 千公顷 | M | ≥0.0000 |
| | 22 | 玉米总产量 | b_afty | 小数型 | 4 | 万吨 | M | ≥0.0000 |
| | 23 | 大麦播种面积 | b_agtsa | 小数型 | 4 | 千公顷 | M | ≥0.0000 |
| | 24 | 大麦总产量 | b_agty | 小数型 | 4 | 万吨 | M | ≥0.0000 |
| | 25 | 大豆播种面积 | b_ahtsa | 小数型 | 4 | 千公顷 | M | ≥0.0000 |
| | 26 | 大豆总产量 | b_ahty | 小数型 | 4 | 万吨 | M | ≥0.0000 |
| | 27 | 蚕（豌）豆播种面积 | b_aitsa | 小数型 | 4 | 千公顷 | M | ≥0.0000 |
| | 28 | 蚕（豌）豆总产量 | b_aity | 小数型 | 4 | 万吨 | M | ≥0.0000 |
| | 29 | 番薯播种面积 | b_ajtsa | 小数型 | 4 | 千公顷 | M | ≥0.0000 |
| | 30 | 番薯总产量 | b_ajty | 小数型 | 4 | 万吨 | M | ≥0.0000 |
| | 31 | 其他谷物播种面积 | b_aotsa | 小数型 | 4 | 千公顷 | M | ≥0.0000 |
| | 32 | 其他谷物总产量 | b_aoty | 小数型 | 4 | 万吨 | M | ≥0.0000 |
| | 33 | 马铃薯播种面积 | b_eatsa | 小数型 | 4 | 千公顷 | M | ≥0.0000 |
| | 34 | 马铃薯总产量 | b_eaty | 小数型 | 4 | 万吨 | M | ≥0.0000 |
| | 35 | 油料作物播种面积 | b_batsa | 小数型 | 4 | 千公顷 | M | ≥0.0000 |

(续表)

| 指标类别 | 序号 | 指标名称 | 字段代码 | 数据类型 | 长度/位数 | 单位 | 是否必填 | 值域 |
|---|---|---|---|---|---|---|---|---|
| 农业生产 | 36 | 油料作物总产量 | b_baty | 小数型 | 4 | 吨 | M | ≥0.0000 |
| | 37 | 花生播种面积 | b_bbtsa | 小数型 | 4 | 千公顷 | M | ≥0.0000 |
| | 38 | 花生总产量 | b_bbty | 小数型 | 4 | 万吨 | M | ≥0.0000 |
| | 39 | 油菜籽播种面积 | b_bctsa | 小数型 | 4 | 千公顷 | M | ≥0.0000 |
| | 40 | 油菜籽总产量 | b_bcty | 小数型 | 4 | 吨 | M | ≥0.0000 |
| | 41 | 棉花播种面积 | b_bdtsa | 小数型 | 4 | 千公顷 | M | ≥0.0000 |
| | 42 | 棉花总产量 | b_bdty | 小数型 | 4 | 吨 | M | ≥0.0000 |
| | 43 | 糖料播种面积 | b_betsa | 小数型 | 4 | 千公顷 | M | ≥0.0000 |
| | 44 | 糖料总产量 | b_bety | 小数型 | 4 | 吨 | M | ≥0.0000 |
| | 45 | 甘蔗播种面积 | b_bftsa | 小数型 | 4 | 千公顷 | M | ≥0.0000 |
| | 46 | 甘蔗总产量 | b_bfty | 小数型 | 4 | 吨 | M | ≥0.0000 |
| | 47 | 甜菜播种面积 | b_bgtsa | 小数型 | 4 | 千公顷 | M | ≥0.0000 |
| | 48 | 甜菜总产量 | b_bgty | 小数型 | 4 | 吨 | M | ≥0.0000 |
| | 49 | 药材类播种面积 | b_bhtsa | 小数型 | 4 | 千公顷 | M | ≥0.0000 |
| | 50 | 药材类总产量 | b_bhty | 小数型 | 4 | 万吨 | M | ≥0.0000 |
| | 51 | 蔬菜(含食用菌)播种面积 | b_bitsa | 小数型 | 4 | 千公顷 | M | ≥0.0000 |
| | 52 | 蔬菜(含食用菌)总产量 | b_bity | 小数型 | 4 | 万吨 | M | ≥0.0000 |
| | 53 | 果用瓜播种面积 | b_bjtsa | 小数型 | 4 | 千公顷 | M | ≥0.0000 |
| | 54 | 果用瓜总产量 | b_bjty | 小数型 | 4 | 万吨 | M | ≥0.0000 |
| | 55 | 水果播种面积 | b_bktsa | 小数型 | 4 | 千公顷 | M | ≥0.0000 |
| | 56 | 水果总产量 | b_bkty | 小数型 | 4 | 万吨 | M | ≥0.0000 |
| | 57 | 芝麻播种面积 | b_bltsa | 小数型 | 4 | 千公顷 | M | ≥0.0000 |
| | 58 | 芝麻总产量 | b_blty | 小数型 | 4 | 万吨 | M | ≥0.0000 |
| | 59 | 茶叶播种面积 | b_bmtsa | 小数型 | 4 | 千公顷 | M | ≥0.0000 |
| | 60 | 茶叶总产量 | b_bmty | 小数型 | 4 | 万吨 | M | ≥0.0000 |
| | 61 | 其他农作物播种面积 | b_botsa | 小数型 | 4 | 千公顷 | M | ≥0.0000 |
| | 62 | 其他农作物总产量 | b_boty | 小数型 | 4 | 万吨 | M | ≥0.0000 |
| | 63 | 生猪出栏量 | b_psgh | 小数型 | 4 | 万头 | M | ≥0.0000 |
| | 64 | 肉牛出栏量 | b_bcsgh | 小数型 | 4 | 万头 | M | ≥0.0000 |
| | 65 | 奶牛存栏量 | b_dct | 小数型 | 4 | 万头 | M | ≥0.0000 |
| | 66 | 肉羊出栏量 | b_msgh | 小数型 | 4 | 万只 | M | ≥0.0000 |

(续表)

| 指标类别 | 序号 | 指标名称 | 字段代码 | 数据类型 | 长度/位数 | 单位 | 是否必填 | 值域 |
|---|---|---|---|---|---|---|---|---|
| 农业生产 | 67 | 肉鸡出栏量 | b_csgh | 小数型 | 4 | 万只 | M | ≥0.0000 |
| | 68 | 蛋鸡存栏量 | b_ecsgh | 小数型 | 4 | 万只 | M | ≥0.0000 |
| | 69 | 其他出（存）栏量 | b_osgh | 小数型 | 4 | 万头或只 | M | ≥0.0000 |
| | 70 | 畜禽肉类总产量 | b_lpmto | 小数型 | 4 | 万吨 | M | ≥0.0000 |
| | 71 | 猪肉总产量 | b_pmto | 小数型 | 4 | 万吨 | M | ≥0.0000 |
| | 72 | 牛肉总产量 | b_bmto | 小数型 | 4 | 万吨 | M | ≥0.0000 |
| | 73 | 羊肉总产量 | b_smto | 小数型 | 4 | 万吨 | M | ≥0.0000 |
| | 74 | 牛奶总产量 | b_mto | 小数型 | 4 | 万吨 | M | ≥0.0000 |
| | 75 | 禽肉总产量 | b_puto | 小数型 | 4 | 万吨 | M | ≥0.0000 |
| | 76 | 禽蛋总产量 | b_pueto | 小数型 | 4 | 万吨 | M | ≥0.0000 |
| | 77 | 蜂蜜总产量 | b_hyto | 小数型 | 4 | 万吨 | M | ≥0.0000 |
| | 78 | 鱼类总产量 | b_fpto | 小数型 | 4 | 万吨 | M | ≥0.0000 |
| | 79 | 虾蟹类总产量 | b_scto | 小数型 | 4 | 万吨 | M | ≥0.0000 |
| | 80 | 贝类总产量 | b_spto | 小数型 | 4 | 万吨 | M | ≥0.0000 |
| | 81 | 其他水产品产量 | b_othto | 小数型 | 4 | 万吨 | M | ≥0.0000 |
| | 82 | 海洋捕捞量 | b_mfh | 小数型 | 4 | 万吨 | M | ≥0.0000 |
| | 83 | 淡水捕捞量 | b_fwfh | 小数型 | 4 | 万吨 | M | ≥0.0000 |
| | 84 | 增殖放流量 | b_pldc | 小数型 | 4 | 万吨 | M | ≥0.0000 |
| | 85 | 水产养殖总面积 | b_acat | 小数型 | 4 | 千公顷 | M | ≥0.0000 |
| | 86 | 水产标准化健康养殖示范场（区）养殖面积 | b_sadfaa | 小数型 | 4 | 千公顷 | M | ≥0.0000 |
| 主导品种 | 87 | 水稻主导品种名称 | o_dmvrn | 字符型 | / | / | M | |
| | 88 | 水稻主导品种种植面积 | o_dmvra | 小数型 | 4 | 千公顷 | M | ≥0.0000 |
| | 89 | 小麦主导品种名称 | o_wmvrn | 字符型 | / | / | M | |
| | 90 | 小麦主导品种种植面积 | o_wmvra | 小数型 | 4 | 千公顷 | M | ≥0.0000 |
| | 91 | 玉米主导品种名称 | o_mmvrn | 字符型 | / | / | M | |
| | 92 | 玉米主导品种种植面积 | o_mmvra | 小数型 | 4 | 千公顷 | M | ≥0.0000 |
| | 93 | 大麦主导品种名称 | o_bmvrn | 字符型 | / | / | M | |
| | 94 | 大麦主导品种种植面积 | o_bmvra | 小数型 | 4 | 千公顷 | M | ≥0.0000 |
| | 95 | 大豆主导品种名称 | o_sbmvrn | 字符型 | / | / | M | |
| | 96 | 大豆主导品种种植面积 | o_sbmvra | 小数型 | 4 | 千公顷 | M | ≥0.0000 |
| | 97 | 马铃薯主导品种名称 | o_dmvrn | 字符型 | / | / | M | |

(续表)

| 指标类别 | 序号 | 指标名称 | 字段代码 | 数据类型 | 长度/位数 | 单位 | 是否必填 | 值域 |
|---|---|---|---|---|---|---|---|---|
| 主导品种 | 98 | 马铃薯主导品种种植面积 | o_ptmvra | 小数型 | 4 | 千公顷 | M | ≥0.0000 |
| | 99 | 生猪主导品种名称 | o_dmsn | 字符型 | / | / | M | |
| | 100 | 生猪主导品种出栏数量 | o_pbn | 小数型 | 4 | 万头 | M | ≥0.0000 |
| | 101 | 肉牛主导品种名称 | o_bmsn | 字符型 | / | / | M | |
| | 102 | 肉牛主导品种出栏数量 | o_bbn | 小数型 | 4 | 万头 | M | ≥0.0000 |
| | 103 | 奶牛主导品种名称 | o_mcmsn | 字符型 | / | / | M | |
| | 104 | 奶牛主导品种牛奶产量 | o_mcbn | 小数型 | 4 | 万吨 | M | ≥0.0000 |
| | 105 | 肉羊主导品种名称 | o_sbmsn | 字符型 | / | / | M | |
| | 106 | 肉羊主导品种出栏数量 | o_sbbn | 小数型 | 4 | 万只 | M | ≥0.0000 |
| | 107 | 肉鸡主导品种名称 | o_cbmsn | 字符型 | / | / | M | |
| | 108 | 肉鸡主导品种鸡肉产量 | o_cbbn | 小数型 | 4 | 万只 | M | ≥0.0000 |
| | 109 | 蛋鸡主导品种名称 | o_ecmsn | 字符型 | / | / | M | |
| | 110 | 蛋鸡主导品种蛋产量 | o_ecbn | 小数型 | 4 | 万只 | M | ≥0.0000 |
| 生物遗传资源 | 111 | 保护畜禽遗传品种名称 | o_ptlvn | 字符型 | / | / | M | |
| | 112 | 保护畜禽遗传品种特性 | o_ptlvc | 字符型 | / | / | M | |
| | 113 | 保护水生遗传品种名称 | o_ptavn | 字符型 | / | / | M | |
| | 114 | 保护水生遗传品种特性 | o_ptavc | 字符型 | / | / | M | |
| | 115 | 保护植物遗传品种名称 | o_ppvn | 字符型 | / | / | M | |
| | 116 | 保护植物遗传品种特性 | o_ppvc | 字符型 | / | / | M | |
| 农业生态环境 | 117 | 天然草地合理载畜量 | o_ngrcc | 数值型 | 2 | 头/公顷 | M | ≥0.0000 |
| | 118 | 天然草地全年实际载畜量 | o_ngacc | 数值型 | 2 | 头/公顷 | M | ≥0.0000 |
| | 119 | 野生植物资源数量 | o_wprsq | 整型 | 16 | 个 | M | ≥0.0000 |
| | 120 | 野生动物资源数量 | o_warsq | 整型 | 16 | 个 | M | ≥0.0000 |
| | 121 | 经济菌类资源数量 | o_ecfrs | 整型 | 16 | 个 | M | ≥0.0000 |
| | 122 | 外来入侵生物名称 | o_aisn | 字符型 | / | / | M | |
| | 123 | 外来入侵生物主要危害 | o_aismh | 字符型 | / | / | M | |

（五）农业废弃物资源台账数据库

农业废弃物资源台账数据库包括秸秆资源综合利用、秸秆还田、畜禽粪污资源化利用、废旧农膜及回收、农药包装废弃物回收、病死畜禽及无害化处理、蔬菜废弃物利用等信息，其属性数据结构见表15。其中是否必填项中，"M"为必填，"O"为选填。

（六）社会经济资源台账数据库

社会经济资源台账数据库包括绿色食品、有机农产品和地理标志农产品认证农作物产量、规模化畜禽养殖量、绿色食品、有机农产品和地理标志农产品认证畜禽产品产量、绿色食品、有机农产品和地理标志农产品认证水产品产量、生产资料、农民收入等信息，其属性数据结构见表16。其中是否必填项中，"M"为必填，"O"为选填。

## 第三章 国家重要农业资源台账建设规范

表 15 农业废弃物资源台账数据库结构

| 指标类别 | 序号 | 指标名称 | 字段代码 | 数据类型 | 长度/位数 | 单位 | 是否必填 | 值域 |
|---|---|---|---|---|---|---|---|---|
| | 1 | 行政区划名称 | areaname | 字符型 | / | / | M | |
| | 2 | 行政区划代码 | areacode | 整型 | 6 | / | M | 见 GB/T 2260—2017 |
| | 3 | 年份 | year | 日期型 | 4 | / | M | CCYY（GB/T 7408—2005），如 2015 |
| 秸秆资源 | 4 | 秸秆理论资源总量 | o_srst | 数值型 | 2 | 万吨 | M | ≥0.0000 |
| | 5 | 秸秆可收集资源量 | o_cust | 数值型 | 2 | 万吨 | M | ≥0.0000 |
| 秸秆资源综合利用 | 6 | 秸秆综合利用量 | o_cuos | 数值型 | 4 | 万吨 | M | ≥0.0000 |
| | 7 | 秸秆肥料化利用量 | o_ftus | 数值型 | 2 | 吨 | M | ≥0.0000 |
| | 8 | 秸秆饲料化利用量 | o_fds | 数值型 | 2 | 吨 | M | ≥0.0000 |
| | 9 | 秸秆燃料化利用量 | o_fuzs | 数值型 | 2 | 吨 | M | ≥0.0000 |
| | 10 | 秸秆原料化利用量 | o_uzs | 数值型 | 2 | 吨 | M | ≥0.0000 |
| | 11 | 秸秆基料化利用量 | o_bmcs | 数值型 | 2 | 吨 | M | ≥0.0000 |
| 主要秸秆还田 | 12 | 小麦秸秆还田量 | o_wsra | 数值型 | 2 | 吨 | O | ≥0.0000 |
| | 13 | 玉米秸秆还田量 | o_msra | 数值型 | 2 | 吨 | O | ≥0.0000 |
| | 14 | 水稻秸秆还田量 | o_rsra | 数值型 | 2 | 吨 | O | ≥0.0000 |
| | 15 | 大豆秸秆还田量 | o_sbsra | 数值型 | 2 | 吨 | O | ≥0.0000 |
| | 16 | 棉花秸秆还田量 | o_ctsra | 数值型 | 2 | 吨 | O | ≥0.0000 |
| | 17 | 油菜秸秆还田量 | o_rpsra | 数值型 | 2 | 吨 | O | ≥0.0000 |
| 畜禽粪污资源量 | 18 | 畜禽粪污产生总量 | o_lsmta | 数值型 | 4 | 万吨 | M | ≥0.0000 |
| | 19 | 生猪粪污产量 | o_pmop | 数值型 | 2 | 吨 | O | ≥0.0000 |
| | 20 | 肉牛粪污产量 | o_bcmop | 数值型 | 2 | 吨 | O | ≥0.0000 |
| | 21 | 奶牛粪污产量 | o_mcmop | 数值型 | 2 | 吨 | O | ≥0.0000 |
| | 22 | 羊粪污产量 | o_smop | 数值型 | 2 | 吨 | O | ≥0.0000 |
| | 23 | 家禽粪污产量 | o_fyop | 数值型 | 2 | 吨 | O | ≥0.0000 |
| | 24 | 其他畜粪污产量 | o_fyooa | 数值型 | 2 | 吨 | O | ≥0.0000 |
| 畜禽粪污资源化利用 | 25 | 综合利用的畜禽粪污量 | o_lsmtau | 数值型 | 2 | 万吨 | M | ≥0.0000 |
| | 26 | 生猪粪污利用量 | o_pmopu | 数值型 | 2 | 吨 | O | ≥0.0000 |
| | 27 | 肉牛粪污利用量 | o_bcmopu | 数值型 | 2 | 吨 | O | ≥0.0000 |
| | 28 | 奶牛粪污利用量 | o_mcmopu | 数值型 | 2 | 吨 | O | ≥0.0000 |
| | 29 | 羊粪污利用量 | o_smopu | 数值型 | 2 | 吨 | O | ≥0.0000 |
| | 30 | 家禽粪污利用量 | o_aofpip | 数值型 | 2 | 吨 | O | ≥0.0000 |
| | 31 | 其他畜粪污利用量 | o_taooad | 数值型 | 2 | 吨 | O | ≥0.0000 |
| 废旧农膜及回收 | 32 | 棚膜使用量 | o_ugfm | 数值型 | 2 | 吨 | O | ≥0.0000 |
| | 33 | 地膜使用量 | o_cspfm | 数值型 | 2 | 吨 | M | ≥0.0000 |
| | 34 | 棚膜回收利用量 | o_rcfm | 数值型 | 2 | 吨 | O | ≥0.0000 |
| | 35 | 地膜回收利用量 | o_rcpfm | 数值型 | 2 | 吨 | M | ≥0.0000 |

(续表)

| 指标类别 | 序号 | 指标名称 | 字段代码 | 数据类型 | 长度/位数 | 单位 | 是否必填 | 值域 |
|---|---|---|---|---|---|---|---|---|
| 农药包装废弃物 | 36 | 农药包装废弃物回收点数量 | o_ppwrcpn | 整型 | 16 | 个 | O | ≥0.0000 |
| | 37 | 回收点农业废弃包装物回收量 | o_awrcpn | 数值型 | 2 | 吨 | O | ≥0.0000 |
| 病死畜禽及无害化处理 | 38 | 病死猪数量 | o_pdn | 整型 | 16 | 头 | M | ≥0.0000 |
| | 39 | 病死禽数量 | o_bdn | 整型 | 16 | 只 | M | ≥0.0000 |
| | 40 | 病死牛数量 | o_cdn | 整型 | 16 | 头 | M | ≥0.0000 |
| | 41 | 病死羊数量 | o_sdn | 整型 | 16 | 头 | M | ≥0.0000 |
| | 42 | 其他病死畜 | o_oadn | 整型 | 16 | 头 | M | ≥0.0000 |
| | 43 | 病死猪专业无害化处理场集中无害化处理量 | o_pftr | 整型 | 16 | 头 | M | ≥0.0000 |
| | 44 | 病死禽专业无害化处理场集中无害化处理量 | o_bhtr | 整型 | 16 | 只 | M | ≥0.0000 |
| | 45 | 病死牛专业无害化处理场集中无害化处理量 | o_chtr | 整型 | 16 | 头 | M | ≥0.0000 |
| | 46 | 病死羊专业无害化处理场集中无害化处理量 | o_sftr | 整型 | 16 | 头 | M | ≥0.0000 |
| | 47 | 其他病死畜专业无害化处理场集中无害化处理量 | o_ottr | 整型 | 16 | 头 | M | ≥0.0000 |
| 蔬菜废弃物利用 | 48 | 尾菜产量 | o_vgby | 数值型 | 2 | 吨 | O | ≥0.0000 |
| | 49 | 尾菜资源化利用量 | o_vgbrc | 数值型 | 2 | 吨 | O | ≥0.0000 |
| 乡村环境 | 50 | 生活垃圾能够实现集中收集并无害化处理的行政村数量 | o_avctd | 整型 | 16 | 个 | M | ≥0.0000 |
| | 51 | 生活污水能够通过处理设施得到处理的行政村数量 | o_avsdf | 整型 | 16 | 个 | M | ≥0.0000 |

**表16 社会经济资源台账数据库结构**

| 指标类别 | 序号 | 指标名称 | 字段代码 | 数据类型 | 长度/位数 | 单位 | 是否必填 | 值域 |
|---|---|---|---|---|---|---|---|---|
| | 1 | 行政区划名称 | areaname | 字符型 | / | / | M | |
| | 2 | 行政区划代码 | areacode | 整型 | 6 | / | M | 见GB/T 2260—2017 |
| | 3 | 年份 | year | 日期型 | 4 | / | M | CCYY（GB/T 7408—2005），如2015 |

(续表)

| 指标类别 | 序号 | 指标名称 | 字段代码 | 数据类型 | 长度/位数 | 单位 | 是否必填 | 值域 |
|---|---|---|---|---|---|---|---|---|
| 绿色食品、有机农产品和地理标志农产品认证农作物 | 4 | 绿色食品、有机农产品和地理标志农产品个数 | e_tonap | 整型 | 16 | 个 | M | ≥0.0000 |
| | 5 | 水稻产量 | e_rcyd | 数值型 | 4 | 万吨 | M | ≥0.0000 |
| | 6 | 小麦产量 | e_wtyd | 数值型 | 4 | 万吨 | M | ≥0.0000 |
| | 7 | 玉米产量 | e_cnyd | 数值型 | 4 | 万吨 | M | ≥0.0000 |
| | 8 | 大麦产量 | e_blyd | 数值型 | 4 | 万吨 | M | ≥0.0000 |
| | 9 | 大豆产量 | e_sbyd | 数值型 | 4 | 万吨 | M | ≥0.0000 |
| | 10 | 蚕（豌）豆产量 | e_swyd | 数值型 | 4 | 万吨 | M | ≥0.0000 |
| | 11 | 番薯产量 | e_spyd | 数值型 | 4 | 万吨 | M | ≥0.0000 |
| | 12 | 马铃薯产量 | e_ptyd | 数值型 | 4 | 万吨 | M | ≥0.0000 |
| | 13 | 其他粮食作物产量 | e_gothyd | 数值型 | 4 | 万吨 | M | ≥0.0000 |
| | 14 | 花生产量 | e_pnyd | 数值型 | 4 | 万吨 | M | ≥0.0000 |
| | 15 | 油菜籽产量 | e_rsyd | 数值型 | 4 | 万吨 | M | ≥0.0000 |
| | 16 | 芝麻产量 | e_smyd | 数值型 | 4 | 万吨 | M | ≥0.0000 |
| | 17 | 其他油料作物产量 | e_oothyd | 数值型 | 4 | 万吨 | M | ≥0.0000 |
| | 18 | 甘蔗产量 | e_sgyd | 数值型 | 4 | 万吨 | M | ≥0.0000 |
| | 19 | 其他糖料作物产量 | e_sothyd | 数值型 | 4 | 万吨 | M | ≥0.0000 |
| | 20 | 蔬菜（含食用菌）产量 | e_vgbyd | 数值型 | 4 | 万吨 | M | ≥0.0000 |
| | 21 | 果用瓜产量 | e_mfutyd | 数值型 | 4 | 万吨 | M | ≥0.0000 |
| | 22 | 水果产量 | e_futyd | 数值型 | 4 | 万吨 | M | ≥0.0000 |
| | 23 | 茶叶产量 | e_tyd | 数值型 | 4 | 万吨 | M | ≥0.0000 |
| | 24 | 香料作物产量 | e_xspcyd | 数值型 | 4 | 万吨 | M | ≥0.0000 |
| | 25 | 其他作物产量 | e_cothyd | 数值型 | 4 | 万吨 | M | ≥0.0000 |
| | 26 | 水稻面积 | e_ricea | 数值型 | 4 | 公顷 | M | ≥0.0000 |
| | 27 | 小麦面积 | e_wheata | 数值型 | 4 | 公顷 | M | ≥0.0000 |
| | 28 | 玉米面积 | e_corna | 数值型 | 4 | 公顷 | M | ≥0.0000 |
| | 29 | 大麦面积 | e_barleya | 数值型 | 4 | 公顷 | M | ≥0.0000 |
| | 30 | 大豆面积 | e_soyba | 数值型 | 4 | 公顷 | M | ≥0.0000 |
| | 31 | 蚕（豌）豆面积 | e_vfba | 数值型 | 4 | 公顷 | M | ≥0.0000 |
| | 32 | 番薯面积 | e_spa | 数值型 | 4 | 公顷 | M | ≥0.0000 |
| | 33 | 马铃薯面积 | e_ptoa | 数值型 | 4 | 公顷 | M | ≥0.0000 |
| | 34 | 其他粮食作物面积 | e_otgca | 数值型 | 4 | 公顷 | M | ≥0.0000 |
| | 35 | 花生面积 | e_puta | 数值型 | 4 | 公顷 | M | ≥0.0000 |
| | 36 | 油菜籽面积 | e_rpsea | 数值型 | 4 | 公顷 | M | ≥0.0000 |
| | 37 | 芝麻面积 | e_ssma | 数值型 | 4 | 公顷 | M | ≥0.0000 |
| | 38 | 其他油料作物面积 | e_otoca | 数值型 | 4 | 公顷 | M | ≥0.0000 |
| | 39 | 甘蔗面积 | e_sgcea | 数值型 | 4 | 公顷 | M | ≥0.0000 |
| | 40 | 其他糖料作物面积 | e_otsca | 数值型 | 4 | 公顷 | M | ≥0.0000 |
| | 41 | 蔬菜（含食用菌）面积 | e_vgta | 数值型 | 4 | 公顷 | M | ≥0.0000 |
| | 42 | 果用瓜面积 | e_ftmna | 数值型 | 4 | 公顷 | M | ≥0.0000 |
| | 43 | 水果面积 | e_futa | 数值型 | 4 | 公顷 | M | ≥0.0000 |
| | 44 | 茶叶面积 | e_teaa | 数值型 | 4 | 公顷 | M | ≥0.0000 |
| | 45 | 香料作物面积 | e_sca | 数值型 | 4 | 公顷 | M | ≥0.0000 |
| | 46 | 其他作物面积 | e_otca | 数值型 | 4 | 公顷 | M | ≥0.0000 |

(续表)

| 指标类别 | 序号 | 指标名称 | 字段代码 | 数据类型 | 长度/位数 | 单位 | 是否必填 | 值域 |
|---|---|---|---|---|---|---|---|---|
| 规模化畜禽养殖量 | 47 | 年出栏量>500头的生猪规模化养殖场（户）出栏的生猪数量 | e_pgop500 | 数值型 | 4 | 万头 | M | ≥0.0000 |
| | 48 | 年出栏量>50头肉牛的规模化养殖场（户）的出栏肉牛数量 | e_mbop50 | 数值型 | 4 | 万头 | M | ≥0.0000 |
| | 49 | 年存栏量>100头的奶牛规模化养殖场（户）存栏的奶牛数量 | e_mbop100 | 数值型 | 4 | 万头 | M | ≥0.0000 |
| | 50 | 年出栏量>100只肉羊规模化养殖场（户）出栏的肉羊数量 | e_spop100 | 数值型 | 4 | 万只 | M | ≥0.0000 |
| | 51 | 年存栏量>2000只蛋禽规模化养殖场（户）存栏的蛋鸡数量 | e_ecop2000 | 数值型 | 4 | 万只 | M | ≥0.0000 |
| | 52 | 年出栏量>10000只的肉禽规模化养殖场（户）出栏的肉鸡数量 | e_mcop10000 | 数值型 | 4 | 万只 | M | ≥0.0000 |
| | 53 | 其他规模化养殖的畜禽数量 | e_bothop | 数值型 | 4 | 万头（只） | M | ≥0.0000 |
| 绿色食品、有机农产品和地理标志畜产品 | 54 | 猪肉产量 | e_pkpdc | 数值型 | 4 | 万吨 | M | ≥0.0000 |
| | 55 | 牛肉产量 | e_bfpdc | 数值型 | 4 | 万吨 | M | ≥0.0000 |
| | 56 | 羊肉产量 | e_sppdc | 数值型 | 4 | 万吨 | M | ≥0.0000 |
| | 57 | 牛奶产量 | e_mkpdc | 数值型 | 4 | 万吨 | M | ≥0.0000 |
| | 58 | 禽肉产量 | e_ptpdc | 数值型 | 4 | 万吨 | M | ≥0.0000 |
| | 59 | 禽蛋产量 | e_eggpdc | 数值型 | 4 | 万吨 | M | ≥0.0000 |
| | 60 | 蜂蜜产量 | e_hnpdc | 数值型 | 4 | 万吨 | M | ≥0.0000 |
| | 61 | 其他畜禽产品产量 | e_pthpdc | 数值型 | 4 | 万吨 | M | ≥0.0000 |
| 绿色食品、有机农产品和地理标志水产品 | 62 | 鱼类产量 | e_fsyd | 数值型 | 4 | 万吨 | M | ≥0.0000 |
| | 63 | 虾蟹类产量 | e_spcyd | 数值型 | 4 | 万吨 | M | ≥0.0000 |
| | 64 | 贝类产量 | e_sfyd | 数值型 | 4 | 万吨 | M | ≥0.0000 |
| | 65 | 其他水产品产量 | e_wothyd | 数值型 | 4 | 万吨 | M | ≥0.0000 |
| 生产资料 | 66 | 化肥施用量（折纯量） | e_ftzpa | 数值型 | 4 | 万吨 | M | ≥0.0000 |
| | 67 | 氮肥量（折纯量） | e_ncfp | 数值型 | 4 | 万吨 | M | ≥0.0000 |
| | 68 | 磷肥量（折纯量） | e_ppffp | 数值型 | 4 | 万吨 | M | ≥0.0000 |
| | 69 | 钾肥量（折纯量） | e_psffp | 数值型 | 4 | 万吨 | M | ≥0.0000 |
| | 70 | 复合肥量（折纯量） | e_cfqfp | 数值型 | 4 | 万吨 | M | ≥0.0000 |
| | 71 | 农药施用量（折百量） | e_ptapc | 数值型 | 4 | 万吨 | M | ≥0.0000 |

(续表)

| 指标类别 | 序号 | 指标名称 | 字段代码 | 数据类型 | 长度/位数 | 单位 | 是否必填 | 值域 |
|---|---|---|---|---|---|---|---|---|
| 农民收入和农民生活 | 72 | 农村居民人均可支配收入 | e_dpinc | 数值型 | 4 | 万元 | M | ≥0.0000 |
| | 73 | 普及卫生厕所的行政村数 | e_avpstn | 整型 | 16 | 个 | M | ≥0.0000 |
| | 74 | 集中供水的行政村数 | e_avcwsn | 整型 | 16 | 个 | M | ≥0.0000 |
| | 75 | 农业总产值 | e_taov | 数值型 | 4 | 万元 | M | ≥0.0000 |
| 农村机械化和能源 | 76 | 农村用电量 | e_rpc | 数值型 | 4 | 万千瓦时 | M | ≥0.0000 |
| | 77 | 农村沼气池容积 | e_vrbp | 数值型 | 4 | 立方米 | M | ≥0.0000 |
| | 78 | 农村沼气池产气量 | e_gprbp | 数值型 | 4 | 立方米 | M | ≥0.0000 |
| | 79 | 农业光伏发电量 | e_appg | 数值型 | 4 | 万千瓦时 | M | ≥0.0000 |
| | 80 | 农用柴油使用量 | e_audo | 数值型 | 4 | 万吨 | M | ≥0.0000 |
| | 81 | 渔船总动力 | e_tpfb | 数值型 | 4 | 千瓦 | M | ≥0.0000 |
| | 82 | 机耕面积 | e_tca | 数值型 | 4 | 公顷 | M | ≥0.0000 |
| | 83 | 免耕面积 | e_nta | 数值型 | 4 | 公顷 | M | ≥0.0000 |
| | 84 | 机播面积 | e_msla | 数值型 | 4 | 公顷 | M | ≥0.0000 |
| | 85 | 机收面积 | e_mcha | 数值型 | 4 | 公顷 | M | ≥0.0000 |
| 设施农业 | 86 | 设施农业面积 | e_faa | 数值型 | 4 | 公顷 | M | ≥0.0000 |
| | 87 | 设施蔬菜面积 | e_fva | 数值型 | 4 | 公顷 | M | ≥0.0000 |
| | 88 | 设施食用菌面积 | e_effa | 数值型 | 4 | 公顷 | M | ≥0.0000 |
| | 89 | 设施畜牧养殖面积 | e_ahfa | 数值型 | 4 | 公顷 | M | ≥0.0000 |
| | 90 | 设施水产养殖面积 | e_acfa | 数值型 | 4 | 公顷 | M | ≥0.0000 |
| | 91 | 设施蔬菜产量 | e_vyf | 数值型 | 4 | 万吨 | M | ≥0.0000 |
| | 92 | 设施食用菌产量 | e_peff | 数值型 | 4 | 万吨 | M | ≥0.0000 |
| | 93 | 设施畜牧养殖产量 | e_pahf | 数值型 | 4 | 万吨 | M | ≥0.0000 |
| | 94 | 设施水产养殖产量 | e_pawf | 数值型 | 4 | 万吨 | M | ≥0.0000 |
| 农业科技和农村人才 | 95 | 农业技术推广服务人员数量 | e_spaten | 整型 | 16 | 人 | M | ≥0.0000 |
| | 96 | 大专学历以上农业技术推广服务人员数量 | e_atespc | 整型 | 16 | 人 | M | ≥0.0000 |
| | 97 | 新型职业农民数量 | e_nofn | 整型 | 16 | 人 | M | ≥0.0000 |
| | 98 | 高中及以上学历的农村劳动力数量 | e_rlfhsn | 整型 | 16 | 人 | M | ≥0.0000 |
| | 99 | 农村劳动力总量 | e_tarlf | 整型 | 16 | 人 | M | ≥0.0000 |

## 第二节 国家重要农业资源台账数据采集规范

### 一、范围

本部分确定了国家重要农业资源台账指标的定义，规定了国家重要农业资源台账数据采集、数据质量等的基本要求。

本部分适用于"农业资源台账制度建设"项目,其他相关应用可参照使用。

## 二、规范性引用文件

下列文件对于本文件的应用是必不可少的。凡是注日期的引用文件,仅注日期的版本适用于本文件。凡是不注日期的引用文件,其最新版本(包括所有修改单)适用于本文件。

"农业资源台账制度建设"项目标准 第1部分:国家重要农业资源台账数据库分类与结构标准。

## 三、国家重要农业资源台账指标定义

国家重要农业资源台账由6个台账、共444个指标组成,其中水资源台账65个指标、农用地资源台账76个指标、气候资源台账55个指标、生物资源台账104个指标、农业废弃物资源台账48个指标、社会经济资源台账96个指标。国家重要农业资源台账指标及定义见表17至表22。

表17 国家重要农业资源台账——水资源台账指标及定义

| 指标类别 | 序号 | 指标名称 | 定义 |
| --- | --- | --- | --- |
| 水资源数量 | | 多年平均水资源总量 | |
| | | 多年平均地表水资源总量 | |
| | | 多年平均地下水资源总量 | |
| | | 多年平均地表水与地下水资源重复量 | |
| | | 多年平均年产水模数 | |
| | | 水资源总量 | 当地降水形成的地表和地下产水总量,即地表径流量与降水入渗补给量之和,不包括过境水量 |
| | | 地表水资源量 | 河流、湖泊以及冰川等地表水体中可以逐年更新的动态水量,即天然河川径流量 |
| | | 地下水资源总量 | 地下饱和含水层逐年更新的动态水量,即降水和地表水入渗对地下水的补给量 |
| | | 地表水与地下水资源重复量 | 指地表水和地下水相互转化的部分,即天然河川径流中的地下水排泄量和地下水补给量中来源于地表水的入渗补给量 |
| | | 降水总量 | 是一定时间内,降落到水平面上,假定无渗漏,不流失,也不蒸发,累积起来的水的深度,是衡量一个地区降水多少的数据 |
| | | 人均水资源量 | 指在一个地区(流域)内,某一个时期按人口平均每个人占有的水资源量 |

## 第三章 国家重要农业资源台账建设规范

(续表)

| 指标类别 | 序号 | 指标名称 | 定 义 |
|---|---|---|---|
| 水资源质量 | | 评价河流长 | |
| | | Ⅰ类 | 水质等级根据《地表水环境质量标准》（GB 3838—2002）确定。依据地表水水域环境功能和保护目标，Ⅰ类主要适用于源头水、国家自然保护区 |
| | | Ⅱ类 | 水质等级根据《地表水环境质量标准》（GB 3838—2002）确定。依据地表水水域环境功能和保护目标，Ⅱ类主要适用于集中式生活饮用水地表水源地一级保护区、珍稀水生生物栖息地、鱼虾类产场、仔稚幼鱼的索饵场等 |
| | | Ⅲ类 | 水质等级根据《地表水环境质量标准》（GB 3838—2002）确定。依据地表水水域环境功能和保护目标，Ⅲ类主要适用于集中式生活饮用水地表水源地二级保护区、鱼虾类越冬场、洄游通道、水产养殖区等渔业水域及游泳区 |
| | | Ⅳ类 | 水质等级根据《地表水环境质量标准》（GB 3838—2002）确定。依据地表水水域环境功能和保护目标，Ⅳ类主要适用于一般工业用水区及人体非直接接触的娱乐用水区 |
| | | Ⅴ类 | 水质等级根据《地表水环境质量标准》（GB 3838—2002）确定。依据地表水水域环境功能和保护目标，Ⅴ类主要适用于农业用水区及一般景观要求水域 |
| | | 劣Ⅴ类 | 水质等级根据《地表水环境质量标准》（GB 3838—2002）确定。依据地表水水域环境功能和保护目标，劣Ⅴ类是污染程度已超过Ⅴ类的水 |
| 水资源利用 | | 农业用水功能区总个数 | |
| | | 农业用水功能区中达到Ⅴ类以上水质个数 | |
| | | 农村生活污水集中处理村个数 | 集中将农村生活污水中的有害物质和污染环境成分清除、降解做无害处理的村总数 |
| | | 行政村总数 | 所在区域村总数 |
| | | 灌溉面积总计 | 一个地区当年农、林、牧等灌溉面积的总和 |
| | | 农田有效灌溉面积 | 灌溉工程或设备已基本配套，有一定水源，土地比较平整，在一般年景可以进行正常灌溉的农田或耕地灌溉面积 |
| | | 林地有效灌溉面积 | 灌溉工程或设备已基本配套，有一定水源，在一般年景可以进行正常灌溉的林地灌溉面积 |
| | | 果园有效灌溉面积 | 灌溉工程或设备已基本配套，有一定水源，在一般年景可以进行正常灌溉的果园灌溉面积 |
| | | 牧草有效灌溉面积 | 灌溉工程或设备已基本配套，有一定水源，在一般年景可以进行正常灌溉的牧草灌溉面积 |
| | | 其他有效灌溉面积 | 灌溉工程或设备已基本配套，有一定水源，在一般年景可以进行正常灌溉的其他灌溉面积 |
| | | 农田有效实灌面积 | 利用灌溉工程和设施，在有效灌溉面积中当年实际已进行正常（灌水一次以上）灌溉的耕地面积 |

(续表)

| 指标类别 | 序号 | 指标名称 | 定义 |
|---|---|---|---|
| 水资源利用 | | 旱涝保收面积 | 有效灌溉面积中，遇旱能灌，遇涝能排的面积 |
| | | 节水灌溉面积总计 | 以最低限度的用水量获得最大的产量或收益，也就是最大限度地提高单位灌溉水量的农作物产量和产值的灌溉措施。主要措施有：渠道防渗、低压管灌、喷灌、微灌和灌溉管理制度。应用以上灌溉措施的面积 |
| | | 喷灌面积 | 借助水泵和管道系统或利用自然水源的落差，把具有一定压力的水喷到空中，散成小水滴或形成弥雾降落到植物上和地面上的灌溉面积 |
| | | 微灌面积 | 按照作物需求，通过管道系统与安装在末级管道上的灌水器，将水和作物生长所需的养分以较小的流量，均匀、准确地直接输送到作物根部附近土壤的灌溉面积 |
| | | 低压管道面积 | |
| | | 渠道衬砌面积 | |
| | | 其他节水灌溉面积 | 其他方式节水灌溉面积 |
| | | 水肥一体化耕地面积 | 借助压力系统（或地形自然落差），将可溶性固体或液体肥料，按土壤养分含量和作物种类的需肥规律和特点，配兑成的肥液与灌溉水一起，通过可控管道系统供水、供肥，使水肥相融后，通过管道和滴头形成滴灌、均匀、定时、定量，浸润作物根系发育生长区域的灌溉面积 |
| | | 农业水价综合改革推广耕地面积 | |
| | | 农田灌溉水有效利用系数 | 在一次灌水期间被农作物利用的净水量与水源渠首处总引进水量的比值 |
| | | 大型灌区灌溉水有效利用系数 | 大型灌区在一次灌水期间被农作物利用的净水量与水源渠首处总引进水量的比值 |
| | | 中型灌区灌溉水有效利用系数 | 中型灌区在一次灌水期间被农作物利用的净水量与水源渠首处总引进水量的比值 |
| | | 小型灌区灌溉水有效利用系数 | 小型灌区在一次灌水期间被农作物利用的净水量与水源渠首处总引进水量的比值 |
| | | 纯井灌区灌溉水有效利用系数 | 纯井灌区在一次灌水期间被农作物利用的净水量与水源渠首处总引进水量的比值 |
| | | 农业结构调整节水量 | 由于农业结构调整产生的节水能力，如小麦调整为玉米，两者用水量的差额就是节水量 |
| | | 供水量合计 | 指各种水源工程为用户提供的包括输水损失在内的毛供水量之和，不包括海水直接利用量 |
| | | 地表水供水量 | 指地表水体工程的取水量，按蓄、引、提、调四种形式统计 |
| | | 地下水供水量 | 指水井工程的开采量，按浅层淡水、深层承压水和微咸水分别统计。城市地下水源供水量包括自来水厂的开采量和工矿企业自备井的开采量 |

# 第三章 国家重要农业资源台账建设规范

(续表)

| 指标类别 | 序号 | 指标名称 | 定 义 |
|---|---|---|---|
| 水资源利用 | | 其他供水量 | 包括污水处理再利用、集雨工程、海水淡化等水源工程的供水量 |
| | | 用水量合计 | 指分配给各类用户的包括输水损失在内的毛用水量之和,不包括海水直接利用量 |
| | | 农业用水量 | 指农田灌溉用水、林果地灌溉用水、草地灌溉用水和鱼塘补水 |
| | | 工业用水量 | 指工矿企业在生产过程中用于制造、加工、冷却、空调、净化、洗涤等方面的用水,按新水取用量计,不包括企业内部的重复利用水量 |
| | | 生活用水量 | 包括城镇生活用水和农村生活用水。城镇生活用水由居民用水和公共用水(含第三产业及建筑业等用水)组成;农村生活用水除居民生活用水外,还包括牲畜用水在内 |
| | | 生态用水量 | 仅包括人为措施供给的城镇环境用水和部分河湖、湿地补水,而不包括降水、径流自然满足的水量 |
| | | 农业供水量合计 | |
| | | 地表水供水量 | |
| | | 地下水供水量 | |
| | | 其他供水量 | |
| | | 农业用水量合计 | 指用于灌溉和农村牲畜的用水 |
| | | 农田用水量 | |
| | | 林地用水量 | |
| | | 果园用水量 | |
| | | 牧草用水量 | |
| | | 粮食作物用水量 | |
| | | 经济作物用水量 | |
| | | 蔬菜用水量 | |

表18 国家重要农业资源台账——农用地资源台账指标及定义

| 指标类别 | 序号 | 指标名称 | 定 义 |
|---|---|---|---|
| 土地面积 | | 土地面积 | 指陆地部分土地面积 |
| 农用地面积 | | 农用地面积 | 农用地是指用于农业生产的土地,包括耕地、园地、林地、牧草地、其他农用地等(包括畜禽饲养地、设施农业用地、农村道路、坑塘水面、养殖水面、农田水利用地、田坎、晒谷场等) |

(续表)

| 指标类别 | 序号 | 指标名称 | 定  义 |
|---|---|---|---|
| 耕地面积 | | 耕地面积 | 指种植农作物的土地 |
| | | 水田面积 | 指用于种植水稻、莲藕等水生农作物的耕地 |
| | | 水浇地面积 | 是指有灌溉条件的用于种植旱地作物的耕地 |
| | | 旱地面积 | 是指没有灌溉条件的耕地 |
| | | 基本农田（永久基本农田）面积 | 指列入基本农田保护区进行永久保护的耕地 |
| | | 高标准农田面积 | 是指建成的集中连片、设施配套、高产稳产、生态良好、抗灾能力强、与现代农业生产和经营方式相适应的高标准基本农田 |
| 园地面积 | | 园地面积 | 指种植以采集果、叶、根、茎、汁等为主的集约经营的多年生木本和草本作物，覆盖度大于50%或每亩株数大于合理株数70%的土地，包括用于育苗的土地 |
| | | 果园面积 | 指种植果树的园地 |
| | | 茶园面积 | 指种植茶树的园地 |
| | | 其他园地面积 | 指种植桑树、橡胶、可可、咖啡、油棕、胡椒、药材等其他多年生作物的园地 |
| 林地面积 | | 林地面积 | 指生长乔木、竹类、灌木的土地，及沿海生长红树林的土地。包括迹地，不包括居民点内部的绿化林木用地，铁路、公路征地范围内的林木，以及河流、沟渠的护堤林 |
| | | 有林地面积 | 指树木郁闭度≥0.2的乔木林地，包括红树林地和竹林地 |
| | | 灌木林地面积 | 指灌木覆盖度≥40%的林地 |
| | | 其他林地面积 | 包括疏林地（指树木郁闭度≥0.1、<0.2的林地）、未成林地、迹地、苗圃等林地 |
| | | 森林覆盖率 | 指郁闭度0.2以上的乔木林、竹林、国家特别规定的灌木林地面积，以及农田林网和村旁、宅旁、水旁、路旁林木的覆盖面积的总和占土地面积的百分比 |
| | | 应建农田林网农田面积 | 为国家农业可持续发展试验示范区评价指标体系要求指标 |
| | | 已建农田林网农田面积 | 为国家农业可持续发展试验示范区评价指标体系要求指标 |
| 草地（草原面积） | | 草地面积 | 指生长草本植物为主的土地 |
| | | 天然牧草地面积 | 指以天然草本植物为主，用于放牧或割草的草地 |
| | | 人工牧草地面积（含改良草地） | 指人工种植牧草的草地 |
| | | 其他草地面积 | 指树木郁闭度<0.1，表层为土质，生长草本植物为主，不用于畜牧业的草地 |
| | | 可利用草原面积 | 指可用于发展养殖业的草地面积 |
| | | 基本草原（草地）面积 | 是指列入基本草地保护区，实行严格保护的草地面积 |
| | | 多年生人工草地面积 | 是指人工种植的多年生牧草地面积 |
| | | 禁牧草原面积 | 是指为了保护草原生态，实施禁止放牧的草原面积 |
| | | 湿地总面积 | 指地表过湿或经常积水，生长湿地生物的地区 |

## 第三章　国家重要农业资源台账建设规范

(续表)

| 指标类别 | 序号 | 指标名称 | 定义 |
|---|---|---|---|
| 水域面积 | | 水域及水利设施用地面积 | 指陆地水域，海涂，沟渠、水工建筑物等用地。不包括滞洪区和已垦滩涂中的耕地、园地、林地、居民点、道路等用地 |
| | | 河流水面 | 指天然形成或人工开挖河流常水位岸线之间的水面，不包括被堤坝拦截后形成的水库水面 |
| | | 湖泊水面 | 指天然形成的积水区常水位岸线所围成的水面 |
| | | 水库水面 | 指人工拦截汇集而成的总库容≥10万立方米的水库正常蓄水位岸线所围成的水面 |
| | | 坑塘水面 | 指人工开挖或天然形成的蓄水量<10万立方米的坑塘常水位岸线所围成的水面 |
| | | 沿海滩涂面积 | 指沿海大潮高潮位与低潮位之间的潮浸地带。包括海岛的沿海滩涂。不包括已利用的滩涂 |
| | | 内陆滩涂面积 | 指河流、湖泊常水位至洪水位间的滩地；时令湖、河洪水位以下的滩地；水库、坑塘的正常蓄水位与洪水位间的滩地。包括海岛的内陆滩地。不包括已利用的滩地 |
| | | 其他水域面积 | 扣除以上各项水域面积之后的水域及水利设施用地面积 |
| | | 可养殖水面 | 指可用于水产养殖的水面面积 |
| | | 可养殖湖泊水面 | 指可用于水产养殖的湖泊水面面积 |
| | | 可养殖水库水面 | 指可用于水产养殖的水库水面面积 |
| | | 可养殖坑塘水面 | 指可用于水产养殖的坑塘水面面积 |
| | | 可养殖沿海滩涂面积 | 指可用于水产养殖的沿海滩涂面积 |
| | | 可养殖浅海面积 | 指可用于水产养殖的浅海面积 |
| 土地退化 | | 土地退化总面积 | 是指土地受到人为因素或自然因素或人为、自然综合因素的干扰、破坏而改变土地原有的内部结构、理化性状，土地环境日趋恶劣，逐步减少或失去该土地原先所具有的综合生产潜力的土地面积。包括沙化土地、水蚀土地、盐碱化土地、污染土地等 |
| | | 土地沙化面积 | 指由于干旱风蚀而发生退化的土地面积 |
| | | 已治理土地沙化面积 | 指通过各项治理措施得到有效治理的沙化土地面积 |
| | | 石漠化土地面积 | 指由于水土流失，原有土壤覆盖的土地成为岩石裸露的土地面积 |
| | | 已治理石漠化土地面积 | 指通过各项治理措施得到有效治理的石漠化土地面积 |
| | | 土地盐渍化面积 | 指由于不合理灌溉，以及其他原因造成土壤盐碱化的土地面积 |
| | | 已治理土地盐渍化面积 | 指通过各项措施得到有效治理的土地盐渍化面积 |

(续表)

| 指标类别 | 序号 | 指标名称 | 定 义 |
|---|---|---|---|
| 草原质量 | | "三化"草原面积 | 指退化、沙化、盐碱化草原面积 |
| | | 已治理"三化"草原面积 | 指已治理退化、沙化、盐碱化草原面积 |
| | | 草原综合植被盖度 | 指某一区域各主要草地类型的植被盖度与其所占面积比重的加权平均值。草原牧业县（市）填此项 |
| 农业部门耕地质量分等 | | 耕地质量分等面积合计 | 是指开展分等定级耕地总面积，即县域耕地总面积 |
| | | 一等地面积 | 指农业部门耕地质量一等级面积 |
| | | 二等地面积 | 指农业部门耕地质量二等级面积 |
| | | 三等地面积 | 指农业部门耕地质量三等级面积 |
| | | 四等地面积 | 指农业部门耕地质量四等级面积 |
| | | 五等地面积 | 指农业部门耕地质量五等级面积 |
| | | 六等地面积 | 指农业部门耕地质量六等级面积 |
| | | 七等地面积 | 指农业部门耕地质量七等级面积 |
| | | 八等地面积 | 指农业部门耕地质量八等级面积 |
| | | 九等地面积 | 指农业部门耕地质量九等级面积 |
| | | 十等地面积 | 指农业部门耕地质量十等级面积 |
| 农田土壤肥力 | | 土壤有机质样本数 | 县（市）土肥站开展测土配方施肥工作中土壤有机质分析采样样本个数（只包括纳入县市土壤有机质平均值计算的有效采样样本数） |
| | | 土壤有机质平均值 | 根据测土配方施肥工作中土壤有机质各采样点土壤有机质分析结果，按农业农村部统一要求计算得到的全县土壤有机质平均值 |
| | | 土壤全氮样本数 | 县（市）土肥站开展测土配方施肥工作中土壤全氮分析采样样本个数（只包括纳入县市土壤全氮平均值计算的有效采样样本数） |
| | | 土壤全氮平均值 | 根据测土配方施肥工作中土壤有机质各采样点土壤全氮分析结果，按农业农村部统一要求计算得到的全县土壤全氮平均值 |
| | | 土壤有效磷样本数 | 县（市）土肥站开展测土配方施肥工作中土壤有效磷分析采样样本个数（只包括纳入县市土壤有效磷平均值计算的有效采样样本数） |
| | | 土壤有效磷平均值 | 根据测土配方施肥工作中土壤有机质各采样点土壤有效磷分析结果，按农业农村部统一要求计算得到的全县土壤有效磷平均值 |
| | | 土壤速效钾样本数 | 县（市）土肥站开展测土配方施肥工作中土壤速效钾分析采样样本个数（只包括纳入县市土壤速效钾平均值计算的有效采样样本数） |

(续表)

| 指标类别 | 序号 | 指标名称 | 定 义 |
|---|---|---|---|
| 农田土壤肥力 | | 土壤速效钾平均值 | 根据测土配方施肥工作中土壤有机质各采样点土壤速效钾分析结果，按农业农村部统一要求计算得到的全县土壤速效钾平均值 |
| | | 土壤 pH 值样本数 | 县（市）土肥站开展测土配方施肥工作中土壤 pH 值分析采样样本个数（只包括纳入县市土壤 pH 值平均值计算的有效采样样本数） |
| | | 土壤 pH 值 | 根据测土配方施肥工作中土壤有机质各采样点土壤 pH 值分析结果，按农业农村部统一要求计算得到的全县土壤 pH 值平均值 |
| 农田污染 | | 耕地污染面积 | |
| | | 重金属污染农田面积 | |
| 农田地下水 | | 地下水严重漏斗区农田面积 | |

表 19　国家重要农业资源台账——气候资源台账指标及定义

| 指标类别 | 序号 | 指标名称 | 定 义 |
|---|---|---|---|
| 农业气候资源 | | 年降水量 | 年降水量是指降水量在一年中的累计值。降水量是指从天空降落到地面上的液态或固态（经融化后）降水，未经蒸发、渗透、流失而在水平面上积聚的深度 |
| | | 年平均气温 | 年平均气温是指一年中日平均气温的算术平均值。空气温度（简称气温）是表示空气冷热程度的物理量。地面气象观测中测定的是离地面 1.50 米高度处的气温 |
| | | 年极端最低气温 | 年极端最低气温是指在一年里某地区所达到的最低气温 |
| | | 年极端最高气温 | 年极端最高气温是指在一年里某地区所达到的最高气温 |
| | | 年日照时数 | 年日照时数是指一年中太阳在一地实际照射地面的时数 |
| | | 年太阳辐射总量 | 年太阳辐射总量是指在一年里水平面上太阳辐射的累计值 |
| | | 年累计蒸发皿蒸发量 | 蒸发量是指在 E601 型蒸发器中的水因蒸发而降低的深度。年累计蒸发皿蒸发量是指在一年里蒸发量的累计值 |
| | | ≥0℃积温 | 指稳定通过 0℃温度初日和终日之间（含初日和终日）这段时间逐日大于或等于 0℃的日平均气温的累加值 |
| | | ≥10℃积温 | 指稳定通过 10℃温度初日和终日之间（含初日和终日）这段时间逐日大于或等于 10℃的日平均气温的累加值 |
| | | 无霜期 | 无霜期指一年中终霜后至初霜前的一整段时间。以日最低气温≤2℃或日最低地表温度≤0℃为霜冻的气候指标 |
| | | 初霜日 | 初霜日是指由温暖季节向寒冷季节过渡期间第一次出现霜冻的日期 |
| | | 终霜日 | 终霜日是指由寒冷季节向温暖季节过渡期间最后一次出现霜冻的日期 |

(续表)

| 指标类别 | 序号 | 指标名称 | 定 义 |
|---|---|---|---|
| 农业气候资源 | | 年累计参考作物蒸散量 | 指一年内作物基准蒸散量的累计值。参考作物蒸散量又称潜在蒸散量或可能蒸散量,是为一种假想参照作物冠层的蒸散速率,假设作物植株高度为0.12米,固定的作物表面阻力为70米/秒,反射率为0.23,非常类似于表面开阔、高度一致、生长旺盛、完全遮盖地面而不缺水的绿色草地的蒸散量,单位为毫米/天 |
| 气象灾害 | | 农作物受灾面积 | 指因灾减产1成以上的农作物播种面积。如果同一地块的当季农作物多次受灾,只计算其中受灾最重的一次 |
| | | 农作物成灾面积 | 指受灾面积中,因灾减产3成以上的农作物播种面积 |
| | | 农作物绝收面积 | 指受灾面积中,因灾减产8成以上的农作物播种面积 |
| | | 旱灾受灾面积 | 指因旱灾减产1成以上的农作物播种面积。如果同一地块的当季农作物多次受灾,只计算其中受灾最重的一次 |
| | | 旱灾成灾面积 | 指旱灾受灾面积中,因灾减产3成以上的农作物播种面积 |
| | | 旱灾绝收面积 | 指受旱灾面积中,因灾减产8成以上的农作物播种面积 |
| | | 洪涝灾受灾面积 | 指因洪涝灾减产1成以上的农作物播种面积。如果同一地块的当季农作物多次受灾,只计算其中受灾最重的一次 |
| | | 洪涝灾成灾面积 | 指洪涝灾受灾面积中,因灾减产3成以上的农作物播种面积 |
| | | 洪涝灾绝收面积 | 指洪涝灾害受灾面积中,因灾减产8成以上的农作物播种面积 |
| | | 风雹灾受灾面积 | 指因风雹灾灾减产1成以上的农作物播种面积。如果同一地块的当季农作物多次受灾,只计算其中受灾最重的一次 |
| | | 风雹灾成灾面积 | 指风雹灾受灾面积中,因灾减产3成以上的农作物播种面积 |
| | | 风雹灾绝收面积 | 指风雹灾受灾面积中,因灾减产8成以上的农作物播种面积 |
| | | 冷冻灾受灾面积 | 指因冷冻灾减产1成以上的农作物播种面积。如果同一地块的当季农作物多次受灾,只计算其中受灾最重的一次 |
| | | 冷冻灾成灾面积 | 指冷冻灾受灾面积中,因灾减产3成以上的农作物播种面积 |
| | | 冷冻灾绝收面积 | 指冷冻灾受灾面积中,因灾减产8成以上的农作物播种面积 |
| | | 台风灾受灾面积 | 指台风灾受灾面积中,因灾减产8成以上的农作物播种面积 |
| | | 台风灾成灾面积 | 指因台风灾减产1成以上的农作物播种面积。如果同一地块的当季农作物多次受灾,只计算其中受灾最重的一次 |
| | | 台风灾绝收面积 | 指台风灾受灾面积中,因灾减产3成以上的农作物播种面积 |
| 土壤墒情 | | 10厘米土壤相对湿度 | 在某土层深度处的土壤实际含水量占土壤田间持水量的比值,以百分率(%)表示。土壤墒情需要观测的土层深度分别为10厘米、20厘米、30厘米、40厘米、50厘米、70厘米、100厘米 |
| | | 20厘米土壤相对湿度 | |
| | | 30厘米土壤相对湿度 | |
| | | 40厘米土壤相对湿度 | |
| | | 50厘米土壤相对湿度 | |
| | | 70厘米土壤相对湿度 | |
| | | 100厘米土壤相对湿度 | |

## 第三章 国家重要农业资源台账建设规范

(续表)

| 指标类别 | 序号 | 指标名称 | 定义 |
|---|---|---|---|
| 农作物生长发育观测 | | 一季稻发育期名称 | 稻类记录的重要农事活动和发育期包括播种、出苗、三叶、移栽、返青、分蘖、拔节、孕穗、抽穗、乳熟、成熟 |
| | | 一季稻发育期日期 | |
| | | 早稻发育期名称 | 稻类记录的重要农事活动和发育期包括播种、出苗、三叶、移栽、返青、分蘖、拔节、孕穗、抽穗、乳熟、成熟 |
| | | 早稻发育期日期 | |
| | | 晚稻发育期名称 | 稻类记录的重要农事活动和发育期包括播种、出苗、三叶、移栽、返青、分蘖、拔节、孕穗、抽穗、乳熟、成熟 |
| | | 晚稻发育期日期 | |
| | | 春玉米发育期名称 | 玉米记录的重要农事活动和发育期包括播种、出苗、三叶、七叶、拔节、抽雄、开花、吐丝、乳熟、成熟 |
| | | 春玉米发育期日期 | |
| | | 夏玉米发育期名称 | 玉米记录的重要农事活动和发育期包括播种、出苗、三叶、七叶、拔节、抽雄、开花、吐丝、乳熟、成熟 |
| | | 夏玉米发育期日期 | |
| | | 春小麦发育期名称 | 麦类记录的重要农事活动和发育期包括播种、出苗、三叶、分蘖、越冬开始、返青、起身、拔节、孕穗、抽穗、开花、乳熟、成熟。麦类包括冬小麦、春小麦、大麦、青稞、莜麦、燕麦 |
| | | 春小麦发育期日期 | |
| | | 冬小麦发育期名称 | 麦类记录的重要农事活动和发育期包括播种、出苗、三叶、分蘖、越冬开始、返青、起身、拔节、孕穗、抽穗、开花、乳熟、成熟。麦类包括冬小麦、春小麦、大麦、青稞、莜麦、燕麦 |
| | | 冬小麦发育期日期 | |
| | | 高粱发育期名称 | 高粱记录的重要农事活动和发育期包括播种、出苗、三叶、七叶、拔节、抽穗、开花、乳熟、成熟 |
| | | 高粱发育期日期 | |
| | | 谷子发育期名称 | 谷子记录的重要农事活动和发育期包括播种、出苗、三叶、分蘖、拔节、抽穗、乳熟、成熟 |
| | | 谷子发育期日期 | |
| | | 大豆发育期名称 | 大豆记录的重要农事活动和发育期包括播种、出苗、三真叶、分枝、开花、结荚、鼓粒、成熟 |
| | | 大豆发育期日期 | |
| | | 甘薯发育期名称 | 甘薯记录的重要农事活动和发育期包括移栽、成活、蔓伸长、薯块形成、可收 |
| | | 甘薯发育期日期 | |
| | | 马铃薯发育期名称 | 马铃薯记录的重要农事活动和发育期包括播种、出苗、分枝、花序形成、开花、可收 |
| | | 马铃薯发育期日期 | |

(续表)

| 指标类别 | 序号 | 指标名称 | 定　义 |
|---|---|---|---|
| 农作物生长发育观测 | | 棉花发育期名称 | 棉花记录的重要农事活动和发育期包括播种、出苗、三真叶、五真叶、现蕾、开花、裂铃、吐絮、停止生长 |
| | | 棉花发育期日期 | |
| | | 油菜发育期名称 | 油菜记录的重要农事活动和发育期包括播种、出苗、五真叶、移栽、现蕾、抽薹、开花、绿熟、成熟 |
| | | 油菜发育期日期 | |
| | | 花生发育期名称 | 花生记录的重要农事活动和发育期包括播种、出苗、三真叶、分枝、开花、下针、成熟 |
| | | 花生发育期日期 | |
| | | 甘蔗发育期名称 | 甘蔗记录的重要农事活动和发育期包括播种、出苗、分蘖、发株、茎伸长、工艺成熟茎伸长、工艺成熟 |
| | | 甘蔗发育期日期 | |
| | | 甜菜发育期名称 | 甜菜记录的重要农事活动和发育期包括播种、出苗、三对真叶、块根膨大、工艺成熟 |
| | | 甜菜发育期日期 | |

表20　国家重要农业资源台账——生物资源台账指标及定义

| 指标类别 | 序号 | 指标名称 | 定　义 |
|---|---|---|---|
| 农业生产 | | 农作物播种面积 | 农作物播种面积，指实际播种或移植有农作物的面积，包括种植在耕地上和非耕地上 |
| | | 粮食作物播种面积 | 粮食作物播种面积是指谷类作物、薯类作物和豆类作物的播种面积总和 |
| | | 粮食作物总产量 | 谷类作物、薯类作物和豆类作物的年度总产量 |
| | | 夏收粮播种面积 | 夏收谷类作物、薯类作物和豆类作物总的播种面积 |
| | | 夏收粮食总产量 | 夏收谷类作物、薯类作物和豆类作物总产量 |
| | | 秋收粮播种面积 | 秋收谷类作物、薯类作物和豆类作物总和播种面积 |
| | | 秋收粮食总产量 | 秋收谷类作物、薯类作物和豆类作物总产量 |
| | | 谷物播种面积 | 包括稻类（籼稻、粳稻、糯稻）、麦类（小麦、大麦、燕麦、黑麦）、玉米、高粱、粟、黍、黄米、荞麦等总和播种面积 |
| | | 谷物总产量 | 包括稻类（籼稻、粳稻、糯稻）、麦类（小麦、大麦、燕麦、黑麦）、玉米、高粱、粟、黍、黄米、荞麦等的总产量 |
| | | 稻谷播种面积 | 年度稻谷播种总面积 |
| | | 稻谷总产量 | 年度稻谷总产量 |
| | | 小麦播种面积 | 年度小麦播种总面积 |

第三章 国家重要农业资源台账建设规范

(续表)

| 指标类别 | 序号 | 指标名称 | 定 义 |
|---|---|---|---|
| 农业生产 | | 小麦总产量 | 年度小麦总产量 |
| | | 冬小麦播种面积 | 年度冬小麦播种总面积 |
| | | 冬小麦总产量 | 年度冬小麦总产量 |
| | | 春小麦播种面积 | 年度春小麦播种总面积 |
| | | 春小麦总产量 | 年度春小麦总产量 |
| | | 玉米播种面积 | 年度玉米播种总面积 |
| | | 玉米总产量 | 年度玉米总产量 |
| | | 大麦播种面积 | 年度大麦播种总面积 |
| | | 大麦总产量 | 年度大麦总产量 |
| | | 大豆播种面积 | 年度大豆播种总面积 |
| | | 大豆总产量 | 年度大豆总产量 |
| | | 蚕（豌）豆播种面积 | 年度蚕豆和豌豆播种总面积 |
| | | 蚕（豌）豆总产量 | 年度蚕豆和豌豆总产量 |
| | | 番薯播种面积 | 年度番薯播种总面积 |
| | | 番薯总产量 | 年度番薯鲜重总产量 |
| | | 其他谷物播种面积 | 区域内其他粮食作物年度播种面积，包括不限于：燕麦、黑麦、谷子、高粱和青稞等 |
| | | 其他谷物总产量 | 区域内其他粮食作物年度总产量，包括不限于：燕麦、黑麦、谷子、高粱和青稞等 |
| | | 马铃薯播种面积 | 年度马铃薯播种总面积 |
| | | 马铃薯总产量 | 年度马铃薯鲜重总产量 |
| | | 油料作物播种面积 | 主要指油菜、大豆、花生、芝麻、向日葵、棉籽、蓖麻、苏子、油用亚麻和大麻等的播种总面积 |
| | | 油料作物总产量 | 主要指油菜、大豆、花生、芝麻、向日葵、棉籽、蓖麻、苏子、油用亚麻和大麻等的总产量 |
| | | 花生播种面积 | 年度花生播种面积 |
| | | 花生总产量 | 年度花生总产量 |
| | | 油菜籽播种面积 | 年度油菜籽播种面积 |
| | | 油菜籽总产量 | 年度油菜籽干重总产量 |
| | | 棉花播种面积 | 年度棉花播种面积 |
| | | 棉花总产量 | 年度棉花总产量 |
| | | 糖料播种面积 | 主要指是甘蔗、甜糖菜的播种总面积 |
| | | 糖料总产量 | 甘蔗、甜糖菜的总产量 |

(续表)

| 指标类别 | 序号 | 指标名称 | 定　义 |
|---|---|---|---|
| 农业生产 | | 甘蔗播种面积 | 年度甘蔗播种面积 |
| | | 甘蔗总产量 | 年度甘蔗总产量 |
| | | 甜菜播种面积 | 年度甜菜播种面积 |
| | | 甜菜总产量 | 年度甜菜总产量 |
| | | 药材类播种面积 | 年度中药材类播种面积 |
| | | 药材类总产量 | 年度中药材类干重总产量 |
| | | 蔬菜（含食用菌）播种面积 | 区域内蔬菜（含食用菌）年度播种面积 |
| | | 蔬菜（含食用菌）总产量 | 区域内蔬菜（含食用菌）年度鲜重总产量 |
| | | 果用瓜播种面积 | 区域内果用瓜产量年度播种面积 |
| | | 果用瓜总产量 | 区域内果用瓜产量年度总产量 |
| | | 水果播种面积 | 区域内水果播种面积 |
| | | 水果总产量 | 区域内水果年度鲜重总产量 |
| | | 芝麻播种面积 | 区域内芝麻年度播种面积 |
| | | 芝麻总产量 | 区域内芝麻年度干重总产量 |
| | | 茶叶播种面积 | 区域内茶叶年度播种面积 |
| | | 茶叶总产量 | 区域内茶叶年度干重总产量 |
| | | 其他农作物播种面积 | 区域内其他农作物年度播种面积，需列出名称 |
| | | 其他农作物总产量 | 区域内其他农作物年度总产量，序列出名称 |
| | | 生猪出栏量 | 区域内生猪年度出栏数量 |
| | | 肉牛出栏量 | 区域内肉牛年度出栏数量 |
| | | 奶牛存栏量 | 区域内奶牛年度出栏数量 |
| | | 肉羊出栏量 | 区域内肉羊年度出栏数量 |
| | | 肉鸡出栏量 | 区域内肉鸡年度出栏数量 |
| | | 蛋鸡存栏量 | 区域内蛋鸡年度存栏数量 |
| | | 其他出（存）栏量 | 区域其他畜禽出（存）栏量，包括不限于：鹅、牦牛、山羊、绵羊、皮毛用动物等，需列出品种 |
| | | 畜禽肉类总产量 | 区域内畜禽肉类年度总产量 |
| | | 猪肉总产量 | 区域内猪肉年度总产量 |
| | | 牛肉总产量 | 区域内牛肉年度总产量 |
| | | 羊肉总产量 | 区域内羊肉年度总产量 |
| | | 牛奶总产量 | 区域内牛奶年度鲜重总产量 |

## 第三章 国家重要农业资源台账建设规范

(续表)

| 指标类别 | 序号 | 指标名称 | 定义 |
|---|---|---|---|
| 农业生产 | | 禽肉总产量 | 区域内禽肉年度总产量 |
| | | 禽蛋总产量 | 区域内禽蛋年度总产量 |
| | | 蜂蜜总产量 | 区域内蜂蜜年度总产量 |
| | | 鱼类总产量 | 区域内鱼类年度总产量 |
| | | 虾蟹类总产量 | 区域内虾蟹类年度总产量 |
| | | 贝类总产量 | 区域内贝类年度总产量,需列出名称和各自产量 |
| | | 其他水产品产量 | 区域内其他水产年度总产量 |
| | | 海洋捕捞量 | 区域内海洋产品年度捕捞量 |
| | | 淡水捕捞量 | 区域内淡水产品年度捕捞量 |
| | | 增殖放流量 | 往天然水域投放鱼类数量 |
| | | 水产养殖总面积 | 区域内水产养殖总面积,包括淡水和海水养殖 |
| | | 水产标准化健康养殖示范场(区)养殖面积 | 区域内水产标准化健康养殖示范场(区)养殖面积 |
| 主导品种 | | 水稻主导品种名称 | 水稻主导品种指播种面积最大的品种名称 |
| | | 水稻主导品种种植面积 | |
| | | 小麦主导品种名称 | 小麦主导品种指播种面积最大的品种名称 |
| | | 小麦主导品种种植面积 | |
| | | 玉米主导品种名称 | 玉米主导品种指播种面积最大的品种名称 |
| | | 玉米主导品种种植面积 | |
| | | 大麦主导品种名称 | 大麦主导品种指播种面积最大的品种名称 |
| | | 大麦主导品种种植面积 | |
| | | 大豆主导品种名称 | 大豆主导品种指播种面积最大的品种名称 |
| | | 大豆主导品种种植面积 | |
| | | 马铃薯主导品种名称 | 马铃薯主导品种指播种面积最大的品种名称 |
| | | 马铃薯主导品种种植面积 | |
| | | 生猪主导品种名称 | 生猪主导品种指养殖数量最大的品种名称 |
| | | 生猪主导品种出栏数量 | |
| | | 肉牛主导品种名称 | 肉牛主导品种指养殖数量最大的品种名称 |
| | | 肉牛主导品种出栏数量 | |
| | | 奶牛主导品种名称 | 奶牛主导品种指养殖数量最大的品种名称 |

(续表)

| 指标类别 | 序号 | 指标名称 | 定 义 |
|---|---|---|---|
| 主导品种 | | 奶牛主导品种牛奶产量 | |
| | | 肉羊主导品种名称 | 肉羊主导品种指养殖数量最大的品种名称 |
| | | 肉羊主导品种出栏数量 | |
| | | 肉鸡主导品种名称 | 肉鸡主导品种指养殖数量最大的品种名称 |
| | | 肉鸡主导品种鸡肉产量 | |
| | | 蛋鸡主导品种名称 | 蛋鸡主导品种指养殖数量最大的品种名称 |
| | | 蛋鸡主导品种蛋产量 | |
| 生物遗传资源 | | 保护畜禽遗传品种名称 | 保护畜禽遗传品种名称 |
| | | 保护畜禽遗传品种特性 | 保护畜禽遗传品种特性 |
| | | 保护水生遗传品种名称 | 保护水生遗传品种名称 |
| | | 保护水生遗传品种特性 | 保护水生遗传品种特性 |
| | | 保护植物遗传品种名称 | 保护植物遗传品种名称 |
| | | 保护植物遗传品种特性 | 保护植物遗传品种特性 |
| 农业生态环境 | | 天然草地合理载畜量 | 维持草地可持续生产条件下单位面积天然草地所能承养的家畜头数 |
| | | 天然草地全年实际载畜量 | 单位面积实际承养的家畜头数 |
| | | 野生植物资源数量 | 野生植物资源数量 |
| | | 野生动物资源数量 | 野生动物资源数量 |
| | | 经济菌类资源数量 | 经济菌类资源数量 |
| | | 外来入侵生物名称 | 外来入侵生物名称 |
| | | 外来入侵生物主要危害 | 外来入侵生物主要危害 |

表21 国家重要农业资源台账——农业废弃物资源台账指标及定义

| 指标类别 | 序号 | 指标名称 | 定 义 |
|---|---|---|---|
| 秸秆资源 | | 秸秆理论资源总量 | 是指农作物主产品之外的农作物副产品，包括谷物、豆类、薯类、棉花、油料、麻类等农作物的秆、茎、叶、壳、芯（主要是玉米芯）；烟杆和残弃烟叶；甘蔗叶、梢，甜菜的茎、叶，以及糖料作物加工的残渣；药材收获后的残余物。不包括麦麸、饼粕等农副产品，也不包括作物根部 |
| | | 秸秆可收集资源量 | 指可以从田间收集利用的秸秆资源的最大数量，包括可收集而未收集、可利用而未利用的农作物秸秆，如田间焚烧、田间地头废弃的秸秆，以及保护性耕作覆盖还田、留高茬还田的秸秆等。其总量为秸秆理论资源总量扣除田间残茬、生产及收获过程中脱落的枝叶及运输过程中损耗 |

(续表)

| 指标类别 | 序号 | 指标名称 | 定　义 |
|---|---|---|---|
| 秸秆资源综合利用 | | 秸秆综合利用量 | 是指通过肥料化（含还田）、饲料化、燃料化、基料化和原料化利用的秸秆可收集利用量 |
| | | 秸秆肥料化利用量 | 指通过采用各种秸秆还田技术，实现秸秆还田的秸秆资源可收集利用量。秸秆还田技术包括秸秆直接还田、腐熟还田、秸秆生物反应堆、秸秆堆肥还田等技术 |
| | | 秸秆饲料化利用量 | 指通过实施秸秆直接饲喂以及秸秆青（黄）贮、秸秆碱化、氨化、秸秆压块饲料（包括颗粒饲料）加工、秸秆揉搓丝化加工等技术，实现秸秆饲料化利用的秸秆资源可收集利用量 |
| | | 秸秆燃料化利用量 | 指通过实施秸秆直接燃用以及秸秆固化成型、炭化、热解气化、沼气生产、直燃发电、纤维素乙醇生产等技术，实现秸秆燃料化利用的秸秆资源可收集利用量 |
| | | 秸秆原料化利用量 | 指用作秸秆人造板材、秸秆清洁造纸、秸秆木糖醇、秸秆编织等生产原材料的各类秸秆资源可收集利用量 |
| | | 秸秆基料化利用量 | 指利用秸秆生产食用菌的秸秆资源可收集利用量 |
| 主要秸秆还田情况 | | 小麦秸秆还田量 | 指通过机械粉碎翻压、覆盖等方式实现秸秆还田的小麦可收集利用量 |
| | | 玉米秸秆还田量 | 指通过机械粉碎翻压、覆盖等方式实现秸秆还田的玉米秸秆可收集利用量 |
| | | 水稻秸秆还田量 | 指通过机械粉碎翻压、覆盖等方式实现秸秆还田的水稻秸秆可收集利用量 |
| | | 大豆秸秆还田量 | 指通过机械粉碎翻压、覆盖等方式实现秸秆还田的大豆秸秆可收集利用量 |
| | | 棉花秸秆还田量 | 指通过机械粉碎翻压、覆盖等方式实现秸秆还田的棉花秸秆可收集利用量 |
| | | 油菜秸秆还田量 | 指通过机械粉碎翻压、覆盖等方式实现秸秆还田的油菜秸秆可收集利用量 |
| 畜禽粪污资源量 | | 畜禽粪污产生总量 | 是指生猪、肉牛、奶牛、羊、家禽、其他畜禽饲养过程中产生的粪便、尿液和污水 |
| | | 生猪粪污产量 | 是指生猪饲养过程中产生的粪便、尿液和污水 |
| | | 肉牛粪污产量 | 是指肉牛饲养过程中产生的粪便、尿液和污水 |
| | | 奶牛粪污产量 | 是指奶牛饲养过程中产生的粪便、尿液和污水 |
| | | 羊粪污产量 | 是指羊饲养过程中产生的粪便、尿液和污水 |
| | | 家禽粪污产量 | 是指鸡、鸭、鹅等家禽饲养过程中产生的粪便和污水 |
| | | 其他畜粪污产量 | 是指其他畜饲养过程中产生的粪便、尿液和污水 |
| 畜禽粪污资源化利用 | | 综合利用的畜禽粪污量 | 是指通过用作肥料、制作有机肥、培养料、生产沼气等所利用的生猪、肉牛、奶牛、羊、家禽和其他畜禽粪便、尿液和污水总量 |
| | | 生猪粪污利用量 | 是指通过用作肥料、制作有机肥、培养料、生产沼气等所利用的生猪粪便、尿液和污水总量 |
| | | 肉牛粪污利用量 | 是指通过用作肥料、制作有机肥、培养料、生产沼气等所利用的肉牛粪便、尿液和污水总量 |
| | | 奶牛粪污利用量 | 是指通过用作肥料、制作有机肥、培养料、生产沼气等所利用的奶牛粪便、尿液和污水总量 |

(续表)

| 指标类别 | 序号 | 指标名称 | 定义 |
|---|---|---|---|
| 畜禽粪污资源化利用 | | 羊粪污利用量 | 是指通过用作肥料、制作有机肥、培养料、生产沼气等所利用的羊粪便、尿液和污水总量 |
| | | 家禽粪污利用量 | 是指通过用作肥料、制作有机肥、培养料、生产沼气等所利用的鸡、鸭、鹅等家禽粪便、污水总量 |
| | | 其他畜粪污利用量 | 是指通过用作肥料、制作有机肥、培养料、生产沼气等所利用的其他畜粪便、尿液和污水总量 |
| 废旧农膜及回收情况 | | 棚膜使用量 | 是指制作塑料大棚和温室的塑料农膜用量 |
| | | 地膜使用量 | 是指用于覆盖农田的薄膜塑料总量 |
| | | 棚膜回收利用量 | 指回收并且被综合利用的棚膜量 |
| | | 地膜回收利用量 | 指回收并且被综合利用的地膜量 |
| 农药包装废弃物回收 | | 农药包装废弃物回收点数量 | 是指在村、乡镇、县等建立的定点回收点数量 |
| | | 回收点农业废弃包装物回收量 | / |
| 病死畜禽及无害化处理情况 | | 病死猪数量 | / |
| | | 病死禽数量 | / |
| | | 病死牛数量 | / |
| | | 病死羊数量 | / |
| | | 其他病死畜 | / |
| | | 病死猪专业无害化处理场集中无害化处理量 | 是指通过化制法、焚烧法、发酵等无害化处理方式集中处理病死猪数量 |
| | | 病死禽专业无害化处理场集中无害化处理量 | 是指通过化制法、焚烧法、发酵等无害化处理方式集中处理病死禽的数量 |
| | | 病死牛专业无害化处理场集中无害化处理量 | 是指通过化制法、焚烧法、发酵等无害化处理方式集中处理病死牛的数量 |
| | | 病死羊专业无害化处理场集中无害化处理量 | 是指通过化制法、焚烧法、发酵等无害化处理方式集中处理病死羊的数量 |
| | | 其他病死畜专业无害化处理场集中无害化处理量 | 是指通过化制法、焚烧法、发酵等无害化处理方式集中处理其他病死畜数量 |
| 蔬菜废弃物资源量及利用水平 | | 尾菜产量 | 是指蔬菜（包括瓜类）的藤蔓及其残余物产量 |
| | | 尾菜资源化利用量 | 通过将尾菜用作肥料、饲料及其他加工处理方式利用的尾菜总量 |
| 乡村环境 | | 生活垃圾能够实现集中收集并无害化处理的行政村数量 | 指生活垃圾能够实现集中收集并无害化处理的行政村数量。生活垃圾无害化处理包括卫生填埋、焚烧和资源化利用（如制造沼气和堆肥） |
| | | 生活污水能够通过处理设施得到处理的行政村数量 | 指生活污水能够通过处理设施得到处理的行政村数量 |

## 第三章 国家重要农业资源台账建设规范

表 22 国家重要农业资源台账——社会经济资源台账指标及定义

| 指标类别 | 序号 | 指标名称 | 定义 |
|---|---|---|---|
| 绿色食品、有机农产品和地理标志农产品认证农作物 | | 绿色食品、有机农产品和地理标志农产品个数 | 区域内在有效期内的绿色食品、有机农产品和地理标志农产品认证的农产品品牌个数 |
| | | 水稻产量 | 区域内绿色食品、有机农产品和地理标志农产品认证水稻年度总产量 |
| | | 小麦产量 | 区域内绿色食品、有机农产品和地理标志农产品认证小麦年度总产量 |
| | | 玉米产量 | 区域内绿色食品、有机农产品和地理标志农产品认证玉米年度总产量 |
| | | 大麦产量 | 区域内绿色食品、有机农产品和地理标志农产品认证大麦年度总产量 |
| | | 大豆产量 | 区域内绿色食品、有机农产品和地理标志农产品认证大豆年度总产量 |
| | | 蚕（豌）豆产量 | 区域内绿色食品、有机农产品和地理标志农产品认证蚕豆和豌豆年度总产量 |
| | | 番薯产量 | 区域内绿色食品、有机农产品和地理标志农产品认证番薯年度总产量 |
| | | 马铃薯产量 | 区域内绿色食品、有机农产品和地理标志农产品认证马铃薯年度总产量 |
| | | 其他粮食作物产量 | 区域内绿色食品、有机农产品和地理标志农产品认证其他粮食作物年度总产量，包括不限于：燕麦、黑麦、谷子、高粱和青稞等 |
| | | 花生产量 | 区域内绿色食品、有机农产品和地理标志农产品认证花生年度总产量 |
| | | 油菜籽产量 | 区域内绿色食品、有机农产品和地理标志农产品认证油菜籽年度总产量 |
| | | 芝麻产量 | 区域内绿色食品、有机农产品和地理标志农产品认证芝麻年度总产量 |
| | | 其他油料作物产量 | 区域内绿色食品、有机农产品和地理标志农产品认证其他油料作物年度总产量，包括不限于：向日葵、棉籽、蓖麻、苏子、油用亚麻和大麻 |
| | | 甘蔗产量 | 区域内绿色食品、有机农产品和地理标志农产品认证甘蔗年度鲜重总产量 |
| | | 其他糖料作物产量 | 区域内绿色食品、有机农产品和地理标志农产品认证其他糖料作物年度总产量，包括不限于：甜菜 |
| | | 蔬菜（含食用菌）产量 | 区域内绿色食品、有机农产品和地理标志农产品认证蔬菜（含食用菌）年度总产量 |
| | | 果用瓜产量 | 区域内绿色食品、有机农产品和地理标志农产品认证果用瓜产量年度总产量 |
| | | 水果产量 | 区域内绿色食品、有机农产品和地理标志农产品认证水果年度鲜重总产量 |
| | | 茶叶产量 | 区域内绿色食品、有机农产品和地理标志农产品认证茶叶年度干重总产量 |

(续表)

| 指标类别 | 序号 | 指标名称 | 定义 |
|---|---|---|---|
| 绿色食品、有机农产品和地理标志农产品认证农作物 | | 香料作物产量 | 区域内绿色食品、有机农产品和地理标志农产品认证香料作物年度干重总产量 |
| | | 其他作物产量 | 区域内绿色食品、有机农产品和地理标志农产品认证其他作物年度总产量 |
| | | 水稻面积 | 区域内绿色食品、有机农产品和地理标志农产品认证水稻产地面积 |
| | | 小麦面积 | 区域内绿色食品、有机农产品和地理标志农产品认证小麦产地面积 |
| | | 玉米面积 | 区域内绿色食品、有机农产品和地理标志农产品认证玉米产地面积 |
| | | 大麦面积 | 区域内绿色食品、有机农产品和地理标志农产品认证大麦产地面积 |
| | | 大豆面积 | 区域内绿色食品、有机农产品和地理标志农产品认证大豆产地面积 |
| | | 蚕（豌）豆面积 | 区域内绿色食品、有机农产品和地理标志农产品认证蚕豆和豌豆产地面积 |
| | | 番薯面积 | 区域内绿色食品、有机农产品和地理标志农产品认证番薯产地面积 |
| | | 马铃薯面积 | 区域内绿色食品、有机农产品和地理标志农产品认证马铃薯产地面积 |
| | | 其他粮食作物面积 | 区域内绿色食品、有机农产品和地理标志农产品认证其他粮食作物产地面积，包括不限于：燕麦、黑麦、谷子、高粱和青稞等 |
| | | 花生面积 | 区域内绿色食品、有机农产品和地理标志农产品认证花生产地面积 |
| | | 油菜籽面积 | 区域内绿色食品、有机农产品和地理标志农产品认证油菜籽产地面积 |
| | | 芝麻面积 | 区域内绿色食品、有机农产品和地理标志农产品认证芝麻产地面积 |
| | | 其他油料作物面积 | 区域内绿色食品、有机农产品和地理标志农产品认证其他油料作物产地面积，包括不限于：向日葵、棉籽、蓖麻、苏子、油用亚麻和大麻 |
| | | 甘蔗面积 | 区域内绿色食品、有机农产品和地理标志农产品认证甘蔗产地面积 |
| | | 其他糖料作物面积 | 区域内绿色食品、有机农产品和地理标志农产品认证其他糖料作物产地面积，包括不限于：甜菜 |
| | | 蔬菜（含食用菌）面积 | 区域内绿色食品、有机农产品和地理标志农产品认证蔬菜（含食用菌）产地面积 |
| | | 果用瓜面积 | 区域内绿色食品、有机农产品和地理标志农产品认证果用瓜产地面积 |
| | | 水果面积 | 区域内绿色食品、有机农产品和地理标志农产品认证水果产地面积 |

## 第三章 国家重要农业资源台账建设规范

(续表)

| 指标类别 | 序号 | 指标名称 | 定义 |
|---|---|---|---|
| 绿色食品、有机农产品和地理标志农产品认证农作物 | | 茶叶面积 | 区域内绿色食品、有机农产品和地理标志农产品认证茶叶产地面积 |
| | | 香料作物面积 | 区域内绿色食品、有机农产品和地理标志农产品认证香料作物产地面积 |
| | | 其他作物面积 | 区域内绿色食品、有机农产品和地理标志农产品认证其他作物产地面积 |
| 规模化畜禽养殖量 | | 年出栏量>500头的生猪规模化养殖场（户）出栏的生猪数量 | 年出栏量>500头的生猪规模化养殖场（户）出栏的生猪数量 |
| | | 年出栏量>50头肉牛的规模化养殖场（户）的出栏肉牛数量 | 年出栏量>50头的肉牛规模化养殖场（户）的出栏肉牛数量 |
| | | 年存栏量>100头的奶牛规模化养殖场（户）存栏的奶牛数量 | 年存栏量>100头的奶牛规模化养殖场（户）存栏的奶牛数量 |
| | | 年出栏量>100只肉羊规模化养殖场（户）出栏的肉羊数量 | 年出栏量>100只肉羊规模化养殖场（户）出栏的肉羊数量 |
| | | 年存栏量>2 000只蛋禽规模化养殖场（户）存栏的蛋鸡数量 | 年存栏量>2 000只蛋禽规模化养殖场（户）存栏的蛋鸡数量 |
| | | 年出栏量>10 000只的肉禽规模化养殖场（户）出栏的肉鸡数量 | 年出栏量>10 000只的肉禽规模化养殖场（户）出栏的肉鸡数量 |
| | | 其他规模化养殖的畜禽数量 | 其他规模化养殖的畜禽在栏数量 |
| 绿色食品、有机农产品和地理标志畜产品 | | 猪肉产量 | 绿色食品、有机农产品和地理标志农产品认证猪肉年度产量 |
| | | 牛肉产量 | 绿色食品、有机农产品和地理标志农产品认证牛肉年度产量 |
| | | 羊肉产量 | 绿色食品、有机农产品和地理标志农产品认证羊肉年度产量 |
| | | 牛奶产量 | 绿色食品、有机农产品和地理标志农产品认证牛奶年度产量 |
| | | 禽肉产量 | 绿色食品、有机农产品和地理标志农产品认证禽肉年度产量 |
| | | 禽蛋产量 | 绿色食品、有机农产品和地理标志农产品认证禽蛋年度产量 |
| | | 蜂蜜产量 | 绿色食品、有机农产品和地理标志农产品认证蜂蜜年度产量 |
| | | 其他畜禽产品产量 | 绿色食品、有机农产品和地理标志农产品认证其他畜禽产品年度产量，需列出名称 |
| 绿色食品、有机农产品和地理标志水产品 | | 鱼类产量 | 绿色食品、有机农产品和地理标志农产品认证鱼类年度鲜重产量 |
| | | 虾蟹类产量 | 绿色食品、有机农产品和地理标志农产品认证虾蟹类年度鲜重产量 |
| | | 贝类产量 | 绿色食品、有机农产品和地理标志农产品认证贝类年度鲜重产量 |
| | | 其他水产品产量 | 绿色食品、有机农产品和地理标志农产品认证其它水产品年度鲜重产量，需列出名称 |

(续表)

| 指标类别 | 序号 | 指标名称 | 定　义 |
|---|---|---|---|
| 生产资料 | | 化肥施用量（折纯量） | 指本年内实际用于农业生产的化肥数量，包括氮肥、磷肥、钾肥和复合肥 |
| | | 氮肥量（折纯量） | 指用于农业生产的氮肥量按含氮百分比进行折算后的数量 |
| | | 磷肥量（折纯量） | 指用于农业生产的磷肥量按含五氧化二磷百分比进行折算后的数量 |
| | | 钾肥量（折纯量） | 指用于农业生产的钾肥量按含氧化钾的百分比进行折算后的数量 |
| | | 复合肥量（折纯量） | 指用于农业生产的复合肥按其所含主要成分折算后的数量 |
| | | 农药施用量（折百量） | / |
| 农民收入和农民生活 | | 农村居民人均可支配收入 | / |
| | | 普及卫生厕所的行政村数 | 指已经普及卫生厕所的行政村个数 |
| | | 集中供水的行政村数 | 指已经实施生活用水集中供水的行政村个数 |
| | | 农业总产值 | / |
| 农村机械化和能源 | | 农村用电量 | 指农村居民家庭生活用电和农业生产用电 |
| | | 农村沼气池容积 | / |
| | | 农村沼气池产气量 | / |
| | | 农业光伏发电量 | / |
| | | 农用柴油使用量 | / |
| | | 渔船总动力 | / |
| | | 机耕面积 | / |
| | | 免耕面积 | / |
| | | 机播面积 | / |
| | | 机收面积 | / |
| 设施农业 | | 设施农业面积 | / |
| | | 设施蔬菜面积 | / |
| | | 设施食用菌面积 | / |
| | | 设施畜牧养殖面积 | / |
| | | 设施水产养殖面积 | / |
| | | 设施蔬菜产量 | / |
| | | 设施食用菌产量 | / |
| | | 设施畜牧养殖产量 | / |
| | | 设施水产养殖产量 | / |
| 农业科技和农村人才 | | 农业技术推广服务人员数量 | / |
| | | 大专学历以上农业技术推广服务人员数量 | / |
| | | 新型职业农民数量 | 指参加农业农村部门组织的新型职业农民培训并取得合格证书的农民数量 |
| | | 高中及以上学历的农村劳动力数量 | / |
| | | 农村劳动力总量 | / |

## 四、数据采集总体要求

### （一）采集范围

国家重要农业资源台账数据采集范围包括全国县级以上行政区，以县（区、旗、县级市、自治县等）为基本的统计信息单元，但有些统计项目可以到地区级或省级，重点地区可以到乡镇级甚至地块级。

### （二）采集内容

国家重要农业资源台账采集内容主要包括国家级、省级、地（市）级和县级的农业水资源、农用地资源、气候资源、生物资源、废弃物资源及社会经济资源内所有指标的年度统计数据，具体内容参见《"农业资源台账制度建设"项目标准》第1部分：国家重要农业资源台账数据库分类与结构标准。

### （三）数据来源要求

国家重要农业资源台账数据来源必须是权威部门认可或可公开的统计年鉴、调查数据、普查数据等。没有经过权威部门认可的数据，如网络搜索数据、内部资料、研究论文、研究报告等，不能作为水资源台账的数据来源进行填报。

### （四）数据采集平台

国家重要农业资源台账数据采集平台为国家重要农业资源台账远程汇交系统（http：//202.127.42.177：8080/AccountManager/login.jsp），所有采集数据均通过该系统在线填报，并审核。

### （五）数据采集要求

国家重要农业资源台账指标中的必填项必须填报。如果填报区域没有该数据时，可用999999999999（12个9）代替，并在备注里说明原因。

数据录入人员填报相应的数据时，需准确填写数据以及数据的来源等。

填报的数据在汇交时，上级审核人员需对下级录入人员填报数据逐级审核，并进行质量评价。对审核的数据需盖章确认。

## 五、数据质量评价

对照原始数据源，需从以下几方面对国家农业资源台账填报的数据进行评价：

数据源：数据源是否按照要求选择，是否是权威部门认可或可公开的统计年鉴、调查数据、普查数据等。

数据填报正确性：填报的数据是否正确。

# 第三节　国家重要农业资源台账核心元数据

## 一、范围

本部分规定了描述国家重要农业资源台账空间与非空间数据集及提供信息服务所

需的核心元数据元素。

本部分适用于"农业资源台账制度建设"项目,其他相关应用可参照使用。

## 二、规范性引用文件

下列文件对于本文件的应用是必不可少的。凡是注日期的引用文件,仅注日期的版本适用于本文件。凡是不注日期的引用文件,其最新版本(包括所有修改单)适用于本文件。

GB/T 7408—2005《数据元和交换格式　信息交换　日期和时间表示法》

GB/T 19710—2016《地理信息　元数据》

NY/T 1171—2006《草业资源信息元数据》

## 三、术语和定义

下列术语和定义适用于本文件。

(一)数据集 dataset

可以识别的数据集合。

GB/T 19710—2016《地理信息　元数据》,定义4.2。

(二)元数据 metadata

关于数据的数据。即数据的标识、覆盖范围、质量、空间和时间模式、空间参照系和分发等信息。

GB/T 19710—2016《地理信息　元数据》,定义4.5。

(三)核心元数据 core metadata

标识数据集所需的最少元数据内容。

## 四、缩略语

下列缩略语适用于本文件。

DQ:数据质量(Data Quality)

MD:元数据(Metadata)

SC:空间坐标(Spatial Coordinates)

UML:统一建模语言(Unified Modeling Language)

XML:可扩展置标语言(Extensible Markup Language)

## 五、核心元数据内容

(一)核心元数据元素列表

核心元数据是描述国家重要农业资源台账数据库所需要的最少元数据元素,用于国家重要农业资源台账数据库的网络快速查询和应用。表23为核心元数据元素,其中"M"表示该元素是必选的,"C"表示特定条件下该元素是必选的。本部分核心元

## 第三章　国家重要农业资源台账建设规范

数据包括了 GB/T 19710—2016、NY/T 1171—2016 核心元数据的全部必选元素，以保持与国家和行业标准的基本一致性。

表23　国家重要农业资源台账核心元数据元素列表

| 包 | 实体 | 元素 | 约束条件 | 数据字典序号 |
| --- | --- | --- | --- | --- |
| 数据集标识信息 | MD_ 标识 | 数据集名称 | M | 2 |
| | | 摘要 | M | 4 |
| | | 关键字 | M | 5 |
| | | 表示类型 | M | 6 |
| | | 专题类型 | M | 7 |
| | | 地理范围/西边经度 | C | 8 |
| | | 地理范围/东边经度 | C | 9 |
| | | 地理范围/南边纬度 | C | 10 |
| | | 地理范围/北边纬度 | C | 11 |
| | | 地理标识符范围 | C | 12 |
| | | 时间范围 | M | 13 |
| | | 参照系统名称 | C | 14 |
| | | 空间分辨率/比例尺分母 | C | 15 |
| | | 存储格式 | M | 16 |
| | | 数据生成环境 | M | 17 |
| | | 维护和更新频率 | M | 18 |
| | | 使用限制 | M | 19 |
| | | 安全分级 | M | 20 |
| | | 数据集建库单位名称 | M | 21 |
| | | 数据集负责人 | M | 22 |
| | | 数据集填报人 | M | 23 |
| | | 电话 | M | 24 |
| | | 详细地址 | M | 25 |
| | | 城市/县 | M | 26 |
| | | 行政区 | M | 27 |
| | | 邮政编码 | M | 28 |
| | | 电子邮件地址 | M | 29 |
| | | 在线资源网址 | C | 30 |
| 数据集数据质量信息 | DQ_ 数据质量 | 数据源说明 | M | 32 |
| | | 数据集建库过程说明 | M | 33 |
| | | 数据质量评价说明 | M | 34 |

(续表)

| 包 | 实体 | 元素 | 约束条件 | 数据字典序号 |
|---|---|---|---|---|
| 数据集分发信息 | MD_分发 | 分发格式 | M | 36 |
| | | 数据集分发单位名称 | M | 37 |
| | | 数据集分发负责人 | M | 38 |
| | | 电话 | M | 39 |
| | | 详细地址 | M | 40 |
| | | 城市/县 | M | 41 |
| | | 行政区 | M | 42 |
| | | 邮政编码 | M | 43 |
| | | 电子邮件地址 | M | 44 |
| | | 在线资源网址 | C | 45 |
| 元数据实体集信息 | MD_元数据 | 元数据创建日期 | M | 47 |

### (二) 核心元数据结构图

**1. 核心元数据逻辑结构**

国家重要农业资源台账核心元数据采用统一建模语言（UML）描述元数据类（实体）与属性之间的逻辑结构关系。核心元数据是由4个实体组成，包括数据集标识信息、数据集数据质量信息、数据集分发信息和元数据实体集信息（图10）。

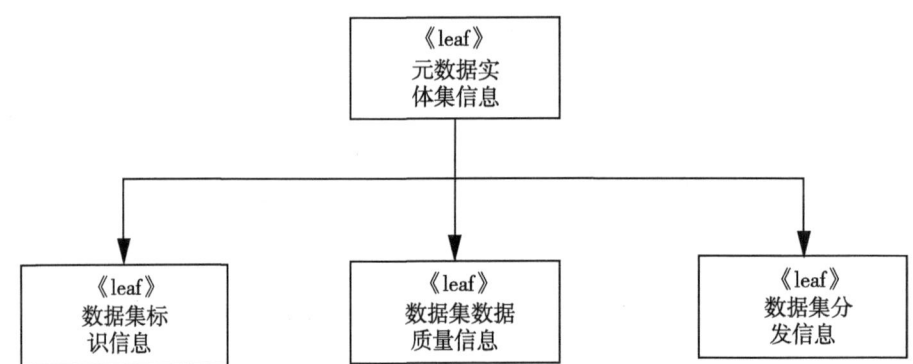

图10 国家重要农业资源台账核心元数据逻辑

**2. 核心元数据UML图**

核心元数据实体结构与组成的详细描述见图11。

### (三) 核心元数据数据字典

**1. 概述**

国家重要农业资源台账核心元数据采用数据字典定义元数据实体和元素的语义（表24至表33）。在数据字典中，对核心元数据实体和元素使用了6种特征进行描述：①中文名称，名称是元数据的汉语名称；②缩写名，元数据的英文缩写名，可以在可扩展标记语言（XML）或其他类似的实现技术中，作为域代码使用，本部分核心元数据的一些实体与元素来源于 GB/T 19710—2016、NY/T 1171—2005，相应实体和元素的缩写名也与这些标准相同；③定义，元数据确切含义的描述；④约束条件，元数据的适用条件，包括必选（M）和条件必选（C）；⑤数据类型，描述该元数据所使用的数据类型，如字符串、日期型、数据代码表等类型以及用于标识关联的角色名称（作用与数据库表之间进行连接的关键字类似）；⑥域，对于元数据元素，域表示该元素的允许取值范围或数据类型的名称，对于元数据类，域表示在数据字典中描述该类的行的范围。

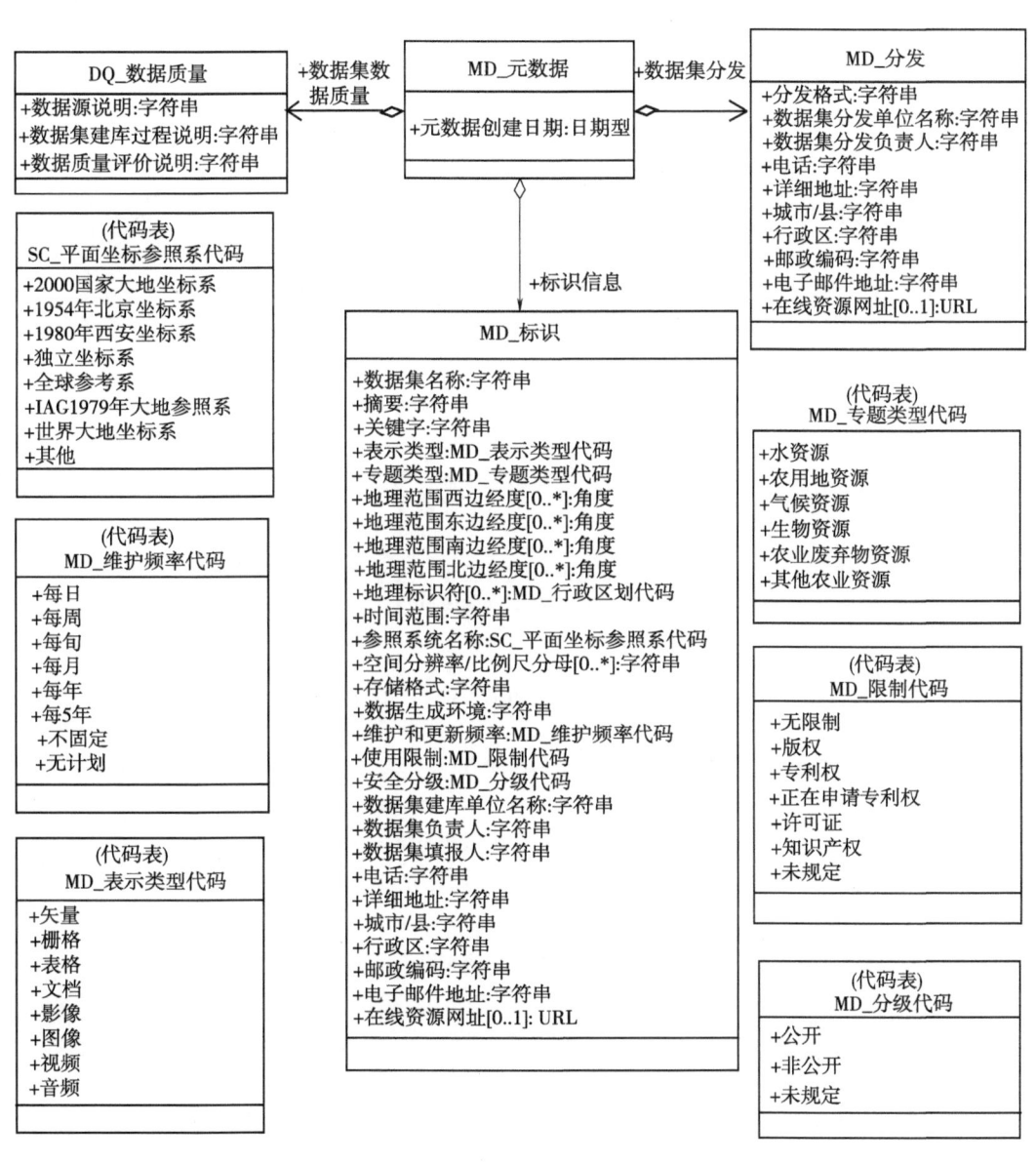

图 11 国家重要农业资源台账核心元数据 UML

## 2. 数据集标识信息

**表24　数据集标识信息**

| 序号 | 中文名称 | 缩写名 | 定义 | 约束条件 | 数据类型 | 域 |
|---|---|---|---|---|---|---|
| 1 | MD_标识 | Ident | 数据集的标识信息 | M | | 第2~30行 |
| 2 | 数据集名称 | title | 数据集的名称 | M | 字符串 | 自由文本 |
| 3 | 摘要 | idAbs | 数据集内容的简单说明 | M | 字符串 | 自由文本 |
| 4 | 关键字 | keyword | 描述数据集主题的常用字词或短语 | M | 字符串 | 自由文本 |
| 5 | 表示类型 | spatRpType | 表示数据集信息所使用的方法 | M | 类 | MD_表示类型代码（表28） |
| 6 | 专题类型 | tpCat | 数据集的主题 | M | 类 | MD_专题类型代码（表29） |
| 7 | 地理范围/西边经度 | westBL | 数据集覆盖范围最西部坐标，用经度表示，单位为十进制度或度分秒 | C/空间数据集 | 角度 | 0~180 |
| 8 | 地理范围/东边经度 | eastBL | 数据集覆盖范围最东部坐标，用经度表示，单位为十进制度或度分秒 | C/空间数据集 | 角度 | 0~180 |
| 9 | 地理范围/南边纬度 | southBL | 数据集覆盖范围最南部坐标，用纬度表示，单位为十进制度或度分秒 | C/空间数据集 | 角度 | 0~90 |
| 10 | 地理范围/北边纬度 | northBL | 数据集覆盖范围最北部坐标，用纬度表示，单位为十进制度或度分秒 | C/空间数据集 | 角度 | 0~90 |
| 11 | 地理标识符范围 | geoId | 用于表示地理区域的标识符 | C/没有选择地理范围 | 字符串 | 行政区划、流域、区域名称等 |
| 12 | 时间范围 | exTemp | 数据集内容跨越的时间段 | M | 字符串 | 自由文本 |
| 13 | 参照系统名称 | refSysId | 数据集使用的平面坐标参照系统名称 | C/空间信息 | 类 | SC_平面坐标参照系（表30） |
| 14 | 空间分辨率/比例尺分母 | dataScale | 用比例因子或地面距离表示的数据集详细程度 | C/空间信息 | 字符串 | 自由文本 |
| 15 | 存储格式 | medFormat | 数据集的存储格式 | M | 字符串 | 自由文本 |
| 16 | 数据生成环境 | envirDesc | 说明数据集生产者的处理环境，包括软件、计算机操作系统、文件名和数据量等 | M | 字符串 | 自由文本 |

(续表)

| 序号 | 中文名称 | 缩写名 | 定义 | 约束条件 | 数据类型 | 域 |
|---|---|---|---|---|---|---|
| 17 | 维护和更新频率 | maintUpFreq | 数据集初次完成后，对其修改和补充的频率 | M | 类 | MD_维护频率代码（表31） |
| 18 | 使用限制 | useLimit | 使用数据集的限制说明 | M | 类 | MD_限制代码（表32） |
| 19 | 安全分级 | class | 出于国家安全、保密或其他考虑，对数据集安全限制的等级名称 | M | 类 | MD_分级代码（表33） |
| 20 | 数据集建库单位名称 | rpOrgName | 数据集建库负责单位的名称 | M | 字符串 | 自由文本 |
| 21 | 数据集负责人 | rpIndName | 用分隔符隔开的数据集负责人姓名、职务 | M | 字符串 | 自由文本 |
| 22 | 数据集填报人 | rpPerName | 用分隔符隔开的数据集填报人姓名、职务 | M | 字符串 | 自由文本 |
| 23 | 电话 | phone | 与负责单位或负责人联系的电话号码 | M | 字符串 | 自由文本 |
| 24 | 详细地址 | address | 负责单位或负责人所在位置的详细地址 | M | 字符串 | 自由文本 |
| 25 | 城市/县 | city | 所在城市或县名 | M | 字符串 | 自由文本 |
| 26 | 行政区 | adminArea | 所在省（自治区、直辖市）名 | M | 字符串 | 自由文本 |
| 27 | 邮政编码 | postCode | 邮政编码 | M | 字符串 | 自由文本 |
| 28 | 电子邮件地址 | electMailAdd | 负责单位和负责人的电子邮件信箱地址 | M | 字符串 | 自由文本 |
| 29 | 在线资源网址 | linkage | 在线访问的数据集的网址 | C/有网址 | 类 | URL |

3. 数据集数据质量信息

表25　数据集数据质量信息

| 序号 | 中文名称 | 缩写名 | 定义 | 约束条件 | 数据类型 | 域 |
|---|---|---|---|---|---|---|
| 30 | DQ_数据质量 | DatQual | 数据集数据质量的总体评价信息 | M | | 第32~34行 |
| 31 | 数据源说明 | srcDesc | 数据源的详细说明 | M | 字符串 | 自由文本 |
| 32 | 数据集建库过程说明 | statement | 数据集生产过程的一般说明，包括有关的参数和算法 | M | 字符串 | 自由文本 |
| 33 | 数据质量评价说明 | quanRes | 对数据质量的完整性、逻辑一致性、定位精度、时间精度、属性精度等评价的详细说明 | M | 字符串 | 自由文本 |

4. 数据集分发信息

表26 数据集分发信息

| 序号 | 中文名称 | 缩写名 | 定义 | 约束条件 | 数据类型 | 域 |
|---|---|---|---|---|---|---|
| 34 | MD_分发 | Dist | 有关数据集分发的信息 | M | | 第36~44行 |
| 35 | 分发格式 | formatNam | 数据分发格式名称 | M | 字符串 | 自由文本 |
| 36 | 数据集分发单位名称 | distOrgName | 负责数据集分发的单位名称 | M | 字符串 | 自由文本 |
| 37 | 数据集分发负责人 | distIndName | 负责数据集分发的负责人名称 | M | 字符串 | 自由文本 |
| 38 | 电话 | distPhone | 与负责单位或负责人联系的电话号码 | M | 字符串 | 自由文本 |
| 39 | 详细地址 | distAddress | 负责单位或负责人所在位置的详细地址 | M | 字符串 | 自由文本 |
| 40 | 城市/县 | distCity | 所在城市名 | M | 字符串 | 自由文本 |
| 41 | 行政区 | distAdminArea | 所在省（自治区、直辖市）名 | M | 字符串 | 自由文本 |
| 42 | 邮政编码 | distPostCode | 邮政编码 | M | 字符串 | 自由文本 |
| 43 | 电子邮件地址 | distElectMailAdd | 负责单位和负责人的电子邮件信箱地址 | M | 字符串 | 自由文本 |
| 44 | 在线资源网址 | dislinkage | 在线访问的数据集的网址 | C/有网址 | 类 | URL |

5. 元数据实体集信息

表27 元数据实体集信息

| 序号 | 中文名称 | 缩写名 | 定义 | 约束条件 | 数据类型 | 域 |
|---|---|---|---|---|---|---|
| 45 | MD_元数据 | Metadata | 关于元数据的当前信息 | M | | 第47~50行 |
| 46 | 元数据创建日期 | mdTimeST | 元数据发布或最近更新的日期 | M | 日期型 | CCYYMMDD（GB/T 7408—2005） |
| 47 | 角色名称：标识信息 | idInfo | 数据集的基本信息 | M | 关联 | MD_标识 |
| 48 | 角色名称：数据集数据质量 | dqlInfo | 数据集数据质量的总体评价信息 | M | 关联 | DQ_数据质量 |
| 49 | 角色名称：分发信息 | distInfo | 提供获取数据集所需的分发者信息 | M | 关联 | MD_分发 |

6. 代码表

**表 28　MD_ 表示类型代码<<代码表>>**

| 序号 | 中文名称 | 域代码 | 定义 |
| --- | --- | --- | --- |
| 1 | MD_ 表示类型代码 | RepTypCd | 用于表示数据集中信息的方法 |
| 2 | 矢量 | 001 | 用于表示空间数据的矢量数据 |
| 3 | 栅格 | 002 | 用于表示空间数据的栅格数据 |
| 4 | 表格 | 003 | 用于表示属性数据的表格数据 |
| 5 | 文档 | 004 | 用于表示资料、文章、论文等数据 |
| 6 | 影像 | 005 | 用于表示影像 |
| 7 | 图像 | 006 | 用于表示图片、图像 |
| 8 | 视频 | 007 | 记录的视频场景 |
| 9 | 音频 | 008 | 记录的音频 |

**表 29　MD_ 专题类型代码<<代码表>>**

| 序号 | 中文名称 | 域代码 | 定义 |
| --- | --- | --- | --- |
| 1 | MD_ 专题类型代码 | CatTypCd | 用于表示数据集专题的方法 |
| 2 | 水资源 | 001 | 用于表示水资源的数据 |
| 3 | 农用地资源 | 002 | 用于表示土地资源的数据 |
| 4 | 气候资源 | 003 | 用于表示气候资源的数据 |
| 5 | 生物资源 | 004 | 用于表示生物资源的数据 |
| 6 | 农业废弃物资源 | 005 | 用于表示农业废弃物资源的数据 |
| 7 | 社会经济资源 | 006 | 用于表示社会经济资源的数据 |

**表 30　SC_ 平面坐标参照系<<代码表>>**

| 序号 | 中文名称 | 域代码 | 定义 |
| --- | --- | --- | --- |
| 1 | SC_ 平面坐标参照系 | GeoRefSysCd | 数据集所用平面基准说明 |
| 2 | 2000 国家大地坐标系 | 001 | 以 ITRF 97 参考框架为基准，参考框架历元为 2000.0。长半径 a=6378137 米，扁率 f=1/298.257222101 |
| 3 | 1954 年北京坐标系 | 002 | 采用克拉索夫斯基椭球体，长半径 a=6378245 米，扁率 f=1/298.3 |
| 4 | 1980 年西安坐标系 | 003 | 采用 1975 年 IUGG 第 16 届大会推荐的椭球体参数，长半径 a=6378140 米，扁率 f=1/298.257 |
| 5 | 独立坐标系 | 004 | 相对独立于国家坐标系的局部坐标系 |
| 6 | 全球参考系 | 005 | 全球参考系（用于检索陆地卫星数据的一个全球检索系统） |

（续表）

| 序号 | 中文名称 | 域代码 | 定义 |
|---|---|---|---|
| 7 | IAG1979年大地参照系 | 006 | 国际大地测量协会（IAG）1979年大会通过的大地参照系 |
| 8 | 世界大地坐标系 | 007 | 世界大地坐标系，原点在地球质心 |
| 9 | 其他 | 008 | 其他坐标系 |

表31　MD_维护频率代码<<代码表>>

| 序号 | 中文名称 | 域代码 | 定义 |
|---|---|---|---|
| 1 | MD_维护频率代码 | MaintFreqCd | 数据初次建立后，对其进行修改和删除的频率 |
| 2 | 每日 | 001 | 数据每天更新一次 |
| 3 | 每周 | 002 | 数据每周更新一次 |
| 4 | 每旬 | 003 | 数据每旬更新一次 |
| 5 | 每月 | 003 | 数据每月更新一次 |
| 6 | 每年 | 004 | 数据每年更新一次 |
| 7 | 每5年 | 005 | 据每5年更新一次 |
| 8 | 不固定 | 006 | 数据不定期更新 |
| 9 | 无计划 | 007 | 尚无更新计划 |

表32　MD_限制代码<<代码表>>

| 序号 | 中文名称 | 域代码 | 定义 |
|---|---|---|---|
| 1 | MD_限制代码 | RestrictCode | 对访问或使用数据施加的限制 |
| 2 | 无限制 | 001 | 访问或使用数据无限制 |
| 3 | 版权 | 002 | 法律批准的发行者等在确定的时间内，对出版的专有权利 |
| 4 | 专利权 | 003 | 政府已经批准的制造、出售、使用或特许发明或发现的专门权利 |
| 5 | 正在申请专利权 | 004 | 等待专利权的生产或销售信息 |
| 6 | 许可证 | 005 | 正式许可做某事 |
| 7 | 知识产权 | 006 | 从创造活动产生的无形资产的分发或分发控制获得经济利益的权利 |
| 8 | 未规定 | 007 | 没有规定限制信息 |

表33　MD_安全等级代码<<代码表>>

| 序号 | 中文名称 | 域代码 | 定义 |
|---|---|---|---|
| 1 | MD_分级代码 | ClasscationCd | 对数据集操作实施的限制条件 |

(续表)

| 序号 | 中文名称 | 域代码 | 定义 |
|---|---|---|---|
| 2 | 公开 | 001 | 没有限制 |
| 3 | 未公开 | 002 | 不公开 |
| 4 | 未规定 | 003 | 未规定限制 |

**（四）附录 A**

（资料性附录）

核心元数据示例

以下为应用本部分规定的内容，采用纯文本方式描述的国家重要农业资源台账核心元数据示例。

数据集标识信息：

数据集名称：全国农用地资源台账数据集

摘要：全国土地总面积、农用地面积、耕地质量、土壤肥力等数据

关键字：农用地、水域、草地、土壤质量

表示类型：表格

专题类型：土地资源

地理范围/西边经度：

地理范围/东边经度：

地理范围/南边纬度：

地理范围/北边纬度：

地理标识符范围：_ 中国_ _ _

时间范围：2010—2015 年

参照系统名称：

空间分辨率/比例尺分母：

存储格式：　　EXCEL

数据生成环境：采用 office excel 软件

维护和更新频率：每年

使用限制：版权

安全分级：公开

数据集建库单位名称：中国农业科学院农业资源与农业区划研究所

数据集负责人：张华

数据集填报人：＊＊＊

电话：

详细地址：海淀区中关村南大街 12 号

城市/县：北京市

行政区：北京市

邮政编码：100081

电子邮件地址：zhanghua@caas.cn

在线资源网址：

数据集数据质量信息：

数据源说明：第二次全国土地资源调查数据、农业统计数据、全国测土配方施肥数据等。

数据集建库过程说明：资料查阅、知识提炼、建库。

数据质量评价说明：数据进行了人工校验、编程查错、专家审定。

数据集分发信息

分发格式：EXCEL 格式

数据集分发单位名称：中国农业科学院农业资源与农业区划研究所

数据集分发负责人：张华

电话：

详细地址：海淀区中关村南大街 12 号

城市/县：北京市

行政区：北京市

邮政编码：100081

电子邮件地址：zhanghua@caas.cn

在线资源网址：

核心元数据实体集信息：

元数据创建日期：20170412

## 第四节 国家重要农业资源台账数据汇交规范

### 一、范围

本部分明确了国家重要农业资源台账数据汇交的种类及程序要求，规定了数据汇交的审核和管理等工作方法和要求。

本部分适用于"农业资源台账制度建设"项目，其他相关应用可参照使用。

### 二、规范性引用文件

下列文件对于本文件的应用是必不可少的。凡是注日期的引用文件，仅注日期的版本适用于本文件。凡是不注日期的引用文件，其最新版本（包括所有修改单）适用于本文件。

《"农业资源台账制度建设"项目标准》第 1 部分：国家重要农业资源台账数据库

分类与结构标准。

《"农业资源台账制度建设"项目标准》第 2 部分：国家重要农业资源台账数据采集规范。

《"农业资源台账制度建设"项目标准》第 3 部分：国家重要农业资源台账核心元数据标准。

《"农业资源台账制度建设"项目标准》第 5 部分：国家重要农业资源台账数据共享与服务规范。

## 三、总则

国家重要农业资源台账数据的汇交是在农业农村部"农业资源台账制度建设"项目统一指导下，在农业主管部门领导下，由中国农业科学院农业资源与农业区划研究所负责按照省、地市、县级的分类管理原则组织实施数据汇交工作。

涉及国家秘密或者知识产权的农业资源台账数据的汇交、保护、公开和利用，按照国家有关法律、法规的规定执行。

## 四、数据汇交的种类及范围

依据本规范汇交的国家重要农业资源台账数据是在"农业资源台账制度建设"项目统一规划下的数据范围，所有数据需按照《"农业资源台账制度建设"项目标准》第 1 部分：国家重要农业资源台账数据库分类与结构标准、《"农业资源台账制度建设"项目标准》第 3 部分：国家重要农业资源台账核心元数据标准的设计要求，以及《"农业资源台账制度建设"项目标准》第 2 部分：国家重要农业资源台账数据采集规范的数据采集要求，符合相关的技术标准和质量要求。

汇交的数据包括 7 类：
——水资源台账统计数据
——农用地资源台账统计数据
——气候资源台账统计数据
——生物资源台账统计数据
——农业废弃物资源台账统计数据
——社会经济资源台账统计数据
——农业资源台账核心元数据

汇交的数据按照项目规定的格式以网络在线填报的形式汇交，同时呈送汇交数据工作总结。

## 五、数据汇交程序及要求

为保证国家重要农业资源台账数据的有效性及正确性，数据要求通过系统网络在线填报，系统提供计算机校验，对不满足校验关系的数据不予填报。

数据填报并经过质量检查后，通过县、地市、省的各级主管部门网络在线审核确定后，统一在线汇交到中国农业科学院农业资源与农业区划研究所。

数据汇交同时，提交《农业资源台账数据填报工作总结》，主要内容包括：
——汇交数据的采集情况概述；
——汇交数据的质量说明；
——汇交数据的其他说明，如需保密的数据，数据是否通过所在部门审核等。

### 六、汇交数据的审核

汇交数据的审核流程如下：

县级数据：县级录入员—县级审核员—地市级审核员—省级审核员—国家级审核员；地市级数据：地市级录入员—地市级审核员—省级审核员—国家级审核员；省级数据：省级录入员—省级审核员—国家级审核员。

审核员审核数据时，对审核出现的问题数据，需退回至录入人员进行数据的重新录入和汇交。

### 七、汇交数据的管理

"农业资源台账制度建设"项目以及省、地市、县承担单位负责承担各级资源台账数据的接收、保管、提供和利用工作。"农业资源台账制度建设"项目承担单位保存全部农业资源台账核心元数据目录。

对违反国家保密法律、法规的规定，泄露不应当公开的数据的有关责任人员，应当给予行政处分；情节严重触犯法律的，应当承担法律责任。具体规定参见《"农业资源台账制度建设"项目标准》第 5 部分：国家重要农业资源台账数据共享与服务规范。

## 第五节　国家重要农业资源台账数据共享与服务规范

### 一、范围

本部分规定了国家重要农业资源台账数据共享的数据类型、共享数据服务和维护等方面的基本要求。

本部分适用于"农业资源台账制度建设"项目，其他相关应用可参照使用。

### 二、规范性引用文件

下列文件对于本文件的应用是必不可少的。凡是注日期的引用文件，仅注日期的版本适用于本文件。凡是不注日期的引用文件，其最新版本（包括所有修改单）适用于本文件。

《"农业资源台账制度建设"项目标准》第 1 部分：国家重要农业资源台账数据库分类与结构标准。

《"农业资源台账制度建设"项目标准》第 3 部分：国家重要农业资源台账核心元数据。

## 三、共享数据内容

国家重要农业资源台账共享数据主要包括以下数据类型和内容，详细的数据内容参见《"农业资源台账制度建设"项目标准》第 1 部分：国家重要农业资源台账数据库分类与结构标准、《"农业资源台账制度建设"项目标准》第 3 部分：国家重要农业资源台账核心元数据。

### （一）水资源台账统计数据
——水资源数量数据；
——水资源质量数据；
——水资源利用数据。

### （二）农用地资源台账统计数据
——土地面积数据（包括土地、农用地、耕地、园地、林地、草地/草原、水域等面积）；
——土地退化数据；
——草原质量数据；
——农业部门耕地质量分等数据；
——农田土壤肥力数据；
——农田污染数据；
——农田地下水数据。

### （三）气候资源台账统计数据
——农业气候资源数据；
——气象灾害数据；
——土壤墒情数据；
——农作物生长发育观测数据。

### （四）生物资源台账统计数据
——农业生产数据；
——主导品种数据；
——生物遗传资源数据；
——农业生态环境数据。

### （五）农业废弃物资源台账统计数据
——秸秆资源综合利用数据；
——主要秸秆还田情况数据；

——畜禽粪污资源化利用情况数据；
——废旧农膜及回收情况数据；
——农药包装及回收情况数据；
——病死畜禽及无害化处理情况数据；
——蔬菜废弃物利用情况数据；
——乡村环境情况数据。

(六) 社会经济资源台账统计数据
——绿色食品、有机农产品和地理标志农产品认证农作物数据；
——绿色食品、有机农产品和地理标志畜产品数据；
——绿色食品、有机农产品和地理标志水产品数据；
——规模化畜禽养殖量数据；
——水产资料数据；
——农民收入和农民生活数据；
——农村机械化和能源数据；
——设施农业；
——农业科技和农村人才。

(七) 农业资源台账核心元数据
农业资源台账数据集的标识信息、数据质量信息、数据分发信息等内容。

## 四、共享平台

国家重要农业资源台账数据共享平台应提供共享数据在线发布、交换和服务功能。数据共享平台由网络和通信设备、服务器及软件系统构成。

数据共享平台硬件是以网络和通信设备、计算机硬件为基础，以无线局域网和有线局域网技术相结合方式组网，服务器及其存储设备应采取分布式管理与服务。

软件平台包括操作系统、数据库管理系统、数据服务系统及应用程序四个部分。

## 五、共享数据服务

(一) 服务原则

国家重要农业资源台账数据共享服务遵循分类分级服务，在遵守国家法律、法规的前提下，充分考虑用户需求，注重服务效益和保护数据提供者的合法权益。

(二) 服务管理

国家农业主管机构负责全国农业资源台账数据共享工作的管理。地方各级农业主管机构负责本行政区域内农业资源台账数据共享工作的管理。

(三) 服务方式

国家重要农业资源台账数据共享服务采用在线方式提供；对于不宜在信息网络上传输的数据采用离线方式提供。

## （四）服务内容

国家重要农业资源台账数据共享服务主要包括以下内容：

——目录服务：提供国家重要农业资源台账共享数据的目录服务，包括目录分类列表和基于元数据的目录搜索；

——数据在线服务：根据共享数据的服务权限，提供数据的在线浏览、查询和下载；

——数据在线汇交及维护；

——用户服务指南：提供国家重要农业资源台账共享数据资源概况、使用指南、标准规范等用户服务指南信息；

——注册与登陆服务：提供用户授权、注册与登陆服务；

——用户反馈服务：应采用各种方式收集用户对数据共享服务的意见和建议，为数据共享平台改进积累资料；

——服务统计信息：应提供用户数量，平台访问量，数据在线浏览、数据下载数量和离线数据服务情况，以及用户使用共享数据产生的效益（成果或论文、技术报告）等共享数据服务统计信息。

## 六、数据安全和权限管理

### （一）数据安全

国家重要农业资源台账数据共享平台的设计、建设和运行应采取数据安全保护措施。数据资源安全应通过以下方式实现：

——建立用户权限的认证与授权体系；

——建立防火墙、入侵检测与防病毒体系；

——建立数据资源备份系统，制定数据备份策略及恢复计划；

——应定期对数据库和日志文件进行备份。

### （二）数据保护

共享数据安全与保密要求参照国家相关管理办法。提供涉密农业资源台账数据共享以及使用、保管共享的涉密数据，应当遵守《中华人民共和国保守国家秘密法》及相关的规定。

# 第四章　国家重要农业资源台账的建设内容

## 第一节　农用地资源台账建设研究

### 一、基本概念

**(一) 农用地**

农用地是指用于农业生产的土地，包括耕地、园地、林地、牧草地、其他农用地等（包括畜禽饲养地、设施农业用地、农村道路、坑塘水面、养殖水面、农田水利用地、田坎、晒谷场等）。

1. 耕地

耕地是人类开垦之后用于种植农作物，并经常耕耘的土地。这里的农作物是指一年生作物，包括粮食作物、经济作物和其他作物（包括蔬菜瓜果、绿肥和饲料作物），不包括多年生的果树和牧草等植物。

按照中华人民共和国质量监督检验检疫总局和中国国家标准化管理委员会于2017年11月1日联合发布的《土地利用现状分类》，耕地包括熟地，新开发、复垦、整理地，休闲地（含轮歇地、轮作地）；以种植农作物（含蔬菜）为主，间有零星果树、桑树或其他树木的土地；平均每年能保证收获一季的已垦滩地和海涂。耕地还包括南方宽度<1.0米，北方宽度<2.0米固定的沟、渠、路和地坎（埂）；临时种植药材、草皮、花卉、苗木等的耕地，以及其他临时改变用途的耕地。

(1) 按利用特点，耕地分为3类

一是水田：指用于种植水稻、莲藕等水生农作物的耕地，包括实行水生、旱生农作物轮种的耕地。

二是水浇地：指有水源保证和灌溉设施，在一般年景能正常灌溉，种植旱生农作物的耕地，包括种植蔬菜的非工厂化的大棚用地。

三是旱地：指无灌溉设施，主要靠天然降水种植旱生农作物的耕地，包括没有灌溉设施，仅靠引洪淤灌的耕地。

(2) 按保护状况，耕地分为3类

一般性农田：指没有划入基本农田保护区的农用耕地。一般农田属于农业保护范围，但相对基本农田没有那么严格。

基本农田：指按照一定时期人口和社会经济发展对农产品的需求，依据土地利用总体规划确定的、划入基本农田保护区进行保护而不得占用的耕地。根据《基本农田保护条例》和《中华人民共和国土地管理法》，省（自治区、直辖市）划定的基本农田应当占本行政区域内耕地总面积的80%以上。基于2005年全国18.31亿亩的耕地面积基数，2008年国务院印发的《全国土地利用总体规划纲要（2006—2020年）》，提出到2020年全国耕地保有量为18.05亿亩（15亩＝1公顷。全书同），15年净减少0.26亿亩；基本农田不少于15.6亿亩，相当于2005年全国耕地总面积的85.2%。基于2015年全国20.25亿亩的耕地面积基数，2016年6月国土资源部印发的《全国土地利用总体规划纲要（2006—2020年）调整方案》提出，到2020年全国耕地面积保有量为18.65亿亩，5年净减少1.6亿亩；基本农田不少于15.46亿亩，相当于2015年耕地总面积的76.3%。

永久基本农田：即无论什么情况下都不能改变其用途，不得以任何方式挪作他用，实行永久性保护的基本农田。根据2016年8月4日原国土资源部和原农业部联合发布的《关于全面划定永久基本农田实行特殊保护的通知》《全国土地利用总体规划纲要（2006—2020年）调整方案》确定的全国15.46亿亩基本农田，即为永久基本农田保护指标。新的《基本农田保护条例》已调整为《永久基本农田保护条例》，即将原来的"基本农田"调整为"永久基本农田"。

2. 园地

园地是指种植以采集果、叶为主的集约经营的多年生木本和草本植物，覆盖度在0.5以上的或每亩株数大于合理株数70%以上的土地。

园地又可分为三类：果园；茶园；其他园地（包括桑园、橡胶园等）。

3. 林地

林地是指成片的天然林、次生林和人工林覆盖的土地，包括用材林、经济林、薪炭林和防护林等各种林木的成林、幼林和苗圃等所占用的土地。根据《中华人民共和国森林法实施条例》，林地包括郁闭度0.2以上的乔木林地以及竹林地、灌木林地、疏林地、采伐迹地、火烧迹地、未成林造林地、苗圃地和县级以上人民政府规划的宜林地。不包括居民绿化用地，以及铁路、公路、河流沟渠的护路和护坡林。

4. 草原、草地、牧草地与基本草原

（1）草原 是指干旱或半干旱条件下以多年生草本植物占优势的植被类型，如温带草原、热带草原、草甸草原、荒漠草原。

（2）草地 是指地表覆盖植物以草本或半灌木为主，或兼有灌木和稀疏乔木，植被覆盖度大于5%、乔木郁闭度小于0.1、灌木覆盖度小于40%的土地以及其他用于放牧和割草的土地。草地与草原的区别在于：草原强调的是在干旱或半干旱条件下形成的一种植被类型，而草地强调的是土地类型。简单地说，草地即地表覆盖草类植被的土地，可以出现在干旱半干旱地区，也可以出现在湿润地区。但有些地方将草原等同于草地，如《中华人民共和国草原法》中的草原，是指天然草原和人工草地，而天然草原包括草地、草山和草坡，人工草地包括改良草地和退耕还草地，不包括城镇草地。草原法中的草原实际上不只是指植被类型，而是植被类型（草原）与土地类型（草地）的混合体。

草地按形成条件分为天然草地和人工草地。天然草地，即优势植物种为自然生长形成，且自然生长植物的生长量和覆盖度占比大于等于50%；人工草地，即优势植物种为人为栽培形成，且自然生长植物的生长量和覆盖度占比小于50%。

草地按利用状况分为牧草地和其他草地。

（3）牧草地　是指以生长草本植物为主，用于畜牧业的土地。牧草地是草地的一类，即用于畜牧业的草地。草本植被覆盖度一般在15%以上、干旱地区在5%以上，树木郁闭度在0.1以下，用于牧业的均划为牧草地，包括以牧为主的疏林、灌木草地。南方虽然有一些草地，但其主要用途不是放牧和割草，所以南方，尤其东南部地区在统计上一般没有牧草地一项。

牧草地分为3类：天然牧草地、改良牧草地和人工牧草地。不包括城镇及道路、渠道沿级绿化用草地。天然牧草地是指以天然草本植物为主，用于放牧或割草的草地；人工牧草地是指人工种植牧草的草地，在耕地上季节性种植牧草不属于牧草地。

（4）其他草地　是指树林郁闭度小于0.1，表层为土质，生长草本植物为主，不用于畜牧业的草地。实际上就是所谓的荒草地，南方的草地一般多属于这类草地。

（5）基本草原　是指在一定时期和一定范围，根据国家生态安全、人口与社会经济发展对草原环境与草畜生产的需求，依据法律、土地利用与草原生态保护规划确定的不得占作它用的草原。《农业部关于切实加强基本草原保护的通知》（农牧发［2006］13号）要求各地划定的基本草原数量应当占其行政区域草原总面积的80%以上，具体数量指标由省级人民政府批准，报农业农村部备案。《中华人民共和国草原法》第四十二条规定，下述草原划定为基本草原进行保护：重要放牧场；割草地；用于畜牧业生产的人工草地、退耕还草地以及改良草地、草种基地；对调节气候、涵养水源、保持水土、防风固沙具有特殊作用的草原；作为国家重点保护野生动植物生存环境的草原；草原科研、教学试验基地；国务院规定应当划为基本草原的其他草原。

5. 其他农用地

其他农用地，包括设施农用地、养殖水面和农田水利用地。

（1）设施农用地　是指直接用于经营性养殖的畜禽舍、工厂化作物栽培或水产养殖的生产设施用地及其相应附属用地，农村宅基地以外的晾晒场等农业设施用地。

（2）养殖水面　是指用于养殖的水域面积，包括坑塘、水库、湖泊、滩涂等养殖水面。

（3）农田水利用地 是指农民、农民集体或其他农业企业等自建或联建的农田排灌沟渠及其相应附属设施用地。

**（二）农用地资源台账**

农用地资源台账是通过资源清单形式，系统反映农用地的种类、性质、数量、质量、权属、污染、生态环境价值、多功能性、时空分布及其动态等，是农业资源台账的重要组成部分，也是农业资源监测评价与管理制度的核心内容之一。

## 二、农用地资源台账功能定位

**（一）农用地资源数据贮存与查询**

汇集存贮全国、省（区、市）、县（市、区）、典型区和样点农用地资源状态数据，并根据授权供决策者、管理者、科研工作者等用户查询。

**（二）农用地资源分析评价**

应用系列分析工具，对农用地资源种类、数量、质量、性质、权属、时空分布及其动态进行分析。

**（三）服务于资源管理与决策**

摸清农用地资源家底，为资源资产化管理、生态文明建设、农业可持续发展决策提供支撑。

**（四）有利于农用地资源保护**

对农用地资源的质量及污染情况的监测和生态环境调查的结果可以及时发现问题，为修复措施提供科学依据，有利于农用地资源的保护。

## 三、农用地资源台账指标体系构建

充分利用第二次全国土地调查、分年度土地变更调查和相关土地资源调查评价成果，结合土壤普查、农业普查、土地利用总体规划、土地整治规划、生态环境保护规划等成果，构建耕地、园地、草地、林地、养殖水域与水利设施用地等农用地资源台账指标体系。

农用地资源台账指标体系主要包括农用地类型、资源数量、资源质量、资源权属、生态服务等因素。主要指标见表34农用地资源台账指标要素。

## 四、台账监测体系建设与完善

**（一）台账监测体系现状**

1. 耕地、林地和草地的监测体系相对完善

国家耕地质量监测网络是以农业农村部耕地质量监测机构和地方耕地质量监测机构为主体，以相关科研教学单位的耕地质量监测站（点）为补充。耕地质量区域监测站点主要在粮食生产功能区、重要农产品生产保护区、耕地土壤污染区等区域布设。

根据实际需要，可增加土壤墒情、肥料效应和产地环境等监测内容。《耕地质量调查监测与评价办法》（农业部令〔2016年〕第2号）文件中将应急指挥系统、耕地质量监测与评价系统、测土配方、专家咨询系统、墒情系统、植保系统和GIS地理信息系统组合成大系统框架，旨在升级耕地质量管理数据信息系统，实现耕地质量的动态监测和保护功能。2016年，耕地监测工作表现出三方面变化。首先是扩大了点位数据，在以往357个国家监测点的基础上扩大到850个，涵盖43个主要耕地土类，年度监测数据增加2万余个。其次是耕地监测拓展了养分指标。在继续监测有机质、全氮、有效磷和速效钾等指标的基础上，拓展监测了反映土壤养分持续供应能力的全磷、全钾指标，以及与农产品产量和品质密切相关的中微量元素指标。三是增加了健康指标。首次监测反映土壤健康状况，与农产品质量安全相关的重金属指标，并采用土壤环境质量标准评价健康状况。

全国森林资源监测体系于1989年开始建立。该体系是以已建立的全国森林资源连续清查体系为基础，由国家森林资源监测、地方森林资源监测和资源信息通信与管理系统组成。国家森林资源监测以所在区、市为单位，每5年对所设固定样地进行复查，提供全国和省（区、市）森林资源连续清查成果；在复查间隔期，采用数学模型预测方法，更新当年森林资源数据，提供年度资源监测成果。地方森林资源监测的技术方法，一般采用定期森林资源调查，从一定数量的信息采集点，采集当年有关森林采伐、更新造林、森林生长、资源消耗以及林业生产、林业经济等信息，及时更新统计数据。资源信息通信与管理系统，是利用现代计算机技术、信息技术及通信技术为主要手段进行监测。原林业部在全国设立了东北、西北、中南、华东4个区域森林资源监测中心，主要任务是负责各区域内省（区、市）森林资源监测技术指导、质量检查、成果验收、数据统计、汇总、分析以及森林资源监测先进技术的引进、试验和推广等。

目前，草地能进行草地资源动态监测、草地沙化、退化等环境监测评价、草地灾害监测预警、草地生态工程建设监测及北方草地草畜平衡动态监测。北方草地草畜平衡动态监测实现了我国草地大面积遥感估产和草畜平衡实时估算。2017年，草地资源监测主要是在返青期、枯黄期进行物候监测，观测记录牧草返青、枯黄的程度、时间；在牧草生长期，每月进行样方监测，监测草原生产力、高度、盖度，观察记录周边草场的建设保护情况和利用方式，观测记录鼠虫生物灾害发生情况；定时定点拍摄反映草原植被生长状况的照片。有条件的固定监测点进行土壤理化指标监测；实施草原生态补助奖励政策及有关重大生态工程的省（区），有针对性地对禁牧区、草畜平衡区、人工草地和工程区内外进行监测，掌握了政策及工程实施前后草原生产力、植被盖度、高度、可食牧草、物种数量等指标变化情况。

2. 监测方法以遥感、取样测试、入户调查为主

目前采取遥感为主，入户调查为辅的方式同时进行分年监测，分析农用地数量变化情况，对于农用地的质量变化情况是遥感监测和样点测试同时进行分析。耕地质量

取样测试由土肥站（土肥监测中心）按规范要求取土样进行土壤有机质含量、土壤全氮含量、土壤有效磷含量、土壤速效钾含量、土壤 pH 值等的分析测试。草地入户调查访问是重点掌握牧户饲养牲畜种类和数量，放牧时段、天数，补饲人工牧草、秸秆、青贮饲料、精料的数量和时间等情况。草地样方监测一般在牧草生长盛期，监测草原生产力、植被盖度、高度以及可食牧草种类、生物多样性等指标。

### （二）台账监测体系的不足

1. 监测方法缺乏更有效的技术支撑

由于目前的监测方法还不到位，人为因素还占据重要地位。然而农用地监测工作技术性强，涉及内容多。由于基层技术人员素质参差不齐，监测设备达不到精度要求，导致采样不规范、处理滞后，对整个监测结果就造成一定影响。部分监测季节性、时间性强，有些地方很难解决资金和技术问题，导致监测工作只是常规的监测，向深化、细化方向拓展还不够。

2. 在权属、生态服务方面的监测力度不够

由于近年土地流转的大力推进，农用地确权登记的工作开展，农用地的权属变动较大，涉及内容较广，在权属方面的监测、建档进展比较缓慢。农用地生态服务评估指标比较抽象，获取数据较难，且指标涉及范围超出农业层面，操作起来比较困难。台账监测体系需要突破在权属和生态服务方面的监测瓶颈。

### （三）台账监测体系的完善建议

1. 运用更加科学的、有效的技术手段

在农用地的监测中，运用 GPS/PDA 土地调查一体设备、全站仪、GPS 集成地籍调查设备、无人飞行器土地执法监察系统集成与装备可以使调查更加科学高效。同时县市级土地监测数据库建设与维护关键技术、网络化数字调查技术、基于 RS/GPS/PDA 土地利用图斑快速调查技术的应用能突破我国土地实时监测技术瓶颈，使监测体系更加完善。林地与园地较为特殊，传统火灾监测手段常有漏洞，而无缝融合智能图像识别技术、面向对象的 3D GIS 技术、大型网络监控技术等高新技术，可以实现林区与园区的视频的自动监控、烟火准确识别、火点精确定位、火情蔓延趋势推演、扑救指挥的辅助决策、灾后评估等多方面功能，建立林地与园地智能预警系统必不可少。

2. 加强各部门合作与资源共享

要充分利用好互联网数据，利用好国家建立的部门数据共享制度，整理收集已有的公开数据，实现相关部门农用地资源数据共享。加强与农业农村部耕地质量监测中心的部门内部协调，加强与国土资源部的农村土地整治监测监管系统和农用地质量与监控重点实验室的资源共享，加强与中国地质调查局生态环境调查与动态监测的战略合作。广泛开展农用地资源数据的共享，与各部门间深入沟通与合作，避免项目的重复研究，提高农用地资源台账的建设效率。

## 五、台账建设措施

### (一) 加强组织领导

农业农村部成立由部领导任组长,农业农村部发展计划司及相关司局单位参加的重要农用地资源台账制度建设工作小组,切实加强工作领导及对各地工作的指导与服务。各级农业行政主管部门要切实提高认识,树立绿色发展理念,转变职能,由注重抓生产转向生产生态并重。加强组织领导和考核,安排专门部门和人员负责具体工作,切实抓好本级农用地资源台账建设。

### (二) 强化经费保障

各级政府要加强对农用地资源台账制度建设的领导和支持,将建设经费纳入各级财政预算,确保农用地资源监测体系和数据共享平台建设与运行,以及相关研究基本经费需求。

### (三) 提升科技支撑

建立以农用地资源环境领域专家学者为主体的专家团队,为重要农用地资源台账工作的制度建立、评价指标等提供技术支撑。依托中国农业科学院农业资源与农业区划研究所及相关研究单位,加强农业遥感监测、物联网、互联网大数据、农用地资源监测方法、农用地资源评价指标与方法等研发和创新。开展国内外技术交流与合作,提升先进科技的引进、消化、吸收和再创新的能力。

### (四) 加强资源整合

农用地资源台账建设不是孤立的,必须把农用地资源与水资源、气象资源、生物资源与农业生产有效结合起来,充实农业资源台账。进而将农业资源台账与遥感监测体系结合起来,运用于国家粮食安全和重要农产品有效供给,形成粮食安全的实时监测体系。同时给各项农业资源每年变化和利用情况、对经济的贡献和影响的评估报告提供数据及信息支撑。

## 六、农用地资源台账数据清单及填报说明

### (一) 国家重要农业资源台账数据清单(表34)

表34 国家重要农业资源台账数据清单(农用地资源)(省、市、县)

| 指标类别 | 序号 | 指标名称 | 单位 | 填报要求 | 数据更新周期 | 数据来源 | 备注 |
|---|---|---|---|---|---|---|---|
| 土地面积 | 1 | 土地面积 | 公顷 | 必填 | 每年 | 自然资源部门,第二次全国土地资源调查数据 | |
| 农用地面积 | 2 | 农用地面积 | 公顷 | 必填 | 每年 | 自然资源部门,第二次全国土地资源调查数据 | 如无该数据,则暂空 |

## 第四章 国家重要农业资源台账的建设内容

(续表)

| 指标类别 | 序号 | 指标名称 | 单位 | 填报要求 | 数据更新周期 | 数据来源 | 备注 |
|---|---|---|---|---|---|---|---|
| 耕地面积 | 3 | 耕地面积 | 公顷 | 必填 | 每年 | 自然资源部门，基于第二次全国土地资源调查数据 | 自2009年开始，每年填报 |
| | 4 | 水田面积 | 公顷 | 必填 | 每年 | 自然资源部门，基于第二次全国土地资源调查数据 | 自2009年开始，每年填报三者之和等于耕地面积 |
| | 5 | 水浇地面积 | 公顷 | 必填 | 每年 | 自然资源部门，基于第二次全国土地资源调查数据 | |
| | 6 | 旱地面积 | 公顷 | 必填 | 每年 | 自然资源部门，基于第二次全国土地资源调查数据 | 自2009年开始，每年填报有些地方只有一次性基本农田面积数据，则根据数据年份填入该年份栏内 |
| | 7 | 基本农田（永久基本农田）面积 | 公顷 | 必填 | 每年 | 自然资源部门和农业农村部门共同划定 | |
| | 8 | 高标准农田面积 | 公顷 | 必填 | 每年 | 自然资源部门和农业农村部门 | 如果没有高标准农田面积，则用旱涝保收农田面积代替，但需要在备注栏进行说明 |
| 园地面积 | 9 | 园地面积 | 公顷 | 必填 | 每年 | 自然资源部门，基于第二次全国土地资源调查数据 | 自2009年开始，每年填报 |
| | 10 | 果园面积 | 公顷 | 必填 | 每年 | 自然资源部门，基于第二次全国土地资源调查数据 | 自2009年开始，每年填报 |
| | 11 | 茶园面积 | 公顷 | 必填 | 每年 | 自然资源部门，基于第二次全国土地资源调查数据 | 自2009年开始，每年填报 |
| | 12 | 其他园地面积 | 公顷 | 必填 | 每年 | 自然资源部门，基于第二次全国土地资源调查数据 | 自2009年开始，每年填报 |
| 林地面积 | 13 | 林地面积 | 公顷 | 必填 | 每年 | 自然资源部门，基于第二次全国土地资源调查数据 | 自2009年开始，每年填报 |
| | 14 | 有林地面积 | 公顷 | 必填 | 每年 | 自然资源部门，基于第二次全国土地资源调查数据 | 自2009年开始，每年填报三者之和等于林地面积 |
| | 15 | 灌木林地面积 | 公顷 | 必填 | 每年 | 自然资源部门，基于第二次全国土地资源调查数据 | |
| | 16 | 其他林地面积 | 公顷 | 必填 | 每年 | 自然资源部门，基于第二次全国土地资源调查数据 | |

(续表)

| 指标类别 | 序号 | 指标名称 | 单位 | 填报要求 | 数据更新周期 | 数据来源 | 备注 |
|---|---|---|---|---|---|---|---|
| 林地面积 | 17 | 森林覆盖率 | % | 必填 | 每年 | 林草局 | 自2009年开始，每年填报 |
| | 18 | 应建农田林网农田面积 | 公顷 | 必填 | 每年 | 林草局 | |
| | 19 | 已建农田林网农田面积 | 公顷 | 必填 | 每年 | 林草局 | |
| 草地（草原）面积 | 20 | 草地面积 | 公顷 | 必填 | 每年 | 自然资源部门，基于第二次全国土地资源调查数据 | 2009年数据，如有2009年后每年变更数据，则每年填报 |
| | 21 | 天然牧草地面积 | 公顷 | 必填 | 每年 | 自然资源部门，基于第二次全国土地资源调查数据 | |
| | 22 | 人工牧草地面积（含改良草地） | 公顷 | 必填 | 每年 | 自然资源部门，基于第二次全国土地资源调查数据 | 2009年数据，如有2009年后每年变更数据，则每年填报 三者之和等于草地面积 |
| | 23 | 其他草地面积 | 公顷 | 必填 | 每年 | 自然资源部门，基于第二次全国土地资源调查数据 | |
| | 24 | 可利用草原面积 | 公顷 | 必填 | 每年 | 农业农村部门 | 理论上等于天然牧草地面积+人工牧草地面积 |
| | 25 | 基本草原（草地）面积 | 公顷 | 必填 | 每年 | 农业农村部门 | 非牧区无该数据，则填0 |
| | 26 | 多年生人工草地面积 | 公顷 | 必填 | 每年 | 畜牧部门 | |
| | 27 | 禁牧草原面积 | 公顷 | 必填 | 每年 | 农业农村部门 | 非草原区无该数据，则填0 |
| | 28 | 湿地总面积 | 公顷 | 必填 | 每年 | 林草局 | 自2009年开始因不是每年都有该数据，填报于对应年份 |

(续表)

| 指标类别 | 序号 | 指标名称 | 单位 | 填报要求 | 数据更新周期 | 数据来源 | 备注 |
| --- | --- | --- | --- | --- | --- | --- | --- |
| 水域面积 | 29 | 水域及水利设施用地面积 | 公顷 | 必填 | 每年 | 自然资源部门，基于第二次全国土地资源调查数据 | 2009年数据，如有2009年后每年变更数据，则每年填报 |
| | 30 | 河流水面 | 公顷 | 必填 | 每年 | 自然资源部门，基于第二次全国土地资源调查数据 | |
| | 31 | 湖泊水面 | 公顷 | 必填 | 每年 | 自然资源部门，基于第二次全国土地资源调查数据 | |
| | 32 | 水库水面 | 公顷 | 必填 | 每年 | 自然资源部门，基于第二次全国土地资源调查数据 | 2009年数据，如有2009年后每年变更数据，则每年填报七者之和等于水域面积 |
| | 33 | 坑塘水面 | 公顷 | 必填 | 每年 | 自然资源部门，基于第二次全国土地资源调查数据 | |
| | 34 | 沿海滩涂面积 | 公顷 | 必填 | 每年 | 自然资源部门，基于第二次全国土地资源调查数据 | |
| | 35 | 内陆滩涂面积 | 公顷 | 必填 | 每年 | 自然资源部门，基于第二次全国土地资源调查数据 | |
| | 36 | 其他水域面积 | 公顷 | 必填 | 每年 | 自然资源部门，基于第二次全国土地资源调查数据 | |
| | 37 | 可养殖水面 | 公顷 | 必填 | 每年 | 农业农村部门 | 自2009年开始数据填入对应年份如果有分年数据，则分年填报 |
| | 38 | 可养殖湖泊水面 | 公顷 | 选填 | 每年 | 农业农村部门 | |
| | 39 | 可养殖水库水面 | 公顷 | 选填 | 每年 | 农业农村部门 | 自2009年开始数据填入对应年份如果有分年数据，则分年填报五者之和等于可养殖水面 |
| | 40 | 可养殖坑塘水面 | 公顷 | 选填 | 每年 | 农业农村部门 | |
| | 41 | 可养殖沿海滩涂面积 | 公顷 | 选填 | 每年 | 农业农村部门 | |
| | 42 | 可养殖浅海面积 | 公顷 | 选填 | 每年 | 农业农村部门 | |
| 土地退化情况 | 43 | 土地退化总面积 | 公顷 | 必填 | 每年 | 林草局 | |
| | 44 | 土地沙化面积 | 公顷 | 必填 | 每年 | 林草局 | |
| | 45 | 已治理土地沙化面积 | 公顷 | 必填 | 每年 | 林草局 | 自2009年开始数据填入对应年份如果有分年数据，则分年填报有这种资源必填，县里根据实际情况 |
| | 46 | 石漠化土地面积 | 公顷 | 必填 | 每年 | 林草局与水利部门 | |
| | 47 | 已治理石漠化土地面积 | 公顷 | 必填 | 每年 | 林草局与水利部门 | |
| | 48 | 土地盐渍化面积 | 公顷 | 必填 | 每年 | 农业农村与水利部门 | |
| | 49 | 已治理土地盐渍化面积 | 公顷 | 必填 | 每年 | 农业农村与水利部门 | |

(续表)

| 指标类别 | 序号 | 指标名称 | 单位 | 填报要求 | 数据更新周期 | 数据来源 | 备注 |
|---|---|---|---|---|---|---|---|
| 草原质量 | 50 | "三化"草原面积 | 公顷 | 必填 | 每年 | 林草局 | 自2009年开始数据填入对应年份如果有分年数据，则分年填报 |
| | 51 | 已治理"三化"草原面积 | 公顷 | 必填 | 每年 | 林草局 | |
| | 52 | 草原综合植被盖度 | % | 必填 | 每年 | 林草局 | 北方及西部牧区填报，其他地区无该数据则填0 |
| 农业部门耕地质量分等 | 53 | 农业部门耕地质量分等面积合计 | 公顷 | 必填 | 每年 | 农业农村部门（土肥站） | 因农业农村部门开展的全国耕地质量等级工作基于第二次全国土地资源调查之前的全国18.26亿亩耕地，所以分等耕地面积合计数与自然资源部门的第二次土地调查数据不一致 |
| | 54 | 一等地面积 | 公顷 | 必填 | 每年 | 农业农村部门（土肥站） | 数据填入对应年份 |
| | 55 | 二等地面积 | 公顷 | 必填 | 每年 | 农业农村部门（土肥站） | 数据填入对应年份 |
| | 56 | 三等地面积 | 公顷 | 必填 | 每年 | 农业农村部门（土肥站） | 数据填入对应年份 |
| | 57 | 四等地面积 | 公顷 | 必填 | 每年 | 农业农村部门（土肥站） | 数据填入对应年份 |
| | 58 | 五等地面积 | 公顷 | 必填 | 每年 | 农业农村部门（土肥站） | 数据填入对应年份 |
| | 59 | 六等地面积 | 公顷 | 必填 | 每年 | 农业农村部门（土肥站） | 数据填入对应年份 |
| | 60 | 七等地面积 | 公顷 | 必填 | 每年 | 农业农村部门（土肥站） | 数据填入对应年份 |
| | 61 | 八等地面积 | 公顷 | 必填 | 每年 | 农业农村部门（土肥站） | 数据填入对应年份 |
| | 62 | 九等地面积 | 公顷 | 必填 | 每年 | 农业农村部门（土肥站） | 数据填入对应年份 |
| | 63 | 十等地面积 | 公顷 | 必填 | 每年 | 农业农村部门（土肥站） | 数据填入对应年份 |

## 第四章 国家重要农业资源台账的建设内容

(续表)

| 指标类别 | 序号 | 指标名称 | 单位 | 填报要求 | 数据更新周期 | 数据来源 | 备注 |
|---|---|---|---|---|---|---|---|
| 农田土壤肥力状况 | 64 | 土壤有机质样本数 | 个 | 必填 | 每年 | 农业农村部门（土肥站） | 分年填报 |
| | 65 | 土壤有机质平均值 | g/kg | 必填 | 每年 | 农业农村部门（土肥站） | 分年填报 |
| | 66 | 土壤全氮样本数 | 个 | 必填 | 每年 | 农业农村部门测土配方施肥数据 | 分年填报 |
| | 67 | 土壤全氮平均值 | g/kg | 必填 | 每年 | 农业农村部门测土配方施肥数据 | 分年填报 |
| | 68 | 土壤有效磷样本数 | 个 | 必填 | 每年 | 农业农村部门测土配方施肥数据 | 分年填报 |
| | 69 | 土壤有效磷平均值 | mg/kg | 必填 | 每年 | 农业农村部门测土配方施肥数据 | 分年填报 |
| | 70 | 土壤速效钾样本数 | 个 | 必填 | 每年 | 农业农村部门测土配方施肥数据 | 分年填报 |
| | 71 | 土壤速效钾平均值 | mg/kg | 必填 | 每年 | 农业农村部门测土配方施肥数据 | 分年填报 |
| | 72 | 土壤pH值样本数 | 个 | 必填 | 每年 | 农业农村部门测土配方施肥数据 | 分年填报 |
| | 73 | 土壤pH值 | 数值 | 必填 | 每年 | 农业农村部门测土配方施肥数据 | 分年填报 |
| 农田污染状况 | 74 | 耕地污染面积 | 公顷 | 必填 | 每年 | 生态环保部门 | 数据填入对应年份如果有分年数据，则分年填报 |
| | 75 | 重金属污染农田面积 | 公顷 | 必填 | 每年 | 生态环保部门 | 数据填入对应年份如果有分年数据，则分年填报 |
| 农田地下水状况 | 76 | 地下水严重漏斗区农田面积 | 公顷 | 必填 | 每年 | 水利与农业农村部门 | 数据填入对应年份如果有分年数据，则分年填报 |

### （二）农业资源台账——农地资源台账填报说明

1. 土地面积

指陆地部分土地面积。来源于自然资源部门，第二次全国土地资源调查数据。

2. 农用地面积

农用地是指用于农业生产的土地，包括耕地、园地、林地、牧草地、其他农用地等（包括畜禽饲养地、设施农业用地、农村道路、坑塘水面、养殖水面、农田水利用地、田坎、晒谷场等），来源于自然资源部门，第二次全国土地资源调查数据。如无该数据，则暂空。

3. 耕地面积

指种植农作物的土地。来源于自然资源部门，第二次全国土地资源调查数据。自2009年开始，每年填报。

4. 水田面积

指用于种植水稻、莲藕等水生农作物的耕地。来源于自然资源部门，第二次全国土地资源调查数据。自2009年开始，每年填报。

5. 水浇地面积

是指有灌溉条件的用于种植旱地作物的耕地。来源于自然资源部门，第二次全国土地资源调查数据。自2009年开始，每年填报。

6. 旱地面积

是指没有灌溉条件的耕地。来源于自然资源部门，第二次全国土地资源调查数据。自2009年开始，每年填报。

7. 基本农田（永久基本农田）面积

指列入基本农田保护区进行永久保护的耕地。来源于自然资源部门和农业农村部门。自2009年开始，每年填报。有些地方只有一次性基本农田面积数据，则根据数据年份填入该年份栏内。

8. 高标准农田面积

是指建成的集中连片、设施配套、高产稳产、生态良好、抗灾能力强、与现代农业生产和经营方式相适应的高标准基本农田。数据来源于自然资源部门和农业农村部门。如果没有高标准农田面积，则用旱涝保收农田面积代替，但需要在备注栏进行说明。

9. 园地面积

指种植以采集果、叶、根、茎、汁等为主的集约经营的多年生木本和草本作物，覆盖度大于50%或每亩株数大于合理株数70%的土地，包括用于育苗的土地。来源于自然资源部门，第二次全国土地资源调查数据。自2009年开始，每年填报。园地面积=果园面积+茶园面积+其他园地面积。

10. 果园面积

指种植果树的园地。来源于自然资源部门，第二次全国土地资源调查数据。自2009年开始，每年填报。

11. 茶园面积

指种植茶树的园地。来源于自然资源部门，第二次全国土地资源调查数据。自2009年开始，每年填报。

12. 其他园地面积

指种植桑树、橡胶、可可、咖啡、油棕、胡椒、药材等其他多年生作物的园地。

来源于自然资源部门，第二次全国土地资源调查数据。自 2009 年开始，每年填报。

13. **林地面积**

指生长乔木、竹类、灌木的土地，及沿海生长红树林的土地。包括迹地，不包括居民点内部的绿化林木用地，铁路、公路征地范围内的林木，以及河流、沟渠的护堤林。来源于自然资源部门，第二次全国土地资源调查数据。自 2009 年开始，每年填报。

14. **有林地面积**

指树木郁闭度≥0.2 的乔木林地，包括红树林地和竹林地。来源于自然资源部门，第二次全国土地资源调查数据。自 2009 年开始，每年填报。

15. **灌木林地面积**

指灌木覆盖度≥40%的林地。来源于自然资源部门，第二次全国土地资源调查数据。自 2009 年开始，每年填报。

16. **其他林地面积**

包括疏林地（指树木郁闭度≥0.1、<0.2 的林地）、未成林地、迹地、苗圃等林地。来源于自然资源部门，第二次全国土地资源调查数据。自 2009 年开始，每年填报。

17. **森林覆盖率**

指郁闭度 0.2 以上的乔木林、竹林、国家特别规定的灌木林地面积，以及农田林网和村旁、宅旁、水旁、路旁林木的覆盖面积的总和占土地面积的百分比。来源于林草局。（森林，包括乔木林和竹林。林木，包括树木和竹子。树木是木本植物的总称，有乔木、灌木和木质藤本之分）。

18. **应建农田林网农田面积**

为国家农业可持续发展试验示范区评价指标体系要求指标，来源于林草局。

19. **已建农田林网农田面积**

为国家农业可持续发展试验示范区评价指标体系要求指标，来源于林草局。

20. **草地面积**

指生长草本植物为主的土地。来源于自然资源部门，第二次全国土地资源调查数据。2009 年数据，如有 2009 年后每年变更数据，则每年填报。

21. **天然牧草地面积**

指以天然草本植物为主，用于放牧或割草的草地。来源于自然资源部门，第二次全国土地资源调查数据。2009 年数据，如有 2009 年后每年变更数据，则每年填报。

22. **人工牧草地面积（含改良草地）**

指人工种植牧草的草地。来源于自然资源部门，第二次全国土地资源调查数据。2009 年数据，如有 2009 年后每年变更数据，则每年填报。

23. **其他草地面积**

指树木郁闭度<0.1，表层为土质，生长草本植物为主，不用于畜牧业的草地。来源于自然资源部门，第二次全国土地资源调查数据。2009 年数据，如有 2009 年后每

年变更数据，则每年填报。

24. 可利用草原面积

指可用于发展养殖业的草地面积。来源于农业农村部门。理论上等于天然牧草地面积+人工牧草地面积。

25. 基本草原（草地）面积

是指列入基本草地保护区，实行严格保护的草地面积。来源于农业农村部门。

26. 多年生人工草地面积

是指人工种植的多年生牧草地面积。来源于畜牧部门。

27. 禁牧草原面积

是指为了保护草原生态，实施禁止放牧的草原面积。来源于农业农村部门。

28. 湿地总面积

指地表过湿或经常积水，生长湿地生物的地区。来源于林草局。自2009年开始，因不是每年都有该数据，填报于对应年份。

29. 水域及水利设施用地面积

指陆地水域，海涂，沟渠、水工建筑物等用地。不包括滞洪区和已垦滩涂中的耕地、园地、林地、居民点、道路等用地。来源于自然资源部门，第二次全国土地资源调查数据。2009年数据，如有2009年后每年变更数据，则每年填报。

30. 河流水面

指天然形成或人工开挖河流常水位岸线之间的水面，不包括被堤坝拦截后形成的水库水面。来源于自然资源部门，第二次全国土地资源调查数据。2009年数据，如有2009年后每年变更数据，则每年填报。

31. 湖泊水面

指天然形成的积水区常水位岸线所围成的水面。来源于自然资源部门，第二次全国土地资源调查数据。2009年数据，如有2009年后每年变更数据，则每年填报。

32. 水库水面

指人工拦截汇集而成的总库容≥10万立方米的水库正常蓄水位岸线所围成的水面。来源于自然资源部门，第二次全国土地资源调查数据。2009年数据，如有2009年后每年变更数据，则每年填报。

33. 坑塘水面

指人工开挖或天然形成的蓄水量<10万立方米的坑塘常水位岸线所围成的水面。来源于自然资源部门，第二次全国土地资源调查数据。2009年数据，如有2009年后每年变更数据，则每年填报。

34. 沿海滩涂面积

指沿海大潮高潮位与低潮位之间的潮浸地带。包括海岛的沿海滩涂。不包括已利用的滩涂。来源于自然资源部门，第二次全国土地资源调查数据。2009年数据，如有2009年后每年变更数据，则每年填报。

## 第四章 国家重要农业资源台账的建设内容

35. 内陆滩涂面积

指河流、湖泊常水位至洪水位间的滩地；时令湖、河洪水位以下的滩地；水库、坑塘的正常蓄水位与洪水位间的滩地。包括海岛的内陆滩地。不包括已利用的滩地。来源于自然资源部门，第二次全国土地资源调查数据。2009 年数据，如有 2009 年后每年变更数据，则每年填报。

36. 其他水域面积

扣除以上各项水域面积之后的水域及水利设施用地面积。来源于自然资源部门，第二次全国土地资源调查数据。2009 年数据，如有 2009 年后每年变更数据，则每年填报。

37. 可养殖水面

指可用于水产养殖的水面面积。来源于农业农村部门。数据填入对应年份。如果有分年数据，则分年填报。

38. 可养殖湖泊水面

指可用于水产养殖的湖泊水面面积。来源于农业农村部门。数据填入对应年份。如果有分年数据，则分年填报。

39. 可养殖水库水面

指可用于水产养殖的水库水面面积。来源于农业农村部门。数据填入对应年份。如果有分年数据，则分年填报。

40. 可养殖坑塘水面

指可用于水产养殖的坑塘水面面积。来源于农业农村部门。数据填入对应年份。如果有分年数据，则分年填报。

41. 可养殖沿海滩涂面积

指可用于水产养殖的沿海滩涂面积。来源于农业农村部门。数据填入对应年份。如果有分年数据，则分年填报。

42. 可养殖浅海面积

指可用于水产养殖的浅海面积。来源于农业农村部门。数据填入对应年份。如果有分年数据，则分年填报。

43. 土地退化总面积

是指土地受到人为因素或自然因素或人为、自然综合因素的干扰、破坏而改变土地原有的内部结构、理化性状，土地环境日趋恶劣，逐步减少或失去该土地原先所具有的综合生产潜力的土地面积。包括沙化土地、水蚀土地、盐碱化土地、污染土地等。数据来源于林草局。数据填入对应年份。如果有分年数据，则分年填报。

44. 土地沙化面积

指由于干旱风蚀而发生退化的土地面积。数据来源于林草局。数据填入对应年份。如果有分年数据，则分年填报。

45. 已治理土地沙化面积

指通过各项治理措施得到有效治理的沙化土地面积。数据来源于林草局。数据填入对应年份。如果有分年数据，则分年填报。

46. 石漠化土地面积

指由于水土流失，原有土壤覆盖的土地成为岩石裸露的土地面积。数据来源于林草局与水利部门。数据填入对应年份。如果有分年数据，则分年填报。

47. 已治理石漠化土地面积

指通过各项治理措施得到有效治理的石漠化土地面积。数据来源于林草局与水利部门。数据填入对应年份。如果有分年数据，则分年填报。

48. 土地盐渍化面积

指由于不合理灌溉，以及其他原因造成土壤盐碱化的土地面积。数据来源于农业农村与水利部门。数据填入对应年份。如果有分年数据，则分年填报。

49. 已治理土地盐渍化面积

指通过各项措施得到有效治理的土地盐渍化面积。数据来源于农业农村与水利部门。数据填入对应年份。如果有分年数据，则分年填报。

50. "三化"草原面积

指退化、沙化、盐碱化草原面积。数据来源于林草局。数据填入对应年份。如果有分年数据，则分年填报。

51. 已治理"三化"草原面积

指已治理退化、沙化、盐碱化草原面积。数据来源于林草局。数据填入对应年份。如果有分年数据，则分年填报。

52. 草原综合植被盖度

指某一区域各主要草地类型的植被盖度与其所占面积比重的加权平均值。草原牧业县（市）填此项。数据来源于林草局。

旗县一级草原综合植被盖度测算：将全县按不同类型划分监测区域，每个监测区域设置3~5个监测样地，样地内设置3~5个草地样方，于生长盛期测定草原植被盖度，同一区域的盖度平均值代表这个区域的盖度。其中，按面积比重赋予各区域权重。各区域盖度值加权求和得到全县草原综合植被盖度。

53. 农业部门耕地质量分等面积合计

是指开展分等定级耕地总面积，即县域耕地总面积。数据来源于农业农村部门（土肥站）。因农业农村部门开展的全国耕地质量等级工作基于第二次全国土地资源调查之前的全国18.26亿亩耕地，所以分等耕地面积合计数与自然资源部门的第二次土地调查数据不一致。

54. 一等地至十等地面积

是指农业部门耕地质量各等级面积。数据来源于农业农村部门（土肥站）。数据填入对应年份。

55. 土壤有机质样本数

县（市）土肥站开展测土配方施肥工作中土壤有机质分析采样样本个数（只包括

纳入县市土壤有机质平均值计算的有效采样样本数）。数据来源于农业农村部门（土肥站），分年填报。

56. 土壤有机质平均值

根据测土配方施肥工作中土壤有机质各采样点土壤有机质分析结果，按农业农村部统一要求计算得到的全县土壤有机质平均值。数据来源于农业农村部门（土肥站），分年填报。

57. 土壤全氮样本数

说明同土壤有机质。

58. 土壤全氮平均值

说明同土壤有机质。

59. 土壤有效磷样本数

说明同土壤有机质。

60. 土壤有效磷平均值

说明同土壤有机质。

61. 土壤速效钾样本数

说明同土壤有机质。

62. 土壤速效钾平均值

说明同土壤有机质。

63. 土壤 pH 值样本数

说明同土壤有机质。

64. 土壤 pH 值

说明同土壤有机质。

65. 耕地污染面积

数据来源于生态环保部门。数据填入对应年份。如果有分年数据，则分年填报。

66. 重金属污染农田面积

数据来源于生态环保部门。数据填入对应年份。如果有分年数据，则分年填报。

67. 地下水严重漏斗区农田面积

数据来源于水利与农业农村部门。数据填入对应年份。如果有分年数据，则分年填报。

## 第二节　农业水资源台账制度建设研究

### 一、引言

#### （一）立项依据

"水利是农业的命脉"，水与农业的发展休戚相关。水资源作为农业资源的重要组成部分,是发展农业生产、实现农业现代化的物质基础,水资源的绿色利用是农业绿色发展和区域平衡协调发展的重要保障。但目前,农业水资源数据管理分散、底数不清,对农业水资源的科学利用和决策产生重要影响。

党的十九大报告提出"设立国有自然资源资产管理和自然生态监管机构,完善生态环境管理制度"。《生态文明体制改革总体方案》对我国资源管理提出明确的时间表、路径图,就是到 2020 年,我国要"构建归属清晰、权责明确、监管有效的自然资源资产产权制度"。2015 年 1 月,习近平主席在云南考察时指出,"要把生态环境保护放在更加突出位置,像保护眼睛一样保护生态环境,像对待生命一样对待生态环境。在生态环境保护上一定要算大账、算长远账、算整体账、算综合账"。这就要求弄清包括农业用水在内的水资源底数,使我国农业水资源保护与利用工作规范化、制度化。2016 年 8 月 19 日,农业农村部联合国家发展改革委、科技部、财政部、国土资源部、环境保护部、水利部、国家林业局制定的《国家农业可持续发展试验示范区建设方案》(农计发〔2016〕88 号)中正式提出农业资源台账制度,并制定到 2020 年基本建立重要农业资源台账制度。水资源自身的可再生性、随机性、流动性,使得水资源资产负债表的编制与其他自然资源有所不同,研究农业水资源台账制度,是摸清我国农业水资源底数、评价农业水资源资源稀缺程度和利用效率、构建完善农业水资源监测体系、监测农业水资源变化的需要,具有重要的理论和现实意义。

(二)研究目标与主要内容

1. 研究目标

一是在研究农业水资源台账制度基本理论的基础上,梳理农业水资源台账制度框架,系统掌握我国农业水资源的种类、数量、质量、时空分布及其动态;二是在建立台账的基础上,完善农业水资源监测评价与管理制度。

2. 研究主要内容

农业水资源台账制度的必要性。从生态文明建设、自然资源资产化管理、绿色 GDP 和农业发展的角度研究建立农业水资源台账制度的必要性。

农业水资源台账制度的可行性。从理论和现实角度,包括技术层面、数据层面等研究建立农业水资源台账的可行性。

农业水资源台账制度基本理论研究。包括农业水资源台账制度内涵、农业水资源台账制度的效应、典型国家或地区农业水资源台账的做法和启示、我国农业水资源台账制度建设存在的问题和经验等,为农业水资源台账制度建设提供理论基础。

农业水资源台账制度框架。主要包括农业水资源台账制度建设的总体思路、基本原则、建设目标和主要任务,确立农业水资源台账框架,包括数据清单、来源、格式,规范农业水资源台账登记制度,实施农业水资源台账分级建设等。

农业水资源台账制度建设建议。针对农业水资源台账制度建设存在问题,提出合理化建议。

3. 研究方法与实施方案

(1)研究方法 本研究采用理论研究与实践相结合的方式进行。在理论研究方面,综合分析国内外相关文献,研究其进展和发展趋势。实践方面,选择典型的省市县和相关部委进行调研,了解农业水资源相关数据产生和赋存情况,结合现代农业发展的需要,确立数据清单;充分利用地理信息系统、农业遥感监测、水资源自动监测系统、互联网大数据、物联网等先进技术,摸清我国农业水资源底数;研究制定水资源承载力、和利用效率指标体系和技术方法;充分利用专家智慧,及时征求专家意见,不断完善成果。

(2) 实施方案

前期研究准备阶段(2017年1—2月):完善研究提纲、研究内容,开展必要性和可行性研究等工作。

调查研究阶段(2017年3—4月):开展农业水资源台账制度理论研究和实践调研等工作。

征询意见阶段(2017年5—10月):开展农业水资源台账框架研究,召开专家咨询会等工作。

制度创设建议研究阶段(2017年11月):开展农业水资源台账制度建设建议研究等工作。

汇总报告阶段(2017年12月):开展农业水资源台账制度成果验收、总报告编写等工作。

## 二、农业水资源台账制度的必要性

随着我国人口增长和经济高质量发展,水资源危机日益突出,水量分配争议不断升级,全面改革我国水资源管理体制已势在必行。党的十九大明确提出,我国要推进资源全面节约和循环利用,实施国家节水行动,推动绿色发展;要设立国有自然资源资产管理和自然生态监管机构,完善生态环境管理制度,建设生态文明。这表明,我国对更准确的、持续的水资源信息的需求正逐渐增长,并转化为高质量、可及性、共享性数据。这种需求在农业生产活动中更加明显,掌握水资源底数和动态变化,能有效保障国家粮食安全和水安全。在这种情况下,运用会计记账方式标准化收集、记录、处理我们珍贵水资源的工作,是建设人与自然和谐共生的现代化农业的必然要求。

**(一) 水资源永续利用是水生态文明的重要内容**

习近平同志在党的十九大报告中指出,要加快生态文明体制改革,建设美丽中国,并把"坚持人与自然和谐共生"作为新时代坚持和发展中国特色社会主义的基本方略之一,充分体现了社会主义生态文明观的新境界。党的十八届三中全会提出,建立系统完整的生态文明制度体系,健全自然资源资产产权制度和用途管制制度,将成为我国今后10年全面改革的重要内容。《生态文明体制改革总体方案》对我国资源管理提出明确的时间表、路径图,即到2020年,我国要"构建归属清晰、权责明确、监管有效的自然资源资产产权制度"。为贯彻以上战略部署,国务院编制发布了《编制自然资源资产负债表试点方案》，努力摸清自然资源资产的家底及其变动情况，为推进生态文明建设、有效保护和永续利用自然资源提供信息基础、监测预警和决策支持。水资源是生态环境系统最活跃，影响最广泛的自然资源之一。

农业水资源台账制度的建立和完善，是农业自然资源台账的重要部分，将有力配合中央生态文明整体战略部署，促进编制自然资源资产负债工作的深入推进，为科学管理、利用农业自然资源提供有力支撑。

（二）水资源资产化管理是未来水资源管理的趋势

无论是水资源丰富还是水资源短缺的国家，都把水资源持续利用作为经济社会发展必不可少的前提条件。目前，水资源数量和质量安全已对人类经济社会的可持续发展构成了巨大威胁，迫使人类对水资源价值观、利用和管理方式进行反思。许多国家都有比较完善的水市场，并都把水资源作为一种资产，实行资产化管理（或有偿使用水资源）。目前，美国、澳大利亚、欧盟等20多个国家和地区都在不断探索水资源环境核算体系，以完善本国的水资源管理体系。按照我国《生态文明体制改革总体方案》要求，健全国家自然资源资产管理体制，完善资源总量管理和全面节约制度，划定粮食生产功能区和重要农产品生产保护区，开展农业水价综合改革，逐步建立农业灌溉用水总量控制和定额管理制度。这一系列改革任务需要大量及时、准确的农业水资源数据支持，对农业水资源的管理和利用提出了新的要求，迫切需要推动完善农业水资源监测体系，建立农业水资源台账制度。

（三）水资源经济核算是资源环境综合账的必要子账户

习近平总书记要求发展经济要算资源环境综合账，多次讲话强调自然资源要纳入经济核算和政府考核，既要创造更多物质财富和精神财富以满足人民日益增长的美好生活需要，也要提供更多优质生态产品以满足人民日益增长的优美生态环境需要。2015年1月，习近平总书记在云南考察时指出，"要把生态环境保护放在更加突出位置，像保护眼睛一样保护生态环境，像对待生命一样对待生态环境。在生态环境保护上一定要算大账、算长远账、算整体账、算综合账。经济要发展，但不能以破坏生态环境为代价。生态环境保护是一个长期任务，要久久为功"。2015年10月，习近平总书记在党的十八届五中全会上指出，"必须加快推动生产方式绿色化，构建科技含量高、资源消耗低、环境污染少的产业结构和生产方式，大幅提高经济绿色化程度，加快发展绿色产业，形成经济社会发展新的增长点。必须加快推动生活方式绿色化，实现生活方式和消费模式向勤俭节约、绿色低碳、文明健康的方向转变，力戒奢侈浪费和不合理消费"。人与自然是命运共同体，要建立健全绿色低碳循环发展的经济体系，推动形成人与自然和谐发展现代化建设格局，不能以GDP增长率论英雄，算好资源环境综合账至关重要，水资源核算是其中重要的一环。

（四）建设现代农业对水资源环境工作提出了新要求

"十三五"是全面建成小康社会的决胜期，是加快推进农业现代化的关键期。习近平总书记多次强调，农业的根本出路在于现代化；没有农业的现代化，国家的现代化是不全面、不完整、不牢固的。新时期我国农业发展方式正向数量效益并重、注重提高竞争力、注重农业技术创新、注重可持续的集约发展上转变，要走产出高效、产品安全、资源节约、环境友好的现代农业发展道路。但水资源紧张和水污染加剧，已成为现代农业发展的短板，加强水环境监测是优质、绿色现代农业发展的源头和基础。这就迫切需要建立农业水资源台账制度，实现数据共建共享，全面掌握水资源底数，用真实可靠的水资源数据，客观评价农业农村经济发展，提高农业资源监测预警能力，推动农业技术研究和产业创新。

当前我国农业现代化已进入全面推进、重点突破、梯次实现的新阶段，面对水资源短缺、地下水超采、水污染严重、水资源利用率偏低等问题，坚定树立生态文明理念，顺应资源资产化管理趋势，建立水资源台账制度，完善水资源监测管理成为政府的必要职能，算清资源环境综合账，推动绿色高效、可持续的现代农业更加急迫。

### 三、农业水资源台账制度的可行性

**（一）政府介入和推动为水资源台账制度提供了助燃剂**

一直以来，国家高度重视资源资产化管理，已出台很多政策文件，为水资源台账制度建设提供了极佳的政策环境。1996年1月，由水利部、国有资产管理局颁发的《水利国有资产监督管理暂行办法》在全国首次将资源性资产纳入了国有资产监管范围。2007年7月，水利部和国家统计局在《关于水资源核算体系研究项目任务书的批复》中提出开展流域和区域的水资源核算试点工作。这一系列文件的出台表明国家高度重视水资源存量、水资源使用量监测和水资源利用效率评价等工作，为水资源台账制度的建设提供了助燃和催化作用。

**（二）国内水资源统计为水资源台账制度提供了基础**

在全国层面，我国已进行了一次全国水利普查和两次全国水资源及其开发利用调查评价。一方面，普查和评价的统计指标为水资源台账的设立提供了重要参考；另一方面，统计数据为农业水资源台账提供了部分数据来源。在地区层面，部分省市（地区）的水资源核算工作已经相对深入，有相对完善的供用水统计表格，并进行了一系列的调查和考核，如上海、山东和北京等地。以上海市为例，2010年1月，上海市水务局为全面掌握该市的取水、供水、用水、节水的基本情况，用16张调查表主要调查了各用水单位的用水量，按用途（居民生活用水、非工业用水、工业用水、其他用水和外售水量）和水来源（地表水、地下水、土壤水）进行了细分。在全国和地区层面的水资源统计实践为农业水资源台账设计、制度建设和台账数据提供了原始参考。

**（三）国际水资源核算为农业水资源台账提供了借鉴**

2007年，联合国统计署正式通过了水资源环境经济核算体系（SEEAW），提供了一个记录水资源供、用、耗、排的标准信息平台，并于2012年进行了完善。该体系框架详细记录了水资源存量以及这些存量由于自然原因（如入流、出流和降水）、以及人类活动（如取水和回归水）所发生的变化。这与我国水资源台账的建设不谋而合，关注水资源的静态存量和动态流量情况。事实上，世界上水资源比较丰富的国家（无论是发达国家还是发展中国家），都对水资源实行了资产化管理（或有偿使用自然资源）。资产化管理的第一步就是实物量统计，这为我国农业水资源台账制度建设提供了丰富的借鉴经验。

**（四）人力资源充足为水资源台账制度实施提供动力**

在我国，各级水利部门和从事水资源科研、教学、勘探、设计、行政管理的人员以及在水资源行业工作的工人众多，为实行水资源台账制度建设提供了一支庞大的人力队伍。而且，经过多年生产实践，他们熟悉水资源管理的各项业务，在水资源生产利用效率、水资源配置、水资源安全、水环境安全和社会经济增长等方面不断探索，为农业水资源台账制度提供了创新动力。

**（五）先进科学技术为水资源数据监测和共享提供支撑**

现代科学技术正加速发展，并呈现整体化趋势。地理信息系统、遥感等技术在地球系统科学、资源与环境科学以及农业、林业、水文领域，发挥着越来越大的作用。地理信息系统、遥感等先进技术将为水资源数据更新和水资源动态监测提供技术支撑，以研究分析农业资源变化及利用效率，评估农业资源开发利用成效、问题和预测未来发展趋势。大数据、云计算、物联网等先进技术具有强大的信息交互、综合检索、态势标绘、查询、分析等功能，并且已经广泛应用于社会管理的各个方面，将为建立农业水资源数据远程汇交系统和数据共享平台提供有力支撑，为水资源安全、水环境问题提供科学处理依据。

## 四、农业水资源台账制度基本理论研究

**（一）农业水资源台账内涵及效应**

农业水资源台账是农业水资源台账制度建设的基础，以农业用水为主要研究对象，针对水资源本身以及涉及水资源利用等活动进行综合记录，通过资源清单和建立标准化信息平台的形式，系统量化反映农业水资源数量、质量、时空分布和水资源利用、节约等动态变化情况，以反映农业生产活动对水资源的影响作用。

农业水资源台账制度是农业资源台账制度的一部分，围绕水资源台账而设立的管理制度总称，包括建立水资源数据和共享中心、水资源监测体系、水资源评价预警和报告制度。

建立农业水资源台账制度将为农业用水管理带来"正向+"的效应。第一，农水台账提供了一份农业水资源清单。农业水资源台账数据清单，包括水资源数量、水资源质量和水资源利用3个指标类别，下设65个二级指标，涵盖了分来源、分用途的供水量、用水量、水质情况，分作物用水量以及农业灌溉面积、灌溉水有效利用系数等指标。将各级各地区的水资源总量、水资源质量、水资源利用等方面进行了确切统计，有利于摸清农业水资源底数。第二，农业水资源台账提供了农业用

水规范化数据监测系统。农业水资源台账清单为各级各部门调查的范围、对象提供了口径统一、连贯的标准,有效规范了水资源利用数据监测工作。第三,农业水资源台账为水权制度建设和农业水价综合改革提供助推力。掌握区域用水资源数量和质量、水资源评价及水环境预警对区域水权权责明晰、水价综合改革产生重要影响,对水资源资产化管理起到助推效应。第四,有助于提高经济绿色发展。农业水资源台账制度将协调产业发展,对水资源生态环境和农业用水质量起到监测作用,为实现生态环境质量的整体改善,提高农业绿色发展水平,保护绿水青山带来正向监督效应。

**(二) 典型国家或地区农业水资源台账的做法和启示**

在全球推行可持续发展理念的大背景下,考虑到自然资源在国民经济中的关键作用,自然资源核算应运而生。自然资源实物核算是自然资源核算体系基础环节,水资源作为一种重要的自然资源,水资源实物核算出现在国际学者和政府研究中。联合国单独就水资源的核算颁布了水环境经济核算体系(SEEA for Water - 2012,简称SEEAW2012),它实现了水核算概念和方法的标准化,该体系所提供的概念框架不仅有助于经济和水文信息的组织,还可有助于按照一致方式分析水在经济中的贡献以及经济对水资源的影响。

美国、澳大利亚、加拿大和欧盟等国家和地区也非常重视农业资源的监测管理工作,其中最重要的一部分就是水资源的调查和监测,为农业决策、生产管理等提供水资源信息支撑和科学依据。

1. 美国:国家资源清单调查项目

美国农业水资源调查依托于美国国家资源清单调查项目(National Resources Inventory Survey Program,简称NRI Survey Program),该项目对美国非联邦用地(包括私人土地、部落、信托土地、州或地方政府持有的土地)的土地利用及土地上的自然资源(包括土壤、水等其他资源)情况、发展趋势进行调查。NRI调查由美国农业部自然资源保护服务局(Natural Resources Conservation Service,简称NRCS)负责,由爱荷华州立大学调查统计与方法研究中心提供技术支持,美国财政给予经费支持。美国国家资源调查历史悠久,大致经历了3个阶段。第一阶段:1976年以前,重点调查土壤资源。NRI的前身是1956年实施的旨在研究小流域范围内土地利用和水土保持问题的土壤保持需求清单,并首次采用了统计学的取样方法在全国尺度上搜集自然资源的现场勘测数据。第二阶段:1977—1999年,国家资源清单(NRI)调查正式开展,5年一次,分别在1977年、1982年、1987年、1992年和1997年实施调查,专题调查同步展开。第三阶段是2000年至今,开始国家资源清单年度调查,提供了丰富有效的即时信息。NRI不仅记录了包括水资源在内的自然资源变化趋势,也提供了对实施资源保护措施后所获成果的评价。

2. 澳大利亚:多部门统计

澳大利亚统计局、气象局和农业与水资源部均对水资源进行了调查统计工作,但各有侧重。澳大利亚统计局（ABS）按照环境经济核算制度（SEEA）编制了水核算实物流量和货币投入账户，主要展示的是澳大利亚的水资源实际供给情况及各级州、政府的农业、经济、工业、住户用水情况等。农业用水账户设计了8个子账户，分别是：分地区农业产业水资源消耗量、农业产业水资源消耗量、不同地区耗水量（按水资源类型分类）、不同地区农业用水量（按水来源分类）、不同地区分作物灌溉农业生产总值、不同地区分作物农业耗水量、不同农作物种类水资源消耗（按水资源类型分类）、不同地区农业灌溉面积（按作物种类分）。ABS从1993年起开始发布澳大利亚水账户报告（表35），从2008年起发布年度报告，主要包括食物供水和用水，货币供水和用水，供水、排污河排水，农田灌溉用水和土壤水分实验估计等内容。

表35 澳大利亚水资源账户发布统计

| 序号 | 澳大利亚水账户报告 |
| --- | --- |
| 1 | Water Account for Australia 1993-94 to 1996-97 |
| 2 | Water Account, Australia 2000-01 |
| 3 | Water Account, Australia 2004-05 |
| 4 | Water Account, Australia 2008-09 |
| 5 | Water Account, Australia 2009-10 |
| 6 | Water Account, Australia 2010-11 |
| 7 | Water Account, Australia 2011-12 |
| 8 | Water Account, Australia 2012-13 |
| 9 | Water Account, Australia 2013-14 |
| 10 | Water Account, Australia 2014-15 |
| 11 | Water Account, Australia 2015-16 |

数据来源：澳大利亚统计局 http://www.abs.gov.au/

澳大利亚气象局（BOM）的水资源数据清单通过专家组草案—外部审查—修订—添加子类别四步骤进行，并且明确规定了水资源数据的格式要求。主要发布的是水资产账户，涵盖了水供给、水资源利用和水质情况等的综合体账户，出台年度水评估报告、国家水账户报告和蓄水系统报告，并通过水资源评估模型评估全国的水资源。此外，澳大利亚气象局对网站大部门内容进行了共享许可，以便政府和科研工作者对水资源状况进行在线查询。

澳大利亚农业与水资源部下属的农业、资源经济与科学局（Australian Bureau of Agricultural and Resource Economics and Sciences）[①] 从国家水事委员会、气象局、水务机构和环境能源部收集了大量农业资源数据，建立了澳大利亚自然资源数据库（Aus-

---

① 网址：http://www.agriculture.gov.au/abares/

tralian Natural Resources Data Library)①，涵盖土地、水资源、气候、森林等农业自然资源的详细信息。同时，农业和水资源司，根据获取的数据，发布澳大利亚水市场报告，旨在向市场参与者、监管机构、决策者、研究人员和其他有关方面通报澳大利亚的水市场活动。

3. 加拿大：农业用水调查

加拿大通常被认为是一个水资源丰富的国家，境内河流湖泊星罗棋布，淡水资源占全球总量的20%，人均拥有水资源量位居世界前列。但加拿大的水资源空间分布和人口分布极不平衡，60%的淡水资源分布在北部，而90%的人口分布却集中在与美国接壤的边界300千米以内的南部狭长地带。正是由于这种极度不平衡现象，加拿大联邦政府实施多部门水资源管理体制，各部门根据授权承担一定的水资源管理职能，联邦政府负责水资源的综合管理。水资源管理职能主要由环境部、渔业与海洋部、农业部等部门承担。在加拿大，农业部门是耗水大户，每年用水量达达45亿立方米，其中的85%用于灌溉，尤其是在加拿大西部；其余约15%的农业用水则是用于畜牧业。

加拿大农业用水调查是环境可持续性指标方案的一部分，采用调查问卷的方式，调查的对象是加拿大的灌溉农场，采用横断面分层抽样方法，在全国选取若干个单位样本；调查框架包括了农业普查的部分信息和Ontario省用于环境用水的水资源许可清单。2007年进行了农业用水试点调查，2010年起每两年实施一次农业用水调查，主要收集加拿大农场生产季（4月1日至10月31日）的灌溉用水、灌溉方法和做法以及农业用水来源和水质的资料，并形成农业用水调查报告在国家统计局网站公布。调查估计结果储存在加拿大统计局的社会经济数据库（CANSIM）中。

4. 欧盟：农业生产方法调查

以可持续发展为目标的农业资源监测在欧洲各国广泛开展，法国、德国、意大利等欧盟主要成员国都利用遥感和GIS技术开展农业资源监测，服务农业生产管理与决策。1988年开始，利用遥感技术监测欧盟各成员国农业资源变化情况。2006年选取27万多个样点，采用实地调查与遥感结合的技术路线，监测欧盟成员国农业资源，调查每3年开展一次。最新一次调查在2015年，调查了28个成员国的27万多个样点，获得了丰富的农业资源信息。同时，在欧盟联合研究中心设立数据中心，负责农业资源监测业务实施、数据汇总分析、监测评估报告准备与数据共享服务等。

农业—环境指标（AEIS）将环境问题纳入欧盟各个国家和地区的共同农业政策。关于水资源数量和质量数据主要来自欧盟统计局（Eurostat）、欧盟联合研究中心（JRC）和欧盟环境署（EEA）。农业用水在欧盟占很大比重，农业水资源调查的主要内容是灌溉用水。2010年，欧盟进行了农业生产方法调查（SAPM），

---

① 网址：http://data.daff.gov.au/anrdl/php/anrdlSearch.html

收集了灌溉方法、作物类型灌溉面积、灌溉水量和水源等数据。欧盟成员国可以自主选择抽样调查或普查，提供用于灌溉的农业保有量的估计数（可能通过模型得到）。

农场结构调查（FSS）与 SAPM 联合进行。FSS 每隔 3 年或 4 年进行一次抽样调查，每 10 年进行一次普查，调查的基本对象是农户。保加利亚、捷克共和国、罗马尼亚、爱沙尼亚、法国、意大利、立陶宛、卢森堡、马耳他、荷兰、奥地利、葡萄牙和斯洛伐克进行了普查，比利时、丹麦、德国、爱尔兰、希腊、西班牙、塞浦路斯、拉脱维亚、匈牙利、波兰、斯洛文尼亚、芬兰、瑞典、联合王国、挪威、瑞士和克罗地亚进行了抽样调查，虽然各国的样本大小不同，但至少包含了 3%以上农户的情况，保证了调研的精度。欧盟农业水资源统计的特点是以共同立法为基础，成员国提供统一口径的数据，数据具有可比性。

总的来看，世界发达国家普遍将水资源调查工作作为农业资源调查统计工作的重要部分，各国实践亮点值得中国借鉴。一是单独设立调查项目。在大多数发达国家中，农业水资源调查依托于资源环境调查或农业资源调查中，能一定程度上避免条块分割带来的协调成本；但水资源调查有独立的资源调查清单，与其他调查项目重合度较低。二是开发数据收集系统。数据收集系统一般配有详细的调查方案、指标说明和系统使用说明，对基层部门业务不够熟练的统计人员非常适用；还有一个好处是，可以保证数据口径的一致性，用户不能随意增减或者篡改调查指标。发达国家都有专门的农业资源数据库，便于查阅信息，更好地服务决策者和研究者。三是建立数据共享机制。发达国家开放大部分农业资源数据库，并且会将获取的数据以信息图、统计表和报告的形式定期公布，提高了数据的共享性，更好地服务决策者和研究者。四是缩短调查周期。发达国家农业水资源统计周期有变短的趋势，一年一次或两年一次。一方面是由于调查技术进步和数据收集系统逐渐完善，大大缩短了数据收集时间；另一方面，随着市场化和全球化的深入不断加剧，农业市场分析对数据时效性要求较高，历史数据分析结果若与当前情况不符，容易得到误导性结果，影响政策的准确度。

（三）我国农业水资源台账制度建设实践

1. 农业水资源台账制度实践

涉及我国农业水资源统计的实践可以分为两类：一类是全面调查和分析，主要在农业资源区划调查中体现；另一类是专题调查，即指具体到水利部门的台账制度。

全国性的农业资源调查是 20 世纪 70—80 年代，当时，农业资源区划委员会为满足农业发展需要，组织全国性的农业资源调查，调查内容覆盖土地资源、水资源、气候资源、生物资源等（表 36），全面摸清了当时中国农业资源底数和分布情况。

1985 年以后，全国性的调查鲜有进行，且过去的农业资源区划工作，没有明确以台账的形式对农业资源进行统计。

## 第四章 国家重要农业资源台账的建设内容

表36 农业资源区划工作中农业资源统计情况

| 类别 | 项目 |
| --- | --- |
| 土地资源 | 重点地区土地资源调查与合理利用研究 |
|  | 全国性耕地资源利用研究 |
|  | 农用后备土地资源调查 |
|  | 第一次土地调查 |
|  | 第二次土壤普查 |
|  | 全国土地资源数量、质量评价和资源图编制 |
| 水资源 | 全国各地区水资源的综合评价 |
|  | 全国各地区水资源合理利用和供需平衡研究 |
|  | 中国水资源及其开发利用调查评价 |
| 气候资源 | 全国气候资源调查 |
|  | 亚热带东部丘陵山区农业气候资源及其合理利用研究 |
|  | 热带亚热带西部丘陵山区农业气候资源及其合理利用研究 |
|  | 农业气候资源评价与高效利用 |
| 生物资源 | 渔业资源调查 |
|  | 长白山野生经济植物资源调查 |
|  | 云南及周边地区农业生物资源调查 |
|  | 农业生物种质资源调查评价研究 |
| 生物质能源调查评价与综合利用研究 | |

注：根据《中国农业资源区划30年》整理

我国在2010年启动了第一次全国水利普查，首次明确使用台账制度，并出台了《第一次全国水利普查台账建设技术规定》，从台账的建立、组织分工、台账表建立、指标设定和获取、填表说明等方面进行了详细阐述。第一次水利普查对每一个台账的项目设置、调查方案都做了统一规定，共有3个主要台账（图12），灌区用水量台账表、工业建筑业与第三产业取用水量台账表和河湖取水口取水量台账表；四个辅助台账，分别是灌区取水辅助台账表、灌区用水辅助台账表、有水表计量用水户辅助台账表和无水表计量取水用户辅助台账表。

总的来看，中国农业水资源调查统计工作有悠久传统和实践经验，涵盖了全国层面的调查和针对局部地区的专题调查，推动了调查方法和信息技术的使用，收集了丰富的农业水资源数据。

2. 我国农业水资源台账制度存在的问题

我国农业水资源台账制度在2016年提出并探索建立，从历史经验和目前的实施情况来看，存在以下问题和挑战。

第一，缺乏统一细致的指导方案。目前涉及重要农业资源台账制度建设的文件仅有3个：《我国重要农业资源台账制度建设实施方案》《国家农业可持续发展试验示范

全国水利普查
China Census for Water

灌区取用水量台账表
2011 年

表　号：T 3 0 1 表
制定机关：水　利　部
国务院水利普查办公室
批准机关：国 家 统 计 局
批准文号：国 统 制 [2010] 181号
有效期至：2 0 1 2 年 8 月

| 1.灌区名称 | | | | | 2.编码（普查机构填写） | | | □□□□□□□□□□□ | | |
|---|---|---|---|---|---|---|---|---|---|---|
| 3.灌区地址 | ____省(自治区、直辖市) ____地(区、市、州、盟) ____县(区、市、旗) ____乡(镇) | | | | | | | 4.行政区划代码（普查机构填写） | | □□□□□□ |
| 月份 | 5.取水量（万 m³） | | | | | | 6.用水量（万 m³） | | | |
| | 5.1渠系引入县内灌区水 | 5.2当地水库、塘坝水 | 5.3当地河流湖泊水 | 5.4地下水 | 5.5其他水 | 5.6合计 | 6.1耕地灌溉用水 | 6.2非耕地灌溉用水 | 6.3非农业用水 | 6.4合计 |
| 1 | | | | | | | | | | |
| 2 | | | | | | | | | | |
| 3 | | | | | | | | | | |
| 4 | | | | | | | | | | |

全国水利普查
China Census for Water

工业、建筑业与第三产业
取用水量台账表
2011年

表　号：T 3 0 2 表
制定机关：水　利　部
国务院水利普查办公室
批准机关：国 家 统 计 局
批准文号：国 统 制 [2010] 181号
有效期至：2 0 1 2 年 8 月

| 1.县区名称 | ____省(自治区、直辖市)____地(区、市、州、盟)____县(区、市、旗) | | | | | | | | | | 2.行政区划代码（普查机构填写） | | | □□□□□□ | |
|---|---|---|---|---|---|---|---|---|---|---|---|---|---|---|---|
| 3.单位名称 | | | | | | | | 4.编码（普查机构填写） | | | □□□□□□□□□□□□□ | | | | |
| 月份 | 5.自来水利用量（万m³） | 6.直接利用水库水量（万m³） | | 7.直接利用河流湖泊水量（万m³） | | 8.直接利用地下水量（万m³） | | 9.利用周边单位的水量（万m³） | 10.再生水利用量（万m³） | 11.海水淡化利用量（万m³） | 12.雨水集蓄利用量（万m³） | 13.海水直接利用量（万m³） | 14.合计（万m³） | | 备注 |
| | | 6.1 取水量 | 6.2 用水量 | 7.1 取水量 | 7.2 用水量 | 8.1 取水量 | 8.2 用水量 | | | | | | 14.1 取水量 | 14.2 用水量 | |
| 1 | | | | | | | | | | | | | | | |
| 2 | | | | | | | | | | | | | | | |
| 3 | | | | | | | | | | | | | | | |

全国水利普查
China Census for Water

河湖取水口取水量台账表
2011 年

表　号：T 4 0 1 表
制定机关：水　利　部
国务院水利普查办公室
批准机关：国 家 统 计 局
批准文号：国 统 制 [2010] 181号
有效期至：2 0 1 2 年 8 月

1.取水口名称________　2.取水口编码：□□□□□□□　3.河湖（水库）名称________

4.取水口所在行政区划 ________县(市、区、旗)________乡（镇）________行政村

5.行政区划代码 □□□□□□-□□□-□□□　6.管理单位名称________

| 7.取水量确定方法 | 8.逐月数据 | | | | | | | | | | | | | | 9.年取水量(万m³) |
|---|---|---|---|---|---|---|---|---|---|---|---|---|---|---|---|
| | 项目 | 一月 | 二月 | 三月 | 四月 | 五月 | 六月 | 七月 | 八月 | 九月 | 十月 | 十一月 | 十二月 | 合计 | |
| □计量法或断面流量估算法 | 取水量（万m³） | | | | | | | | | | | | | — | |
| □用电量法 | 用电量（kW·h） | | | | | | | | | | | | | | |
| | | 单位用电量的取水量：________m³/kW·h | | | | | | | | | | | | | |
| □耗油量法 | 耗油量（L） | | | | | | | | | | | | | | |
| | | 单位耗油量的取水量：________m³/L | | | | | | | | | | | | | |

注：行政区划代码、取水口编码均由普查机构填写。年取水量保留 3 位小数。

**图 12　第一次全国水利普查台账主表**

区建设方案》、(农计发〔2016〕88号)、《第一次全国水利普查台账建设技术规定》。其中,针对水资源台账仅有1个。由于农业水资源的可再生、流动特性,水资源区域管辖等问题缺乏相关指标的界定和统一设置、缺乏对统计技术的细致规范,从而会造成台账制度实践过程中的混乱,影响数据调查的准确性,增加数据汇总的难度,阻碍农业水资源台账的建立。

第二,基层统计工作落后于国家。主要原因在于,一方面,地方农业水资源统计项目的设置较少且地区间统计指标不统一,或没有重视水资源的分布、利用和保护情况。另一方面,地方统计机构缺乏规范的农业水资源数量、质量、利用和保护情况动态观测点和观测网,技术落后,且缺乏连续性,难以提供真实可靠的统计信息。

第三,缺乏常规化调查的制度保障。中国在20世纪80年代进行全国性农业资源调查之后,大多以区域性专题调查的形式进行数据更新工作,但农业水资源调查鲜有进行,以致农业水资源数据陈旧落后,难以满足现代农业绿色发展的需求。所以,常规化的农业水资源调查统计工作非常必要。

### 五、农业水资源台账制度框架

**(一) 总体思路**

全面贯彻党的十九大报告精神,深入贯彻习近平总书记系列重要讲话精神,认真落实党中央、国务院的决策部署,增强绿水青山就是金山银山的意识,坚持节约资源和保护环境的基本国策,树立绿色发展理念和节约集约循环利用农业资源观,以摸清农业水资源底数、构建农业水资源台账制度为目标,以数据采集、资源监测为基础,建立农业水资源监测体系,搭建数据共享平台,开展农业水资源科学评价,定期发布国家农业水资源报告,形成水资源高效利用、水生态系统稳定、水环境清洁的绿色水安全格局。

**(二) 基本原则**

1. 规范标准,分级建设

由农业农村部制定农业水资源台账标准(可根据本地区实际细化),统一数据收集口径;设立统一的数据收集汇总系统,确定国家、省、市、县四级数据汇总平台,保证各地数据量级一致、结构统一。为各级政府农业资源监测、评价、宏观决策服务,同时,为国家台账制度建设提供实时农业资源监测数据。

2. 动态更新,科学评价

充分利用国家现有的资源与环境监测体系,采用遥感、大数据、云计算等先进技术,建立健全农业水资源存量、质量及其利用动态变化等方面的监测体系,实时更新农业水资源变化数据,构建农业水资源评价指标体系和数学模型,科学分配和评价水资源。

3. 开放共享,业务化运行

充分利用国家重要农业资源数据平台,建立农业水资源数据中心,建立地区间、农业与社会经济活动之间水资源数据共享和交换机制；立足农业、面向各个行业，为涉农水活动提供数据支持服务，充分利用农业水资源数据并出具分析评估报告，实现业务化运行。

4. 试点先行，持续推进

坚持试点先行与全面推进相结合，在国家农业可持续发展试验示范区、国家现代农业示范区、国家重要农业资源台账试点开展先行先试，率先建立农业水资源台账，摸索总结经验，逐步向全国各省、市、县推进。

（三）建设目标

构建数据采集标准化系统和协调机制，搭建农业水资源大数据平台，实现数据共享；建立健全农业水资源监测体系，实现国家农业水资源数据及时更新；制定统一规范的农业水资源评价方法，绘制农业水资源空间分布变化图；形成一整套水资源台账制度管理办法，服务于农业绿色发展。

到 2020 年，国家、省、市、县四级重要农业水资源监测体系基本建立，农业水资源底数清晰，农业水资源数据中心实现业务化运行，全国农业水资源台账制度基本形成。为农业水资源合理利用和承载力评价提供数据基础，为农业水资源重大项目监管提供手段，为科学研究提供数据支撑，促进农业绿色可持续发展和农业现代化建设。

（四）主要任务

1. 建立各级农业水资源台账和数据交换共享机制

根据国家重要农业资源台账制度要求，建立农业水资源数量、质量、利用数据清单和细致统一的数据格式标准；规范水资源收集平台建设，协调自然资源、水利、气象、统计等有关部门，建立国家、省、市、县四级农业水资源数据中心或远程汇交系统；建立国家农业水资源共享大数据库，与其他重要农业资源数据一起，实现农业资源数据共建共享，与全球农业调查分析系统的互联互通。

2. 建设农业水资源监测体系

充分利用数据共享制度和现代科技手段，建立健全农业水资源监测体系。根据"试点先行，持续推进"的原则，确定国家、省、市、县四级监测点，系统收集农业水资源开发利用动态监测数据；结合相关部门的水资源数据和农业水资源专题调查，实现对我国水资源供给、使用的动态监测，支撑农业水资源数据实时更新。

3. 建立国家重要农业资源台账制度体系

协调自然资源部、气象局、统计局等部门，建立农业水资源数据采集与共享制度、农业水资源台账管理制度、农业水资源报告发布制度和农业水资源综合评价预警管理制度，制定农业资源数据采集、监测和评价标准规范，全面提升农业水资源综合管理能力。

4. 定期发布农业水资源评价和报告

研究制定农业水资源评价指标体系和数学模型，分析评价水资源利用方式、利用效率以及存在的问题，预测未来水资源变化趋势，定期发布农业水资源报告和农业水资源承载力预警报告。

农业水资源报告。分级编制农业水资源报告或专题报告，包括农业水资源数量与质量、利用方式、利用效率及其与农业结构调整、农业水价综合改革、高效节水农业等措施的相互影响、水资源安全等内容。

农业水资源承载力预警报告。编制全国或区域性的农业水资源承载力预警报告，包括区域水资源开发能力、地下水超采、灌溉水有效利用及其与农业绿色可持续发展之间平衡关系的预测、预警提醒和限制性措施建议等内容。

5. 制作农业用水空间分布图

利用县级监测数据，制作水资源现状、利用效率空间分布图，为农业生产、资源环境承载力预警提供数据支撑。

（五）农业水资源台账框架

1. 规范农业水资源台账

（1）统一农业水资源数据清单　农业水资源数据清单根据内容的不同分为3个子账户。第一，水资源总量账户，主要包括水资源总量、降水量、地表水资源量、地下水资源量、地表水与地下水重复量等指标。第二，水资源质量账户。水体质量是水资源的重要指标，决定了水资源的价值和功能，为水环境保护和污染源管理及污水治理提供依据，用河流水质达标率来衡量。主要包括评价河流长及Ⅰ类、Ⅱ类、Ⅲ类、Ⅳ类、Ⅴ类、劣Ⅴ类水质百分比指标。第三，水资源利用账户。主要包括农业供用水量、农业灌溉供用水量、农业用水功能区总个数、农业用水功能区中达到Ⅴ类以上水质个数、农村生活污水集中处理村、灌溉面积、水肥一体化耕地面积、农业水价综合改革推广耕地面积、农田灌溉水有效利用系数、大中小型灌区和纯井灌区灌溉水有效利用系数、农业结构调整节水量等指标（表37）。

表37　农业水资源台账数据清单

| 指标类别 | 序号 | 指标名称 | 单位 |
| --- | --- | --- | --- |
| 水资源数量 | 1 | 多年平均水资源总量 | 亿立方米 |
| | 2 | 多年平均地表水资源总量 | 亿立方米 |
| | 3 | 多年平均地下资源总量 | 亿立方米 |
| | 4 | 多年平均地表水与地下水资源重复量 | 亿立方米 |
| | 5 | 多年平均年产水模数 | 万立方米/平方千米 |
| | 6 | 水资源总量 | 亿立方米 |
| | 7 | 地表水资源量 | 亿立方米 |
| | 8 | 地下水资源总量 | 亿立方米 |
| | 9 | 地表水与地下水资源重复量 | 亿立方米 |
| | 10 | 降水总量 | 亿立方米 |
| | 11 | 人均水资源量 | 立方米/人 |

（续表）

| 指标类别 | 序号 | 指标名称 | 单位 |
| --- | --- | --- | --- |
| 水资源质量 | 12 | 评价河流长 | 千米 |
| | 13 | Ⅰ类 | % |
| | 14 | Ⅱ类 | % |
| | 15 | Ⅲ类 | % |
| | 16 | Ⅳ类 | % |
| | 17 | Ⅴ类 | % |
| | 18 | 劣Ⅴ类 | % |
| 水资源利用 | 19 | 农业用水功能区总个数 | 个 |
| | 20 | 农业用水功能区中达到Ⅴ类以上水质个数 | 个 |
| | 21 | 农村生活污水集中处理村个数 | 个 |
| | 22 | 行政村总数 | 个 |
| | 23 | 灌溉面积总计 | 千公顷 |
| | 24 | 农田有效灌溉面积 | 千公顷 |
| | 25 | 林地有效灌溉面积 | 千公顷 |
| | 26 | 果园有效灌溉面积 | 千公顷 |
| | 27 | 牧草有效灌溉面积 | 千公顷 |
| | 28 | 其他有效灌溉面积 | 千公顷 |
| | 29 | 农田有效实灌面积 | 千公顷 |
| | 30 | 旱涝保收面积 | 千公顷 |
| | 31 | 节水灌溉面积总计 | 千公顷 |
| | 32 | 喷灌面积 | 千公顷 |
| | 33 | 微灌面积 | 千公顷 |
| | 34 | 低压管道面积 | 千公顷 |
| | 35 | 渠道衬砌面积 | 千公顷 |
| | 36 | 其他节水灌溉面积 | 千公顷 |
| | 37 | 水肥一体化耕地面积 | 千公顷 |
| | 38 | 农业水价综合改革推广耕地面积 | 千公顷 |
| | 39 | 农田灌溉水有效利用系数 | % |
| | 40 | 大型灌区灌溉水有效利用系数 | % |
| | 41 | 中型灌区灌溉水有效利用系数 | % |
| | 42 | 小型灌区灌溉水有效利用系数 | % |
| | 43 | 纯井灌区灌溉水有效利用系数 | % |
| | 44 | 农业结构调整节水量 | 亿立方米 |
| | 45 | 供水量合计 | 亿立方米 |
| | 46 | 地表水供水量 | 亿立方米 |
| | 47 | 地下水供水量 | 亿立方米 |
| | 48 | 其他供水量 | 亿立方米 |
| | 49 | 用水量合计 | 亿立方米 |
| | 50 | 农业用水量 | 亿立方米 |

(续表)

| 指标类别 | 序号 | 指标名称 | 单位 |
|---|---|---|---|
| 水资源利用 | 51 | 工业用水量 | 亿立方米 |
| | 52 | 生活用水量 | 亿立方米 |
| | 53 | 生态用水量 | 亿立方米 |
| | 54 | 农业供水量合计 | 亿立方米 |
| | 55 | 地表水供水量 | 亿立方米 |
| | 56 | 地下水供水量 | 亿立方米 |
| | 57 | 其他供水量 | 亿立方米 |
| | 58 | 农业用水量合计 | 亿立方米 |
| | 59 | 农田用水量 | 亿立方米 |
| | 60 | 林地用水量 | 亿立方米 |
| | 61 | 果园用水量 | 亿立方米 |
| | 62 | 牧草用水量 | 亿立方米 |
| | 63 | 粮食作物用水量 | 亿立方米 |
| | 64 | 经济作物用水量 | 亿立方米 |
| | 65 | 蔬菜用水量 | 亿立方米 |

注：农业结构调整节水量是指由于农业结构调整产生的节水能力，如小麦调整为玉米，两者用水量的差额就是节水量；农业灌溉用水量又称取水量，指水利工程为农田、林地、果园、牧草灌溉实际用水量；灌溉面积是指当年农林牧等灌溉面积的总和。

(2) 多渠道农业水资源台账数据获取　农业水资源台账数据来源主要有：一是水利部。协调水利部获取的数据包括：基于第二次全国水资源及其开发利用调查评价的一级区、二级区、三级区的降水量、蒸发量、地表水资源量、地下水资源量，水资源总量及其可利用量，地表、地下水水质，污染源调查、开发利用状况及基础底图等数据；基于第一次全国水利普查的全国以县级为基本行政单元的河湖基本情况、农村供水、塘坝窖池、灌溉面积、灌区建设、地下水取水井、经济社会用水情况等数据。

二是县级水利部门。通过建立监测体系，获取全国以县级为基本行政单元的分年度的水资源数量和质量、农业供水和用水量、灌溉面积、节水灌溉面积（滴灌面积、喷灌面积、管灌面积等）和农田灌水量、草地灌溉面积和灌水量等数据。

(3) 严格数据格式填写要求　根据"国家重要农业资源台账数据清单（水资源）"（表38）的数据要求（包括单位、指标计算方法），省、市、县三级行政单位在远程数据交汇平台填写2010年和2015年数据，并保留纸质档，定期存档。

表38　国家重要农业资源台账数据清单（水资源）（省、市、县）

| 指标类别 | 序号 | 指标名称 | 单位 | 数量 2010年 | 数量 2015年 | 填报要求 | 数据更新周期 | 数据来源 | 备注 |
|---|---|---|---|---|---|---|---|---|---|
| 水资源数量 | 1 | 多年平均水资源总量 | 亿立方米 | | | 必填 | | 水利部门 | 第二次水资源评价 |

(续表)

| 指标类别 | 序号 | 指标名称 | 单位 | 数量 2010年 | 数量 2015年 | 填报要求 | 数据更新周期 | 数据来源 | 备注 |
|---|---|---|---|---|---|---|---|---|---|
| 水资源数量 | 2 | 多年平均地表水资源总量 | 亿立方米 | | | 必填 | | 水利部门 | 第二次水资源评价 |
| | 3 | 多年平均地下资源总量 | 亿立方米 | | | 必填 | | 水利部门 | 第二次水资源评价 |
| | 4 | 多年平均地表水与地下水资源重复量 | 亿立方米 | | | 必填 | | 水利部门 | 第二次水资源评价 |
| | 5 | 多年平均年产水模数 | 万立方米/平方千米 | | | 必填 | | 水利部门 | 第二次水资源评价 |
| | 6 | 水资源总量 | 亿立方米 | | | 必填 | 年 | 水利部门 | |
| | 7 | 地表水资源量 | 亿立方米 | | | 必填 | 年 | 水利部门 | |
| | 8 | 地下水资源总量 | 亿立方米 | | | 必填 | 年 | 水利部门 | |
| | 9 | 地表水与地下水资源重复量 | 亿立方米 | | | 必填 | 年 | 水利部门 | |
| | 10 | 降水总量 | 亿立方米 | | | 必填 | 年 | 水利部门 | |
| | 11 | 人均水资源量 | 立方米/人 | | | 必填 | 年 | 水利部门 | |
| 水资源质量 | 12 | 评价河流长 | 千米 | | | 必填 | 年 | 水利部门 | |
| | 13 | Ⅰ类 | % | | | 必填 | 年 | 水利部门 | |
| | 14 | Ⅱ类 | % | | | 必填 | 年 | 水利部门 | |
| | 15 | Ⅲ类 | % | | | 必填 | 年 | 水利部门 | |
| | 16 | Ⅳ类 | % | | | 必填 | 年 | 水利部门 | |
| | 17 | Ⅴ类 | % | | | 必填 | 年 | 水利部门 | |
| | 18 | 劣Ⅴ类 | % | | | 必填 | 年 | 水利部门 | |
| 水资源利用 | 19 | 农业用水功能区总个数 | 个 | | | 必填 | 年 | 水利部门 | |
| | 20 | 农业用水功能区中达到Ⅴ类以上水质个数 | 个 | | | 必填 | 年 | 水利部门 | |
| | 21 | 农村生活污水集中处理村个数 | 个 | | | 必填 | 年 | 水利部门 | |
| | 22 | 行政村总数 | 个 | | | 必填 | 年 | 农业部门 | |
| | 23 | 灌溉面积总计 | 千公顷 | | | 必填 | 年 | 水利部门 | |
| | 24 | 农田有效灌溉面积 | 千公顷 | | | 必填 | 年 | 水利部门 | |
| | 25 | 林地有效灌溉面积 | 千公顷 | | | 必填 | 年 | 水利部门 | |
| | 26 | 果园有效灌溉面积 | 千公顷 | | | 必填 | 年 | 水利部门 | |
| | 27 | 牧草有效灌溉面积 | 千公顷 | | | 必填 | 年 | 水利部门 | |
| | 28 | 其他有效灌溉面积 | 千公顷 | | | 必填 | 年 | 水利部门 | |
| | 29 | 农田有效实灌面积 | 千公顷 | | | 必填 | 年 | 水利部门 | |

## 第四章 国家重要农业资源台账的建设内容

(续表)

| 指标类别 | 序号 | 指标名称 | 单位 | 数量 2010年 | 数量 2015年 | 填报要求 | 数据更新周期 | 数据来源 | 备注 |
|---|---|---|---|---|---|---|---|---|---|
| 水资源利用 | 30 | 旱涝保收面积 | 千公顷 | | | 必填 | 年 | 水利部门 | |
| | 31 | 节水灌溉面积总计 | 千公顷 | | | 必填 | 年 | 水利部门 | |
| | 32 | 喷灌面积 | 千公顷 | | | 必填 | 年 | 水利部门 | |
| | 33 | 微灌面积 | 千公顷 | | | 必填 | 年 | 水利部门 | |
| | 34 | 低压管道面积 | 千公顷 | | | 必填 | 年 | 水利部门 | |
| | 35 | 渠道衬砌面积 | 千公顷 | | | 必填 | 年 | 水利部门 | |
| | 36 | 其他节水灌溉面积 | 千公顷 | | | 必填 | 年 | 水利部门 | |
| | 37 | 水肥一体化耕地面积 | 千公顷 | | | 选填 | 年 | 水利部门 | 有水肥一体化技术实施的必填 |
| | 38 | 农业水价综合改革推广耕地面积 | 千公顷 | | | 必填 | 年 | 水利部门 | |
| | 39 | 农田灌溉水有效利用系数 | % | | | 必填 | 年 | 水利部门 | |
| | 40 | 大型灌区灌溉水有效利用系数 | % | | | 选填 | 年 | 水利部门 | 根据县灌区实际情况选填 |
| | 41 | 中型灌区灌溉水有效利用系数 | % | | | 选填 | 年 | 水利部门 | 根据县灌区实际情况选填 |
| | 42 | 小型灌区灌溉水有效利用系数 | % | | | 选填 | 年 | 水利部门 | 根据县灌区实际情况选填 |
| | 43 | 纯井灌区灌溉水有效利用系数 | % | | | 选填 | 年 | 水利部门 | 根据县灌区实际情况选填 |
| | 44 | 农业结构调整节水量 | 亿立方米 | | | 选填 | 年 | 水利部门 | 根据县结构调整实际情况选填 |
| | 45 | 供水量合计 | 亿立方米 | | | 必填 | 年 | 水利部门 | |
| | 46 | 地表水供水量 | 亿立方米 | | | 必填 | 年 | 水利部门 | |
| | 47 | 地下水供水量 | 亿立方米 | | | 必填 | 年 | 水利部门 | |
| | 48 | 其他供水量 | 亿立方米 | | | 必填 | 年 | 水利部门 | |
| | 49 | 用水量合计 | 亿立方米 | | | 必填 | 年 | 水利部门 | |
| | 50 | 农业用水量 | 亿立方米 | | | 必填 | 年 | 水利部门 | |
| | 51 | 工业用水量 | 亿立方米 | | | 必填 | 年 | 水利部门 | |
| | 52 | 生活用水量 | 亿立方米 | | | 必填 | 年 | 水利部门 | |

(续表)

| 指标类别 | 序号 | 指标名称 | 单位 | 数量 2010年 | 数量 2015年 | 填报要求 | 数据更新周期 | 数据来源 | 备注 |
|---|---|---|---|---|---|---|---|---|---|
| 水资源利用 | 53 | 生态用水量 | 亿立方米 | | | 必填 | 年 | 水利部门 | |
| | 54 | 农业供水量合计 | 亿立方米 | | | 必填 | 年 | 水利部门 | |
| | 55 | 地表水供水量 | 亿立方米 | | | 必填 | 年 | 水利部门 | |
| | 56 | 地下水供水量 | 亿立方米 | | | 必填 | 年 | 水利部门 | |
| | 57 | 其他供水量 | 亿立方米 | | | 必填 | 年 | 水利部门 | |
| | 58 | 农业用水量合计 | 亿立方米 | | | 必填 | 年 | 水利部门 | |
| | 59 | 农田用水量 | 亿立方米 | | | 必填 | 年 | 水利部门 | |
| | 60 | 林地用水量 | 亿立方米 | | | 必填 | 年 | 水利部门 | |
| | 61 | 果园用水量 | 亿立方米 | | | 必填 | 年 | 水利部门 | |
| | 62 | 牧草用水量 | 亿立方米 | | | 必填 | 年 | 水利部门 | |
| | 63 | 粮食作物用水量 | 亿立方米 | | | 必填 | 年 | 水利部门 | |
| | 64 | 经济作物用水量 | 亿立方米 | | | 必填 | 年 | 水利部门 | |
| | 65 | 蔬菜用水量 | 亿立方米 | | | 必填 | 年 | 水利部门 | |

注：农业结构调整节水量是指由于农业结构调整产生的节水能力，如小麦调整为玉米，两者用水量的差额就是节水量；农业灌溉用水量又称取水量，指水利工程为农田、林地、果园、牧草灌溉实际用水量；灌溉面积是指当年农林牧等灌溉面积的总和。

2. 农业水资源台账登记制度

规范水资源统计制度。分设水资源台账子账户，由县级水利部门工作人员在各监测点进行水量的观测、水质检测、水利用测算等工作，各台账子账户上填写人员必须签字，时间填写正确。再对数据进行汇总，由水利部主要负责人审核签字，并逐级上报，各级各部门定期存档，以便核查。

构建水资源台账数据平台。平台包含基础台账数据库、专题台账数据库和成果数据库三个数据库，兼具数据统计和分析功能（图13）。基础台账数据库主要存储基层统计部门上报的一定区域和一定时期内农业水资源的数量、质量和利用情况变化的详细数据。专题台账数据库由水资源主管部门或科研机构负责，从基础数据库和行业部门抽取统计资料，整合基层数据，能够从总体上反映水资源利用效率。成果数据库由主管部门和相关科研机构负责，是基础台账数据库和专题台账数据库整合分析、数据深入挖掘的结果，包括水资源总台账、农业水资源报告、水资源评价预警。台账数据平台向政府和决策部门提供定制报告，实现农业资源台账业务化运行，从而更好地实现农业水资源管理。

# 第四章 国家重要农业资源台账的建设内容

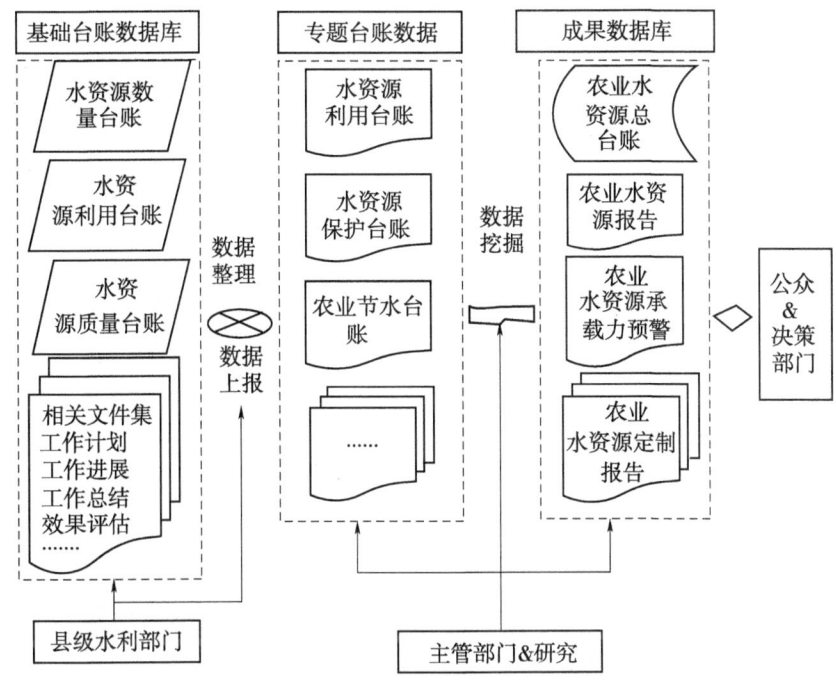

图 13 农业水资源台账数据平台架构

3. 农业水资源台账管理制度

农业水资源台账管理制度采取分级建设，分级管理方式。制定国家农业水资源台账标准，省级农业部门可参照国家标准并结合本省实际细化省级标准。省、市、县三级行政部门，要按照国家统一标准采集数据、统一规范等要求建立农业资源台账，确保农业资源数据指标部门间、区域间口径一致。省、市、县三级农业行政部门都要建立农业资源台账，并将统计数据和文件定期存档，保证台账材料的完整性、可追溯性。

## 六、农业水资源台账制度建设建议

在反思过去我国农业水资源统计、台账制度建设实践，借鉴国外农业水资源调查的基础上，提出以下政策建议。

第一，进一步细化水资源调查方案，设计统一的台账账户，制定统一的操作规范。从台账的操作层面，认真规划、细致设计，拿出一个切实可行的操作方案。主要负责部门牵头，确定水资源台账统计指标，设计统一的台账账户，解释测量指标的含义，制定统一的操作规范。细化的程度应当达到，业务不熟练的统计人员对照调查方案的操作步骤和规程仍能独立完成统计工作。这样做的好处是确保了统计规范和统计口径的一致性，降低数据整合难度。

第二，优化部门职能和分工，降低部门协调成本，提高运行效率和数据共享度。要明确农业水资源台账制度主管部门与执行部门、县级水利数据统计部门之间的分工，避免相互推诿或重复统计。农业部门与水利、气象等部门之间的分工也要明确，把农业水资源统计工作的主动性交到农业部门手里。

第三,开发数据收集系统,整合先进水资源自动化监测技术,确保强有力的技术支撑。我国农业水资源调查工作已经有了很多可借鉴的基础,把数据汇总系统与过去建立的农业资源动态信息系统结合起来,避免重复建设,提高历史资源的使用效率。农业水资源台账要不断提高技术水平,综合运用信息管理、自动监测、精确控制、网络通信等现代技术,提高基层水资源台账制度建设和数据统计效率。

第四,设计样本抽样和数据收集方式,探索水资源台账常规化运行方案,提高数据时效性。探索更加灵活的样本抽样和数据收集方式,借鉴国外经验,可以把全国划分为多个调查试验点,利用抽样方法选择有代表性的子样本作为调查对象,每年抽查样本资源分布和使用情况。再配合更便携的调查技术,降低调查成本,建立起台账的常规化运行方案,缩短调查周期,提高数据更新频率。

第五,建立农业系统需要的专用数据,探索农业用水监测系统,提高农业用水数据针对性和时效性。

目前,农业用水数据主要来源于水利系统,这些数据很难满足农业决策需要,需要的数据底数不清成为常态,如农业用水是大类,整体数据相对清楚,但经济作物用多少水、分类作物用多少水根本没有统计和监测,农业结构调整节水如何评价无法进行,建立农业用水监测系统非常必要。

## 第三节 农业气候资源台账制度建设研究

### 一、引言

#### (一) 立项依据

农业气候资源是农业自然资源的组成部分,为农业生产提供物质和能量,对农业生产类型、种植制度、布局结构、生产潜力、年成丰歉以及农、林、牧产品的数量、质量和分布都起着决定性作用。充分合理利用农业气候资源、有效改善小气候、最大限度地减轻气象灾害危害对农业绿色发展、农村防灾减灾、农民增收具有至关重要的作用。但目前,农业气候资源资料管理分散、标准不一致、底数不清,对农业气候资源的合理利用和农业生产的科学决策产生重要影响。

党的"十九大"报告提出"设立国有自然资源资产管理和自然生态监管机构,完善生态环境管理制度"。2013年11月,习近平总书记在对《中共中央关于全面深化改革若干重大问题的决定》作说明时指出,"健全国家自然资源资产管理体制是健全自然资源资产产权制度的一项重大改革,也是建立系统完备的生态文明制度体系的内在要求。"2013年5月,习近平总书记在中央政治局第六次集体学习时指出,"要完善经济社会发展考核评价体系,把资源消耗、环境损害、生态效益等体现生态文明建设状况的指标纳入经济社会发展评价体系,使之成为推进生态文明建设的重要导向和约束"。2016年8

## 第四章 国家重要农业资源台账的建设内容

月19日,原农业部联合国家发展改革委、科技部、财政部、国土资源部、环境保护部、水利部、国家林业局制定的《国家农业可持续发展试验示范区建设方案》(农计发[2016]88号)中正式提出"到2020年,重要农业资源台账制度基本建立"。2017年9月,中共中央办公厅、国务院办公厅印发《关于创新体制机制推进农业绿色发展的意见》中指出"完善农业资源环境管控制度""建立农业资源环境生态监测预警体系""定期监测农业资源环境承载能力""建立重要农业资源台账制度"。摸清资源底数是实现农业资源监测与有效管理的基础工作。农业气候资源作为一种特殊的自然资源,具有有限性和可更新性、波动性和相对稳定性、区域差异性等特点,研究农业气候资源台账制度,是弄清农业气候资源底数、评价农业气候资源开发利用状况、构建完善农业气候资源监测预警体系的需要,具有重要的理论和现实意义。

**(二)研究目标与主要内容**

1. 研究目标

一是研究农业气候资源台账制度的基本理论,包括内涵、思路、原则、定位等,总结国内外农业气候资源台账建设的经验,构建农业气候资源台账制度框架,系统地掌握我国农业气候资源的种类、数量、时空分布及其动态变化。二是建立一个系统、全面、科学合理的农业气候资源台账指标清单,支撑农业气候资源监测评价工作。

2. 主要研究内容

结合国家重要农业资源台账制度建设需求,以农业气候资源为研究对象,研究农业气候资源台账的内涵、用户需求、制度框架、指标清单,为农业气候资源制度建设提供理论支撑。具体研究内容如下。

农业气候资源台账制度的基本理论分析。包括农业气候资源台账制度内涵、功能定位、用户需求分析、国内外农业气候资源台账的做法和启示等,为农业气候资源台账制度建设提供理论基础。

农业气候资源台账的制度框架。主要包括农业气候资源台账制度建设的总体思路、基本原则、建设目标和主要任务,确立农业气候资源台账框架,包括台账登记制度等。

农业气候资源台账的指标清单。从农业气候资源、气象灾害、土壤墒情、主要农作物物候等4个方面,构建农业气候资源台账指标清单。

点工作的总结。梳理农业气候资源台账建设试点工作进展和取得成效,阐述存在的问题,提出完善农业气候资源台账制度建设的政策建议。

3. 研究方法与实施方案

(1)研究方法 主要通过文献调研、专家咨询、实地考察和问卷调查等方式,采用理论研究与实践相结合方法进行研究。在理论研究方面,在研究国内外相关文献的基础上,系统总结典型国家和地区农业气候资源台账建设的经验和教训,综合分析我国农业气候资源数据在收集、管理、利用等方面的现状和问题,提出我国农业气候资源台账制度框架。在实践方面,通过相关部门和典型省市县的实地调研和问卷调查,结合绿色农业发展需要,探索建立一套符合我国农业实际情况、全面科学合理的农业气候资源台账指标清单；充分利用地理信息系统、农业遥感监测、互联网大数据等先进技术，摸清我国农业气候资源底数；建立专家顾问小组，及时征求专家意见，不断完善研究成果。

（2）实施方案

前期研究准备阶段，2017年1—3月。完善研究提纲、研究内容，编写调查提纲，开展必要性和可行性研究等工作。

实地调查研究阶段，2017年4—6月。开展农业气候资源台账制度理论研究和实践调研等工作。

报告撰写阶段，2017年7—9月。开展农业气候资源台账制度框架研究，撰写研究报告。

征询意见阶段，2017年10—11月。总结试点工作情况，召开专家咨询会，修改完善研究报告。

汇总报告阶段，2017年11—12月。开展农业气候资源台账制度成果验收等工作。

### （三）农业气候资源台账制度的必要性

摸清农业资源底数是农业资源监管的基础性工作。

#### 1. 摸清农业气候资源状况

农业是对气候变化最敏感和最脆弱的领域，全球和区域气候变化将改变我国部分地区的作物生育期，种植地带北移趋向明显，产量波动加大，农业气象灾害、农作物病虫害呈现增多、并发和加重的趋势，气候变化对水资源的影响也将加剧农业用水的供需矛盾。摸清农业气候资源状况，深入研究气候变化对农业及生态环境的影响，才为农业产业结构和农业生产力布局调整提供科学依据，提高农业应对气候变化的决策服务能力。

#### 2. 监测农业气候资源动态变化

在全球气候变暖的大背景下，各类极端天气气候事件发生频率明显加大，我国农业生产面临更大的自然风险。《国家粮食安全中长期规划纲要（2008—2020年）》中明确提出，要"健全农业气象灾害监测预警服务体系，提高农业气象灾害预测和监测水平""增加农业气象灾害监测预警设施的投入"。建立农业气候资源台账制度，健全农业气象防灾减灾体系，实现重大农业气象灾害的灾前及时预警、灾中跟踪服务、灾后影响评估，加强农业气象防灾减灾业务服务，增强农业抗御自然灾害风险能力与粮食安全的气象保障服务能力，以显著减轻灾害损失。

#### 3. 现代农业发展对农业气象服务提出了新要求

当前，我国正处在由传统农业向高产、优质、高效、生态、安全的现代农业加快转变的关键时期，进一步提高土地产出率、资源利用率、劳动生产率，以及增强农业的抗风险能力与可持续发展能力等现代农业发展的方方面面，都对气象为农业的服务与支持提出了更新、更高的要求。随着我国经济社会的发展，人民群众的物质生活需求不断提高，具有地方特色的名特优农产品和绿色、生态、安全农产品的市场需求量越来越大。特色农业、设施农业、创汇农业、观光农业、都市农业等新兴农业产业都呈现出强劲的发展态势，成为满足社会民生、农民持续增收的重要高效农业门类，也是气象为农业服务新内容。种植业、林业、畜牧业、渔业以及农产品储运加工业等的全面发展，农业灾害政策性保险等金融创新产品不断涌现，对农业气象服务提出了更多更具体的要求。面对现代农业发展的需求，迫切要求建立农业气候资源台账制度，建立全方位、全程化的农业气候资源监测服务体系，创新农业气象业务服务。

**（四）农业气候资源台账制度的可行性**

1. 国内农业气候资源调查研究为农业气候资源台账提供借鉴

我国现代农业气候资源调查研究始于20世纪初叶，《气象与农业的关系》（竺可桢，1922）、《农业气象之内容及其研究途径述要》（涂长望，1945）等文都提到了农业气象调研研究的作用与任务。50年代起，我国学者在学习苏联等国外农业气候区划经验基础上结合本国情况开始了农业气候区划研究。70年代前期，配合全国农业科学技术发展规划，部分省（区）编制了粗线条的简明农业气候区划，并总结区划工作八个步骤搞调查、找问题、抓资料、选指标、做分析、划界限、加评述、提意见。70年代末，为配合《1978—1985年全国科学技术发展规划纲要》中农业自然资源调查和农业区划任务，由中国气象局领导，组织全国有关科研单位和院校开展了大规模农业气候资源调查和农业气候区划。80年代中后期，在完成农业气候资源调查分析的基础上，提出了全国的、省级和大部分地级及县级的农业气候区划。这些调查研究工作，为我国农业气候资源台账制度建设提供了丰富经验。

2. 完备的气象服务体系为农业气候资源台账制度实施提供保障

在我国，各级气象部门和从事气象科研、教学、勘探、设计、行政管理的人员以及在气象资源行业工作的工人众多，为实行农业气候资源台账制度建设提供了一支庞大的队伍。目前，气象部门现有653个农业气象观测站，70个农业气象试验站，1639个土壤墒情观测站。经过多年生产实践，他们熟悉农业气候资源管理的各项业务，在农业气候资源合理利用、气象灾害监测预警和气象防灾减灾等方面不断探索，为农业气候资源台账制度提供了创新动力。

3. 先进科学技术为农业气候资源数据监测和共享提供支撑

现代科学技术正加速发展，并呈现整体化趋势。地理信息系统、遥感等技术在地球系统科学、资源与环境科学以及农业、林业、水文领域，发挥着越来越大的作用。地理信息系统、遥感等先进技术将为气候资源数据更新和气候资源动态监测提供技术支撑，以研究分析农业资源变化及利用效率，评估农业资源开发利用成效、问题和预测未来发展趋势。大数据、云计算、物联网等先进技术具有强大的信息交互、综合检索、态势标绘、查询、分析等功能，并且已经广泛应用于社会管理的各个方面，将为建立农业气候资源数据远程汇交系统和数据共享平台提供有力支撑，为合理利用农业气候资源提供科学处理依据。

## 二、典型国家和地区农业气候资源台账建设的做法和制度

世界气象组织（WMO）的几乎所有成员都设有农业气象机构，负责农业气象数据收集以及农业气象信息和产品的开发。其中，美国、英国、日本等发达国家和地区非常重视农业气象网络建设和农业气象情报工作，为农业决策、生产管理等提供信息支撑和科学依据。

### （一）美国

为了适应各部门对农业气象情报日益增长的需要，1978年7月，美国农业部（USDA）和国家海洋大气局（NOAA）联合成立了农业气象研究所（JAWF），负责对全球所有主要农业区天气条件进行监测，并在发生异常气象时预报由此引起的谷物减产和家畜受害情况。该所以国家海洋大气局的农业气候服务研究室为基础，另加部分农业部专家。国家海洋大气局负责监测和分析当前的天气状况，而美国农业部则负责评价这些情报对农业生产的影响（图14）。

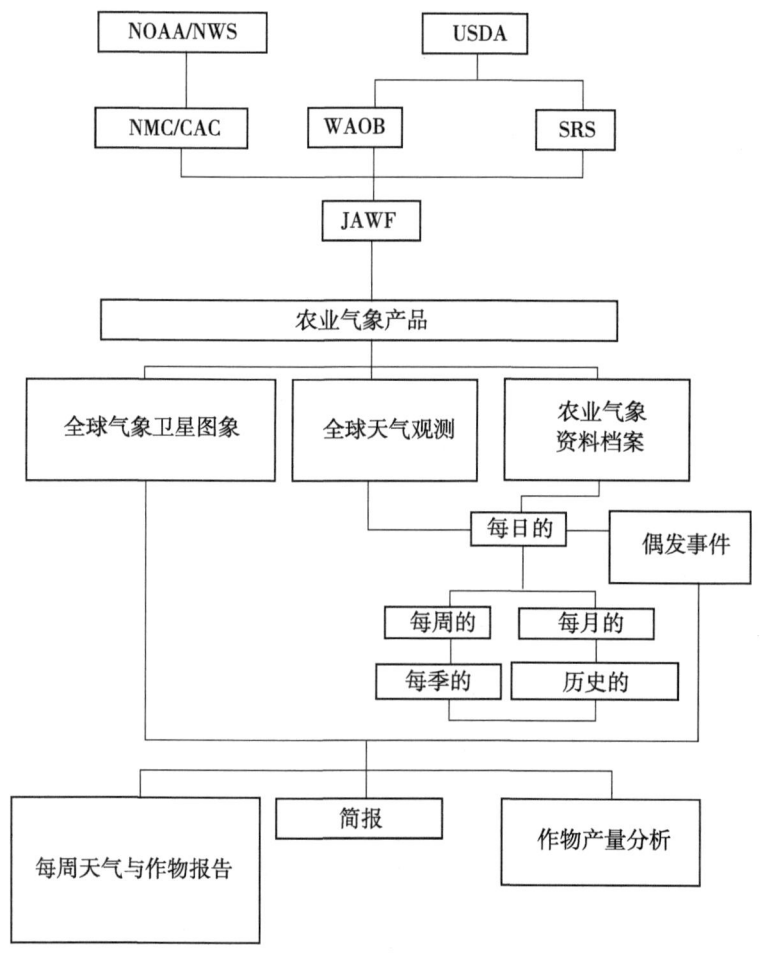

图14 美国农业气象监测系统的组织构成和资料的流程

JAWF 将 NOAA 传送来的气象资料及其分析与 USDA 的作物统计资料加以对照，结合现在和过去资料和作物生长状况，从而对作物可能产量进行预测，或根据最新的农业气象资料提供农业情报。JAWF 的工作，归纳起来有如下几项：一是连续监测有关地区的农业气象条件；二是统辖有关栽培区域、作物安排日程、栽培形式等情报；三是异常气象的确认和农作物受灾快报的质量评价；四是利用农作物与天气气候的关系，定量地评价天气气候；五是为了把定量的作物生产分析作为商品评价的方法，调整农业经济学者和统计学者的意见；六是向农业部等有关部门提供适时、恰当的情报；七是通过发行每周天气与作物公报和 USDA 世界作物生产报告等，广泛地介绍有关世界的作物天气气候评价要点。

在国内，美国也设有专业农业气象观测站，组建加密农业气象观测网。到 20 世纪末，美国有专业农业气象站 55 个，作物报告站 444 个，土壤温度站 215 个，林业气象站 51 个，蒸发站 520 个。此外，还有 12 000 多人是自愿农业气象观测员，开展专题农业气象研究和服务。

对美国来说，农业是影响贸易收支的重要产业。美国的农民对作物市场的行情极为敏感，气象成了影响市场行情的重要因素。为了确定最新的作物分析和市场行情，十分注重利用先进技术如地球资源卫星和气象卫星资料和情报开展农业气象研究与服务。美国农业气象监视系统的目的是通过分析农业气象情报，给美国农业部门带来更准确的有关市场和竞争对手的情报，并据此制作适合国内、国际粮食需求的高效而灵活的生产体系。

(二) 英国

英国大部分的气象工作是总部设在布拉克内尔的气象局进行的。该局直属国防部航空公司领导。在气象局内部设有一个农业科，其大部分人员分散在农业开发咨询服务机构（以下简称 ADAS）的各区域中心。ADAS 从属于农业、渔业和食品部，因为两单位间订有合同。为农户从事技术咨询和推广工作服务的主要有布里斯托尔、剑桥、哈罗盖特、雷丁、特拉斯维斯科特等地的区域中心。此外，在沃尔弗汉普顿还设有一个中心，负责英格兰中部和西部的农业气象工作。另外，在苏格兰由其农学院牵头，建有一个气象站网。整个气象服务机构有 600 个气象站，其中 88 个农业气象站。中国气象局与农业气象开发咨询机构合作，进行有关农业气象应用研究，可为农户直接提供有用的数据和信息；此外，根据用户的要求，气象和农业气象技术人员开展咨询服务。

(三) 日本

日本农业生产受低温冷害、风害、旱害等农业气象灾害影响较大，对农业气象工作也比较重视。日本全国拥有 700 个左右农业气象站，成为世界上农业气象观测网最稠密的国家。按建网原则，每个县大体上划分 15~16 个不同农业气候区，每区建立 1~2 个农业气象观测站；北海道平均 464 平方千米有一个站；本州地区 280 平方千米有一个站。日本农业气象站分为两类：一类叫作地区农业气象站，配有综合农业气象自动观测装置；另一类叫作局地农业气象观测站，不配备综合自动观测装置。观测资料每天一次传递给地方气象台进行加工整理。农业气象观测的重点有耕地微气象、作物气象、农业气候、环境调节以及气象灾害防治。

此外，为了更好地协调农业气象观测工作，气象厅和农林水产省联合组成了全国农业气象协议会，管区和地方两级也建立了相应的机构。现已有17个道县建立了农业气象协议会。各级协议会的职能是收集、整理、综合分析气象、农业气象和农业资料，对过去、现在和将来的天气条件对农业生产的影响做出分析判断，以便更好地开展农业气象服务工作。

（四）总结

一是各国农业气候资源监测管理和气象服务业务发展不平衡。国外发达国家的农业气候监测工作开展较早。目前，美、英、荷兰等国以自动化的现代农业气象监测网络和信息处理系统为基础，充分运用作物生长动力模型和高分辨率的卫星遥感技术等现代科学技术，开展农业气象预报预警服务。国外的农业气象监测除了为政府有关部门提供相应业务服务外，尤其侧重针对农场主等农业生产实体开展专项专业农业气象业务服务。

二是各国农业气象机构的法律地位和职能范围不尽相同。农业气象活动的负责单位多数设在气象局，有的设在农业部门，如波兰、捷克斯洛伐克、罗马尼亚、卢森堡，还有一些是独立机构。

三是各国农业气象情报重点不尽相同。除了作物生长发育、土壤水分、气象灾害等常规气象观测外，结合各国国情，各国农业气象观测还有不同特色，如非洲和中东地区对干旱的研究和预报服务较多；日本多侧重于灾害性天气的研究和服务；西欧国家对畜牧业的服务较为重视；美国、挪威等国家对森林火灾预报和灾害性天气预报较多；海洋国家着重于渔业气象服务。

### 三、我国农业气候资源台账建设的实践

按照机构职能范围，我国农业气候资源统计的实践活动主要分布在气象局、农业部门和科学院系统。其中，气象部门是我国农业气象统计的主要部门，建有自上而下的、全面的、系统的农业气象观测网络，农业气象数据的采集、加工、质量控制和相关设备研发等都较为系统、规范，农业气象服务水平较高。农业农村部和中国科学院系统对农业气象资源统计主要是由一些试验台站根据各自科研需求来完成，农业气象数据的统计较为零碎。

（一）气象部门对农业气象统计的实践

气象部门是我国农业气象观测和资料收集的主要部门，涉及农业气象观测与试验的内容包括基本地面气象观测、农业气象观测、农业气象试验、生态气象观测、农业气象移动观测与野外调查、农业气象遥感监测、农业气象观测规范完善和信息化处理等7个方面。

一是基本地面气象观测,负责气温、气压、空气湿度、风向、风速、降水、日照、蒸发、总辐射等常规气象要素观测。目前,气象部门现有2 400多个基本地面气象观测站(图15)和98个辐射观测站(图16)。

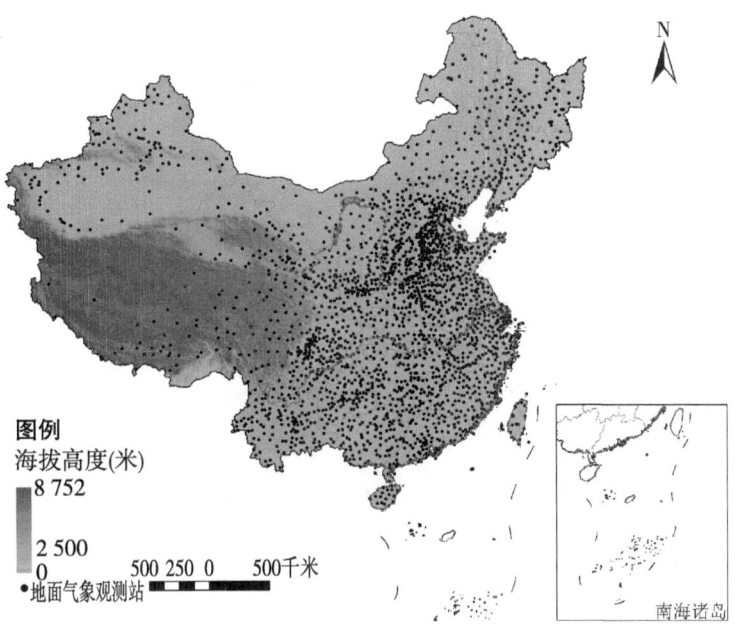

图15 地面气象观测站分布

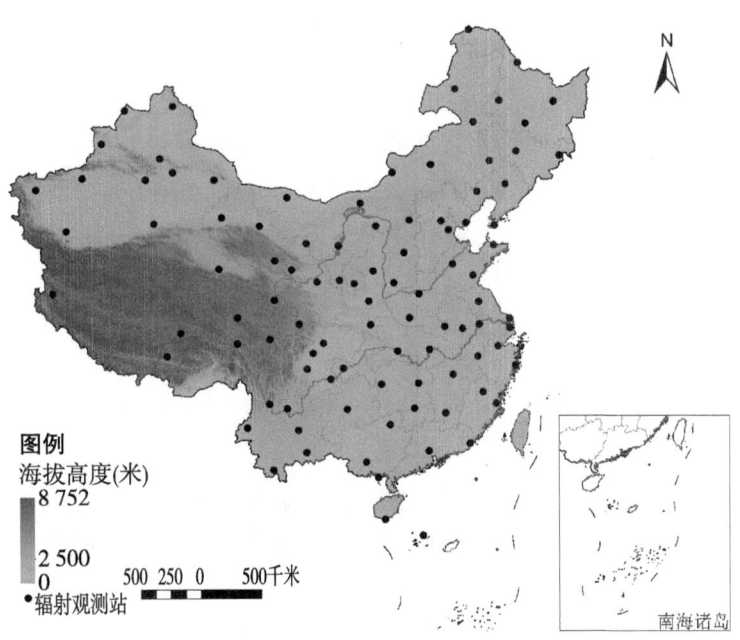

图16 辐射观测台站分布

二是农业气象观测,负责开展常规农业气象观测,积累长期、定点、稳定、系统的观测资料,包括调整作物观测、土壤水分观测、农田小气候观测、物候观测、二氧化碳排放观测,以及针对特色农业、设施农业、林业、畜牧业、渔业等需要的部分观测项目。气象部门现有653个农业气象观测站(图17),1 639个土壤墒情自动观测站。

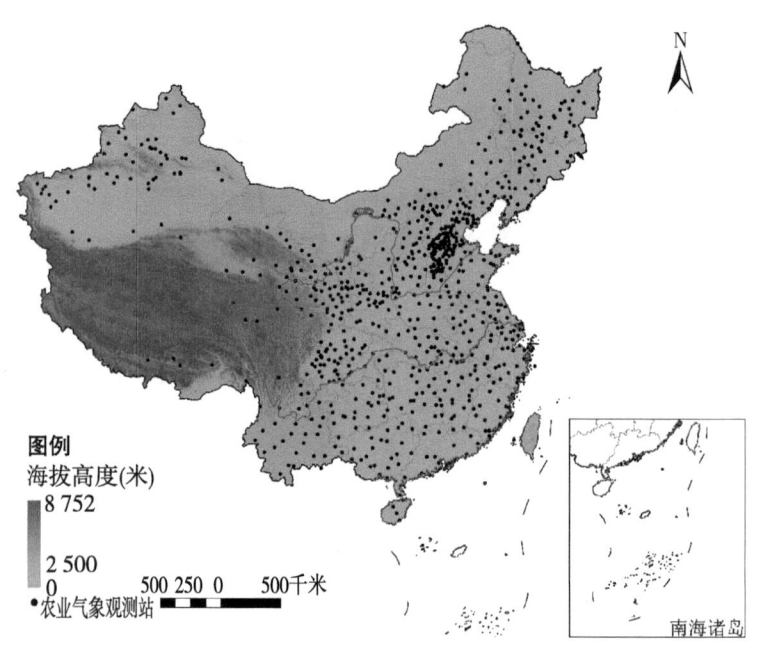

图17 农业气象观测站分布

三是农业气象试验,负责作物(生物)及其相关环境要素的立体、自动、连续监测;农业与生态气象指标的相关试验;防灾减灾、农业适应气候变化、气候资源高效利用等适用技术的引进(试验)、示范、推广及周边地区技术指导。目前,气象部门现有农业气象试验站70个,其中,国家一级农业气象试验站36个,由中国气象局统一规划布局;二级农业气象试验站34个,由各省(区、市)气象局根据当地需要规划建设。

四是生态环境的气象监测,在典型自然或人工的生态系统地段,建立生态系统长期定位观测站,对生态系统的组成、结构、生物生产力、养分循环、水循环和能量利用等,在自然状态下或某些人为活动干扰下的动态变化格局与过程进行长期监测。观测内容包括大气要素、食物要素、土壤要素、水循环要素、农田生态灾害等(表39)。目前,气象部门在河北固城、辽宁锦州、江西南昌、青海海北、湖北武汉、黑龙江五营、甘肃武威等7个分别代表农田、草地、湖泊、森林、荒漠等5种生态系统类型的生态与农业气象试验站(图18)。

## 第四章 国家重要农业资源台账的建设内容

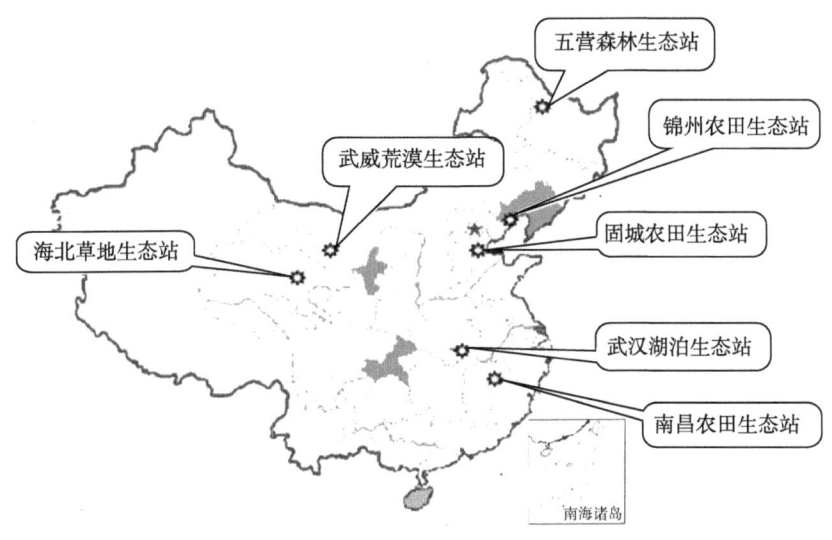

**图18　生态与农业气象试验站分布**

五是农业气象移动观测与野外调查，以了解、掌握面上农业生产状况、农业气象灾害、病虫害等以及应急服务为目标，开展农业气象灾害的应急调查及农作物长势、种植面积、播种或收获进度等观测。

六是农业气象遥感监测，开展主要农业气象灾害、作物长势、作物估产、作物分类等遥感监测，实现农业气象遥感定量化、动态化、业务化监测。

七是农业气象观测规范完善和信息化处理，负责制定其仪器标校方法、观测规范、数据标准及业务流程等。

在农业气象观测与试验基础上，针对不同需求，气象部门进一步挖掘农业气象数据，拓展农业气象业务，研发多种农业气象产品，如开展农用天气预报、作物产量预报、土壤墒情与灌溉预报、物候期预报、农林病虫害发生发展气象条件预报等农业气象预报业务；提供基础农业气象情报、作物生产全程性系列化农业气象情报、大型农业气象专题情报等；农业气象灾害监测、预警与评估；农业气候资源评价、精细化农业气候区划和气候变化对农业的影响和适应性分析。

总的来看，改革开放40多年来，我国农业气象观测和统计取得长足进步。一是农业气象观测、试验网络初具规模，基本实现对主要农业气象要素的专业化观测，为农业气象业务服务和科学研究提供基础信息；二是国家、省（区、市）、市（地）、县四级布局的农业气象管理体系；三是农业气象情报预报业务领域不断拓展，特色农业、设施农业、水产养殖业气象业务等在部分省（区、市）已经开展（表39）。

表39 固城农田生态与农业气象试验站观测任务

| 观测类别 | 观 测 要 素 |
|---|---|
| 大气要素 | （1）常规气象要素观测。采用自动气象站观测气压、气温、空气湿度、风向、风速、降水、日照、蒸发、总辐射、净辐射、光合有效辐射、紫外辐射、土壤热通量和5层土壤温湿度<br>（2）农田边界层观测，观测要素包括温度、湿度和风向、风速等，共5个梯度层次<br>（3）$CO_2$、$CH_4$、$O_3$浓度、大气降尘量、酸雨（pH值和电导率）等观测<br>（4）通量观测。采用涡度相关系统观测显热、潜热、$CO_2$通量、水汽能量等 |
| 生物要素 | （1）冬小麦、玉米农业气象观测。内容包括：发育期、生长状况、生长量（含干物质和叶面积）、产量结构以及最大根深、根宽、根长密度和根重等<br>（2）作物光谱等观测 |
| 土壤要素 | （1）土壤物理要素观测。包括：土壤湿度、干土层厚度、降水渗透深度、土壤容重、凋萎湿度、田间持水量、土壤团粒结构、土壤颗粒组成、土壤空隙度等<br>（2）土壤化学特征观测。包括土壤有机质、土壤pH值、土壤养分（含全氮、水解氮、土壤全磷、土壤有效磷、土壤全钾、土壤速效钾）、土壤中金属离子和酸根含量等 |
| 水环境要素 | 地下水位 |
| 农田生态灾害 | 干旱、洪涝、低温冷害、干热风等农业气象灾害和病虫害的观测与调查 |

## （二）农业部门对农业气象统计的实践

农业部门开展农业气象观测主要是通过农业农村部野外科学观测试验站来完成的。2005年，农业农村部在全国农业科研单位和农业大学申报的基础上，共命名了58个农业农村部野外科学观测试验站（农科教发［2005］14号）。2008年，农业农村部又补充命名了10个农业农村部野外科学观测试验站，至此，全国共有68个农业农村部野外科学观测试验站，其中农业农村部属三院32个、教育部大学7个、省属科研及教学单位29个（表40）。

农业农村部重点野外科学观测试验站是农业科学研究依赖的重要基础平台。其中，长期、定点、系统监测全国主要类型农区的农业气象、农业土壤和自然资源等演变、变化状况等，进行农业灾害（病虫、低温霜冻、旱涝等）的监测预报与损失评价和农作物产量预报，都是试验站工作的主要内容。

表40 农业农村部野外科学观测试验站名单

| 序号 | 台 站 名 称 | 依托单位 |
|---|---|---|
| 1 | 农业农村部公主岭黑土生态环境重点野外科学观测试验站 | 吉林省农业科学院 |
| 2 | 农业农村部迁西燕山生态环境重点野外科学观测试验站 | 中国农业科学院 |
| 3 | 农业农村部洛阳旱地农业重点野外科学观测试验站 | 中国农业科学院 |
| 4 | 农业农村部广州热带南亚热带果树资源重点野外科学观测试验站 | 广东省农业科学院 |
| 5 | 农业农村部长白山野生生物资源重点野外科学观测试验站 | 中国农业科学院 |

## 第四章 国家重要农业资源台账的建设内容

(续表)

| 序号 | 台 站 名 称 | 依托单位 |
|---|---|---|
| 6 | 农业农村部南海渔业资源环境重点野外科学观测试验站 | 中国水产科学研究院 |
| 7 | 农业农村部杭州茶树资源重点野外科学观测试验站 | 中国农业科学院 |
| 8 | 农业农村部寿阳旱地农业重点野外科学观测试验站 | 中国农业科学院 |
| 9 | 农业农村部曲周农业资源与生态环境重点野外科学观测试验站 | 中国农业大学 |
| 10 | 农业农村部公主岭寒地果树资源重点野外科学观测试验站 | 吉林省农业科学院 |
| 11 | 农业农村部呼伦贝尔草甸草原生态环境重点野外科学观测试验站 | 中国农业科学院 |
| 12 | 农业农村部杭州水稻土生态环境重点野外科学观测试验站 | 浙江省农业科学院 |
| 13 | 农业农村部鄂尔多斯沙地草原生态环境重点野外科学观测试验站 | 中国农业科学院 |
| 14 | 农业农村部小汤山精准农业与生态环境重点野外科学观测试验站 | 北京农业信息技术中心 |
| 15 | 农业农村部广州赤红壤生态环境重点野外科学观测试验站 | 广东省农业科学院 |
| 16 | 农业农村部祁阳红壤生态环境重点野外科学观测试验站 | 中国农业科学院 |
| 17 | 农业农村部昌平潮褐土生态环境重点野外科学观测试验站 | 中国农业科学院 |
| 18 | 农业农村部镇江桑树资源重点野外科学观测试验站 | 中国农业科学院 |
| 19 | 农业农村部杨凌黄土生态环境重点野外科学观测试验站 | 西北农林科技大学 |
| 20 | 农业农村部黄渤海渔业资源环境重点野外科学观测试验站 | 中国水产科学研究院 |
| 21 | 农业农村部珠江中下游渔业资源环境重点野外科学观测试验站 | 中国水产科学研究院 |
| 22 | 农业农村部苏州水稻土生态环境重点野外科学观测试验站 | 江苏省农业科学院 |
| 23 | 农业农村部重庆紫色土生态环境重点野外科学观测试验站 | 西南农业大学 |
| 24 | 农业农村部泰安温带果树资源重点野外科学观测试验站 | 山东省果树研究所 |
| 25 | 农业农村部郑州潮土生态环境重点野外科学观测试验站 | 河南省农业科学院 |
| 26 | 农业农村部儋州热带农业资源与生态环境重点野外科学观测试验站 | 中国热带农业科学院 |
| 27 | 农业农村部张北农业资源与生态环境重点野外科学观测试验站 | 河北农业大学 |
| 28 | 农业农村部资阳长江上游农业资源与生态环境重点野外科学观测试验站 | 四川省农业科学院 |
| 29 | 农业农村部呼和浩特农牧交错带生态环境重点野外科学观测试验站 | 中国农业大学 |
| 30 | 农业农村部沽源草地生态环境重点野外科学观测试验站 | 中国农业大学 |
| 31 | 农业农村部乌鲁木齐干旱绿洲生态环境重点野外科学观测试验站 | 新疆农业科学院 |
| 32 | 农业农村部蒙城砂姜黑土生态环境重点野外科学观测试验站 | 安徽省农业科学院 |
| 33 | 农业农村部商丘农业资源与生态环境重点野外科学观测试验站 | 中国农业科学院 |
| 34 | 农业农村部长江中上游渔业资源环境重点野外科学观测试验站 | 中国水产科学研究院 |
| 35 | 农业农村部沅江麻类资源重点野外科学观测试验站 | 中国农业科学院 |
| 36 | 农业农村部德州农业资源与生态环境重点野外科学观测试验站 | 中国农业科学院 |
| 37 | 农业农村部安仁有害生物防治重点野外科学观测试验站 | 湖南省水稻研究所 |

## 国家重要农业资源台账体系建设与应用研究

(续表)

| 序号 | 台站名称 | 依托单位 |
| --- | --- | --- |
| 38 | 农业农村部会川马铃薯资源重点野外科学观测试验站 | 甘肃省农业科学院 |
| 39 | 农业农村部廊坊有害生物防治重点野外科学观测试验站 | 中国农业科学院 |
| 40 | 农业农村部黑龙江流域渔业资源环境重点野外科学观测试验站 | 中国水产科学研究院 |
| 41 | 农业农村部东海暨长江口渔业资源环境重点野外科学观测试验站 | 中国水产科学研究院 |
| 42 | 农业农村部兴城北方落叶果树资源重点野外科学观测试验站 | 中国农业科学院 |
| 43 | 农业农村部寿光环渤海农业资源与生态环境重点野外科学观测试验站 | 山东省农业科学院 |
| 44 | 农业农村部武昌花生资源重点野外科学观测试验站 | 中国农业科学院 |
| 45 | 农业农村部镇原黄土旱塬生态环境重点野外科学观测试验站 | 甘肃省农业科学院 |
| 46 | 农业农村部南昌红黄壤生态环境重点野外科学观测试验站 | 江西省农业科学院 |
| 47 | 农业农村部新疆果树资源重点野外科学观测试验站 | 新疆农业科学院 |
| 48 | 农业农村部徐州甘薯资源重点野外科学观测试验站 | 中国农业科学院 |
| 49 | 农业农村部兰州黄土高原生态环境重点野外科学观测试验站 | 中国农业科学院 |
| 50 | 农业农村部长江下游渔业资源环境重点野外科学观测试验站 | 中国水产科学研究院 |
| 51 | 农业农村部昌平畜禽资源重点野外科学观测试验站 | 中国农业科学院 |
| 52 | 农业农村部沙尔泌牧草资源重点野外科学观测试验站 | 中国农业科学院 |
| 53 | 农业农村部广州有害生物防治重点野外科学观测试验站 | 广东省农业科学院 |
| 54 | 农业农村部衡水潮土生态环境重点野外科学观测试验站 | 河北省农林科学院 |
| 55 | 农业农村部望城红壤水稻土生态环境重点野外科学观测试验站 | 湖南省土壤肥料研究所 |
| 56 | 农业农村部福安茶树资源重点野外科学观测试验站 | 福建省农业科学院 |
| 57 | 农业农村部哈尔滨黑土生态环境重点野外科学观测试验站 | 黑龙江省农业科学院 |
| 58 | 农业农村部武汉黄棕壤生态环境重点野外科学观测试验站 | 湖北省农业科学院 |
| 59 | 农业农村部吴桥农业水资源及其高效利用重点野外科学观测试验站 | 中国农业大学 |
| 60 | 农业农村部北京渔业资源与环境重点野外科学观测试验站 | 中国水产科学研究院 |
| 61 | 农业农村部太白小麦条锈病菌重点野外科学观测试验站 | 西北农林科技大学 |
| 62 | 农业农村部张掖绿洲灌区农业生态环境重点野外科学观测试验站 | 甘肃省农业科学院 |
| 63 | 农业农村部新乡矮败小麦重点野外科学观测试验站 | 中国农业科学院 |
| 64 | 农业农村部大理农业生态环境重点野外科学观测试验站 | 农业农村部环境保护科监所 |
| 65 | 农业农村部玉树高寒草原资源与生态环境重点野外科学观测试验站 | 中国农业科学院 |
| 66 | 农业农村部锡林浩特草原有害生物防治重点野外科学观测试验站 | 中国农业科学院 |
| 67 | 农业农村部章古台沙地种质资源优化及生态环境修复重点野外科学观测试验站 | 辽宁风沙地改良利用所 |
| 68 | 农业农村部鄱阳湖区红壤耕地质量与环境重点野外科学观测试验站 | 江西省红壤研究所 |

## (三) 中国科学院系统对农业气象统计的实践

中国科学院也建有大量野外观测台站,其中相当多的野外台站具备基本的农业气象观测设施和观测能力,如中国生态系统研究网络(CERN)的 42 个生态站中涉及农业的台站就达 16 个(表 41)。据不完全估计,在中国科学院已有的 212 个野外台站中,至少拥有 55 个涉农野外台站开展农业气象观测。

表 41 中国生态系统研究网络中涉农野外台站

| 序号 | 站名 | 所在省市(县) | 类型 |
| --- | --- | --- | --- |
| 1 | 海伦农业生态实验站 | 黑龙江省海伦市 | 农业 |
| 2 | 沈阳生态实验站 | 辽宁省沈阳市 | 农业 |
| 3 | 禹城农业综合试验站 | 山东省禹城市 | 农业 |
| 4 | 封丘农业生态实验站 | 河南省封丘县 | 农业 |
| 5 | 栾城农业生态系统试验站 | 河北省石家庄市 | 农业 |
| 6 | 常熟农业生态试验站 | 江苏省常熟市 | 农业 |
| 7 | 桃源农业生态试验站 | 湖南省桃源县 | 农业 |
| 8 | 鹰潭红壤生态试验站 | 江西省鹰潭市 | 农业 |
| 9 | 盐亭紫色土农业生态试验站 | 四川省盐亭县 | 农业 |
| 10 | 安塞水土保持综合试验站 | 陕西省延安市 | 农业 |
| 11 | 长武黄土高原农业生态试验站 | 陕西省长武县 | 农业 |
| 12 | 临泽内陆河流域综合研究站 | 甘肃省临泽县 | 农业 |
| 13 | 拉萨高原生态试验站 | 西藏自治区拉萨市 | 农业 |
| 14 | 阿克苏水平衡试验站 | 新疆阿克苏 | 农业 |
| 15 | 内蒙古草原生态系统定位研究站 | 内蒙古自治区锡林郭勒盟 | 草原 |
| 16 | 海北高寒草甸生态系统研究站 | 青海省海北州门源县 | 草原 |

## (四) 总结

面对我国现代农业发展的新形势和新要求,农业气象业务也存在很多不适应发展需要的问题,主要是:农业气象观测能力明显滞后,观测仪器落后,资料共享、标准化处理和及时上传不够,农业气象观测资料效益没有充分发挥,农业气象试验站发展十分缓慢,农业气象试验基础落后,现有农气试验站中有 9% 的站没有试验场地,27% 的站试验用地不足 10 亩,26% 的站没有实验室,64% 的站实验仪器短缺;农业气象业务队伍尤其是基层力量薄弱,业务规范管理不适应发展需求,37% 的农气试验站在编人数不足 6 人;农业气象业务与天气气候业务有机结合不够,不能充分形成整体优势、共同推进现代气象业务体系的科学发展等;农业气象业务的科技支撑乏力,分析评估产品定性多、定量少,农业气象业务技术仍显落后;农业气象业务产品有限、针对性不强、时效不高、覆盖率不够,不能充分满足现代农业发展、新农村建设的需求,尤其是农业防灾减灾、农业应对气候变化、国家粮食安全等对农业气象工作提出的新需求。

## 四、农业气候资源台账制度基本理论研究

### (一) 农业气候资源台账内涵

1. 概念

农业气候资源是指直接影响农业生产过程,且为农业生产提供物质和能量的气候条件,即光照、温度、降水、空气等气象因子的数量或强度及其组合。它在一定程度上制约一个地区农业的生产类型、生产率和生产潜力。台账就是明细纪录表。不属于会计核算中的账簿系统,不是会计核算时所记的账簿,它是为了加强某方面的管理、更加详细地了解某方面的信息而设置的一种辅助账簿。

农业气候资源台账是农业气候资源台账制度的基础,为摸清农业气候资源底数,以便于对农业气候资源进行评价、利用、监测和预警,通过资源清单和资源图件的形式设置的一种系统全面反映农业气候资源的数量、质量、时空分布及其动态变化的明细记录表。

农业气候资源台账制度是指农业资源台账制度的重要组成部分,是围绕气候资源台账而设立的管理制度总称,包括农业气候资源数据中心、农业气候资源监测预警体系和报告制度。

2. 台账资料收集范围

农业气候作为农业生态环境可分为两部分:一部分为农业气候条件,一部分为农业气候资源。农业气候条件是指那些只属于生态环境条件,而非某种物质或能量的农业气候要素,它们只影响农业生产,而不参与农业生产过程,如温度、湿度、气压等;农业气候资源是指那些属于某种物质或能量的农业气候要素,它们不仅影响而且直接参与农业生产过程,能为农业生产对象所利用,如太阳辐射(光能)、二氧化碳、氧和水等。作为农业生态环境的农业气候,可能是有利的,也可能是有害的,有害则称为灾害,称为农业气候灾害。农业气候条件有害成为灾害,如大风、暴雨、冰雹、低温霜冻等;农业气候资源的极限值也可成为灾害,如水分过多成为雨涝,水分过少,成为干旱等。农业气候资源极限值成为灾害,已不再属于农业气候资源。农业气候条件形成的灾害和农业气候资源达极限值构成的灾害,它们均影响农业气候资源的数量、质量及其利用。此外,农业气候资源台账还应该反映农田小气候对农业生产对象和过程的影响以及农业生产对象受农业气象条件影响的变化过程。因此,反映土壤水分、土壤类型等农田生态环境指标和作物生长发育状况等作物要素指标也应该纳入台账数据收集范围。

总的来看,农业气候资源台账的数据至少应包括基本农业气象要素、农业气象灾害要素、农业生态环境要素、作物要素等4个方面的内容(表42)。

## 第四章　国家重要农业资源台账的建设内容

表 42　农业气候资源台账质量收集范围

| 农业气象台账资料 | 主要内容 |
|---|---|
| 农业基本气象要素 | 包括逐日的温度、湿度、降水、气压、日照时数、太阳辐射、积温、霜期等农业气候条件和农业气候资源信息。 |
| 农业气象灾害 | 包括农业气象灾害观测和农业气象灾害调查等信息。 |
| 农田生态环境 | 包括土壤水文物理特性、土壤相对湿度、水分总储存量、有效水分储存量和土壤冻结与解冻等信息。 |
| 作物要素 | 包括作物生长发育、作物生长量、作物产量因素、作物产量结构、关键农事活动和本地产量水平等信息。 |

### (二) 农业气候资源台账用户需求分析

农业气候资源台账是农业资源台账的重要组成部分，主要服务对象包括科技人员、政府官员、农户及其他大众。从台账资料的需求来看，科技人员利用台账主要用于科学分析，因此，需要农业气象要素观测的基础统计数据，如逐日的地面气象观测资料、各个时间点的作物生长发育状况等；政府官员利用台账数据主要用于科学决策，因此，对台账需求不是基础统计数据，更多的是特定农业气象信息产品，如农业气象灾害预警预报，农业气象旬报、月报、年报；企业和农户则更多关心与生产直接联系的农业气象信息产品，如农用天气预报等。

### (三) 功能定位

第一，对农业气候资源信息的整理和开发。以现有存量资源为核心，整合气象、农业、民政等多个部门数据资源，加强对农业气候资源资料的收集、加工、处理、挖掘和保存工作。

第二，对农业气候资源进行评价、监测和预警。掌握农业气候资源时空分布及其变化规律，为农业气候资源进行评价和农业气象灾害风险进行风险评估和预测预警提供数据支撑。

第三，提供农业气象信息服务。瞄准需求，为政府、科研人员、农户等各类人员提供丰富多样的农业气候信息服务产品。

## 五、农业气候资源台账制度框架

### (一) 总体思路

以新时代中国特色社会主义思想为指导，全面贯彻党的十九大报告精神，牢固树立农业绿色发展发展理念和节约集约循环利用的农业资源观，以绿水青山就是金山银山理念为指引，以摸清农业气候资源底数、构建农业气候资源台账制度为目标，以数据采集、资源监测为基础，建立农业气候资源数据采集系统和共享平台，构建农业气候资源监测体系，搭建农业气象灾害预测预警体系，开展农业气候资源评价，定期发布农业企业资源报告，拓宽农业气象服务领域，形成符合农业绿色发展方向、满足国家粮食安全保障、适应农业防灾减灾的现代农业气候资源开发利用新格局。

## （二）基本原则

**1. 规范标准，分级建设**

由农业农村部组织制定国家重要农业气候资源台账标准，省级农业部门可参照国家标准，结合本省的实际细化省级标准。省、市、县三级行政部门，要按照国家统一标准采集数据、统一规范等要求建立农业气候资源台账，确保农业资源数据指标部门间、区域间口径一致。国家、省、市、县四级农业行政部门分别建立农业气候资源台账，为各级农业资源台账建设和农业气候资源监测、评价、宏观决策服务。

**2. 突出重点，科学评价**

以农业气候资源数据采集、农业气候资源监测评价、农业气象灾害风险预测预警为重点，充分利用国家现有的资源与环境监测体系，采用遥感、大数据、云计算等先进技术，建立健全农业基本气象要素、农业气象灾害、农田小气候、农作物生长发育等方面的监测体系，构建农业资源评价指标体系和数学模型，科学评价农业气候资源变化，逐步实现业务化运行。

**3. 开放共享，统一管理**

农业气候资源台账数据涉及气象、农业、民政等多部门，遵循"开发共享"的原则，探索建立部门间、地区间农业气象资源数据开放共享机制，推动农业气候台账数据更好地共享和应用。充分利用国家重要农业资源数据平台，建立农业气候资源数据中心。

**4. 试点先行，持续推进**

坚持试点先行与全面推进相结合，在国家农业可持续发展试验示范区、国家现代农业示范区、国家重要农业资源台账试点开展先行先试，率先建立重要农业气候资源台账，摸索总结经验，逐步向全国各省、市、县推进。

## （三）建设目标

构建国家、省、市、县四级有关部门间、农业部门内部数据采集协调机制，搭建重要农业资源数据共享平台，制定统一规范的农业气候资源数据采集、监测、评价标准和方法，建立健全农业气候资源监测评价体系和农业气象灾害风险预测预警体系，形成一套农业气候资源台账管理办法，服务于农业绿色发展。

到2020年，国家、省、市、县四级重要农业气候资源监测体系基本建立，农业气候资源底数清晰，农业气候资源数据中心实现业务化运行，基本形成全国农业气候资源台账制度，为全国重要农业资源台账提供支撑，为农业气候资源合理利用提供数据基础，为农业结构调整提供决策支持，为科学研究提供数据支撑，促进农业可持续发展和农业现代化建设。

## （四）主要任务

**1. 建立各级农业气候资源台账和数据交换共享机制**

根据国家重要农业资源台账制度要求，建立包括农业气象要素、农业气象灾害和农作物生长发育等要素的农业气候资源数据清单和细致统一的数据格式标准；规范气候资源收集平台建设，协调气象、农业、民政等有关部门，建立国家、省、市、县四级农业气候资源数据中心或远程汇交系统；建立国家农业气候资源共享大数据库，与其他重要农业资源数据一起，实现农业资源数据共建共享，与全球农业调查分析系统的互联互通。

2. 建设农业气候资源监测体系

充分利用数据共享制度和现代科技手段，建立健全农业气候资源监测评价体系，做好"三个潜力"（光合生产潜力、光温生产潜力和气候生产潜力）的精细化评价。根据"试点先行，持续推进"的原则，确定国家、省、市、县四级监测点，系统收集农业气候资源动态监测数据；结合相关部门的气候资源数据和农业气候资源专题调查，实现对我国农业气候资源变化、农业土壤墒情、农业气候灾害的动态监测，支撑农业气候资源台账数据实时更新。

3. 建立国家重要农业资源台账制度体系

协调气象部门、农业部门、民政等部门，建立农业气候资源数据采集与共享制度、农业气候资源台账管理制度、农业气候资源报告发布制度和农业气象灾害预警制度，制定农业资源数据采集、监测和评价标准规范，全面提升气象为农服务能力。

4. 定期发布农业气候资源评价和报告

研究制定农业气候资源评价指标体系和数学模型，分析评价农业气候资源利用和气候变化对农业影响，预测农业气候灾害，定期发布农业气候资源报告和农业气象灾害预警报告。

（1）农业气候资源报告　分级编制农业气候资源报告或专题报告，包括农用天气预报、农作物产量与品质预报；"三个潜力"（光合生产潜力、光温生产潜力和气候生产潜力）的精细化评价、气候变化对农业生态系统影响分析等内容。

（2）农业气象灾害预警报告　编制全国或区域性的农业气象灾害预警报告，包括农田土壤墒情与灌溉预报、物候期预报、农林病虫害发生发展气象条件预报、农业气象灾害预警评估等内容。

（五）农业气候资源台账框架

1. 规范农业气候资源台账

制定统一农业气候台账清单。农业气候资源数据清单包括四大类55项指标（表43）。第一，农业气候资源类指标，主要包括降水量、平均气温、极端气温、日照时数、积温、无霜期、蒸散量等指标。第二，气象灾害类指标，反映了灾害性天气气候和重大气象灾害对农业生产造成的损失程度，主要包括旱灾、洪涝灾、风雹灾、冷冻灾、台风灾等气象灾害的受灾、成灾和绝收面积。第三，土壤墒情类指标，反映土壤湿润程度，是监测气象干旱的重要指标，主要包括10厘米、20厘米、30厘米、40厘米、50厘米、70厘米、100厘米土壤相对湿度。第四，农作物生长发育类指标，主要包括当地主要农作物（指当地播种面积占耕地面积15%以上的作物）的各生育期时间。

表 43 农业气候资源台账数据清单

| 指标类别 | 序号 | 指标名称 | 单位 |
|---|---|---|---|
| 农业气候资源 | 1 | 年降水量 | 毫米 |
| | 2 | 年平均气温 | ℃ |
| | 3 | 年极端最低气温 | ℃ |
| | 4 | 年极端最高气温 | ℃ |
| | 5 | 年日照时数 | 小时 |
| | 6 | 年太阳辐射总量 | 兆焦耳/平方米 |
| | 7 | 年累计蒸发皿蒸发量 | 毫米 |
| | 8 | ≥0℃积温 | ℃ |
| | 9 | ≥10℃积温 | ℃ |
| | 10 | 无霜期 | 天数 |
| | 11 | 初霜日 | 日期（月、日） |
| | 12 | 终霜日 | 日期（月、日） |
| | 13 | 年累计参考作物蒸散量 | 毫米 |
| 气象灾害情况 | 14 | 农作物受灾面积 | 亩 |
| | 15 | 农作物成灾面积 | 亩 |
| | 16 | 农作物绝收面积 | 亩 |
| | 17 | 旱灾受灾面积 | 亩 |
| | 18 | 旱灾成灾面积 | 亩 |
| | 19 | 旱灾绝收面积 | 亩 |
| | 20 | 洪涝灾受灾面积 | 亩 |
| | 21 | 洪涝灾成灾面积 | 亩 |
| | 22 | 洪涝灾绝收面积 | 亩 |
| | 23 | 风雹灾受灾面积 | 亩 |
| | 24 | 风雹灾成灾面积 | 亩 |
| | 25 | 风雹灾绝收面积 | 亩 |
| | 26 | 冷冻灾受灾面积 | 亩 |
| | 27 | 冷冻灾成灾面积 | 亩 |
| | 28 | 冷冻灾绝收面积 | 亩 |
| | 29 | 台风灾受灾面积 | 亩 |
| | 30 | 台风灾成灾面积 | 亩 |
| | 31 | 台风灾绝收面积 | 亩 |
| 土壤墒情 | 32 | 10厘米土壤相对湿度 | % |
| | 33 | 20厘米土壤相对湿度 | % |
| | 34 | 30厘米土壤相对湿度 | % |
| | 35 | 40厘米土壤相对湿度 | % |
| | 36 | 50厘米土壤相对湿度 | % |
| | 37 | 70厘米土壤相对湿度 | % |
| | 38 | 100厘米土壤相对湿度 | % |

(续表)

| 指标类别 | 序号 | 指 标 名 称 | 单位 |
|---|---|---|---|
| 农作物生长发育观测 | 39 | 一季稻发育程度及时间 | 发育期名称，日期 |
| | 40 | 早稻发育程度及时间 | 发育期名称，日期 |
| | 41 | 晚稻发育程度及时间 | 发育期名称，日期 |
| | 42 | 春玉米发育程度及时间 | 发育期名称，日期 |
| | 43 | 夏玉米发育程度及时间 | 发育期名称，日期 |
| | 44 | 春小麦发育程度及时间 | 发育期名称，日期 |
| | 45 | 冬小麦发育程度及时间 | 发育期名称，日期 |
| | 46 | 高粱发育程度及时间 | 发育期名称，日期 |
| | 47 | 谷子发育程度及时间 | 发育期名称，日期 |
| | 48 | 大豆发育程度及时间 | 发育期名称，日期 |
| | 49 | 甘薯发育程度及时间 | 发育期名称，日期 |
| | 50 | 马铃薯发育程度及时间 | 发育期名称，日期 |
| | 51 | 棉花发育程度及时间 | 发育期名称，日期 |
| | 52 | 油菜发育程度及时间 | 发育期名称，日期 |
| | 53 | 花生发育程度及时间 | 发育期名称，日期 |
| | 54 | 甘蔗发育程度及时间 | 发育期名称，日期 |
| | 55 | 甜菜发育程度及时间 | 发育期名称，日期 |

从指标数据来源看，指标清单以现有存量数据资源为主。其中，农业气象资源指标数据主要来自中国气象局建立的2 400多个地面气象观测台站（含基准站、基础站、一般站）的观测资料；自然灾害统计指标数据来自国家民政部的统计报表；土壤墒情和农作物生长发育指标数据来自中国气象局建立的600多个农业气象观测站的观测资料，覆盖了全国大部分的省、市、县。

从成果形式来看，农业气象资源指标数据为气象台站的观测数据及其插值生成的空间分布图件；自然灾害指标数据为省市县统计上报数据；土壤墒情和作物生长发育情况为农业气象台站的观测数据和空间分布图。

从指标属性来看，在指标清单所涉及的55项指标中，必填指标28个，选填指标27个，必填指标和选填指标基本各占一半。必填主要主要是农业气象资源指标和气象灾害类指标。选填指标主要是土壤墒情指标和农作物生长发育指标，主要是因为气象部门在农业气象观测站布局时只对主要农作物有观测（主要农作物是指当地播种面积占耕地面积15%以上的作物）。

**2. 构建农业气候资源台账数据平台**

农业气候资源台账数据平台包含基础台账数据库、专题台账数据库和成果数据库三个数据库，兼具数据统计和分析功能。基础台账数据库主要存储基层统计部门上报的一定区域和一定时期内农业气候资源和农业气象灾害的观测统计情况的详细数据。专题台账数据库由农业主管部门或科研机构负责，从基础数据库和行业部门抽取统计资料,整合基层数据,能够从总体上反映农业气候资源开发利用状况。成果数据库由主管部门和相关科研机构负责,是基础台账数据库和专题台账数据库整合分析、数据深入挖掘的结果,包括农业气候资源总台账、农业气候资源报告、农业气象灾害预警。台账数据平台向政府和决策部门提供定制报告,实现农业资源台账业务化运行。

3. 农业气候资源台账管理制度

农业气候资源台账管理制度采取分级建设、分级管理方式。制定国家农业气候资源台账标准,省级农业部门可参照国家标准并结合本省实际细化省级标准。省、市、县三级行政部门,要按照国家统一标准采集数据、统一规范等要求建立农业资源台账,确保农业资源数据指标部门间、区域间口径一致。省、市、县三级农业行政部门都要建立农业资源台账,并将统计数据和文件定期存档,保证台账材料的完整性、可追溯性。

## 六、农业气候资源台账建设试点工作情况

### (一)试点工作进展

2017年,农业气候资源台账在全国16个省的61个县(市)开展了试点(图19)。3月,课题组提交农业气候资源指标清单和指标释义。4月,在贵阳进行农业气候资源台账培训。5—10月,各地开始上报数据。11月15日,基本完成数据填报工作。12月参加农业资源台账制度建设年终总结会。

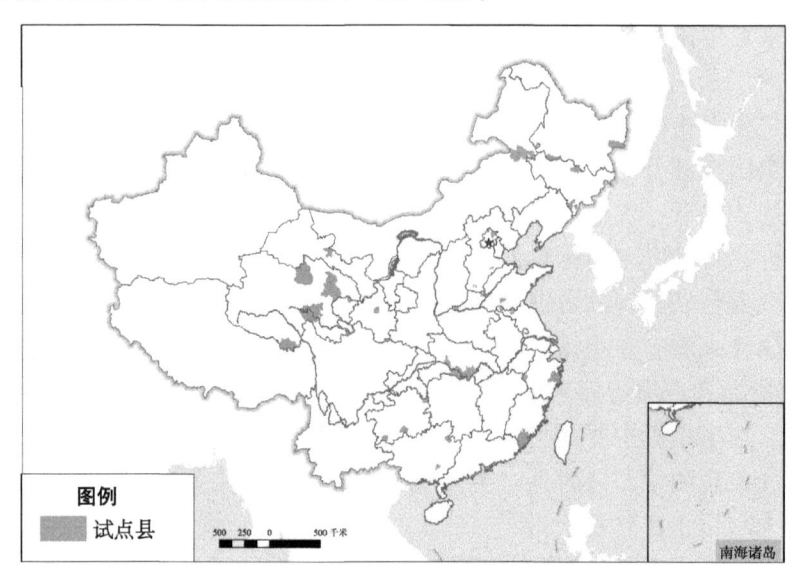

**图 19 2017 年国家重要农业资源台账试点县分布**

数据填报基本完成。截至 2017 年 11 月 24 日,在 61 个试点县中,53 个试点县提交了数据(表44、表45和表46)。其中,农业气候资源类指标和气候灾害指标填报完成情况较好,总体完成率86%;土壤墒情(选填项)和作物生长发育指标(选填

## 第四章 国家重要农业资源台账的建设内容

项）完成率相对较低，分别只有47.5%和31.1%。原因可能是土壤墒情和作物生长发育指标气象部门布点较少。

表44 农业气候资源台账填报情况

| 项目 | 农业气候资源与气象灾害 | | 土壤墒情 | | 主要农作物生长发育观测 | |
| --- | --- | --- | --- | --- | --- | --- |
| | 2010年 | 2015年 | 2010年 | 2015年 | 2010年 | 2015年 |
| 填报情况 | 52 | 53 | 31 | 29 | 19 | 19 |

注：截至2017年11月24日

表45 农业气候资源与气象灾害数据填报情况

| 项目 | 2010年 | 2015年 | 合计 | 完成率（%） |
| --- | --- | --- | --- | --- |
| 年降水量 | 55 | 61 | 116 | 95.08 |
| 年平均气温 | 55 | 61 | 116 | 95.08 |
| 年极端最低气温 | 55 | 61 | 116 | 95.08 |
| 年极端最高气温 | 55 | 61 | 116 | 95.08 |
| 年日照时数 | 55 | 60 | 115 | 94.26 |
| 年太阳辐射总量 | 10 | 12 | 22 | 18.03 |
| 年累计蒸发皿蒸发量 | 45 | 33 | 78 | 63.93 |
| ≥0℃积温 | 46 | 50 | 96 | 78.69 |
| ≥10℃积温 | 47 | 50 | 97 | 79.51 |
| 无霜期 | 54 | 60 | 114 | 93.44 |
| 初霜日 | 58 | 64 | 122 | 100.00 |
| 终霜日 | 58 | 64 | 122 | 100.00 |
| 年累计参考作物蒸散量 | 5 | 3 | 8 | 6.56 |
| 农作物受灾面积 | 41 | 46 | 87 | 71.31 |
| 农作物成灾面积 | 39 | 46 | 85 | 69.67 |
| 农作物绝收面积 | 36 | 43 | 79 | 64.75 |
| 合计 | 714 | 775 | 1 489 | 76.28 |

注：截至2017年11月24日

表46 土壤墒情数据填报情况

| 项目 | 2010年 | 2015年 | 合计 | 完成率（%） |
| --- | --- | --- | --- | --- |
| 10厘米土壤相对湿度 | 155 | 229 | 384 | 26.2 |
| 20厘米土壤相对湿度 | 151 | 232 | 383 | 26.2 |
| 30厘米土壤相对湿度 | 149 | 232 | 381 | 26.0 |
| 40厘米土壤相对湿度 | 156 | 233 | 389 | 26.6 |
| 50厘米土壤相对湿度 | 148 | 233 | 381 | 26.0 |
| 70厘米土壤相对湿度 | 81 | 124 | 205 | 14.0 |
| 100厘米土壤相对湿度 | 92 | 201 | 293 | 20.0 |
| 合计 | 932 | 1 484 | 2 416 | 23.6 |

注：截至2017年11月24日

## (二)下一步工作建议

结合 2017 年农业资源台账简述试点情况,提出以下政策建议。

第一,完善台账指标清单。2017 年台账制度建设取得了一定成效,但在推进过程中,也发现了一些问题,如初霜日和终霜日单位清单要求为"日序",而实际统计中常用日期。在充分吸纳各试点县所提意见基础上,进一步完善台账指标体系(表 47)。

第二,继续开展农业气候资源台账工作。农业气候资源台账 55 项指标中,必填项只有 28 项,均为基本农业气象要素观测指标,填报难度不大,且都是最基本、最重要的农业气候指标。从 2017 年上报情况来看,农业气候资源台账填报工作完成较好,必填指标完成率在 86% 以上。

第三,优化部门职能和分工。明确农业气候资源台账制度主管部门与执行部门、基层数据统计部门之间的分工,避免相互推诿或重复统计,提高运行效率。农业部门与气象、民政等部门之间的分工也要明确,把农业气候资源统计工作的主动性交到农业部门手里。

第四,提高农业气象服务能力。台账要服务农户、服务政府,针对现代农业需求,开发适合本地的精细化服务产品,开展针对性特色服务。发展适合"一乡一品、一县一业"的特色农业、设施农业等专项气象服务业务。

第五,利用互联网等先进信息技术。以气候资料、遥感反演、GIS、多种小网格空间插值模型为基础,应用先进区划技术、方法与指标体系,制定精细化农业气候区划,实现精细化农业气候资源量化评价;耦合应用气候模式与作物模型等农业模型、生态系统模型和农业气象长期观测资料,开展气候变化对农业与生态系统的影响分析,逐步推进气候变化对农业影响研究成果的业务化。

表 47　国家重要农业资源台账数据清单(气候资源)(省、市、县)

| 指标类别 | 序号 | 指标名称 | 单位 | 填报要求 | 数据更新周期 | 数据来源 | 备注 |
| --- | --- | --- | --- | --- | --- | --- | --- |
| 农业气候资源 | 1 | 年降水量 | 毫米 | 必填 | 年 | 气象部门 | 农业气象资源指标为本地区内的地面气象观测台站相关指标的算术平均值。 |
| | 2 | 年平均气温 | ℃ | 必填 | 年 | 气象部门 | |
| | 3 | 年极端最低气温 | ℃ | 必填 | 年 | 气象部门 | |
| | 4 | 年极端最高气温 | ℃ | 必填 | 年 | 气象部门 | |
| | 5 | 年日照时数 | 小时 | 必填 | 年 | 气象部门 | |
| | 6 | 年太阳辐射总量 | 兆焦耳/平方米 | 选填 | 年 | 气象部门 | |
| | 7 | 年累计蒸发皿蒸发量 | 毫米 | 选填 | 年 | 气象部门 | |
| | 8 | ≥0℃积温 | ℃ | 必填 | 年 | 气象部门 | |
| | 9 | ≥10℃积温 | ℃ | 必填 | 年 | 气象部门 | |
| | 10 | 无霜期 | 天数 | 必填 | 年 | 气象部门 | |
| | 11 | 初霜日 | 日期(月、日) | 必填 | 年 | 气象部门 | |
| | 12 | 终霜日 | 日期(月、日) | 必填 | 年 | 气象部门 | |
| | 13 | 年累计参考作物蒸散量 | 毫米 | 选填 | 年 | 气象部门 | |

第四章 国家重要农业资源台账的建设内容

(续表)

| 指标类别 | 序号 | 指标名称 | 单位 | 填报要求 | 数据更新周期 | 数据来源 | 备注 |
|---|---|---|---|---|---|---|---|
| 气象灾害情况 | 14 | 农作物受灾面积 | 亩 | 必填 | 年 | 民政部门 | |
| | 15 | 农作物成灾面积 | 亩 | 必填 | 年 | 民政部门 | |
| | 16 | 农作物绝收面积 | 亩 | 必填 | 年 | 民政部门 | |
| | 17 | 旱灾受灾面积 | 亩 | 必填 | 年 | 民政部门 | |
| | 18 | 旱灾成灾面积 | 亩 | 必填 | 年 | 民政部门 | |
| | 19 | 旱灾绝收面积 | 亩 | 必填 | 年 | 民政部门 | |
| | 20 | 洪涝灾受灾面积 | 亩 | 必填 | 年 | 民政部门 | |
| | 21 | 洪涝灾成灾面积 | 亩 | 必填 | 年 | 民政部门 | |
| | 22 | 洪涝灾绝收面积 | 亩 | 必填 | 年 | 民政部门 | |
| | 23 | 风雹灾受灾面积 | 亩 | 必填 | 年 | 民政部门 | |
| | 24 | 风雹灾成灾面积 | 亩 | 必填 | 年 | 民政部门 | |
| | 25 | 风雹灾绝收面积 | 亩 | 必填 | 年 | 民政部门 | |
| | 26 | 冷冻灾受灾面积 | 亩 | 必填 | 年 | 民政部门 | |
| | 27 | 冷冻灾成灾面积 | 亩 | 必填 | 年 | 民政部门 | |
| | 28 | 冷冻灾绝收面积 | 亩 | 必填 | 年 | 民政部门 | |
| | 29 | 台风灾受灾面积 | 亩 | 必填 | 年 | 民政部门 | |
| | 30 | 台风灾成灾面积 | 亩 | 必填 | 年 | 民政部门 | |
| | 31 | 台风灾绝收面积 | 亩 | 必填 | 年 | 民政部门 | |
| 土壤墒情 | 32 | 10厘米土壤相对湿度 | % | 选填 | 年 | 气象部门 | 土壤墒情指标为本地区内的农业气象观测台站相关指标的算术平均值 |
| | 33 | 20厘米土壤相对湿度 | % | 选填 | 年 | 气象部门 | |
| | 34 | 30厘米土壤相对湿度 | % | 选填 | 年 | 气象部门 | |
| | 35 | 40厘米土壤相对湿度 | % | 选填 | 年 | 气象部门 | |
| | 36 | 50厘米土壤相对湿度 | % | 选填 | 年 | 气象部门 | |
| | 37 | 70厘米土壤相对湿度 | % | 选填 | 年 | 气象部门 | |
| | 38 | 100厘米土壤相对湿度 | % | 选填 | 年 | 气象部门 | |
| 农作物生长发育观测 | 39 | 一季稻发育程度及时间 | 发育期名称,日期 | 选填 | 年 | 气象部门 | ①为了保证数据的一致性,"发育期"栏中请使用下拉框选择或指标解释中的名称填写,"日期"填写采用"1月1日"格式 ②多个生育期可在表后面另起一行补充 |
| | 40 | 早稻发育程度及时间 | 发育期名称,日期 | 选填 | 年 | 气象部门 | |
| | 41 | 晚稻发育程度及时间 | 发育期名称,日期 | 选填 | 年 | 气象部门 | |
| | 42 | 春玉米发育程度及时间 | 发育期名称,日期 | 选填 | 年 | 气象部门 | |
| | 43 | 夏玉米发育程度及时间 | 发育期名称,日期 | 选填 | 年 | 气象部门 | |
| | 44 | 春小麦发育程度及时间 | 发育期名称,日期 | 选填 | 年 | 气象部门 | |
| | 45 | 冬小麦发育程度及时间 | 发育期名称,日期 | 选填 | 年 | 气象部门 | |
| | 46 | 高粱发育程度及时间 | 发育期名称,日期 | 选填 | 年 | 气象部门 | |
| | 47 | 谷子发育程度及时间 | 发育期名称,日期 | 选填 | 年 | 气象部门 | |
| | 48 | 大豆发育程度及时间 | 发育期名称,日期 | 选填 | 年 | 气象部门 | |
| | 49 | 甘薯发育程度及时间 | 发育期名称,日期 | 选填 | 年 | 气象部门 | |
| | 50 | 马铃薯发育程度及时间 | 发育期名称,日期 | 选填 | 年 | 气象部门 | |
| | 51 | 棉花发育程度及时间 | 发育期名称,日期 | 选填 | 年 | 气象部门 | |
| | 52 | 油菜发育程度及时间 | 发育期名称,日期 | 选填 | 年 | 气象部门 | |
| | 53 | 花生发育程度及时间 | 发育期名称,日期 | 选填 | 年 | 气象部门 | |
| | 54 | 甘蔗发育程度及时间 | 发育期名称,日期 | 选填 | 年 | 气象部门 | |
| | 55 | 甜菜发育程度及时间 | 发育期名称,日期 | 选填 | 年 | 气象部门 | |

## 第四节 农业生物资源台账制度建设研究

### 一、概述

#### （一）国内外研究进展

农业生物资源是自然资源的有机组成部分，是指生物圈中对农业生产具有一定经济价值的动物、植物、微生物有机体以及由它们所组成的生物群落。生物资源包括基因、物种以及生态系统三个层次，对人类农业生产或者具有一定的现实和潜在价值，它们是地球上生物多样性的物质体现。自然界中存在的生物种类繁多、形态各异、结构千差万别，分布极其广泛，对环境的适应能力强，如平原、丘陵、高山、高原、草原、荒漠、淡水、海洋等都有生物的分布。

农业生物资源是生物圈中直接或间接与农业生产相关的动、植物和微生物组成的生物群落的总和，包括动物资源、植物资源和微生物资源三大类，其中植物资源包括主要种植农作物资源、水生植物资源、药用植物资源、绿肥植物资源等。动物资源包括主要畜禽品种、水生动物、昆虫等。微生物资源包括食用菌资源、微生物菌肥等。

当今世界各国都很重视农业生物资源的信息收集、存储、评价与分析利用工作。尤其在调查和收集农业生物信息系统建设方面，发达国家和一些相关国际非营利性组织已经建立了相应的信息系统。

美国利用它发达的信息技术作为支撑，经过长期的调查、收集，已成为最大的生物收集资源大国，并建立了涵盖动植物和微生物的全国的生物质资源信息网络。

20世纪末，美国国会通过授权实施了国家生物质资源计划，建立了植物资源调查、收集、整理和规范体系——美国国家生物质资源体系。

其他的一些发达国家也先后创建了各自的生物质资源数据库或信息网络系统。加拿大农业和食品部门按照《生物多样性公约》的要求，组织实施了相关的行动计划，建立了加拿大生物质信息网络。日本农林水产省开发了作物种质信息的资源信息网络系统。联合国粮农组织（FAO）等国际组织也建立了相应研究领域的信息系统。

尽管国际上已经建成了一些生物质资源数据库和信息系统，但是在这些保存的大部分是资源的基本情况数据，没有真正针对农业生物资源调查项目的管理信息系统，没有为相关生物质资源调查、收集、数据填报进行有效的数据支撑。

我国幅员辽阔，气候多样，地势复杂，历史一直以农耕经济为主，所以，农业生物资源非常丰富。中国政府也比较重视农业生物资源的调查、收集和利用工作，多年来，在政府的支持下，一些科研机构进行了多次的区域性生物资源调查活动，建立了相应的数据库或信息系统，生物资源的研究工作在调查、收集、利用等方面取得了很大的成就。但是，现阶段在我国开展的大部分生物资源利用工作，都缺少专门的台账作为支撑，建立全国范围内的生物资源台账制度对摸清我国农业生物资源现状、掌握区域分布规律、分析变化趋势具有重要的意义。

（二）主要研究内容

农业生产的对象是生物生产，是人们利用生物的生命活动，将太阳能和农业自然资源进行直接和间接的积累、转化和利用，提供人们所需的各种农、畜、水产品。因此，农业生产是以生物资源为中心。主要研究内容包括：

——基本概念与基础研究。包括生物资源台账相关概念、台账形式（数据清单、图件清单）。

——农业生物资源台账功能定位。分析调研政府官员、科技人员、其他大众等不同用户的需求特点，明确台账功能定位。

——生物资源台账指标体系构建。面向用户需求，确立指标构建原则，建立具体指标体系（基础指标、扩展指标和其他指标等或政府指标、科研标或其他指标），指标概念及计量单位；数据尺度（国家、省、市、县等）、数据类型（属性数据、矢量数据）、数据采集频次（年、月、日）、数据来源等。

——生物资源台账监测体系建设与完善。摸清数据现在与缺口，调查研究监测体系现状、问题与建议。

——生物资源台账建设措施。提出台账建设的目标、进度安排与对策措施。

（三）研究目标

构建国家农业生物资源台账指标体系和数据要求；进一步根据台账试点工作开展情况，完善台账指标构建。

## 二、生物资源台账指标体系构建

（一）功能定位

农业生物资源台账形式包括分地区分类别的可供查询的数据表格，主要项目包括不同项目的分年度的总量、分布等。主要形式为建立与地理信息系统之上的数据库系统，可以实现分地区级别（全国、省市级、县级）查询、分品种查询、分年度查询与汇总等。农业生物资源台账的功能定位包括是全国农业生物资源查询平台、发掘重要科研价值品种的宝库、监管农业生物资源的窗口、指导全国农业生产和政策制定的科学工具。

（二）主要功能

1. 查询功能

查询功能面向所有用户，提供全国农业生物资源的分区域、分行政级别的分布查询。

2. 统计功能

统计功能面向所有用户，提供全国农业生物资源的分区域、分行政级别、分品种等不同统计方式的统计。

3. 报表功能

面向政府部门，自动报表功能包括分类别统计报表、分区域自动报表等。

4. 分析功能

分析功能面向政府部门和科研单位，提供全国农业生物资源的分区域、分行政级别、分品种等分析结果，包括分布图、变化趋势图等。

5. 预警功能

预警功能面向政府部门，根据预警指标值和变化趋势，提供不同生物资源品种的事先预警，并给去解决方案。

（三）台账指标构建

生物资源台账统计跟农业生产相关的生物资源数量，包括种植业与养殖业、野生生物资源、农业遗传品种、生物多样性与外来生物入侵等（图20）。

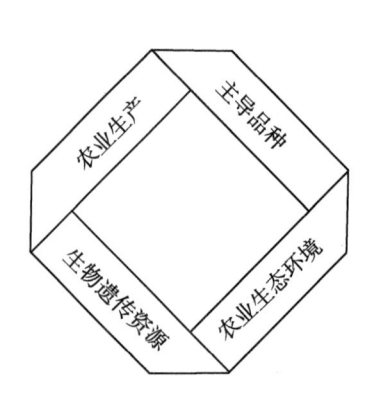

图20 生物资源台账指标体系

种植业是人类社会赖以生存的最基本的产业部门，种植业生产一般是指粮、棉、油、糖、麻、烟、茶、桑、果、菜、药、杂类作物等。这些农产品不仅是人类的能量来源，而且也是动物的能量来源，通过人类、动物和微生物利用、消耗、循环、运转着，其生产过程连续不断。我国从南到北，跨热带、亚热带、暖温带、中温带和寒温带，气候条件复杂，适宜多种农作物的生长，有着极丰富的种植业资源。我国种植业由三大类作物组成：一类是粮食作物，包括稻谷、小麦、玉米、薯类、豆类及其他杂粮；二类是经济作物，包括棉花、油料作物、麻类作物、糖类作物、烟草、桑、茶、果等；三类是其他作物，包括蔬菜、饲料作物及绿肥等。种植业指标选择结合我国农业调查指标，选择主要指标，尽量全面覆盖主要种植业品种。

我国养殖业主要包括牛、马、驴、骡、骆驼、猪、羊、鸡、鸭、鹅、兔、蜂等家畜家禽饲养业和鹿、貂、水獭、麝等野生经济动物驯养业。还包括海洋水产养殖、淡水水产养殖等。

生物多样性主要统计物种多样性。物种多样性是指地球上动物、植物、微生物等生物种类的丰富程度。物种多样性包括两个方面，其一是指一定区域内的物种丰富程度,可称为区域物种多样性;其二是指生态学方面的物种分布的均匀程度,可称为生态多样性或群落物种多样性。物种多样性是衡量一定地区农业生物资源丰富程度的一个客观指标。在阐述一个国家或地区生物多样性丰富程度时,最常用的指标是区域物种多样性。区域物种多样性的测量有以下3个指标:物种总数,即特定区域内所拥有的特定类群的物种数目;物种密度,指单位面积内的特定类群的物种数目特有种比例,指在一定区域内某个特定类群特有种占该地区物种总数的比例。最终选择物种数目(分动物、植物和经济微生物)作为国家农业生物资源统计指标。

遗传生物资源是指有实际或潜在价值的、具有遗传功能的材料(遗传材料),包括来自植物、动物、微生物或其他来源的任何含有遗传功能单位的材料。其中,动、植物遗传资源是指动、植物本身和所有的体细胞与生殖细胞系。

按照水产生物资源生活水域的性质不同,通常分为内陆水域水产资源和海洋水产资源两大类型:内陆水产资源包括江河、湖泊、水库和塘堰、鱼池中天然和人工养殖的各种水产生物,其种类非常之多。我国内陆水域中,以淡水鱼为主体,有近1 000种,此外还有经济价值较高的的蟹类、虾类、两栖类等资源。从各种鱼类适应水域的情况,划分为暖水性鱼类;温水性鱼类;冷水性鱼类。海洋水产资源种类繁多,我国海洋生物有2 000多种,其中鱼类达1 500多种,经济价值较大的鱼类有150多种,其中重要的捕捞对象有:带鱼、鳗鱼、大黄鱼、比目鱼、红鱼、沙丁鱼、鳖鱼、鱼昌、绸鱼、金枪鱼等;有经济价值的重要软体动物有乌贼、鱿鱼、鲍鱼、牡砺、花蛤、章鱼等;甲壳类有对虾、龙虾、青蟹等;棘皮类有刺参、梅花参等;沿海分布的藻类常见的有200种以上,其中主要经济藻类有海带、紫菜、裙带菜、江篱、石花菜等。

江河是内陆水体中最重要的组成部分,我国流域面积在100千米以上的河流有5 000多条,这些河流大多水量丰富,水质肥沃,适宜于水生生物的繁殖生长;全国的天然湖泊有20 000多个,淡水湖泊主要分布在长江中下游;此外,还有为数众多的面积在500公顷以上的水库、星罗棋布的池塘等,它们都是淡水养殖业的主要组成部分。我国淡水水面总面积中,河沟占38.90%,湖泊占42.2%,水库占11.7%,池塘占7.2%,可利用水面50 000公顷。淡水产品产量的构成中鱼类占96.6%,虾蟹类占1.8%,贝类占1.6%。还包括河流湖泊增殖放养量等。

综合上述,农业生物资源台账包括四大类104项指标,涵盖农业生产、主导品种、生物遗传资源、农业生态环境等(表48)。

## 三、生物资源台账建设

### (一)建设方案

基于地理信息系统和数据库技术,建设农业生物资源统计与分析系统(台账)。实现数据录入、查询与分析。在全国行政区划图,通过县级行政区划编码实现关联。

表48 农业生物资源台账数据清单

| 指标类别 | 序号 | 指标名称 | 定义 | 单位 |
|---|---|---|---|---|
| 农业生产 | 1 | 农作物播种面积 | 农作物播种面积，指实际播种或移植有农作物的面积，包括种植在耕地上和非耕地上。 | 千公顷 |
| | 2 | 粮食作物播种面积 | 粮食作物播种面积是指谷类作物、薯类作物和豆类作物的播种面积总和 | 千公顷 |
| | 3 | 粮食作物总产量 | 谷类作物、薯类作物和豆类作物的年度总产量 | 万吨 |
| | 4 | 夏收粮食播种面积 | 夏收谷类作物、薯类作物和豆类作物总的播种面积 | 千公顷 |
| | 5 | 夏收粮食总产量 | 夏收谷类作物、薯类作物和豆类作物总产量 | 万吨 |
| | 6 | 秋收粮食播种面积 | 秋收谷类作物、薯类作物和豆类作物总和播种面积 | 千公顷 |
| | 7 | 秋收粮食总产量 | 秋收谷类作物、薯类作物和豆类作物总产量 | 万吨 |
| | 8 | 谷物播种面积 | 禾谷类：包括稻类（籼稻、粳稻、糯稻）、麦类（小麦、大麦、燕麦、黑麦）、玉米、高粱、粟、黍、黄米、荞麦等总和播种面积 | 千公顷 |
| | 9 | 谷物总产量 | 禾谷类：包括稻类（籼稻、粳稻、糯稻）、麦类（小麦、大麦、燕麦、黑麦）、玉米、高粱、粟、黍、黄米、荞麦等的总产量 | 万吨 |
| | 10 | 稻谷播种面积 | 年度稻谷播种总面积 | 千公顷 |
| | 11 | 稻谷总产量 | 年度稻谷总产量 | 万吨 |
| | 12 | 小麦播种面积 | 年度小麦播种总面积 | 千公顷 |
| | 13 | 小麦总产量 | 年度小麦总产量 | 万吨 |
| | 14 | 冬小麦播种面积 | 年度冬小麦播种总面积 | 千公顷 |
| | 15 | 冬小麦总产量 | 年度冬小麦总产量 | 万吨 |
| | 16 | 春小麦播种面积 | 年度春小麦播种总面积 | 千公顷 |
| | 17 | 春小麦总产量 | 年度春小麦总产量 | 万吨 |
| | 18 | 玉米播种面积 | 年度玉米播种总面积 | 千公顷 |
| | 19 | 玉米总产量 | 年度玉米总产量 | 万吨 |
| | 20 | 大麦播种面积 | 年度大麦播种总面积 | 千公顷 |
| | 21 | 大麦总产量 | 年度大麦总产量 | 万吨 |
| | 22 | 大豆播种面积 | 年度大豆播种总面积 | 千公顷 |
| | 23 | 大豆总产量 | 年度大豆总产量 | 万吨 |
| | 24 | 蚕（豌）豆播种面积 | 年度蚕豆和豌豆播种总面积 | 千公顷 |
| | 25 | 蚕（豌）豆总产量 | 年度蚕豆和豌豆总产量 | 万吨 |
| | 26 | 番薯播种面积 | 年度番薯播种总面积 | 千公顷 |

## 第四章 国家重要农业资源台账的建设内容

(续表)

| 指标类别 | 序号 | 指标名称 | 定 义 | 单位 |
|---|---|---|---|---|
| 农业生产 | 27 | 番薯总产量 | 年度番薯鲜重总产量 | 万吨 |
| | 28 | 其他谷物播种面积 | 区域内其他粮食作物年度播种面积，包括不限于：燕麦、黑麦、谷子、高粱和青稞等 | 千公顷 |
| | 29 | 其他谷物总产量 | 区域内其他粮食作物年度总产量，包括不限于：燕麦、黑麦、谷子、高粱和青稞等 | 万吨 |
| | 30 | 马铃薯播种面积 | 年度马铃薯播种总面积 | 千公顷 |
| | 31 | 马铃薯总产量 | 年度马铃薯鲜重总产量 | 万吨 |
| | 32 | 油料作物播种面积 | 主要指油菜、大豆、花生、芝麻、向日葵、棉籽、蓖麻、苏子、油用亚麻和大麻等的播种总面积 | 千公顷 |
| | 33 | 油料作物总产量 | 主要指油菜、大豆、花生、芝麻、向日葵、棉籽、蓖麻、苏子、油用亚麻和大麻等的总产量 | 吨 |
| | 34 | 花生播种面积 | 年度花生播种面积 | 千公顷 |
| | 35 | 花生总产量 | 年度花生总产量 | 万吨 |
| | 36 | 油菜籽播种面积 | 年度油菜籽播种面积 | 千公顷 |
| | 37 | 油菜籽总产量 | 年度油菜籽干重总产量 | 吨 |
| | 38 | 棉花播种面积 | 年度棉花播种面积 | 千公顷 |
| | 39 | 棉花总产量 | 年度棉花总产量 | 吨 |
| | 40 | 糖料播种面积 | 主要指是甘蔗、甜糖菜的播种总面积 | 千公顷 |
| | 41 | 糖料总产量 | 甘蔗、甜糖菜的总产量 | 吨 |
| | 42 | 甘蔗播种面积 | 年度甘蔗播种面积 | 千公顷 |
| | 43 | 甘蔗总产量 | 年度甘蔗总产量 | 吨 |
| | 44 | 甜菜播种面积 | 年度甜菜播种面积 | 千公顷 |
| | 45 | 甜菜总产量 | 年度甜菜总产量 | 吨 |
| | 46 | 药材类播种面积 | 年度中药材类播种面积 | 千公顷 |
| | 47 | 药材类总产量 | 年度中药材类干重总产量 | 万吨 |
| | 48 | 蔬菜（含食用菌）播种面积 | 区域内蔬菜（含食用菌）年度播种面积 | 千公顷 |
| | 49 | 蔬菜（含食用菌）总产量 | 区域内蔬菜（含食用菌）年度鲜重总产量 | 万吨 |
| | 50 | 果用瓜播种面积 | 区域内果用瓜产量年度播种面积 | 千公顷 |
| | 51 | 果用瓜总产量 | 区域内果用瓜产量年度总产量 | 万吨 |
| | 52 | 水果播种面积 | 区域内水果播种面积 | 千公顷 |

(续表)

| 指标类别 | 序号 | 指标名称 | 定 义 | 单位 |
| --- | --- | --- | --- | --- |
| 农业生产 | 53 | 水果总产量 | 区域内水果年度鲜重总产量 | 万吨 |
| | 54 | 芝麻播种面积 | 区域内芝麻年度播种面积 | 千公顷 |
| | 55 | 芝麻总产量 | 区域内芝麻年度干重总产量 | 万吨 |
| | 56 | 茶叶播种面积 | 区域内茶叶年度播种面积 | 千公顷 |
| | 57 | 茶叶总产量 | 区域内茶叶年度干重总产量 | 万吨 |
| | 58 | 其他农作物播种面积 | 区域内其他农作物年度播种面积，需列出名称 | 千公顷 |
| | 59 | 其他农作物总产量 | 区域内其他农作物年度总产量，需列出名称 | 万吨 |
| | 60 | 生猪出栏量 | 区域内生猪年度出栏数量 | 万头 |
| | 61 | 肉牛出栏量 | 区域内肉牛年度出栏数量 | 万头 |
| | 62 | 奶牛存栏量 | 区域内奶牛年度出栏数量 | 万头 |
| | 63 | 肉羊出栏量 | 区域内肉羊年度出栏数量 | 万只 |
| | 64 | 肉鸡出栏量 | 区域内肉鸡年度出栏数量 | 万只 |
| | 65 | 蛋鸡存栏量 | 区域内蛋鸡年度存栏数量 | 万只 |
| | 66 | 其他出（存）栏量 | 区域其他畜禽出（存）栏量，包括不限于：鹅、牦牛、山羊、绵羊、皮毛用动物等，需列出品种 | 万头/只 |
| | 67 | 畜禽肉类总产量 | 区域内畜禽肉类年度总产量 | 万吨 |
| | 68 | 猪肉总产量 | 区域内猪肉年度总产量 | 万吨 |
| | 69 | 牛肉总产量 | 区域内牛肉年度总产量 | 万吨 |
| | 70 | 羊肉总产量 | 区域内羊肉年度总产量 | 万吨 |
| | 71 | 牛奶总产量 | 区域内牛奶年度鲜重总产量 | 万吨 |
| | 72 | 禽肉总产量 | 区域内禽肉年度总产量 | 万吨 |
| | 73 | 禽蛋总产量 | 区域内禽蛋年度总产量 | 万吨 |
| | 74 | 蜂蜜总产量 | 区域内蜂蜜年度总产量 | 万吨 |
| | 75 | 鱼类总产量 | 区域内鱼类年度总产量 | 万吨 |
| | 76 | 虾蟹类总产量 | 区域内虾蟹类年度总产量 | 万吨 |
| | 77 | 贝类总产量 | 区域内贝类年度总产量，需列出名称和各自产量 | 万吨 |
| | 78 | 其他水产品产量 | 区域内其他水产年度总产量 | 万吨 |
| | 79 | 海洋捕捞量 | 区域内海洋产品年度捕捞量 | 万吨 |
| | 80 | 淡水捕捞量 | 区域内淡水产品年度捕捞量 | 万吨 |
| | 81 | 增殖放流量 | 往天然水域投放鱼类数量 | 万尾 |
| | 82 | 水产养殖总面积 | 区域内水产养殖总面积，包括淡水和海水养殖面积 | 千公顷 |

第四章　国家重要农业资源台账的建设内容

(续表)

| 指标类别 | 序号 | 指标名称 | 定义 | 单位 |
|---|---|---|---|---|
| 农业生产 | 83 | 水产标准化健康养殖示范场（区）养殖面积 | 区域内水产标准化健康养殖示范场（区）养殖面积 | 千公顷 |
| 主导品种 | 84 | 水稻主导品种名称、种植面积 | 水稻主导品种指播种面积最大的品种，名称填在备注里 | 千公顷 |
| | 85 | 小麦主导品种名称、种植面积 | 小麦主导品种指播种面积最大的品种，名称填在备注里 | 千公顷 |
| | 86 | 玉米主导品种名称、种植面积 | 玉米主导品种指播种面积最大的品种，名称填在备注里 | 千公顷 |
| | 87 | 大麦主导品种名称、种植面积 | 大麦主导品种指播种面积最大的品种，名称填在备注里 | 千公顷 |
| | 88 | 大豆主导品种名称、种植面积 | 大豆主导品种指播种面积最大的品种，名称填在备注里 | 千公顷 |
| | 89 | 马铃薯主导品种名称、种植面积 | 马铃薯主导品种指播种面积最大的品种，名称填在备注里 | 千公顷 |
| | 90 | 生猪主导品种名称、出栏数量 | 生猪主导品种指养殖数量最大的品种，名称填在备注里 | 万头 |
| | 91 | 肉牛主导品种名称、出栏数量 | 肉牛主导品种指养殖数量最大的品种，名称填在备注里 | 万头 |
| | 92 | 奶牛主导品种名称、牛奶产量 | 奶牛主导品种指养殖数量最大的品种，名称填在备注里 | 万吨 |
| | 93 | 肉羊主导品种名称、出栏数量 | 肉羊主导品种指养殖数量最大的品种，名称填在备注里 | 万只 |
| | 94 | 肉鸡主导品种名称、鸡肉产量 | 肉鸡主导品种指养殖数量最大的品种，名称填在备注里 | 万吨 |
| | 95 | 蛋鸡主导品种名称、蛋产量 | 蛋鸡主导品种指养殖数量最大的品种，名称填在备注里 | 万吨 |
| 生物遗传资源 | 96 | 保护畜禽遗传品种名称、品种特性 | 保护畜禽遗传品种名称、品种特性，列在备注里 | |
| | 97 | 保护水生遗传品种名称、品种特性 | 保护水生遗传品种名称、品种特性，列在备注里 | |
| | 98 | 保护植物遗传品种名称、品种特性 | 保护植物遗传品种名称、品种特性，列在备注里 | |
| 农业生态环境 | 99 | 天然草地合理载畜量 | 维持草地可持续生产条件下单位面积天然草地所能承养的家畜头数 | 头/公顷 |
| | 100 | 天然草地全年实际载畜量 | 单位面积实际承养的家畜头数 | 头/公顷 |
| | 101 | 野生植物资源数量 | 野生植物资源数量 | 个 |
| | 102 | 野生动物资源数量 | 野生动物资源数量 | 个 |
| | 103 | 经济菌类资源数量 | 经济菌类资源数量 | 个 |
| | 104 | 外来入侵生物名称、主要危害 | 外来入侵生物名称、主要危害，列在备注里 | |

1. 指标构建原则

面向用户需求，确立指标构建原则，建立具体指标体系（基础指标、扩展指标和其他指标等或政府指标、科研标或其他指标），指标概念及计量单位；数据尺度（国家、省、市、县等）、数据类型（属性数据、矢量数据）、数据采集频次（年、月、日）、数据来源。

2. 分级登记

县级登记为主要数据获取形式，但需对相关人员进行培训，确保数据的真实有效。

3. 时间尺度

全国范围内农业生产时间尺度为每年一次，野生动植物资源和外来生物入侵统计时间尺度为每5年一次。

（二）部门职责

1. 国家级部门职责

国家级部门（包括农业农村部业务部门、相关科研单位、数据中心）提供完整的本专业方面的数据库。

2. 省级部门职责

省级部门提供本身的资源数据库，并负责组织本省县级部门的数据录入、汇总工作。

3. 县级部门职责

根据业务划分，县级农业部门主导资源数据整理录入工作，其他部门提供相关资源数据信息。

（三）主要问题与建议

1. 生产品种资源与野生品种资源的统计指标

建议台账系统联系相关单位负责已有的规模化生产种植资源的数据整合。县级部门负责本地区野生品种资源的发掘和录入。

2. 生物多样性指标体系需要进一步完善

针对目前生物资源台账关于生物多样性指标设置过少，不能完全反应区域农业生态环境的情况，需要进一步加强研究，制定合理可行指标，以合理反映与评价区域农业生态环境情况。

## 四、生物资源台账监测体系建设

为了客观的核查农业生物资源量，反映农业生物资源和自然生物资源的相互制约和影响关系，在试点县建设农业生物资源长期观察点。考虑到青海省试点县的实际情况，分别在试点县建立典型养殖场（小区）监测点和种植业监测点。其中，典型养殖场（小区）监测点重点监测高寒高海拔地区畜牧养殖量对天然草地的影响，以评估分析草原草场的畜牧承载量。种植业监测点用于监测高寒高海拔地区种植业产量情况，以评估和分析影响该类型区域种植业发展的关键因素。

## （一）生物资源监测点监测内容

1. 地块级种植业监测点

选择集中连片的田地，试点县根据主导种植作物类型各选择一个监测地块，共计三个监测地块，设置自动气象站。分别监测天然降水量、灌溉用水量、化肥农药使用量、作物类型、种植面积、总产量、单位产量等。

2. 典型养殖小区（场）监测点

根据不同地区养殖品种，选择规模化养殖小区作物养殖业监测点，共计选择三个，其中选择一个天然草场放牧区和两个农户养殖场（小区）。重点监测记录养殖类别、品种、出栏量、存栏量、农户存栏量/出栏量等指标。草场生物资源监测包括天然降水量、草原植被盖度、草地地上部生物量等。

## （二）生物资源监测点监测方法

生物资源监测点要求明确负责人，至少配置3名监测人员。地块级种植业监测方法采用实地调查法。每半个月调查一次。统计地块面积、种植作物播种面积、收获数量、农药化肥使用量、灌溉用水量等情况，同时设置自动雨量计，记录天然降水量。

典型养殖小区（场）监测点每半个月统计一次，记录养殖畜牧业存栏、出栏、农户存栏量/出栏量情况。草地地上部生物量采用单位面积调查法，每1个月抽样调查一次，统计监测区域草原植被生物总量。

## 五、生物资源台账建设建议

### （一）高质量建设基础地理数据系统

按照高标准设计、高质量建设的原则建立基础地理数据系统。充分考虑县级数据录入时的便捷性，开发人性化的用户输入流程和界面，方便数据录入。充分利用地理信息系统和数据库等最新技术，建立基于地理信息的农业资源台账系统。反复验证数据库的逻辑关系。根据政府部门、科研单位、大众的业务需求，针对不同用户提前设计查询规则。

### （二）加强数据录入管理与培训工作

为保证数据库各类数据和有关资料的可靠性、时效性、完整性和安全性，各单位要严格数据库管理制度，明确规定数据库的结构格式、把关审核的责任、录入处理工作的程序等，切实搞好数据的搜集、审核、处理和录入。加强对数据录入人员的培训工作，做好相关培训与技术手册。

### （三）加强部门沟通和合作

由于不同种类的农业生物资源涉及不同的政府部门，例如水生生物资源在县级由水利部门负责，果树由林业部门负责，昆虫等由动物研究所负责。加强部门之间的沟通和合作，对建立完整的生物资源台账具有重要意义。

### （四）加强生物遗传资源的调查与监测

目前的生物资源物种数据多半依据几十年前的调查，近年尚未进行全国范围的农业生物遗传资源调查。建议加强生物多样性的监测，尤其是加强具有潜在价值的生物遗传品种调查与监测（表49）。

表49 国家重要农业资源台账数据清单（生物资源）（省、市、县）

| 指标类别 | 序号 | 指标名称 | 定义 | 单位 | 数据类型 | 填报要求 | 周期 | 数据来源 |
|---|---|---|---|---|---|---|---|---|
| 农业生产 | 1 | 农作物播种面积 | 农作物播种面积，指实际播种或移植有农作物的面积，包括种植在耕地上和非耕地上 | 千公顷 | 数值型（四位小数） | 必填 | 年 | 农业农村部门 |
| | 2 | 粮食作物播种面积 | 粮食作物播种面积是指谷类作物、薯类作物和豆类作物的播种面积总和 | 千公顷 | 数值型（四位小数） | 必填 | 年 | 农业农村部门 |
| | 3 | 粮食作物总产量 | 谷类作物、薯类作物和豆类作物的年度总产量 | 万吨 | 数值型（四位小数） | 必填 | 年 | 农业农村部门 |
| | 4 | 夏收粮食播种面积 | 夏收谷类作物、薯类作物和豆类作物总和播种面积 | 千公顷 | 数值型（四位小数） | 必填 | 年 | 农业农村部门 |
| | 5 | 夏收粮食总产量 | 夏收谷类作物、薯类作物和豆类作物总产量 | 万吨 | 数值型（四位小数） | 必填 | 年 | 农业农村部门 |
| | 6 | 秋收粮食播种面积 | 秋收谷类作物、薯类作物和豆类作物总和播种面积 | 千公顷 | 数值型（四位小数） | 必填 | 年 | 农业农村部门 |
| | 7 | 秋收粮食总产量 | 秋收谷类作物、薯类作物和豆类作物总产量 | 万吨 | 数值型（四位小数） | 必填 | 年 | 农业农村部门 |
| | 8 | 谷物播种面积 | 禾谷类：包括稻类（籼稻、粳稻、糯稻）、麦类（小麦、大麦、燕麦、黑麦）、玉米、高粱、粟、黍、黄米、荞麦等总和播种面积 | 千公顷 | 数值型（四位小数） | 必填 | 年 | 农业农村部门 |
| | 9 | 谷物总产量 | 禾谷类：包括稻类（籼稻、粳稻、糯稻）、麦类（小麦、大麦、燕麦、黑麦）、玉米、高粱、粟、黍、黄米、荞麦等的总产量 | 万吨 | 数值型（四位小数） | 必填 | 年 | 农业农村部门 |
| | 10 | 稻谷播种面积 | 年度稻谷播种总面积 | 千公顷 | 数值型（四位小数） | 必填 | 年 | 农业农村部门 |
| | 11 | 稻谷总产量 | 年度稻谷总产量 | 万吨 | 数值型（四位小数） | 必填 | 年 | 农业农村部门 |
| | 12 | 小麦播种面积 | 年度小麦播种总面积 | 千公顷 | 数值型（四位小数） | 必填 | 年 | 农业农村部门 |
| | 13 | 小麦总产量 | 年度小麦总产量 | 万吨 | 数值型（四位小数） | 必填 | 年 | 农业农村部门 |
| | 14 | 冬小麦播种面积 | 年度冬小麦播种总面积 | 千公顷 | 数值型（四位小数） | 必填 | 年 | 农业农村部门 |
| | 15 | 冬小麦总产量 | 年度冬小麦总产量 | 万吨 | 数值型（四位小数） | 必填 | 年 | 农业农村部门 |
| | 16 | 春小麦播种面积 | 年度春小麦播种总面积 | 千公顷 | 数值型（四位小数） | 必填 | 年 | 农业农村部门 |
| | 17 | 春小麦总产量 | 年度春小麦总产量 | 万吨 | 数值型（四位小数） | 必填 | 年 | 农业农村部门 |
| | 18 | 玉米播种面积 | 年度玉米播种总面积 | 千公顷 | 数值型（四位小数） | 必填 | 年 | 农业农村部门 |

## 第四章 国家重要农业资源台账的建设内容

(续表)

| 指标类别 | 序号 | 指标名称 | 定义 | 单位 | 数据类型 | 填报要求 | 周期 | 数据来源 |
|---|---|---|---|---|---|---|---|---|
| 农业生产 | 19 | 玉米总产量 | 年度玉米总产量 | 万吨 | 数值型（四位小数） | 必填 | 年 | 农业农村部门 |
| | 20 | 大麦播种面积 | 年度大麦播种总面积 | 千公顷 | 数值型（四位小数） | 必填 | 年 | 农业农村部门 |
| | 21 | 大麦总产量 | 年度大麦总产量 | 万吨 | 数值型（四位小数） | 必填 | 年 | 农业农村部门 |
| | 22 | 大豆播种面积 | 年度大豆播种总面积 | 千公顷 | 数值型（四位小数） | 必填 | 年 | 农业农村部门 |
| | 23 | 大豆总产量 | 年度大豆总产量 | 万吨 | 数值型（四位小数） | 必填 | 年 | 农业农村部门 |
| | 24 | 蚕（豌）豆播种面积 | 年度蚕豆和豌豆播种总面积 | 千公顷 | 数值型（四位小数） | 必填 | 年 | 农业农村部门 |
| | 25 | 蚕（豌）豆总产量 | 年度蚕豆和豌豆总产量 | 万吨 | 数值型（四位小数） | 必填 | 年 | 农业农村部门 |
| | 26 | 番薯播种面积 | 年度番薯播种总面积 | 千公顷 | 数值型（四位小数） | 必填 | 年 | 农业农村部门 |
| | 27 | 番薯总产量 | 年度番薯鲜重总产量 | 万吨 | 数值型（四位小数） | 必填 | 年 | 农业农村部门 |
| | 28 | 其他谷物播种面积 | 区域内其他粮食作物年度播种面积，包括不限于：燕麦、黑麦、谷子、高粱和青稞等 | 千公顷 | 数值型（四位小数） | 必填 | 年 | 农业农村部门 |
| | 29 | 其他谷物总产量 | 区域内其他粮食作物年度总产量，包括不限于：燕麦、黑麦、谷子、高粱和青稞等 | 万吨 | 数值型（四位小数） | 必填 | 年 | 农业农村部门 |
| | 30 | 马铃薯播种面积 | 年度马铃薯播种总面积 | 千公顷 | 数值型（四位小数） | 必填 | 年 | 农业农村部门 |
| | 31 | 马铃薯总产量 | 年度马铃薯鲜重总产量 | 万吨 | 数值型（四位小数） | 必填 | 年 | 农业农村部门 |
| | 32 | 油料作物播种面积 | 主要指油菜、大豆、花生、芝麻、向日葵、棉籽、蓖麻、苏子、油用亚麻和大麻等的播种总面积 | 千公顷 | 数值型（四位小数） | 必填 | 年 | 农业农村部门 |
| | 33 | 油料作物总产量 | 主要指油菜、大豆、花生、芝麻、向日葵、棉籽、蓖麻、苏子、油用亚麻和大麻等 | 吨 | 数值型（四位小数） | 必填 | 年 | 农业农村部门 |
| | 34 | 花生播种面积 | 年度花生播种面积 | 千公顷 | 数值型（四位小数） | 必填 | 年 | 农业农村部门 |
| | 35 | 花生总产量 | 年度花生总产量 | 万吨 | 数值型（四位小数） | 必填 | 年 | 农业农村部门 |
| | 36 | 油菜籽播种面积 | 年度油菜籽播种面积 | 千公顷 | 数值型（四位小数） | 必填 | 年 | 农业农村部门 |

(续表)

| 指标类别 | 序号 | 指标名称 | 定　义 | 单位 | 数据类型 | 填报要求 | 周期 | 数据来源 |
|---|---|---|---|---|---|---|---|---|
| 农业生产 | 37 | 油菜籽总产量 | 年度油菜籽干重总产量 | 吨 | 数值型（四位小数） | 必填 | 年 | 农业农村部门 |
| | 38 | 棉花播种面积 | 年度棉花播种面积 | 千公顷 | 数值型（四位小数） | 必填 | 年 | 农业农村部门 |
| | 39 | 棉花总产量 | 年度棉花总产量 | 吨 | 数值型（四位小数） | 必填 | 年 | 农业农村部门 |
| | 40 | 糖料播种面积 | 主要指是甘蔗、甜糖菜的播种总面积 | 千公顷 | 数值型（四位小数） | 必填 | 年 | 农业农村部门 |
| | 41 | 糖料总产量 | 甘蔗、甜糖菜的总产量 | 吨 | 数值型（四位小数） | 必填 | 年 | 农业农村部门 |
| | 42 | 甘蔗播种面积 | 年度甘蔗播种面积 | 千公顷 | 数值型（四位小数） | 必填 | 年 | 农业农村部门 |
| | 43 | 甘蔗总产量 | 年度甘蔗总产量 | 吨 | 数值型（四位小数） | 必填 | 年 | 农业农村部门 |
| | 44 | 甜菜播种面积 | 年度甜菜播种面积 | 千公顷 | 数值型（四位小数） | 必填 | 年 | 农业农村部门 |
| | 45 | 甜菜总产量 | 年度甜菜总产量 | 吨 | 数值型（四位小数） | 必填 | 年 | 农业农村部门 |
| | 46 | 药材类播种面积 | 年度中药材类播种面积 | 千公顷 | 数值型（四位小数） | 必填 | 年 | 农业农村部门 |
| | 47 | 药材类总产量 | 年度中药材类干重总产量 | 万吨 | 数值型（四位小数） | 必填 | 年 | 农业农村部门 |
| | 48 | 蔬菜（含食用菌）播种面积 | 区域内蔬菜（含食用菌）年度播种面积 | 千公顷 | 数值型（四位小数） | 必填 | 年 | 农业农村部门 |
| | 49 | 蔬菜（含食用菌）总产量 | 区域内蔬菜（含食用菌）年度鲜重总产量 | 万吨 | 数值型（四位小数） | 必填 | 年 | 农业农村部门 |
| | 50 | 果用瓜播种面积 | 区域内果用瓜产量年度播种面积 | 千公顷 | 数值型（四位小数） | 必填 | 年 | 农业农村部门 |
| | 51 | 果用瓜总产量 | 区域内果用瓜产量年度总产量 | 万吨 | 数值型（四位小数） | 必填 | 年 | 农业农村部门 |
| | 52 | 水果播种面积 | 区域内水果播种面积 | 千公顷 | 数值型（四位小数） | 必填 | 年 | 农业农村部门 |
| | 53 | 水果总产量 | 区域内水果年度鲜重总产量 | 万吨 | 数值型（四位小数） | 必填 | 年 | 农业农村部门 |
| | 54 | 芝麻播种面积 | 区域内芝麻年度播种面积 | 千公顷 | 数值型（四位小数） | 必填 | 年 | 农业农村部门 |
| | 55 | 芝麻总产量 | 区域内芝麻年度干重总产量 | 万吨 | 数值型（四位小数） | 必填 | 年 | 农业农村部门 |

## 第四章 国家重要农业资源台账的建设内容

(续表)

| 指标类别 | 序号 | 指标名称 | 定 义 | 单位 | 数据类型 | 填报要求 | 周期 | 数据来源 |
|---|---|---|---|---|---|---|---|---|
| 农业生产 | 56 | 茶叶播种面积 | 区域内茶叶年度播种面积 | 千公顷 | 数值型（四位小数） | 必填 | 年 | 农业农村部门 |
| | 57 | 茶叶总产量 | 区域内茶叶年度干重总产量 | 万吨 | 数值型（四位小数） | 必填 | 年 | 农业农村部门 |
| | 58 | 其他农作物播种面积 | 区域内其他农作物年度播种面积，需列出名称 | 千公顷 | 数值型（四位小数） | 必填 | 年 | 农业农村部门 |
| | 59 | 其他农作物总产量 | 区域内其他农作物年度总产量，需列出名称 | 万吨 | 数值型（四位小数） | 必填 | 年 | 农业农村部门 |
| | 60 | 生猪出栏量 | 区域内生猪年度出栏数量 | 万头 | 数值型（四位小数） | 必填 | 年 | 农业农村部门 |
| | 61 | 肉牛出栏量 | 区域内肉牛年度出栏数量 | 万头 | 数值型（四位小数） | 必填 | 年 | 农业农村部门 |
| | 62 | 奶牛存栏量 | 区域内奶牛年度出栏数量 | 万头 | 数值型（四位小数） | 必填 | 年 | 农业农村部门 |
| | 63 | 肉羊出栏量 | 区域内肉羊年度出栏数量 | 万只 | 数值型（四位小数） | 必填 | 年 | 农业农村部门 |
| | 64 | 肉鸡出栏量 | 区域内肉鸡年度出栏数量 | 万只 | 数值型（四位小数） | 必填 | 年 | 农业农村部门 |
| | 65 | 蛋鸡存栏量 | 区域内蛋鸡年度存栏数量 | 万只 | 数值型（四位小数） | 必填 | 年 | 农业农村部门 |
| | 66 | 其他出（存）栏量 | 区域其他畜禽出（存）栏量，包括不限于：鹅、牦牛、山羊、绵羊、皮毛用动物等，需列出品种 | 万头或只 | 数值型（四位小数） | 必填 | 年 | 农业农村部门 |
| | 67 | 畜禽肉类总产量 | 区域内畜禽肉类年度总产量 | 万吨 | 数值型（四位小数） | 必填 | 年 | 农业农村部门 |
| | 68 | 猪肉总产量 | 区域内猪肉年度总产量 | 万吨 | 数值型（四位小数） | 必填 | 年 | 农业农村部门 |
| | 69 | 牛肉总产量 | 区域内牛肉年度总产量 | 万吨 | 数值型（四位小数） | 必填 | 年 | 农业农村部门 |
| | 70 | 羊肉总产量 | 区域内羊肉年度总产量 | 万吨 | 数值型（四位小数） | 必填 | 年 | 农业农村部门 |
| | 71 | 牛奶总产量 | 区域内牛奶年度鲜重总产量 | 万吨 | 数值型（四位小数） | 必填 | 年 | 农业农村部门 |
| | 72 | 禽肉总产量 | 区域内禽肉年度总产量 | 万吨 | 数值型（四位小数） | 必填 | 年 | 农业农村部门 |
| | 73 | 禽蛋总产量 | 区域内禽蛋年度总产量 | 万吨 | 数值型（四位小数） | 必填 | 年 | 农业农村部门 |

(续表)

| 指标类别 | 序号 | 指标名称 | 定义 | 单位 | 数据类型 | 填报要求 | 周期 | 数据来源 |
|---|---|---|---|---|---|---|---|---|
| 农业生产 | 74 | 蜂蜜总产量 | 区域内蜂蜜年度总产量 | 万吨 | 数值型（四位小数） | 必填 | 年 | 农业农村部门 |
| | 75 | 鱼类总产量 | 区域内鱼类年度总产量 | 万吨 | 数值型（四位小数） | 必填 | 年 | 农业农村部门 |
| | 76 | 虾蟹类总产量 | 区域内虾蟹类年度总产量 | 万吨 | 数值型（四位小数） | 必填 | 年 | 农业农村部门 |
| | 77 | 贝类总产量 | 区域内贝类年度总产量，需列出名称和各自产量 | 万吨 | 数值型（四位小数） | 必填 | 年 | 农业农村部门 |
| | 78 | 其他水产品产量 | 区域内其他水产年度总产量 | 万吨 | 数值型（四位小数） | 必填 | 年 | 农业农村部门 |
| | 79 | 海洋捕捞量 | 区域内海洋产品年度捕捞量 | 万吨 | 数值型（四位小数） | 必填 | 年 | 农业农村部门 |
| | 80 | 淡水捕捞量 | 区域内淡水产品年度捕捞量 | 万吨 | 数值型（四位小数） | 必填 | 年 | 农业农村部门 |
| | 81 | 增殖放流量 | 往天然水域投放鱼类数量 | 万尾 | 数值型（四位小数） | 必填 | 年 | 农业农村部门 |
| | 82 | 水产养殖总面积 | 区域内水产养殖总面积，包括淡水和海水养殖 | 千公顷 | 数值型（四位小数） | 必填 | 年 | 农业农村部门 |
| | 83 | 水产标准化健康养殖示范场（区）养殖面积 | 区域内水产标准化健康养殖示范场（区）养殖面积 | 千公顷 | 数值型（四位小数） | 必填 | 年 | 农业农村部门 |
| 主导品种 | 84 | 水稻主导品种名称、种植面积 | 水稻主导品种指播种面积最大的品种，名称填在备注里 | 千公顷 | 数值型（四位小数） | 必填 | 年 | 农业农村部门 |
| | 85 | 小麦主导品种名称、种植面积 | 小麦主导品种指播种面积最大的品种，名称填在备注里 | 千公顷 | 数值型（四位小数） | 必填 | 年 | 农业农村部门 |
| | 86 | 玉米主导品种名称、种植面积 | 玉米主导品种指播种面积最大的品种，名称填在备注里 | 千公顷 | 数值型（四位小数） | 必填 | 年 | 农业农村部门 |
| | 87 | 大麦主导品种名称、种植面积 | 大麦主导品种指播种面积最大的品种，名称填在备注里 | 千公顷 | 数值型（四位小数） | 必填 | 年 | 农业农村部门 |
| | 88 | 大豆主导品种名称、种植面积 | 大豆主导品种指播种面积最大的品种，名称填在备注里 | 千公顷 | 数值型（四位小数） | 必填 | 年 | 农业农村部门 |
| | 89 | 马铃薯主导品种名称、种植面积 | 马铃薯主导品种指播种面积最大的品种，名称填在备注里 | 千公顷 | 数值型（四位小数） | 必填 | 年 | 农业农村部门 |
| | 90 | 生猪主导品种名称、出栏数量 | 生猪主导品种指养殖数量最大的品种，名称填在备注里 | 万头 | 数值型（四位小数） | 必填 | 年 | 农业农村部门 |
| | 91 | 肉牛主导品种名称、出栏数量 | 肉牛主导品种指养殖数量最大的品种，名称填在备注里 | 万头 | 数值型（四位小数） | 必填 | 年 | 农业农村部门 |
| | 92 | 奶牛主导品种名称、牛奶产量 | 奶牛主导品种指养殖数量最大的品种，名称填在备注里 | 万吨 | 数值型（四位小数） | 必填 | 年 | 农业农村部门 |

(续表)

| 指标类别 | 序号 | 指标名称 | 定义 | 单位 | 数据类型 | 填报要求 | 周期 | 数据来源 |
|---|---|---|---|---|---|---|---|---|
| 主导品种 | 93 | 肉羊主导品种名称、出栏数量 | 肉羊主导品种指养殖数量最大的品种，名称填在备注里 | 万只 | 数值型（四位小数） | 必填 | 年 | 农业农村部门 |
| | 94 | 肉鸡主导品种名称、鸡肉产量 | 肉鸡主导品种指养殖数量最大的品种，名称填在备注里 | 万吨 | 数值型（四位小数） | 必填 | 年 | 农业农村部门 |
| | 95 | 蛋鸡主导品种名称、蛋产量 | 蛋鸡主导品种指养殖数量最大的品种，名称填在备注里 | 万吨 | 数值型（四位小数） | 必填 | 年 | 农业农村部门 |
| 生物遗传资源 | 96 | 保护畜禽遗传品种名称、品种特性 | 保护畜禽遗传品种名称、品种特性，列在备注里 | | 文字 | 必填 | 五年 | 农业农村部门 |
| | 97 | 保护水生遗传品种名称、品种特性 | 保护水生遗传品种名称、品种特性，列在备注里 | | 文字 | 必填 | 五年 | 林草局 |
| | 98 | 保护植物遗传品种名称、品种特性 | 保护植物遗传品种名称、品种特性，列在备注里 | | 文字 | 必填 | 五年 | 林草局 |
| 农业生态环境 | 99 | 天然草地合理载畜量 | 维持草地可持续生产条件下单位面积天然草地所能承养的家畜头数 | 头/公顷 | 数值型（两位小数） | 必填 | 五年 | 农业农村部门 |
| | 100 | 天然草地全年实际载畜量 | 单位面积实际承养的家畜头数 | 头/公顷 | 数值型（两位小数） | 必填 | 五年 | 农业农村部门 |
| | 101 | 野生植物资源数量 | 野生植物资源数量 | 个 | 整数型 | 必填 | 五年 | 林草局 |
| | 102 | 野生动物资源数量 | 野生动物资源数量 | 个 | 整数型 | 必填 | 五年 | 林草局 |
| | 103 | 经济菌类资源数量 | 经济菌类资源数量 | 个 | 整数型 | 必填 | 五年 | 林草局 |
| | 104 | 外来入侵生物名称、主要危害 | 外来入侵生物名称、主要危害，列在备注里 | | 文字 | 必填 | 五年 | 林草局 |

## 第五节 农业废弃物资源台账项目研究

### 一、农业废弃物资源台账指标体系构建

农业废弃物资源化利用是农村环境治理的重要内容。据估算，全国每年产生畜禽粪污38亿吨，综合利用率不到60%；每年生猪病死淘汰量约6 000万头，集中的专业无害化处理比例不高；每年产生秸秆8亿多吨，未利用的约0.89亿吨；每年使用地膜约142万吨，多年累积残留量118.48万吨。这些未实现资源化利用无害化处理的农业废弃物量大面广、乱堆乱放、随意焚烧，给城乡生态环境造成了严重影响。开展农业废弃物资源化利用，是解决农村环境脏乱差、建设美丽宜居乡村的关键环节，是推进农业绿色发展的重要举措。

## ▲ 国家重要农业资源台账体系建设与应用研究

广义的农业废弃物是指农业生产、农产品加工、畜禽养殖业和农村居民生活排放的废弃物的总称。本台账的农业废弃物包括农作物秸秆、畜禽粪污、病死畜禽、农膜、农药废弃包装物和农村生活垃圾污水治理等六个方面。按照上述概念，农业废弃物资源台账共设置了六大方面，48个指标。

通过构建农业废弃物资源台账，可以摸清试点县农业废弃物资源的底数，农业废弃物资源利用情况，农业废弃物资源化利用中存在的问题，为政府制定农业废弃物资源利用与治理政策提供科学依据。

### （一）秸秆资源类

秸秆资源方面指标14个，涉及秸秆资源量、可收集资源量及利用方式、主要秸秆还田水平等指标（图21）。

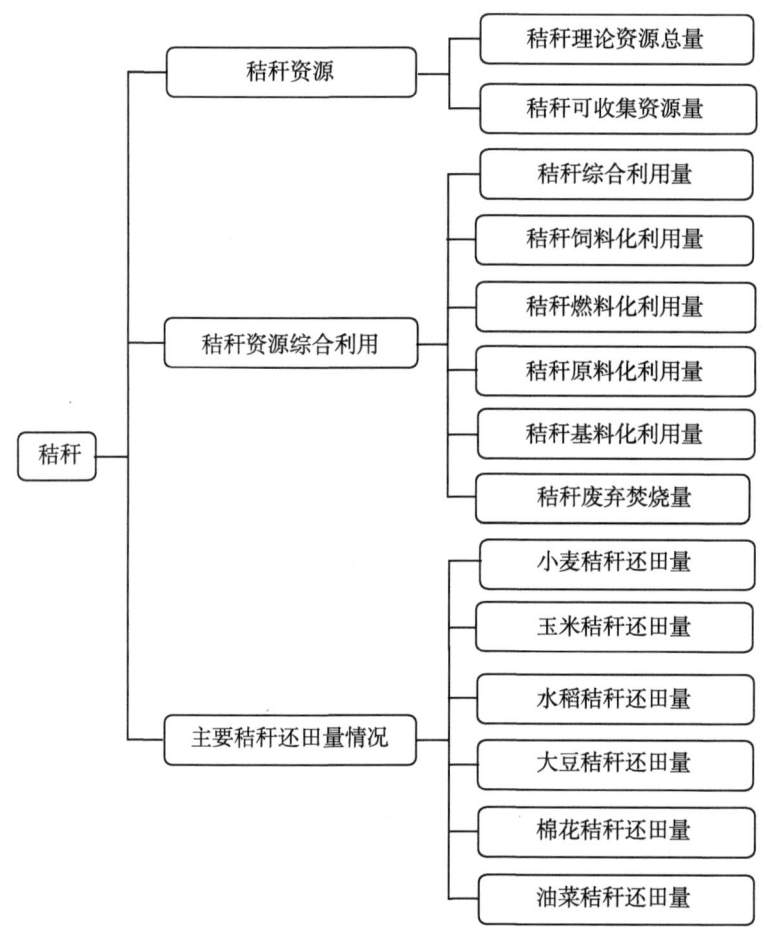

图21 秸秆资源指标体系

### （二）畜禽粪污

畜禽粪污资源14个指标，主要包括猪、奶牛、肉牛、羊、家禽、其他畜等主要畜禽粪污资源量、畜禽粪污资源化利用水平等两个方面（图22）。

第四章 国家重要农业资源台账的建设内容

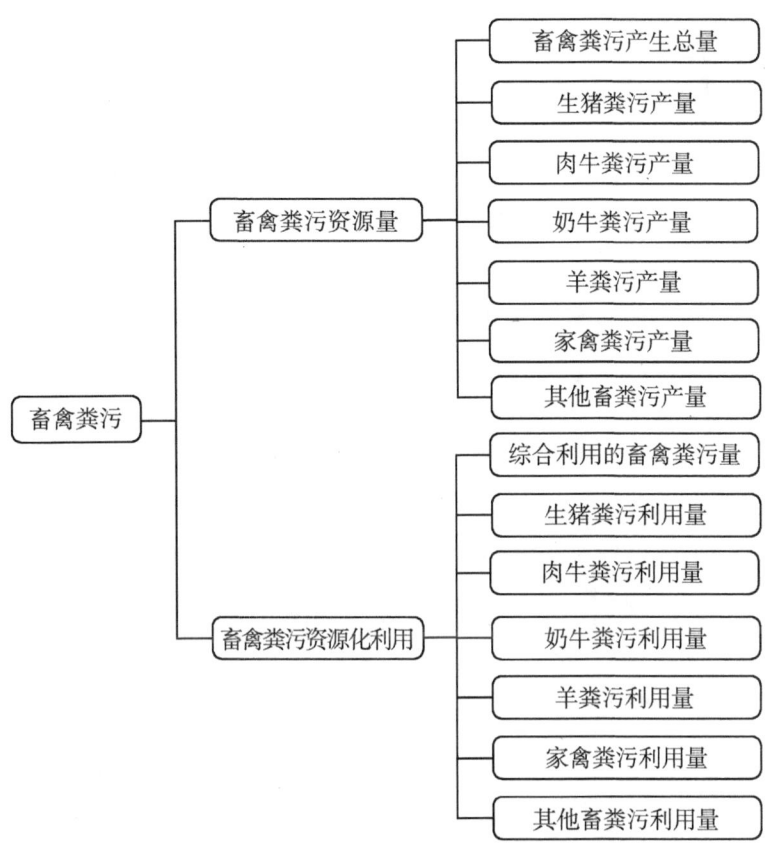

图 22 畜禽粪污资源指标体系

（三）农膜

废旧农膜及回收情况 4 个指标，主要包括棚膜、地膜使用量及棚膜、地膜回收量（图 23）。

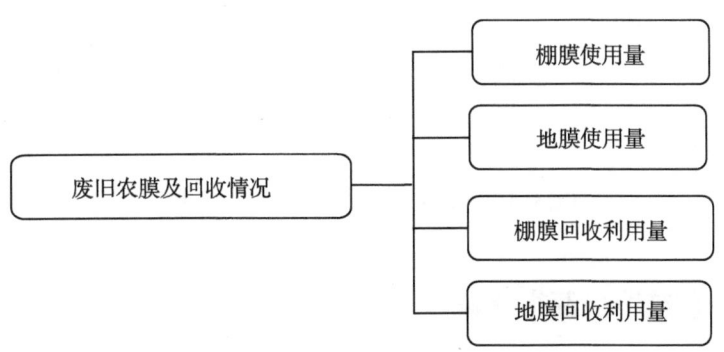

图 23 废旧农膜及回收情况指标体系

（四）农药废弃包装物

农药废弃包装物包括农药废弃包装物回收点和回收量两个指标（图 24）。

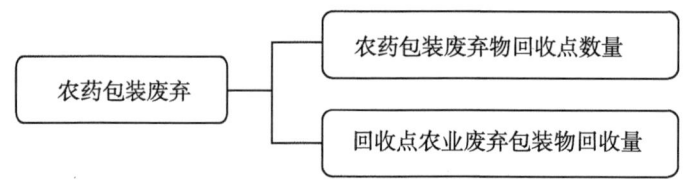

图 24 农药废弃包装物指标

**(五) 病死畜禽**

病死畜禽包括病死畜禽数量和病死畜禽无害化两个方面的指标，共 10 个指标（图 25）。

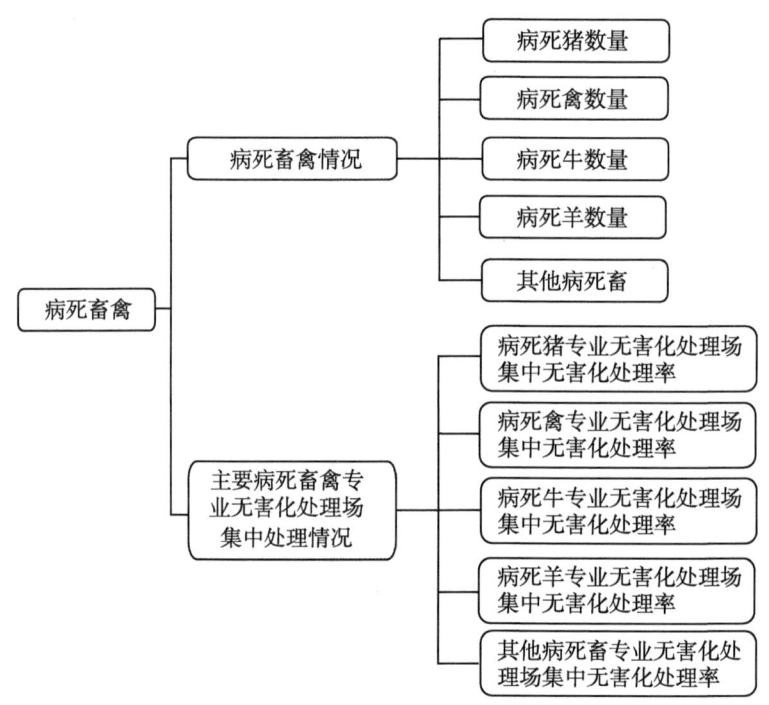

图 25 病死畜禽及无害化处理指标

**(六) 其他指标**

包括尾菜产量、资源化利用量以及生活垃圾、生活污水得到处理的行政村数量等 4 个指标。

## 二、农业废弃物资源指标解释

1. 秸秆理论资源总量

是指农作物主产品之外的农作物副产品，包括谷物、豆类、薯类、棉花、油料、麻类等农作物的秆、茎、叶、壳、芯（主要是玉米芯）；烟杆和残弃烟叶；甘蔗叶、梢，甜菜的茎、叶，以及糖料作物加工的残渣；药材收获后的残余物。不包括麦麸、饼粕等农副产品，也不包括作物根部。计量单位，万吨。

2. 秸秆可收集资源量

指可以从田间收集利用的秸秆资源的最大数量，包括可收集而未收集、可利用而未利用的农作物秸秆，如田间焚烧、田间地头废弃的秸秆，以及保护性耕作覆盖还田、留高茬还田的秸秆等。其总量为秸秆理论资源总量扣除田间残茬、生产及收获过程中脱落的枝叶及运输过程中损耗。计量单位，万吨。

3. 秸秆综合利用量

是指通过肥料化（含还田）、饲料化、燃料化、基料化和原料化利用的秸秆可收集利用量。计量单位，万吨。

4. 秸秆肥料化利用量

指通过采用各种秸秆还田技术，实现秸秆还田的秸秆资源可收集利用量。秸秆还田技术包括秸秆直接还田、腐熟还田、秸秆生物反应堆、秸秆堆肥还田等技术。计量单位，吨。

5. 秸秆饲料化利用量

指通过实施秸秆直接饲喂以及秸秆青（黄）贮、秸秆碱化、氨化、秸秆压块饲料（包括颗粒饲料）加工、秸秆揉搓丝化加工等技术，实现秸秆饲料化利用的秸秆资源可收集利用量。计量单位，吨。

6. 秸秆燃料化利用量

指通过实施秸秆直接燃用以及秸秆固化成型、炭化、热解气化、沼气生产、直燃发电、纤维素乙醇生产等技术，实现秸秆燃料化利用的秸秆资源可收集利用量。计量单位，吨。

7. 秸秆原料化利用量

指用作秸秆人造板材、秸秆清洁造纸、秸秆木糖醇、秸秆编织等生产原材料的各类秸秆资源可收集利用量。计量单位，吨。

8. 秸秆基料化利用量

指利用秸秆生产食用菌的秸秆资源可收集利用量。计量单位，吨。

9. 小麦秸秆还田量

指通过机械粉碎翻压、覆盖等方式实现秸秆还田的小麦可收集利用量。计量单位，吨。

计算公式：小麦秸秆可收集利用量×还田比例。

10. 玉米秸秆还田量

指通过机械粉碎翻压、覆盖等方式实现秸秆还田的玉米秸秆可收集利用量。计量单位，吨。

计算公式：玉米秸秆可收集利用量×还田比例。

11. 水稻秸秆还田量

指通过机械粉碎翻压、覆盖等方式实现秸秆还田的水稻秸秆可收集利用量。计量单位，吨。

计算公式：水稻秸秆可收集利用量×还田比例。

12. 大豆秸秆还田量

指通过机械粉碎翻压、覆盖等方式实现秸秆还田的大豆秸秆可收集利用量。计量单位，吨。

计算公式：大豆秸秆可收集利用量×还田比例。

13. 棉花秸秆还田量

指通过机械粉碎翻压、覆盖等方式实现秸秆还田的棉花秸秆可收集利用量。计量单位，吨。

计算公式：棉花秸秆可收集利用量×还田比例。

14. 油菜秸秆还田量

指通过机械粉碎翻压、覆盖等方式实现秸秆还田的油菜秸秆可收集利用量。计量单位，吨。

计算公式：油菜秸秆可收集利用量×还田比例。

15. 畜禽粪污产生总量

是指生猪、肉牛、奶牛、羊、家禽、其他畜禽饲养过程中产生的粪污、尿液和污水。计量单位，万吨。

16. 生猪粪污产量

是指生猪饲养过程中产生的粪污、尿液和污水。计量单位，吨。

计算公式：生猪粪污年产生总量=个体日产粪尿量×饲养天数×出栏量。

17. 肉牛粪污产量

是指肉牛饲养过程中产生的粪污、尿液和污水。计量单位，吨。

计算公式：肉牛粪污年产生总量=个体日产粪尿量×饲养天数×出栏量。

18. 奶牛粪污产量

是指奶牛饲养过程中产生的粪污、尿液和污水。计量单位，吨。

计算公式：奶牛粪尿年产生总量=个体日产粪尿量×饲养天数×年末存栏量。

19. 羊粪污产量

是指羊饲养过程中产生的粪污、尿液和污水。计量单位，吨。

计算公式：羊粪污年产生总量=个体日产粪污量×饲养天数×年末存栏量。

20. 家禽粪污产量

是指鸡、鸭、鹅等家禽饲养过程中产生的粪污和污水。计量单位，吨。

21. 其他畜粪污产量

是指其他畜饲养过程中产生的粪污、尿液和污水。计量单位，吨。

22. 综合利用的畜禽粪污量

是指通过用作肥料、制作有机肥、培养料、生产沼气等所利用的生猪、肉牛、奶牛、羊、家禽和其他畜禽粪污、尿液和污水总量。计量单位，万吨。

## 第四章 国家重要农业资源台账的建设内容

23. 生猪粪污利用量

是指通过用作肥料、制作有机肥、培养料、生产沼气等所利用的生猪粪污、尿液和污水总量。计量单位，吨。

24. 肉牛粪污利用量

是指通过用作肥料、制作有机肥、培养料、生产沼气等所利用的肉牛粪污、尿液和污水总量。计量单位，吨。

25. 奶牛粪污利用量

是指通过用作肥料、制作有机肥、培养料、生产沼气等所利用的奶牛粪污、尿液和污水总量。计量单位，吨。

26. 羊粪污利用量

是指通过用作肥料、制作有机肥、培养料、生产沼气等所利用的羊粪污、尿液和污水总量。计量单位，吨。

27. 家禽粪污利用量

是指通过用作肥料、制作有机肥、培养料、生产沼气等所利用的鸡、鸭、鹅等家禽粪污、污水总量。计量单位，吨。

28. 其他畜粪污利用量

是指通过用作肥料、制作有机肥、培养料、生产沼气等所利用的其他畜粪污、尿液和污水总量。计量单位，吨。

29. 棚膜使用量

是指制作塑料大棚和温室的塑料农膜用量。计量单位，吨。

30. 地膜使用量

是指用于覆盖农田的薄膜塑料总量。计量单位，吨。

31. 棚膜回收利用量

指回收并且被综合利用的棚膜量。计量单位，吨。

32. 地膜回收利用量

指回收并且被综合利用的地膜量。计量单位，吨。

33. 农药包装废弃物回收点数量

是指在村、乡镇、县等建立的定点回收点数量。计量单位，个。

34. 回收点农业废弃包装物回收量

计量单位，吨。

35. 病死猪数量

36. 病死禽数量

37. 病死牛数量

38. 病死羊数量

39. 其他病死畜

40. 病死猪专业无害化处理场集中无害化处理量

是指通过化制法、焚烧法、发酵等无害化处理方式集中处理病死猪数量。计量单位,头。

41. 病死禽专业无害化处理场集中无害化处理量

是指通过化制法、焚烧法、发酵等无害化处理方式集中处理病死禽的数量。计量单位,只。

42. 病死牛专业无害化处理场集中无害化处理量

是指通过化制法、焚烧法、发酵等无害化处理方式集中处理病死牛的数量。计量单位,头。

43. 病死羊专业无害化处理场集中无害化处理量

是指通过化制法、焚烧法、发酵等无害化处理方式集中处理病死羊的数量。计量单位,头。

44. 其他病死畜专业无害化处理场集中无害化处理量

是指通过化制法、焚烧法、发酵等无害化处理方式集中处理其他病死畜数量。计量单位,头。

45. 尾菜产量

是指蔬菜(包括瓜类)的藤蔓及其残余物产量。计量单位,吨。

计算公式:尾菜产量=蔬菜产量×尾菜占比系数。

46. 尾菜资源化利用量

通过将尾菜用作肥料、饲料及其他加工处理方式利用的尾菜总量。计量单位,吨。

47. 生活垃圾能够实现集中收集并无害化处理的行政村数量

指生活垃圾能够实现集中收集并无害化处理的行政村数量。生活垃圾无害化处理包括卫生填埋、焚烧和资源化利用(如制造沼气和堆肥)。计量单位,个。

48. 生活污水能够通过处理设施得到处理的行政村数量

指生活污水能够通过处理设施得到处理的行政村数量。计量单位,个。

## 三、参数数据获取与监测

### (一)数据获取部门

秸秆资源量及利用方式数据来自农业部门种植业科室、养殖业科室、农村能源科室、农产品加工业科室。

畜禽粪污资源量及利用、病死畜禽及利用均来自地方畜牧部门。

农膜(棚膜、地膜)使用量及利用方式、农药包装废弃物及回收来自地方农业部门农药及植保科室。

垃圾集中处理的乡村个数数据来自住房和城乡建设部。

### (二)重要参数获取

主要涉及秸秆草谷比、畜禽粪污排放系数和畜禽病死率三个方面。

1. 秸秆草谷比

秸秆资源量的计算为农作物产量×农作物草谷比。在计算秸秆产量时,以当地实测草谷比为准，当没有地方数据时，可以参考农业农村部发布的秸秆草谷比和课题组研究的秸秆草谷比数据为主（表50）。

表50 不同农区主要作物草谷比数据参考

| 主要农区 | 省（区、市） | 玉米 | 水稻 | 小麦 | 其他谷物 | 棉花 | 油菜 | 花生 | 豆类 | 薯类 |
| --- | --- | --- | --- | --- | --- | --- | --- | --- | --- | --- |
| 华北农区 | 北京、天津、河北、山西、内蒙古、山东、河南 | 1.73 | 0.93 | 1.34 | 0.85 | 4.99 | / | 1.22 | 1.57 | 1.00 |
| 东北农区 | 辽宁、吉林、黑龙江 | 1.86 | 0.97 | 0.93 | 0.97 | / | / | / | 1.70 | 0.71 |
| 长江中下游农区 | 上海、江苏、浙江、安徽、江西、湖北、湖南 | 2.05 | 1.28 | 1.38 | 1.06 | 4.32 | 2.05 | 1.50 | 1.68 | 1.16 |
| 西北农区 | 陕西、甘肃、青海、宁夏、新疆 | 1.52 | / | 1.23 | 1.23 | 4.67 | / | / | 1.07 | 1.22 |
| 西南农区 | 重庆、四川、贵州、云南、西藏 | 1.29 | 1.00 | 1.31 | 0.97 | / | 2.00 | / | 1.05 | 0.60 |
| 南方农区 | 福建、广东、广西、海南 | 1.32 | 1.06 | 1.38 | 1.27 | / | / | 1.65 | 1.08 | 1.41 |

注：棉花草谷比常规意义上是指皮棉草谷比，即去籽后的棉花草谷比。

对于其他秸秆草谷比，可参考相关研究成果，计算得出（表51）。

表51 其他农作物草谷比体系

| 项目 | 草谷比数值 | 项目 | 草谷比数值 |
| --- | --- | --- | --- |
| 芝麻草谷比 | 2.8 | 亚麻草谷比 | 1.1 |
| 胡麻草谷比 | 2.0 | 其他麻类草谷比 | 1.9 |
| 向日葵草谷比 | 2.8 | 甘蔗渣产量与甘蔗产量之比 | 0.24 |
| 其他油料草谷比 | 2.0 | 甘蔗叶梢产量与甘蔗产量之比 | 0.10 |
| 黄红麻草谷比 | 1.9 | 甜菜渣产量与甜菜产量之比 | 0.04 |
| 苎麻草谷比 | 6.5 | 甜菜茎叶产量与甜菜产量之比 | 0.10 |
| 大麻（线麻）草谷比 | 3.0 | 烟叶草谷比 | 1.6 |

2. 秸秆可收集利用系数

秸秆资源可收集利用量=秸秆理论资源量×秸秆可收集利用系数。由于机械化水平、耕作制度变化、耕地类型的差异，各地区、不同作物品种、同一作物品种不同地区秸秆可收集利用系数均有较大差异。各县在计算秸秆可收集利用系数时以当地实测为准，在没有实测数据和估算数据的情况下，可参考相关研究成果的数据（表52）。

表52　各类农作物秸秆可收集利用系数

| 秸秆类别 | 可收集利用系数 | 秸秆类别 | 可收集利用系数 |
| --- | --- | --- | --- |
| 粮食作物秸秆 | 0.83 | 油料作物秸秆 | 0.85 |
| 谷物秸秆 | 0.83 | 棉秆 | 0.90 |
| 豆类作物秸秆 | 0.88 | 蔬菜藤蔓及残余物 | 0.60 |
| 薯类藤蔓 | 0.80 | | |

3. 畜禽粪污排放系数

各地如果有实测数据，以实测数据为准，如果没有，参考农业农村部第一次污染普查数据（表53）。

表53　第一次全国污染源普查畜禽养殖业源产排污系数

单位：千克/(头·天) 或 千克/(只·天)

| 畜禽种类 | 区域 | 饲养阶段 | 昼夜排泄量 | |
| --- | --- | --- | --- | --- |
| | | | 粪 | 尿 |
| 生猪 | 东北区 | 保育 | 0.58 | 1.57 |
| | | 育肥 | 1.44 | 3.62 |
| | | 妊娠 | 2.11 | 6.00 |
| | 华北区 | 保育 | 1.04 | 1.23 |
| | | 育肥 | 1.81 | 2.14 |
| | | 妊娠 | 2.04 | 3.58 |
| | 华东区 | 保育 | 0.54 | 1.02 |
| | | 育肥 | 1.12 | 2.55 |
| | | 妊娠 | 1.58 | 5.06 |
| | 中南区 | 保育 | 0.61 | 1.88 |
| | | 育肥 | 1.18 | 3.18 |
| | | 妊娠 | 1.68 | 5.65 |
| | 西南区 | 保育 | 0.47 | 1.36 |
| | | 育肥 | 1.34 | 3.08 |
| | | 妊娠 | 1.41 | 4.48 |
| | 西北区 | 保育 | 0.77 | 1.84 |
| | | 育肥 | 1.56 | 2.44 |
| | | 妊娠 | 1.47 | 4.06 |

第四章 国家重要农业资源台账的建设内容

(续表)

| 畜禽种类 | 区域 | 饲养阶段 | 昼夜排泄量 | |
| --- | --- | --- | --- | --- |
| | | | 粪 | 尿 |
| 奶牛 | 东北区 | 产奶牛 | 33.47 | 15.02 |
| | | 育成牛 | 15.67 | 7.23 |
| | 华北区 | 产奶牛 | 32.86 | 13.19 |
| | | 育成牛 | 14.83 | 8.19 |
| | 华东区 | 产奶牛 | 31.6 | 15.24 |
| | | 育成牛 | 15.09 | 6.81 |
| | 中南区 | 产奶牛 | 33.01 | 17.98 |
| | | 育成牛 | 16.61 | 11.02 |
| | 西南区 | 产奶牛 | 31.6 | 15.24 |
| | | 育成牛 | 15.09 | 6.81 |
| | 西北区 | 产奶牛 | 19.26 | 12.13 |
| | | 育成牛 | 10.5 | 6.5 |
| 肉牛 | 东北区 | 育肥牛 | 13.89 | 8.78 |
| | 华北区 | 育肥牛 | 15.01 | 7.09 |
| | 华东区 | 育肥牛 | 14.8 | 8.91 |
| | 中南区 | 育肥牛 | 13.87 | 9.15 |
| | 西南区 | 育肥牛 | 12.2 | 8.32 |
| | 西北区 | 育肥牛 | 12.1 | 8.32 |
| 蛋鸡 | 东北区 | 育雏育成 | 0.06 | / |
| | | 产蛋鸡 | 0.1 | / |
| | 华北区 | 育雏育成 | 0.08 | / |
| | | 产蛋鸡 | 0.17 | / |
| | 华东区 | 育雏育成 | 0.07 | / |
| | | 产蛋鸡 | 0.15 | / |
| | 中南区 | 育雏育成 | 0.12 | / |
| | | 产蛋鸡 | 0.12 | / |
| | 西南区 | 育雏育成 | 0.12 | / |
| | | 产蛋鸡 | 0.12 | / |
| | 西北区 | 育雏育成 | 0.06 | / |
| | | 产蛋鸡 | 0.1 | / |
| 肉鸡 | 东北区 | 商品肉鸡 | 0.18 | / |
| | 华北区 | 商品肉鸡 | 0.12 | / |
| | 华东区 | 商品肉鸡 | 0.22 | / |
| | 中南区 | 商品肉鸡 | 0.06 | / |
| | 西南区 | 商品肉鸡 | 0.06 | / |
| | 西北区 | 商品肉鸡 | 0.18 | / |

### 4. 其他典型数据获取

病死畜禽率通过规模化养殖场典型调研获得，地膜回收无害化处理率通过组织地膜加工厂报送相关数据获得，农药废弃包装回收量通过组织农药废弃物包装物回收点报送相关数据获得。

## 四、台账指标填报与指标完善

从填报情况看，秸秆资源及利用量、畜禽粪污资源及利用量填报情况较好，而病死畜禽及无害化处理量、农药废弃包装物、主要农作物秸秆还田量、蔬菜尾菜及利用量等填报较差。

主要原因包括以下几个方面：一是农业废弃物基本没有官方统计渠道，科学性不强，有些估算数据地方不愿意填报。二是个别指标涉及多个部门，统计较难，如秸秆利用包括种植、畜牧、农产品加工、能源等，一个数据缺失，就不能填报完整。三是个别数据如农业包装废弃物回收点、病死畜禽处理率，地方可能并没有相关设施，但考虑到数据好看，地方不愿意填"0"，或者解释民间有一些收集点，但无法统计。四是指标设计为必填项，但系统中设置如无数据，可以用"9999999999"代替，导致地方对数据获取不够重视。五是指标体系较为细致，且多为必填项，导致地方工作量大，影响填报质量。

针对上述情况，课题组对指标体系进行了进一步修改，主要修改包括：一是进一步明确指标内涵和外延；二是适当减少必填项，保证总量指标，分项指标尽量改成必填项，保证获得最重要的数据；三是确保必填项地方必须填报，对于必填项不允许地方填报"999999999"；四是对数据类型和数据来源进一步明确，五是增加生活污水等生态宜居类指标；修改后的指标如表54所示。

**表 54 修改后指标体系**

| 数据类型 | 数据指标 |
| --- | --- |
| 必填项 | 秸秆：秸秆理论资源总量、秸秆可收集资源量、秸秆综合利用量、秸秆肥料化、饲料化、燃料化、原料化、基料化<br>畜禽粪污：畜禽粪污产生总量、综合利用的畜禽粪污量<br>农膜：地膜使用量、地膜回收利用量<br>病死畜禽：病死猪、病死禽、病死牛、病死羊、其他畜数量；病死猪、病死禽、病死牛、病死羊、其他病死畜无害化处理量<br>其他：生活垃圾能够实现集中收集并无害化处理的行政村数量、生活污水能够通过处理设施得到处理的行政村数量 |
| 选填项 | 秸秆：小麦、玉米、水稻、大豆、棉花、油菜秸秆还田量<br>畜禽粪污：生猪、奶牛、肉牛、羊、家禽、其他畜粪污产生量；生猪、奶牛、肉牛、羊、家禽、其他畜粪污利用量<br>农膜：棚膜使用量、棚膜回收利用量<br>农药废弃包装物：农药废弃包装物回收点数量、农药废弃包装物回收量<br>其他：尾菜产量、资源化利用量 |

## 五、关于台账建设的建议

通过进一步完善台账指标体系、指标监测体系，加强组织领导，确保农业废弃物资源台账数据更好地填报，保证数据填报率，科学编制农业废弃物资源评价报告，为部委决策提供更好的服务。具体建议包括以下几点。

**(一) 要重视农业废弃物台账工作，提高认识，明确责任**

要重视农业废弃物资源台账数据的收集，成立农业资源台账工作领导小组，由县主要领导任组长，建立部门协同机制，明确责任，确定农业废弃物台账各个指标收集负责部门，确保数据完整填报。并将资源台账工作列入政府工作人员绩效考核范围。

**(二) 广泛开展调研宣传学习**

要针对数据填报情况，积极组织课题组赴试点县调研，听取地方对指标体系的意见，剖析数据填报较差的原因，完善指标体系。同时组织对指标体系、监测体系等进行系统培训，确保试点县填报人员理解完整理解指标体系。

**(三) 积极推动农业废弃物监测体系建设**

建议有条件的地区，构建秸秆资源、畜禽废弃物、病死畜禽、农药废弃物包装物、地膜监测体系，获取秸秆草谷比、畜禽粪污排放率、病死畜禽率等参数体系，并获得废弃物资源及综合利用量等相关数据。

**(四) 加强上报指标的核查**

由于对指标的理解、统计口径差异等方面存在问题，上报数据在一定程度上还存在着不符合实际的情况，要与地方积极沟通，将问题提出来，经过几轮修改，确保数据符合实际，确保分析结果的科学性。

## 第六节 农业社会经济资源台账

### 一、社会经济资源台账指标体系构建

社会经济资源是科学制定农业绿色发展指标体系的重要组成部分。广义的农业经济资源是指直接或间接对农业生产发挥作用的社会经济因素和社会生产成果，如农业人口和劳动力的数量和质量、农业技术装备、包括交通运输、通讯、文教和卫生等农业基础设施等。本台账的农业经济资源包括农业科技和农村人才、设施农业、农村机械化和能源、生产资料、农民收入和农民生活、绿色食品、有机农产品和地理标志农产品认证农作物、畜产品和水产品等9个方面。按照上述概念，社会经济资源台账共设置了9大方面，96个指标。

通过构建社会经济资源台账，可以摸清试点县社会经济资源的底数，掌握社会经济资源现状及目前存在的问题，为政府制定社会经济资源发展、利用与治理政策提供科学依据。

## （一）绿色食品、有机农产品和地理标志农产品认证农作物

绿色食品、有机农产品和地理标志农产品认证农作物方面指标共 43 个，涉及认证农产品个数、认证农产品作物产量、产地面积等指标（表 55）。

表 55 绿色食品、有机农产品和地理标志农产品认证指标体系

| 指标类别 | 指标名称 | 定　义 |
| --- | --- | --- |
| 绿色食品、有机农产品和地理标志农产品 | 绿色食品、有机农产品和地理标志农产品个数 | 绿色食品、有机农产品和地理标志农产品个数 |
| | 绿色食品、有机农产品和地理标志农产品认证农作物产量 | 水稻产量 |
| | | 小麦产量 |
| | | 玉米产量 |
| | | 大麦产量 |
| | | 大豆产量 |
| | | 蚕（豌）豆产量 |
| | | 番薯产量 |
| | | 马铃薯产量 |
| | | 其他粮食作物产量 |
| | | 花生产量 |
| | | 油菜籽产量 |
| | | 芝麻产量 |
| | | 其他油料作物产量 |
| | | 甘蔗产量 |
| | | 其他糖料作物产量 |
| | | 蔬菜（含食用菌）产量 |
| | | 果用瓜产量 |
| | | 水果产量 |
| | | 茶叶产量 |
| | | 香料作物产量 |
| | | 其他作物产量 |
| | 绿色食品、有机农产品和地理标志农产品认证农作物产地面积 | 水稻面积 |
| | | 小麦面积 |
| | | 玉米面积 |
| | | 大麦面积 |
| | | 大豆面积 |
| | | 蚕（豌）豆面积 |
| | | 番薯面积 |
| | | 马铃薯面积 |
| | | 其他粮食作物面积 |
| | | 花生面积 |
| | | 油菜籽面积 |
| | | 芝麻面积 |
| | | 其他油料作物面积 |
| | | 甘蔗面积 |
| | | 其他糖料作物面积 |
| | | 蔬菜（含食用菌）面积 |
| | | 果用瓜面积 |
| | | 水果面积 |
| | | 茶叶面积 |
| | | 香料作物面积 |
| | | 其他作物面积 |

## 第四章 国家重要农业资源台账的建设内容

### (二) 规模化畜禽养殖量

规模化畜禽养殖量资源包括规模化生猪、出栏肉牛、存栏奶牛、出栏肉羊、存栏蛋鸡、出栏肉鸡和其他畜禽的数量共计 7 个指标（表 56）。

表 56 规模化畜禽养殖量指标

| 指标类别 | 指标名称 | 定义 |
| --- | --- | --- |
| 规模化畜禽养殖量 | 年出栏量>500 头的生猪规模化养殖场（户）出栏的生猪数量 | 年出栏量>500 头的生猪规模化养殖场（户）出栏的生猪数量 |
| | 年出栏量>50 头肉牛的规模化养殖场（户）出栏的肉牛数量 | 年出栏量>50 头肉牛的规模化养殖场（户）的出栏肉牛数量 |
| | 年存栏量>100 头的奶牛规模化养殖场（户）存栏的奶牛数量 | 年存栏量>100 头的奶牛规模化养殖场（户）存栏的奶牛数量 |
| | 年出栏量>100 只肉羊规模化养殖场（户）出栏的肉羊数量 | 年出栏量>100 只肉羊规模化养殖场（户）出栏的肉羊数量 |
| | 年存栏量>2 000 只蛋禽规模化养殖场（户）存栏的蛋鸡数量 | 年存栏量>2 000 只蛋禽规模化养殖场（户）存栏的蛋鸡数量 |
| | 年出栏量>10 000 只的肉禽规模化养殖场（户）出栏的肉鸡数量 | 年出栏量>10 000 只的肉禽规模化养殖场（户）出栏的肉鸡数量 |
| | 其他规模化养殖的畜禽数量 | 其他规模化养殖的畜禽在栏数量 |

### (三) 绿色食品、有机农产品和地理标志畜产品

绿色食品、有机农产品和地理标志畜产品产量资源包括绿色食品、有机农产品和地理标志畜产品认证的猪肉、牛肉、羊肉、牛奶、禽肉、禽蛋、蜂蜜、其他畜禽产品产量共计 8 个指标（表 57）。

表 57 绿色食品、有机农产品和地理标志畜产品产量指标

| 指标类别 | 指标名称 | 定义 |
| --- | --- | --- |
| 绿色食品、有机农产品和地理标志农产品认证畜禽产品产量 | 猪肉产量 | 绿色食品、有机农产品和地理标志农产品认证猪肉年度产量 |
| | 牛肉产量 | 绿色食品、有机农产品和地理标志农产品认证牛肉年度产量 |
| | 羊肉产量 | 绿色食品、有机农产品和地理标志农产品认证羊肉年度产量 |
| | 牛奶产量 | 绿色食品、有机农产品和地理标志农产品认证牛奶年度产量 |
| | 禽肉产量 | 绿色食品、有机农产品和地理标志农产品认证禽肉年度产量 |
| | 禽蛋产量 | 绿色食品、有机农产品和地理标志农产品认证禽蛋年度产量 |
| | 蜂蜜产量 | 绿色食品、有机农产品和地理标志农产品认证蜂蜜年度产量 |
| | 其他畜禽产品产量 | 绿色食品、有机农产品和地理标志农产品认证其他畜禽产品年度产量，需列出名称 |

## （四）绿色食品、有机农产品和地理标志水产品

绿色食品、有机农产品和地理标志水产品产量资源包括绿色食品、有机农产品和地理标志畜产品认证的鱼类、虾蟹类、贝类和其他水产品产量共计4个指标（表58）。

表58 绿色食品、有机农产品和地理标志水产品产量指标

| 指标类别 | 指标名称 | 定义 |
| --- | --- | --- |
| 绿色食品、有机农产品和地理标志农产品认证水产品产量 | 鱼类产量 | 绿色食品、有机农产品和地理标志农产品认证鱼类年度鲜重产量 |
| | 虾蟹类产量 | 绿色食品、有机农产品和地理标志农产品认证虾蟹类年度鲜重产量 |
| | 贝类产量 | 绿色食品、有机农产品和地理标志农产品认证贝类年度鲜重产量 |
| | 其他水产品产量 | 绿色食品、有机农产品和地理标志农产品认证其他水产品年度鲜重产量，需列出名称 |

## （五）生产资料

生产资料6个指标，主要包括化肥使用量、氮肥量、磷肥量、钾肥量、复合肥量和农药施用量（表59）。

表59 生产资料指标

| 指标类别 | 指标名称 | 定义 |
| --- | --- | --- |
| 生产资料 | 化肥施用量(折纯量) | 指本年内实际用于农业生产的化肥数量，包括氮肥、磷肥、钾肥和复合肥 |
| | 氮肥量（折纯量） | 指用于农业生产的氮肥量按含氮百分比进行折算后的数量 |
| | 磷肥量（折纯量） | 指用于农业生产的磷肥量按含五氧化二磷百分比进行折算后的数量 |
| | 钾肥量（折纯量） | 指用于农业生产的钾肥量按含氧化钾的百分比进行折算后的数量 |
| | 复合肥（折纯量） | 指用于农业生产的复合肥按其所含主要成分折算后的数量 |
| | 农药施用量（折纯量） | / |

## （六）农民收入和农民生活

农民收入和农民生活包括农村居民人均可支配收入、普及卫生厕所的行政村数、集中供水的行政村数和农业总产值4个指标（表60）。

表60 农民收入和农民生活指标

| 指标类别 | 指标名称 | 定义 |
| --- | --- | --- |
| 农民收入和农民生活 | 农村居民人均可支配收入 | / |
| | 普及卫生厕所的行政村数 | 指已经普及卫生厕所的行政村个数。 |
| | 集中供水的行政村数 | 指已经实施生活用水集中供水的行政村个数。 |
| | 农业总产值 | / |

## （七）农村机械化和能源

农村机械化和能源包括农村用电量、农村沼气池容积、农村沼气池产气量、农业光伏发电量、农用柴油使用量、渔船总动力、机耕面积、免耕面积、机播面积和机收面积共10个指标（表61）。

## 第四章 国家重要农业资源台账的建设内容

表 61 农村机械化和能源指标

| 指标类别 | 指标名称 | 定　义 |
|---|---|---|
| 农村机械化和能源 | 农村用电量 | 指农村居民家庭生活用电和农业生产用电。 |
| | 农村沼气池容积 | / |
| | 农村沼气池产气量 | / |
| | 农业光伏发电量 | / |
| | 农用柴油使用量 | / |
| | 渔船总动力 | / |
| | 机耕面积 | / |
| | 免耕面积 | / |
| | 机播面积 | / |
| | 机收面积 | / |

### （八）设施农业

设施农业包括设施农业、蔬菜、食用菌、畜牧养殖、水产养殖面积及设施蔬菜、食用菌、畜牧养殖、水产养殖产量 9 个指标（表 62）。

表 62 设施农业指标

| 指标类别 | 指标名称 | 定　义 |
|---|---|---|
| 设施农业 | 设施农业面积 | / |
| | 设施蔬菜面积 | / |
| | 设施食用菌面积 | / |
| | 设施畜牧养殖面积 | / |
| | 设施水产养殖面积 | / |
| | 设施蔬菜产量 | / |
| | 设施食用菌产量 | / |
| | 设施畜牧养殖产量 | / |
| | 设施水产养殖产量 | / |

### （九）农业科技和农村人才

包括农业技术推广服务人员数量、大专学历以上农业技术推广服务人员数量、新型职业农民数量、高中及以上学历的农村劳动力数量和农村劳动力总量 5 个指标（表 63）。

表 63 农村科技和农村人才指标

| 指标类别 | 指标名称 | 定　义 |
|---|---|---|
| 农业科技和农村人才 | 农业技术推广服务人员数量 | / |
| | 大专学历以上农业技术推广服务人员数量 | / |
| | 新型职业农民数量 | 指参加农业农村部门组织的新型职业农民培训并取得合格证书的农民数量。 |
| | 高中及以上学历的农村劳动力数量 | / |
| | 农村劳动力总量 | / |

## 二、社会经济资源指标解释

### (一) 绿色食品、有机农产品和地理标志农产品

1. 绿色食品、有机农产品和地理标志农产品个数

是指区域内在有效期内的绿色食品、有机农产品和地理标志农产品认证的农产品品牌个数。计量单位，个。

2. 绿色食品、有机农产品和地理标志农产品认证水稻产量

指在区域内绿色食品、有机农产品和地理标志农产品认证水稻年度总产量。计量单位，万吨。

3. 绿色食品、有机农产品和地理标志农产品认证小麦产量

指在区域内绿色食品、有机农产品和地理标志农产品认证小麦年度总产量。计量单位，万吨。

4. 绿色食品、有机农产品和地理标志农产品认证玉米产量

指在区域内绿色食品、有机农产品和地理标志农产品认证玉米年度总产量。计量单位，万吨。

5. 绿色食品、有机农产品和地理标志农产品认证大麦产量

指在区域内绿色食品、有机农产品和地理标志农产品认证大麦年度总产量。计量单位，万吨。

6. 绿色食品、有机农产品和地理标志农产品认证大豆产量

指在区域内绿色食品、有机农产品和地理标志农产品认证大豆年度总产量。计量单位，万吨。

7. 绿色食品、有机农产品和地理标志农产品认证蚕（豌）豆产量

指在区域内绿色食品、有机农产品和地理标志农产品认证蚕（豌）年度总产量。计量单位，万吨。

8. 绿色食品、有机农产品和地理标志农产品认证番薯产量

指在区域内绿色食品、有机农产品和地理标志农产品认证番薯年度总产量。计量单位，万吨。

9. 绿色食品、有机农产品和地理标志农产品认证马铃薯产量

指在区域内绿色食品、有机农产品和地理标志农产品认证马铃薯年度总产量。计量单位，万吨。

10. 绿色食品、有机农产品和地理标志农产品认证其他粮食作物产量

是指区域内绿色食品、有机农产品和地理标志农产品认证其他粮食作物年度总产量，包括但不限于燕麦、黑麦、谷子、高粱和青稞等。计量单位，万吨。

11. 绿色食品、有机农产品和地理标志农产品认证花生产量

指在区域内绿色食品、有机农产品和地理标志农产品认证花生年度总产量。计量单位，万吨。

12. 绿色食品、有机农产品和地理标志农产品认证油菜籽产量

指在区域内绿色食品、有机农产品和地理标志农产品认证油菜籽年度总产量。计量单位，万吨。

13. 绿色食品、有机农产品和地理标志农产品认证芝麻产量

指在区域内绿色食品、有机农产品和地理标志农产品认证芝麻年度总产量。计量单位，万吨。

14. 绿色食品、有机农产品和地理标志农产品认证其他油料作物产量

指在区域内绿色食品、有机农产品和地理标志农产品认证其他油料作物年度总产量，包括不限于向日葵、棉籽、蓖麻、苏子、油用亚麻和大麻。计量单位，万吨。

15. 绿色食品、有机农产品和地理标志农产品认证甘蔗产量

指在区域内绿色食品、有机农产品和地理标志农产品认证甘蔗年度总产量。计量单位，万吨。

16. 绿色食品、有机农产品和地理标志农产品认证其他糖料作物产量

指在区域内绿色食品、有机农产品和地理标志农产品认证其他糖料作物产量，包括不限于甜菜。计量单位，万吨。

17. 绿色食品、有机农产品和地理标志农产品认证蔬菜（含食用菌）产量

指在区域内绿色食品、有机农产品和地理标志农产品认证蔬菜（含食用菌）年度总产量。计量单位，万吨。

18. 绿色食品、有机农产品和地理标志农产品认证果用瓜产量

指在区域内绿色食品、有机农产品和地理标志农产品认证果用瓜年度总产量。计量单位，万吨。

19. 绿色食品、有机农产品和地理标志农产品认证水果产量

指在区域内绿色食品、有机农产品和地理标志农产品认证水果年度总产量。计量单位，万吨。

20. 绿色食品、有机农产品和地理标志农产品认证茶叶产量

指在区域内绿色食品、有机农产品和地理标志农产品认证茶叶年度总产量。计量单位，万吨。

21. 绿色食品、有机农产品和地理标志农产品认证香料作物产量

指在区域内绿色食品、有机农产品和地理标志农产品认证香料作物年度总产量。计量单位，万吨。

22. 绿色食品、有机农产品和地理标志农产品认证其他作物产量

指在区域内绿色食品、有机农产品和地理标志农产品认证其他作物年度总产量。计量单位，万吨。

23. 绿色食品、有机农产品和地理标志农产品认证水稻产地面积

指在区域内绿色食品、有机农产品和地理标志农产品认证水稻产地面积。计量单位，公顷。

24. 绿色食品、有机农产品和地理标志农产品认证小麦产地面积

指在区域内绿色食品、有机农产品和地理标志农产品认证小麦产地面积。计量单位：公顷。

25. 绿色食品、有机农产品和地理标志农产品认证玉米产地面积

指在区域内绿色食品、有机农产品和地理标志农产品认证玉米产地面积。计量单位：公顷。

26. 绿色食品、有机农产品和地理标志农产品认证大麦产地面积

指在区域内绿色食品、有机农产品和地理标志农产品认证大麦产地面积。计量单位：公顷。

27. 绿色食品、有机农产品和地理标志农产品认证大豆产地面积

指在区域内绿色食品、有机农产品和地理标志农产品认证大豆产地面积。计量单位：公顷。

28. 绿色食品、有机农产品和地理标志农产品认证蚕（豌）豆产地面积

指在区域内绿色食品、有机农产品和地理标志农产品认证蚕（豌）产地面积。计量单位：公顷。

29. 绿色食品、有机农产品和地理标志农产品认证番薯产地面积

指在区域内绿色食品、有机农产品和地理标志农产品认证番薯产地面积。计量单位：公顷。

30. 绿色食品、有机农产品和地理标志农产品认证马铃薯产地面积

指在区域内绿色食品、有机农产品和地理标志农产品认证马铃薯产地面积。计量单位：公顷。

31. 绿色食品、有机农产品和地理标志农产品认证其他粮食作物产地面积

是指区域内绿色食品、有机农产品和地理标志农产品认证其他粮食作物产地面积，包括但不限于燕麦、黑麦、谷子、高粱和青稞等。计量单位：公顷。

32. 绿色食品、有机农产品和地理标志农产品认证花生产地面积

指在区域内绿色食品、有机农产品和地理标志农产品认证花生产地面积。计量单位：公顷。

33. 绿色食品、有机农产品和地理标志农产品认证油菜籽产地面积

指在区域内绿色食品、有机农产品和地理标志农产品认证油菜籽产地面积。计量单位：公顷。

34. 绿色食品、有机农产品和地理标志农产品认证芝麻产地面积

指在区域内绿色食品、有机农产品和地理标志农产品认证芝麻产地面积。计量单位：公顷。

35. 绿色食品、有机农产品和地理标志农产品认证其他油料作物产地面积

指在区域内绿色食品、有机农产品和地理标志农产品认证其他油料作物产地面积，包括不限于向日葵、棉籽、蓖麻、苏子、油用亚麻和大麻。计量单位：公顷。

36. 绿色食品、有机农产品和地理标志农产品认证甘蔗产地面积

指在区域内绿色食品、有机农产品和地理标志农产品认证甘蔗产地面积。计量单位，公顷。

37. 绿色食品、有机农产品和地理标志农产品认证其他糖料作物产地面积

指在区域内绿色食品、有机农产品和地理标志农产品认证其他糖料作物产地面积，包括不限于甜菜。计量单位，公顷。

38. 绿色食品、有机农产品和地理标志农产品认证蔬菜（含食用菌）产地面积

指在区域内绿色食品、有机农产品和地理标志农产品认证蔬菜（含食用菌）产地面积。计量单位，公顷。

39. 绿色食品、有机农产品和地理标志农产品认证果用瓜产地面积

指在区域内绿色食品、有机农产品和地理标志农产品认证果用瓜产地面积。计量单位，公顷。

40. 绿色食品、有机农产品和地理标志农产品认证水果产地面积

指在区域内绿色食品、有机农产品和地理标志农产品认证水果产地面积。计量单位，公顷。

41. 绿色食品、有机农产品和地理标志农产品认证茶叶产地面积

指在区域内绿色食品、有机农产品和地理标志农产品认证茶叶产地面积。计量单位，公顷。

42. 绿色食品、有机农产品和地理标志农产品认证香料作物产地面积

指在区域内绿色食品、有机农产品和地理标志农产品认证香料作物产地面积。计量单位，公顷。

43. 绿色食品、有机农产品和地理标志农产品认证其他作物产地面积

指在区域内绿色食品、有机农产品和地理标志农产品认证其他作物产地面积。计量单位，公顷。

**（二）规模化畜禽养殖量**

44. 年出栏量>500 头的生猪规模化养殖场（户）出栏的生猪数量

计量单位，万头。

45. 年出栏量>50 头肉牛的规模化养殖场（户）的出栏肉牛数量

计量单位，万头。

46. 年存栏量>100 头的奶牛规模化养殖场（户）存栏的奶牛数量

计量单位，万头。

47. 年出栏量>100 只肉羊规模化养殖场（户）出栏的肉羊数量

计量单位，万只。

48. 年存栏量>2000 只蛋禽规模化养殖场（户）存栏的蛋鸡数量

计量单位，万只。

49. 年出栏量>10000 只的肉禽规模化养殖场（户）出栏的肉鸡数量

计量单位，万只。

50. 其他规模化养殖的畜禽数量

计量单位，万头（只）。

**（三）绿色食品、有机农产品和地理标志农产品认证畜禽产品产量**

51. 猪肉产量

绿色食品、有机农产品和地理标志农产品认证畜禽产品猪肉产量，计量单位，万吨。

52. 牛肉产量

绿色食品、有机农产品和地理标志农产品认证畜禽产品牛肉产量，计量单位，万吨。

53. 羊肉产量

绿色食品、有机农产品和地理标志农产品认证畜禽产品羊肉产量，计量单位，万吨。

54. 牛奶产量

绿色食品、有机农产品和地理标志农产品认证畜禽产品牛奶产量，计量单位，万吨。

55. 禽肉产量

绿色食品、有机农产品和地理标志农产品认证畜禽产品禽肉产量，计量单位，万吨。

56. 禽蛋产量

绿色食品、有机农产品和地理标志农产品认证畜禽产品禽蛋产量，计量单位，万吨。

57. 蜂蜜产量

绿色食品、有机农产品和地理标志农产品认证畜禽产品蜂蜜产量，计量单位，万吨。

58. 其他畜禽产品产量

绿色食品、有机农产品和地理标志农产品认证畜禽产品其他畜禽产品产量，计量单位，万吨。

**（四）绿色食品、有机农产品和地理标志农产品认证水产品产量**

59. 绿色食品、有机农产品和地理标志农产品认证鱼类产量

是指绿色食品、有机农产品和地理标志农产品认证鱼类年度鲜重产量，计量单位，万吨。

60. 绿色食品、有机农产品和地理标志农产品认证虾蟹类产量

是指绿色食品、有机农产品和地理标志农产品认证虾蟹类年度鲜重产量，计量单位，万吨。

61. 绿色食品、有机农产品和地理标志农产品认证贝类产量

是指绿色食品、有机农产品和地理标志农产品认证贝类年度鲜重产量，计量单

位，万吨。

62. 绿色食品、有机农产品和地理标志农产品认证其他水产品产量

是指绿色食品、有机农产品和地理标志农产品认证其他水产品年度鲜重产量，需列出名称，计量单位，万吨。

**（五）生产资料**

63. 化肥施用量（折纯量）

指本年内实际用于农业生产的化肥数量，包括氮肥、磷肥、钾肥和复合肥。施用量要求按实物量及折纯法两种方法计算，统计局年报表一般为折纯量。计量单位，万吨。

计算公式：化肥折纯使用量＝化肥实际施用实物量×折纯系数

64. 氮肥量（折纯量）

指用于农业生产的氮肥量按含氮百分比进行折算后的数量，计量单位，万吨。

计算公式：氮肥折纯量＝∑氮肥使用量×含氮百分比（折纯率）

65. 磷肥量（折纯量）

指用于农业生产的磷肥量按含五氧化二磷百分比进行折算后的数量，计量单位，万吨。

计算公式：磷肥折纯量＝磷肥使用量×含五氧化二磷百分比（折纯率）

66. 钾肥量（折纯量）

指用于农业生产的钾肥量按含氧化钾的百分比进行折算后的数量，计量单位，万吨。

计算公式：钾肥折纯量＝∑钾肥使用量×按含氧化钾的百分比（折纯率）

67. 复合肥量（折纯量）

指用于农业生产的复合肥按其所含主要成分折算后的数量，计量单位，万吨。

计算公式：复合肥折纯量＝∑复合肥使用量×含氮百分比+∑复合肥使用量×含五氧化二磷百分比+∑复合肥使用量×按含氧化钾的百分比（折纯率）。

68. 农药施用量（折纯量）

指用于农业生产的农药施用量。折纯量，即百分比含量，一般标记为%。即一份成品药液含有效成分（即原药）的含量。计量单位，万吨。

**（六）农民收入和农民生活**

69. 农村居民人均可支配收入

计量单位，万元。

70. 普及卫生厕所的行政村数

指已经普及卫生厕所的行政村个数。计量单位，个。

71. 集中供水的行政村数

指已经实施生活用水集中供水的行政村个数。计量单位，个。

72. 农业总产值

是指一定时期（通常为一年）内以货币形式表现的农、林、牧、渔业全部产品的

总量。计量单位，万元。

**（七）农村机械化和能源**

73. 农村用电量

指农村居民家庭生活用电和农业生产用电。计量单位，万千瓦时。

74. 农村沼气池容积

计量单位，立方米。

75. 农村沼气池产气量

计量单位，立方米。

76. 农业光伏发电量

计量单位，万千瓦时。

77. 农用柴油使用量

计量单位，万吨。

78. 渔船总动力

计量单位，千瓦。

79. 机耕面积

计量单位，公顷。

80. 免耕面积

计量单位，公顷。

81. 机播面积

计量单位，公顷。

82. 机收面积

计量单位，公顷。

**（八）设施农业**

83. 设施农业面积

计量单位，公顷。

84. 设施蔬菜面积

计量单位，公顷。

85. 设施食用菌面积

计量单位，公顷。

86. 设施畜牧养殖面积

计量单位，公顷。

87. 设施水产养殖面积

计量单位，公顷。

88. 设施蔬菜产量

计量单位，万吨。

89. 设施食用菌产量

计量单位，万吨。

90. **设施畜牧养殖产量**

计量单位，万吨。

91. **设施水产养殖产量**

计量单位，万吨。

**(九) 农业科技和农村人才**

92. **农业技术推广服务人员数量**

计量单位，人。

93. **大专学历以上农业技术推广服务人员数量**

计量单位，人。

94. **新型职业农民数量**

指参加农业农村部门组织的新型职业农民培训并取得合格证书的农民数量。计量单位，人。

95. **高中及以上学历的农村劳动力数量**

计量单位，人。

96. **农村劳动力总量**

是指农村人口中在劳动年龄以内，具有劳动能力并经常参加社会劳动的人数。计量单位，人。

## 三、数据参数获取

**(一) 数据获取部门**

农业科技和农村人才、设施农业、农村机械化和能源、生产资料、农民收入和农民生活、绿色食品、有机农产品和地理标志农产品认证农作物、畜产品和水产品等相关数据均来自各统计县市的农业农村局相关部门。

**(二) 重要参数获取**

主要涉及化肥施用量（折纯量）、氮肥量（折纯量）、磷肥量（折纯量）钾肥量（折纯量）、复合肥量（折纯量）及农药施用量（折纯量）。

以上各个统计量的计算公式均逐一说明，不再赘述。各计算公式中涉及的折纯率，参照化肥折纯量参考计算表（表64）。

表64 化肥折纯量参考计算表

| 化肥种类 | | 有效成分含量（%） | | | 平均折纯率（%） | 每100千克实物量折纯量（千克） |
|---|---|---|---|---|---|---|
| | | 氮（N） | 磷（$P_2O_5$） | 钾（$K_2O$） | | |
| 氮肥 | 硫酸铵 | 20~21 | | | 20 | 20 |
| | 碳酸氢铵 | 17~18 | | | 17 | 17 |
| | 尿素 | 46 | | | 46 | 46 |
| | 液体氨 | 82 | | | 82 | 82 |

(续表)

| 化肥种类 | | 有效成分含量（%） | | | 平均折纯率（%） | 每100千克实物量折纯量（千克） |
|---|---|---|---|---|---|---|
| | | 氮（N） | 磷（P$_2$O$_5$） | 钾（K$_2$O） | | |
| 氮肥 | 氨水 | 15~17 | | | 16 | 16 |
| | 氯化铵 | 22~25 | | | 23 | 23 |
| | 硝酸钠 | 15~16 | | | 15 | 15 |
| | 石灰氮 | 19~23 | | | 21 | 21 |
| | 其他氮肥 | | | | 20 | 20 |
| 磷肥 | 过磷酸钙 | | 14~20 | | 17 | 17 |
| | 钙镁磷肥 | | 14~19 | | 17 | 17 |
| | 磷矿粉 | | 10~30 | | 20 | 20 |
| | 重过磷酸钙 | | 40~52 | | 46 | 46 |
| | 钢渣磷肥 | | 5~18 | | 11 | 11 |
| | 其他磷肥 | | | | 20 | 20 |
| 钾肥 | 氯化钾 | | | 50~60 | 55 | 55 |
| | 硫酸钾 | | | 48 | 48 | 48 |
| | 窖灰钾肥 | | | 10~20 | 15 | 15 |
| | 其他钾肥 | | | | 20 | 20 |
| 复合肥 | 硫酸铵 | 14~18 | 46~50 | | 64 | 64 |
| | 磷酸一铵 | 11~13 | 51~53 | | 64 | 64 |
| | 磷酸二铵 | 16~18 | 46~48 | | 64 | 64 |
| | 硝酸钾（火硝） | 13 | 46 | | 59 | 59 |
| | 氮钾复合肥 | 14 | | 16 | 30 | 30 |
| | 磷钾复合肥 | | 11 | 3 | 14 | 14 |
| | 氮磷钾复合肥 | 10 | 10 | 10 | 30 | 30 |
| | 硫酸铵 | 16 | 20 | | 36 | 36 |
| | 硫酸二氢钾 | 50 | 30 | | 80 | 80 |
| | 铵磷钾肥① | 12 | 24 | 12 | 48 | 48 |
| | 铵磷钾肥② | 10 | 20 | 15 | 45 | 45 |
| | 铵磷钾肥③ | 10 | 30 | 10 | 50 | 50 |
| | 硝酸磷肥 | 20 | 20 | | 40 | 40 |
| | 硝酸钾肥 | 10 | 10 | 10 | 30 | 30 |
| | 氢化过磷酸钙 | 2~3 | 14~18 | | 18 | 18 |
| | 其他复合肥 | | | | 30 | 30 |

注：①参考表来源于 https：//wenku.baidu.com/view/f68141332c3f5727a5e9856a561252d381eb2067.html。②铵磷钾肥是用硫酸铵、硫酸钾和磷酸盐按不同比例混合而成的三元复合肥料，也可由磷酸铵和钾盐制成。因配置比例不同，含量也各不相同。③为计算方便，农本核算中，可按统一折纯率计算各种化肥的折纯数量。

# 第五章 国家重要农业资源台账示例

## 第一节 国家重要农业资源概况

土地、水、气候、生物、废弃物资源等重要农业资源是农业绿色发展和可持续发展的前提和基础。农业资源数据分布在不同部门，底数不清、管理分散，成为农业部门的重要短板，影响了农业资源保护利用和科学管理。

为贯彻落实党中央国务院关于加快推进生态文明建设决策部署，按照中共中央办公厅、国务院办公厅《关于创新体制机制推进农业绿色发展的意见》，以及《全国农业现代化规划（2016—2020年）》建立重要农业资源台账制度的要求，在广泛收集各类农业资源数据的基础上，编制了国家重要农业资源台账，以系统全面地反映土地、水、气候、生物、废弃物等重要农业资源的种类、数量、质量、时空分布及其动态变化。这些数据共计362个指标，主要包括两个方面：一是国家统计局公开发布的统计数据；二是农业农村部、自然资源部、水利部、气象局等部门发布的资源调查（普查）数据、公告数据、行业数据。其中，农用地资源台账包括我国分地区农用地利用、土壤有机质、耕地质量等级等139个指标；水资源台账包括分地区水资源利用、河流水质、湖泊水质、供用水量、灌溉面积等155个指标；气候资源台账包括降水量、气温平均值、日照时数，历年及分地区受灾面积、成灾面积等28个指标；生物资源台账包括国家审定的主要作物品种、畜禽遗传资源、重点保护经济水生动植物资源、重点保护农业野生植物资源等13个指标；农业废弃物资源台账包括农作物秸秆资源，以及农膜使用量等26个指标。从台账数据看，我国农业资源总体状况如下述。

### 一、农用地资源状况

2017年全国农用地面积共计96.73亿亩，占全国土地总面积的67.2%，其中耕地面积20.23亿亩，园地面积2.13亿亩，牧草地面积32.90亿亩，林地面积37.94亿亩，其他3.53亿亩（包括水域等其他农用地）。我国耕地面积比2009年减少750万亩，减少0.37%。

全国耕地土壤有机质含量为1.37%~4.04%，耕地等级主要集中于3~7等地，共占耕地总面积的69.5%，1~2等优质耕地面积占12.9%，8~10等劣质耕地面积占 17.6%。

## 二、水资源状况

2017 年全国水资源总量为 28 761.2 亿立方米，其中，地表水资源量为 27 746.3 亿立方米，地下水资源量为 8 309.6 亿立方米。用水总量为 6 043.4 亿立方米，其中农业用水量 3 766.4 亿立方米，工业用水量 1 277 亿立方米，生态用水 161.9 亿立方米，分别占用水总量的 62.32%、21.13%和 2.68%。灌溉总面积 11.09 亿亩，其中，耕地灌溉面积 10.17 亿亩，占灌溉总面积的 91.71%；水资源利用率进一步提升，农田灌溉水有效利用系数为 0.548，比 2016 年提高 1.11%，农业用水总量比 2016 年减少 1.6 亿立方米。从河流水质状况看，I~Ⅲ类水质河长占 78.5%，劣Ⅴ类水质河长占 8.3%。

## 三、气候资源状况

近 30 年间，全国大部分地区呈现增温趋势。全国平均气温倾向率为 0.248℃/10 年，平均降水倾向率为 9.207 毫米/10 年。2017 年全国洪灾受灾面积 0.78 亿亩，成灾率 53.5%；旱灾受灾面积 1.49 亿亩，成灾率 45.1%。

## 四、生物资源状况

国家审定通过稻、小麦、玉米、棉花、大豆品种 922 个。根据《国家级畜禽遗传资源保护名录》，确定八眉猪等 159 个畜禽品种为国家级畜禽遗传资源保护品种。目前，国家重点保护经济水生动植物资源有 166 种；国家重点保护农业野生植物 143 个，其中粮食作物资源品种 21 个，蔬菜类植物资源 9 个，果树类资源 20 个，经济植物资源 17 个，药用植物资源 63 个，特用植物资源 13 个。

## 五、农业废弃物资源状况

2017 年我国农作物秸秆理论资源量 10.25 亿吨，可收集利用量 8.37 亿吨，占理论资源总量的 83.31%。从利用情况看，已利用秸秆量为 7.0 亿吨，秸秆综合利用率为 83.68%，形成了以肥料化、饲料化、燃料化为主的多元化利用模式，其中肥料化、饲料化、燃料化利用量分别为 3.96 亿吨、1.63 亿吨、1.06 亿吨，分别占已利用秸秆总量的 56.53%、23.24%、15.19%。

2017 年农用塑料薄膜使用量 252.84 万吨，其中地膜使用量 143.66 万吨，比 2016 年分别减少 2.85%、2.27%。

因重要农业资源台账制度尚在研究探索之中，统计体系尚需健全，可能存在数据收集不全、更新不及时等问题，将在今后工作中不断对台账进行完善。

## 第二节 农用地资源示例

### 一、农用地总体情况

土地利用情况（表65，图26）。

**表65　2017年分地区土地利用情况**　　　　单位：千公顷

| 地区 | 农用地 | 耕地 | 园地 | 牧草地 | 林业用地 |
|---|---|---|---|---|---|
| 全国 | 644 863.6 | 134 881.2 | 14 214.2 | 219 320.3 | 312 590.0 |
| 北京 | 1 146.7 | 213.7 | 132.8 | 0.2 | 1 013.5 |
| 天津 | 692.1 | 436.8 | 29.6 | | 156.2 |
| 河北 | 13 064.4 | 6 518.9 | 832.3 | 401.0 | 7 180.8 |
| 山西 | 10 026.2 | 4 056.3 | 405.8 | 33.7 | 7 655.5 |
| 内蒙古 | 82 880.6 | 9 270.8 | 56.4 | 49 507.0 | 43 988.9 |
| 辽宁 | 11 533.1 | 4 971.6 | 467.8 | 3.2 | 6 998.9 |
| 吉林 | 16 592.6 | 6 986.7 | 65.8 | 236.0 | 8 561.9 |
| 黑龙江 | 39 912.7 | 15 845.7 | 44.6 | 1 094.9 | 22 074.0 |
| 上海 | 313.4 | 191.6 | 16.5 | 0.0 | 77.3 |
| 江苏 | 6 470.4 | 4 573.3 | 297.2 | 0.1 | 1 787.0 |
| 浙江 | 8 588.9 | 1 977.0 | 574.3 | 0.3 | 6 607.4 |
| 安徽 | 11 121.9 | 5 866.8 | 346.5 | 0.5 | 4 431.8 |
| 福建 | 10 862.4 | 1 336.9 | 766.5 | 0.3 | 9 268.5 |
| 江西 | 14 411.5 | 3 086.0 | 320.7 | 0.7 | 10 696.6 |
| 山东 | 11 486.1 | 7 589.8 | 714.3 | 5.8 | 3 312.6 |
| 河南 | 12 655.7 | 8 112.3 | 213.3 | 0.3 | 5 049.8 |
| 湖北 | 15 729.6 | 5 235.9 | 480.2 | 2.0 | 8 498.5 |
| 湖南 | 18 166.6 | 4 151.0 | 653.1 | 13.6 | 12 527.8 |
| 广东 | 14 916.5 | 2 599.7 | 1 260.7 | 3.1 | 10 764.4 |
| 广西 | 19 526.8 | 4 387.5 | 1 080.5 | 5.2 | 15 271.7 |
| 海南 | 2 967.4 | 722.4 | 917.0 | 19.2 | 2 144.9 |

(续表)

| 地区 | 农用地 | 耕地 | 园地 | 牧草地 | 林业用地 |
|---|---|---|---|---|---|
| 重庆 | 7 056.8 | 2 369.8 | 270.9 | 45.5 | 4 062.8 |
| 四川 | 42 133.2 | 6 725.2 | 726.9 | 10 956.6 | 23 282.6 |
| 贵州 | 14 725.9 | 4 518.8 | 162.1 | 72.2 | 8 612.2 |
| 云南 | 32 927.9 | 6 213.3 | 1 628.2 | 147.0 | 25 010.4 |
| 西藏 | 87 230.2 | 444.0 | 1.5 | 70 683.0 | 17 836.4 |
| 陕西 | 18 562.6 | 3 982.9 | 816.4 | 2 169.4 | 12 284.7 |
| 甘肃 | 18 547.9 | 5 377.0 | 255.8 | 5 918.6 | 10 426.5 |
| 青海 | 45 088.0 | 590.1 | 6.0 | 40 794.6 | 8 080.4 |
| 宁夏 | 3 806.9 | 1 289.9 | 50.0 | 1 491.7 | 1 801.0 |
| 新疆 | 51 718.7 | 5 239.6 | 620.7 | 35 714.8 | 10 997.1 |

| 地区 | 建设用地 | 居民点及工矿用地 | 交通运输用地 | 水利设施用地 |
|---|---|---|---|---|
| 全国 | 39 574.1 | 32 131.0 | 3 833.5 | 3 609.5 |
| 北京 | 360.2 | 306.8 | 32.8 | 20.6 |
| 天津 | 417.3 | 333.3 | 30.3 | 53.7 |
| 河北 | 2 241.6 | 1 938.0 | 194.8 | 108.9 |
| 山西 | 1 040.0 | 894.1 | 108.2 | 37.7 |
| 内蒙古 | 1 673.4 | 1 369.7 | 233.9 | 69.7 |
| 辽宁 | 1 644.2 | 1 342.9 | 163.6 | 137.7 |
| 吉林 | 1 105.9 | 870.9 | 96.6 | 138.5 |
| 黑龙江 | 1 636.9 | 1 233.3 | 158.2 | 245.4 |
| 上海 | 308.8 | 274.9 | 30.7 | 3.2 |
| 江苏 | 2 311.0 | 1 914.6 | 232.8 | 163.6 |
| 浙江 | 1 318.2 | 1 024.1 | 151.7 | 142.5 |
| 安徽 | 2 014.9 | 1 660.5 | 149.4 | 205.0 |
| 福建 | 844.2 | 640.9 | 130.8 | 72.5 |
| 江西 | 1 306.2 | 988.0 | 115.8 | 202.4 |
| 山东 | 2 883.7 | 2 425.8 | 224.1 | 233.8 |
| 河南 | 2 644.3 | 2 267.8 | 189.5 | 187.0 |

第五章　国家重要农业资源台账示例

(续表)

| 地区 | 建设用地 | 居民点及工矿用地 | 交通运输用地 | 水利设施用地 |
|---|---|---|---|---|
| 湖北 | 1 737.2 | 1 332.2 | 131.7 | 273.3 |
| 湖南 | 1 653.3 | 1 352.4 | 148.3 | 152.5 |
| 广东 | 2 072.3 | 1 681.5 | 195.8 | 195.1 |
| 广西 | 1 252.8 | 929.1 | 142.5 | 181.2 |
| 海南 | 348.3 | 262.6 | 27.6 | 58.1 |
| 重庆 | 684.6 | 580.3 | 65.5 | 38.8 |
| 四川 | 1 870.0 | 1 581.3 | 157.2 | 131.5 |
| 贵州 | 728.2 | 579.5 | 107.0 | 41.8 |
| 云南 | 1 105.2 | 866.1 | 120.6 | 118.4 |
| 西藏 | 157.2 | 106.7 | 42.2 | 8.3 |
| 陕西 | 968.0 | 822.2 | 109.3 | 36.5 |
| 甘肃 | 922.3 | 794.2 | 88.8 | 39.3 |
| 青海 | 359.0 | 242.2 | 53.3 | 63.4 |
| 宁夏 | 323.7 | 273.7 | 40.7 | 9.4 |
| 新疆 | 1 641.1 | 1 241.2 | 159.8 | 240.1 |

数据来源：《2018年中国统计年鉴》，2018

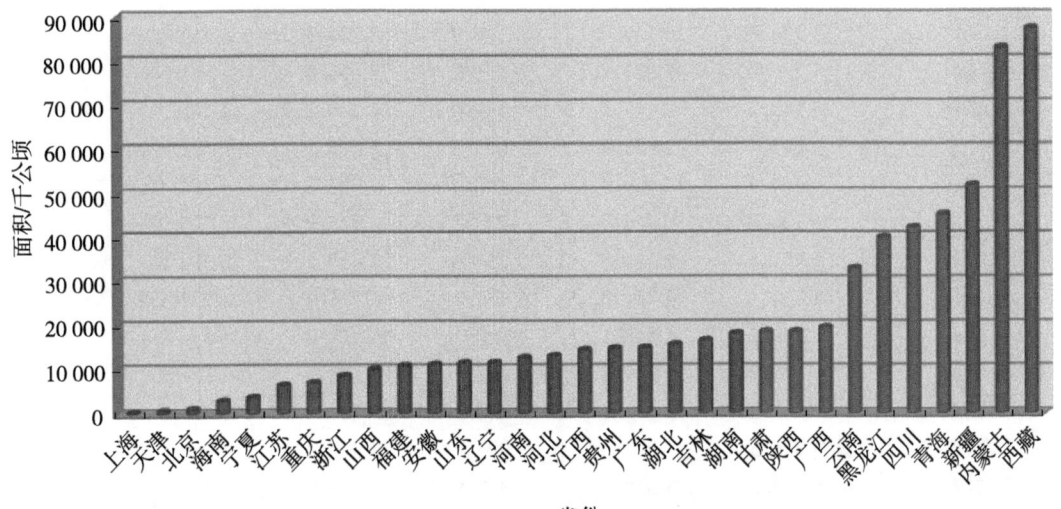

图26　2017年分地区农用地面积

数据来源：《2018年中国统计年鉴》，2018

## 二、耕地资源

### （一）耕地面积

分地区耕地面积（表66，图27）。

表66　2012—2017年分地区耕地面积　　　　　单位：千公顷

| 地区 | 2012年 | 2013年 | 2014年 | 2015年 | 2016年 | 2017年 |
|---|---|---|---|---|---|---|
| 全国 | 135 158.4 | 135 163.4 | 135 057.3 | 134 998.7 | 134 920.9 | 134 881.2 |
| 北京 | 220.9 | 221.2 | 219.9 | 219.3 | 216.3 | 213.7 |
| 天津 | 439.3 | 438.3 | 437.2 | 436.9 | 436.9 | 436.8 |
| 河北 | 6 558.3 | 6 551.2 | 6 535.5 | 6 525.5 | 6 520.5 | 6 518.9 |
| 山西 | 4 064.2 | 4 062.0 | 4 056.8 | 4 058.8 | 4 056.8 | 4 056.3 |
| 内蒙古 | 9 186.9 | 9 199.0 | 9 230.7 | 9 238.0 | 9 257.9 | 9 270.8 |
| 辽宁 | 4 998.9 | 4 989.7 | 4 981.7 | 4 977.4 | 4 974.5 | 4 971.6 |
| 吉林 | 7 013.7 | 7 006.5 | 7 001.4 | 6 999.2 | 6 993.4 | 6 986.7 |
| 黑龙江 | 15 845.9 | 15 864.1 | 15 860.0 | 15 854.1 | 15 850.1 | 15 845.7 |
| 上海 | 188.2 | 188.0 | 188.2 | 189.8 | 190.7 | 191.6 |
| 江苏 | 4 584.7 | 4 581.6 | 4 574.2 | 4 574.9 | 4 571.1 | 4 573.3 |
| 浙江 | 1 979.4 | 1 978.5 | 1 976.6 | 1 978.6 | 1 974.7 | 1 977.0 |
| 安徽 | 5 881.3 | 5 883.1 | 5 872.1 | 5 872.9 | 5 867.5 | 5 866.8 |
| 福建 | 1 338.4 | 1 338.1 | 1 336.4 | 1 336.3 | 1 336.3 | 1 336.9 |
| 江西 | 3 083.5 | 3 087.3 | 3 085.4 | 3 082.7 | 3 082.2 | 3 086.0 |
| 山东 | 7 635.7 | 7 633.5 | 7 620.6 | 7 611.0 | 7 606.9 | 7 589.8 |
| 河南 | 8 156.8 | 8 140.7 | 8 117.9 | 8 105.9 | 8 111.0 | 8 112.3 |
| 湖北 | 5 290.0 | 5 281.8 | 5 261.7 | 5 255.0 | 5 245.3 | 5 235.9 |
| 湖南 | 4 146.2 | 4 149.5 | 4 149.0 | 4 150.2 | 4 148.7 | 4 151.0 |
| 广东 | 2 614.4 | 2 621.8 | 2 623.3 | 2 615.9 | 2 607.6 | 2 599.7 |
| 广西 | 4 414.2 | 4 419.4 | 4 410.3 | 4 402.3 | 4 395.1 | 4 387.5 |
| 海南 | 726.7 | 726.7 | 725.7 | 725.9 | 722.7 | 722.4 |
| 重庆 | 2 451.3 | 2 455.8 | 2 454.6 | 2 430.5 | 2 382.5 | 2 369.8 |
| 四川 | 6 732.1 | 6 734.8 | 6 734.2 | 6 731.4 | 6 732.9 | 6 725.2 |
| 贵州 | 4 552.2 | 4 548.1 | 4 540.1 | 4 537.4 | 4 530.2 | 4 518.8 |
| 云南 | 6 224.9 | 6 219.8 | 6 207.4 | 6 208.5 | 6 207.8 | 6 213.3 |
| 西藏 | 442.2 | 441.8 | 442.5 | 443.0 | 444.6 | 444.0 |
| 陕西 | 3 985.5 | 3 992.0 | 3 994.8 | 3 995.2 | 3 989.5 | 3 982.9 |
| 甘肃 | 5 383.5 | 5 378.8 | 5 377.9 | 5 374.9 | 5 372.4 | 5 377.0 |
| 青海 | 588.5 | 588.2 | 585.7 | 588.4 | 589.4 | 590.1 |
| 宁夏 | 1 282.7 | 1 281.1 | 1 285.9 | 1 290.1 | 1 288.8 | 1 289.9 |
| 新疆 | 5 148.1 | 5 160.2 | 5 169.5 | 5 188.9 | 5 216.5 | 5 239.6 |

注：本表数据来源于国土资源部，为当年全国土地变更调查数据

数据来源：《2018年中国统计年鉴》，2018

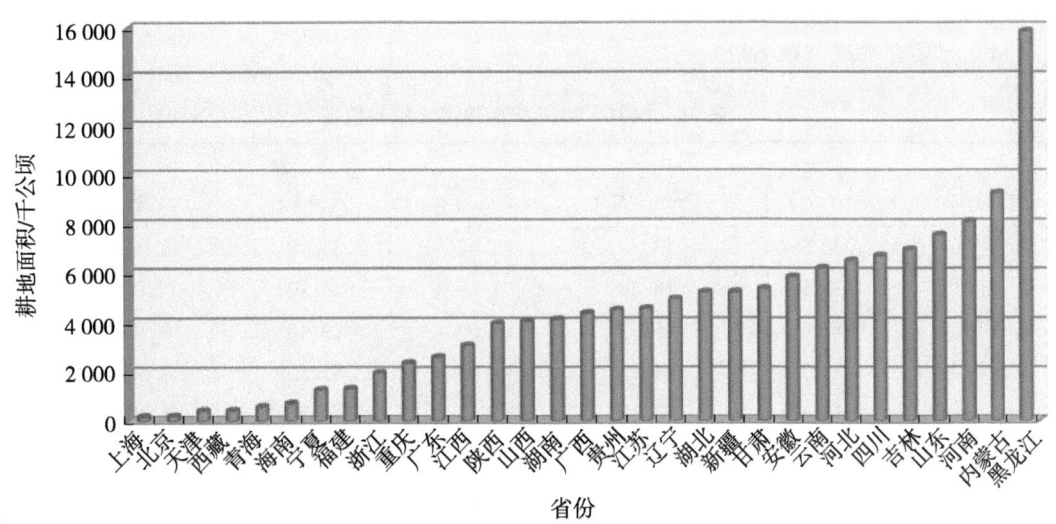

图 27 2017 年分地区耕地面积
数据来源：《2018 年中国统计年鉴》，2018

## （二）耕地质量

全国耕地质量等级面积、比例及主要分布区域（表 67）。

表 67 不同等级耕地面积、比例及主要分布区域

| 耕地质量等级 | 面积（亿亩） | 比例（%） | 主要分布区域 |
| --- | --- | --- | --- |
| 一等地 | 0.92 | 5.1 | 东北区、黄淮海区、长江中下游区、西南区 |
| 二等地 | 1.43 | 7.8 | 东北区、黄淮海区、长江中下游区、西南区、甘新区 |
| 三等地 | 2.63 | 14.4 | 东北区、黄淮海区、长江中下游区、西南区 |
| 四等地 | 3.04 | 16.7 | 东北区、黄淮海区、长江中下游区、西南区 |
| 五等地 | 2.89 | 15.8 | 长江中下游区、黄淮海区、东北区、西南区 |
| 六等地 | 2.25 | 12.3 | 西南区、长江中下游区、黄淮海区、东北区、内蒙古及长城沿线区 |
| 七等地 | 1.89 | 10.3 | 西南区、长江中下游区、黄淮海区、甘新区、内蒙古及长城沿线区 |
| 八等地 | 1.39 | 7.6 | 黄土高原区、长江中下游区、西南区、内蒙古及长城沿线区 |
| 九等地 | 1.06 | 5.8 | 黄土高原区、内蒙古及长城沿线区、长江中下游区、华南区、西南区 |
| 十等地 | 0.76 | 4.2 | 黄土高原区、内蒙古及长城沿线区、黄淮海区、华南区、长江中下游区 |
| 合计 | 18.26 | 100.0 | —— |

注：青藏区耕地面积较小，耕地质量等级主要分布在 7~9 等，占青藏区耕地面积的 79.1%
数据来源：《全国耕地质量等级情况的公报》，2014

### (三) 土壤养分

1. 土壤有机质（表68）

表68  2005—2014年分地区土壤有机质

| 省名 | 样本数（个） | 平均值（克/千克） | 标准差 | 变异系数（%） | 5%~95%范围（克/千克） |
|---|---|---|---|---|---|
| 北京 | 30 568 | 13.78 | 3.40 | 24.70 | 8.00~19.30 |
| 天津 | 32 676 | 18.44 | 4.75 | 25.80 | 12.00~27.60 |
| 河北 | 687 962 | 15.93 | 4.69 | 29.40 | 8.70~24.10 |
| 内蒙古 | 423 086 | 24.12 | 19.90 | 82.50 | 6.00~69.20 |
| 山西 | 35 874 | 13.88 | 6.43 | 46.30 | 5.20~25.50 |
| 山东 | 228 241 | 13.74 | 4.95 | 36.00 | 7.10~22.60 |
| 河南 | 732 982 | 15.83 | 3.95 | 24.90 | 9.90~22.80 |
| 辽宁 | 47 044 | 17.25 | 7.20 | 41.70 | 8.30~29.60 |
| 吉林 | 497 533 | 26.15 | 12.86 | 49.20 | 11.10~53.90 |
| 黑龙江 | 885 600 | 40.43 | 15.19 | 37.60 | 20.00~70.60 |
| 上海 | 13 813 | 26.47 | 8.66 | 32.70 | 14.40~41.00 |
| 江苏 | 263 160 | 20.16 | 5.86 | 29.10 | 12.00~30.90 |
| 浙江 | 126 124 | 27.82 | 8.27 | 29.70 | 14.80~41.40 |
| 江西 | 117 073 | 30.12 | 4.08 | 13.50 | 23.80~36.30 |
| 安徽 | 585 733 | 21.64 | 8.18 | 37.80 | 11.50~36.90 |
| 福建 | 93 722 | 26.36 | 7.09 | 26.90 | 14.80~37.80 |
| 湖北 | 430 316 | 22.61 | 7.54 | 33.30 | 11.50~36.20 |
| 湖南 | 634 286 | 33.87 | 12.54 | 37.00 | 15.50~56.50 |
| 广西 | 261 433 | 30.91 | 9.66 | 31.20 | 16.40~48.00 |
| 广东 | 210 492 | 24.02 | 7.89 | 32.90 | 11.30~37.80 |
| 海南 | 23 225 | 18.79 | 8.79 | 46.80 | 6.00~34.90 |
| 四川 | 622 013 | 22.95 | 11.22 | 48.90 | 8.90~44.00 |
| 重庆 | 170 806 | 19.19 | 6.56 | 34.20 | 9.80~31.10 |
| 云南 | 242 085 | 32.94 | 15.66 | 47.50 | 12.50~63.40 |
| 贵州 | 335 719 | 35.37 | 14.46 | 40.90 | 16.70~63.00 |
| 西藏 | 16 750 | 27.25 | 14.50 | 53.20 | 12.40~58.70 |
| 陕西 | 264 328 | 14.84 | 5.92 | 39.90 | 7.20~25.90 |
| 甘肃 | 163 959 | 14.34 | 4.82 | 33.60 | 8.00~24.40 |
| 宁夏 | 65 593 | 13.61 | 5.98 | 43.90 | 4.90~24.00 |
| 青海 | 34 151 | 23.64 | 9.67 | 40.90 | 11.00~43.10 |
| 新疆 | 190 736 | 16.64 | 8.81 | 52.90 | 7.00~34.00 |

数据来源：《测土配方施肥土壤养分数据集（2005—2014）》，2015

2. 土壤全氮（表69）

表69  2005—2014年分地区土壤全氮

| 省名 | 样本数（个） | 平均值（克/千克） | 标准差 | 变异系数（%） | 5%~95%范围（克/千克） |
|---|---|---|---|---|---|
| 北京 | 27 242 | 0.952 | 0.25 | 26.60 | 0.550~1.410 |
| 天津 | 32 488 | 1.104 | 0.26 | 23.40 | 0.710~1.588 |
| 河北 | 531 335 | 0.927 | 0.28 | 29.90 | 0.482~1.390 |
| 内蒙古 | 424 865 | 1.317 | 0.96 | 72.70 | 0.380~3.406 |
| 山西 | 36 669 | 0.795 | 0.30 | 38.20 | 0.346~1.350 |
| 山东 | 146 299 | 0.914 | 0.38 | 41.40 | 0.440~1.500 |
| 河南 | 725 728 | 0.955 | 0.20 | 20.70 | 0.650~1.310 |
| 辽宁 | 45 051 | 1.118 | 0.83 | 74 | 0.560~1.862 |
| 黑龙江 | 280 581 | 2.125 | 0.80 | 37.80 | 1.000~3.598 |
| 上海 | 13 290 | 1.597 | 0.42 | 26.00 | 0.950~2.330 |
| 江苏 | 222 853 | 1.291 | 0.36 | 27.80 | 0.790~1.959 |
| 浙江 | 84 488 | 1.822 | 0.60 | 32.80 | 0.947~2.900 |
| 江西 | 29 517 | 1.398 | 0.24 | 17.30 | 1.010~1.812 |
| 安徽 | 550 302 | 1.264 | 0.44 | 34.80 | 0.730~2.070 |
| 福建 | 14 379 | 1.337 | 0.42 | 31.60 | 0.670~2.090 |
| 湖北 | 83 283 | 1.297 | 0.48 | 37.20 | 0.480~2.100 |
| 湖南 | 80 448 | 1.836 | 0.69 | 37.70 | 0.700~3.020 |
| 广西 | 246 455 | 1.784 | 0.57 | 32.10 | 0.921~2.800 |
| 广东 | 181 613 | 1.321 | 0.41 | 31.20 | 0.680~2.050 |
| 海南 | 9 811 | 0.962 | 0.41 | 42.10 | 0.380~1.670 |
| 四川 | 619 365 | 1.31 | 0.56 | 42.60 | 0.580~2.353 |
| 重庆 | 21 959 | 1.196 | 0.39 | 32.40 | 0.603~1.840 |
| 云南 | 112 899 | 1.837 | 0.95 | 51.60 | 0.750~3.460 |
| 贵州 | 331 989 | 1.958 | 0.69 | 35.10 | 0.991~3.220 |
| 西藏 | 16 746 | 1.644 | 0.85 | 51.90 | 0.630~3.397 |
| 陕西 | 134 782 | 0.879 | 0.34 | 39.20 | 0.400~1.550 |
| 甘肃 | 133 165 | 0.869 | 0.27 | 30.70 | 0.490~1.400 |
| 宁夏 | 66 610 | 0.871 | 0.36 | 40.90 | 0.340~1.490 |
| 青海 | 30 883 | 1.446 | 0.58 | 40 | 0.670~2.570 |
| 新疆 | 56 968 | 0.785 | 0.35 | 44.10 | 0.310~1.433 |

数据来源：《测土配方施肥土壤养分数据集（2005—2014）》，2015

3. 全国县级土壤全氮含量分布图（图28）

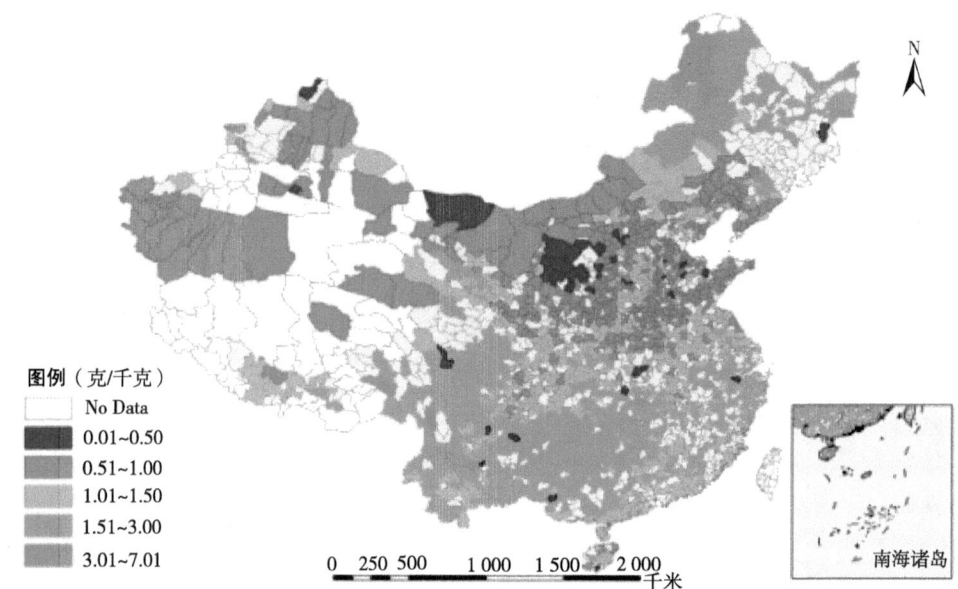

**图28 全国县级土壤全氮含量分布图**

数据来源：《测土配方施肥土壤养分数据集（2005—2014）》，2015年

4. 土壤有效磷（表70）

表70 2005—2014年分地区土壤有效磷

| 省名 | 样本数（个） | 平均值（毫克/千克） | 标准差 | 变异系数（%） | 5%~95%范围（毫克/千克） |
| --- | --- | --- | --- | --- | --- |
| 北京 | 27 865 | 26 | 19.3 | 74.3 | 7.5~58.8 |
| 天津 | 32 614 | 27.2 | 24.2 | 88.8 | 4.4~80.3 |
| 河北 | 525 361 | 20.9 | 12.0 | 57.6 | 6.8~45.6 |
| 内蒙古 | 434 002 | 13.2 | 9.4 | 70.8 | 3.5~32.3 |
| 山西 | 36 618 | 11.6 | 8.8 | 76.1 | 2.5~29.5 |
| 山东 | 234 867 | 29.9 | 22.7 | 75.9 | 7.0~76.5 |
| 河南 | 720 308 | 15.3 | 7.7 | 50.5 | 5.5~30.6 |
| 辽宁 | 47 573 | 24.4 | 18.6 | 76.1 | 4.9~59.0 |
| 吉林 | 513 314 | 22.7 | 14.8 | 65.0 | 5.9~54.0 |
| 黑龙江 | 902 725 | 27.8 | 13.0 | 46.6 | 10.4~52.2 |
| 上海 | 15 635 | 37.1 | 32.3 | 87.1 | 6.8~117.2 |
| 江苏 | 268 151 | 14.7 | 7.1 | 48.2 | 6.3~29.1 |
| 浙江 | 115 413 | 21.5 | 16.6 | 77.2 | 4.7~58.3 |
| 江西 | 60 414 | 15.2 | 3.1 | 20.8 | 10.4~20.1 |
| 安徽 | 618 024 | 16.9 | 14.7 | 86.9 | 3.4~44.4 |
| 福建 | 94 926 | 22.7 | 15.3 | 67.1 | 5.9~51.9 |

(续表)

| 省名 | 样本数（个） | 平均值（毫克/千克） | 标准差 | 变异系数（%） | 5%~95%范围（毫克/千克） |
|---|---|---|---|---|---|
| 湖北 | 434 918 | 14.3 | 10.3 | 72.2 | 4.4~33.3 |
| 湖南 | 632 501 | 17.9 | 15.9 | 88.8 | 3.9~47.7 |
| 广西 | 269 811 | 18.3 | 11.6 | 63.4 | 4.9~42.2 |
| 广东 | 208 567 | 30.7 | 22.5 | 73.3 | 7.4~78.4 |
| 海南 | 28 240 | 21.1 | 23.5 | 111.4 | 2.6~71.8 |
| 四川 | 611 812 | 16.2 | 17.6 | 109.1 | 2.4~50.4 |
| 重庆 | 177 123 | 13.1 | 10.9 | 83.1 | 2.9~36.4 |
| 云南 | 241 856 | 21.3 | 20.5 | 96.3 | 2.8~63.9 |
| 贵州 | 336 063 | 16.1 | 11.7 | 72.2 | 3.8~40.2 |
| 西藏 | 16 766 | 11.4 | 8.1 | 70.8 | 3.2~25.7 |
| 陕西 | 285 351 | 18.4 | 12.0 | 65.2 | 5.0~41.2 |
| 甘肃 | 163 976 | 16.4 | 8.4 | 51.0 | 6.5~33.9 |
| 宁夏 | 65 710 | 22.1 | 20.6 | 92.8 | 4.1~61.1 |
| 青海 | 32 719 | 21.9 | 15.6 | 71.2 | 7.5~50.4 |
| 新疆 | 187 837 | 13.5 | 9.7 | 71.8 | 3.5~33.3 |

数据来源：《测土配方施肥土壤养分数据集（2005—2014）》，2015

5. 全国县级土壤有效磷含量分布图（图29）

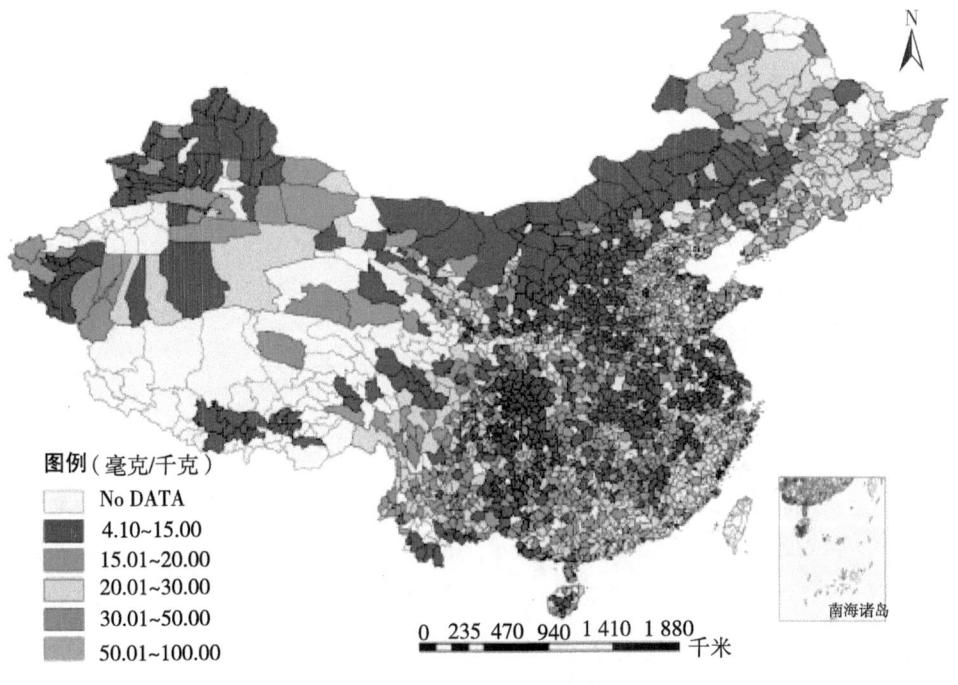

**图29 全国县级土壤有效磷含量**

数据来源：《测土配方施肥土壤养分数据集（2005—2014）》，2015

6. 土壤速效钾（表71）

表71 2005—2014年分地区土壤速效钾

| 省名 | 样本数（个） | 平均值（毫克/千克） | 标准差 | 变异系数（%） | 5%~95%范围（毫克/千克） |
|---|---|---|---|---|---|
| 北京 | 31 191 | 121.3 | 40.5 | 33.4 | 70.0~199.0 |
| 天津 | 32 670 | 194.8 | 82.8 | 42.5 | 89.0~362.0 |
| 河北 | 761 128 | 122.4 | 45.9 | 37.5 | 63.0~209.0 |
| 内蒙古 | 451 334 | 144.6 | 57.3 | 39.6 | 72.0~260.0 |
| 山西 | 36 807 | 134 | 54.1 | 40.4 | 61.0~238.0 |
| 山东 | 234 725 | 124.9 | 65.2 | 52.2 | 50.0~250.0 |
| 河南 | 734 147 | 120.6 | 43.2 | 35.8 | 61.0~203.0 |
| 辽宁 | 47 759 | 84.1 | 25.9 | 30.9 | 43.0~117.0 |
| 吉林 | 512 261 | 119.5 | 40.9 | 34.2 | 60.0~197.0 |
| 黑龙江 | 901 623 | 169 | 69 | 40.9 | 80.0~293.0 |
| 上海 | 13 601 | 128 | 55.6 | 43.5 | 69.0~256.0 |
| 江苏 | 278 336 | 112.1 | 52.6 | 46.9 | 56.0~197.0 |
| 浙江 | 136 813 | 86.8 | 38.7 | 44.5 | 37.0~165.0 |
| 江西 | 85 536 | 77.7 | 13.2 | 16.9 | 58.0~100.0 |
| 安徽 | 618 956 | 108.6 | 62.8 | 57.9 | 34.0~228.0 |
| 福建 | 88 139 | 73.4 | 33.9 | 46.2 | 37.0~145.0 |
| 湖北 | 432 481 | 103.6 | 47.8 | 46.1 | 42.0~195.0 |
| 湖南 | 634 021 | 96.8 | 56.6 | 58.5 | 37.0~202.0 |
| 广西 | 263 364 | 70.8 | 32.8 | 46.3 | 32.0~137.0 |
| 广东 | 209 625 | 72.8 | 44.5 | 61.1 | 24.0~161.0 |
| 海南 | 32 017 | 45.5 | 29.5 | 64.8 | 16.0~102.0 |
| 四川 | 606 071 | 89.7 | 42.2 | 47 | 37.0~174.0 |
| 重庆 | 177 115 | 89.1 | 35.3 | 39.6 | 43.0~160.0 |
| 云南 | 240 665 | 136.1 | 88.5 | 65.1 | 37.0~320.0 |
| 贵州 | 335 422 | 134.3 | 65.6 | 48.8 | 50.0~266.0 |
| 西藏 | 16 732 | 112.1 | 78.3 | 69.9 | 40.0~281.0 |
| 陕西 | 284 608 | 146.6 | 58.5 | 39.9 | 67.0~260.0 |
| 甘肃 | 125 773 | 150.1 | 36.7 | 24.5 | 89.0~209.0 |
| 宁夏 | 66 455 | 162.2 | 75.6 | 46.6 | 67.0~311.0 |
| 青海 | 33 385 | 188.9 | 83.4 | 44.2 | 80.0~353.0 |
| 新疆 | 189 730 | 186.5 | 88.6 | 47.5 | 70.0~363.0 |

数据来源：《测土配方施肥土壤养分数据集（2005—2014）》，2015

7. 全国县级土壤速效钾含量分布图（图30）

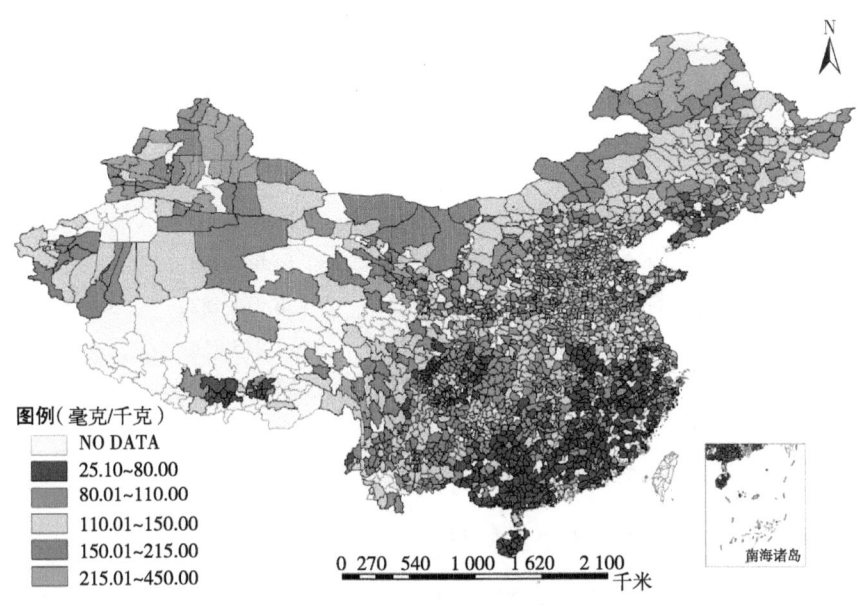

**图30 全国县级土壤速效钾含量分布图**

数据来源：《测土配方施肥土壤养分数据集（2005—2014）》，2015

## 三、草地资源

### （一）草地数量

1. 全国各类天然草地概况（表72）

表72 全国各类天然草地面积

| 草地类型 | 草地面积<br>（公顷） | 占草地比重<br>（%） | 可利用面积<br>（公顷） | 理论载畜量<br>（羊只/年） |
| --- | --- | --- | --- | --- |
| 合计 | 392 832 633 | 100 | 330 995 458 | 448 915 416 |
| 温性草甸草原类 | 14 519 331 | 3.7 | 12 827 411 | 16 153 475 |
| 温性草原类 | 41 096 571 | 10.46 | 36 367 633 | 24 451 208 |
| 温性荒漠草原类 | 18 921 607 | 4.82 | 17 052 421 | 6 128 994 |
| 高寒草甸草原类 | 6 865 734 | 1.75 | 6 011 528 | 1 695 567 |
| 高寒草原类 | 41 623 171 | 10.59 | 35 439 220 | 10 292 523 |
| 高寒荒漠草原类 | 9 566 006 | 2.43 | 7 752 078 | 1 271 471 |
| 温性草原化荒漠类 | 10 673 418 | 2.72 | 9 140 926 | 2 745 821 |
| 温性荒漠类 | 45 060 811 | 11.47 | 30 604 131 | 7 269 815 |
| 高寒荒漠类 | 7 527 763 | 1.92 | 5 592 765 | 603 447 |
| 暖性草丛类 | 6 657 148 | 1.69 | 5 853 667 | 13 444 497 |
| 暖性灌草丛类 | 11 615 910 | 2.96 | 9 773 518 | 21 237 530 |

（续表）

| 草地类型 | 草地面积（公顷） | 占草地比重（%） | 可利用面积（公顷） | 理论载畜量（羊只/年） |
|---|---|---|---|---|
| 热性草丛类 | 14 237 195 | 3.62 | 11 419 999 | 37 982 617 |
| 热性灌草丛类 | 17 551 276 | 4.47 | 13 447 569 | 37 044 059 |
| 干热稀树灌草丛类 | 863 144 | 0.22 | 639 429 | 2 374 490 |
| 低地草甸类 | 25 219 621 | 6.42 | 21 038 409 | 40 539 980 |
| 山地草甸类 | 16 718 926 | 4.26 | 14 923 439 | 29 810 233 |
| 高寒草甸类 | 63 720 549 | 16.22 | 58 834 182 | 60 131 534 |
| 沼泽类 | 2 873 812 | 0.73 | 2 253 714 | 5 730 353 |
| 零星草地 | 36 587 720 | 9.31 | 32 023 419 | 130 007 802 |
| 未划类型草地 | 932 920 | 0.24 | 0 | 0 |

数据来源：《中国草地资源数据》，1994

2. 全国天然草地面积分类统计（表73）

表73 全国天然草地面积分类统计　　　　　单位：公顷

| 地区 | 温性草甸草原类 | 温性草原类 | 温性荒漠草原类 | 高寒草甸草原类 | 高寒草原类 |
|---|---|---|---|---|---|
| 全国 | 14 519 331 | 41 096 571 | 18 921 607 | 6 865 734 | 41 623 171 |
| 北京 | 0 | 0 | 0 | 0 | 0 |
| 天津 | 0 | 0 | 0 | 0 | 0 |
| 河北 | 355 471 | 573 098 | 0 | 0 | 0 |
| 山西 | 0 | 438 313 | 0 | 0 | 0 |
| 内蒙古 | 8 682 506 | 27 477 870 | 8 819 456 | 0 | 0 |
| 辽宁 | 243 843 | 301 241 | 0 | 0 | 0 |
| 吉林 | 1 157 850 | 424 203 | 0 | 0 | 0 |
| 黑龙江 | 1 372 762 | 49 320 | 0 | 0 | 0 |
| 上海 | 0 | 0 | 0 | 0 | 0 |
| 江苏 | 0 | 0 | 0 | 0 | 0 |
| 浙江 | 0 | 0 | 0 | 0 | 0 |
| 安徽 | 0 | 0 | 0 | 0 | 0 |
| 福建 | 0 | 0 | 0 | 0 | 0 |
| 江西 | 0 | 0 | 0 | 0 | 0 |
| 山东 | 0 | 0 | 0 | 0 | 0 |
| 河南 | 0 | 0 | 0 | 0 | 0 |

(续表)

| 地区 | 温性草甸草原类 | 温性草原类 | 温性荒漠草原类 | 高寒草甸草原类 | 高寒草原类 |
|---|---|---|---|---|---|
| 湖北 | 0 | 0 | 0 | 0 | 0 |
| 湖南 | 0 | 0 | 0 | 0 | 0 |
| 广东 | 0 | 0 | 0 | 0 | 0 |
| 广西 | 0 | 0 | 0 | 0 | 0 |
| 海南 | 0 | 0 | 0 | 0 | 0 |
| 四川 | 0 | 0 | 0 | 0 | 0 |
| 贵州 | 0 | 0 | 0 | 0 | 0 |
| 云南 | 0 | 0 | 0 | 0 | 0 |
| 西藏 | 208 400 | 1 715 115 | 432 238 | 5 586 000 | 31 941 630 |
| 陕西 | 19 377 | 911 211 | 0 | 0 | 0 |
| 甘肃 | 94 206 | 3 088 432 | 1 301 169 | 1 239 652 | 0 |
| 青海 | 1 481 | 2 117 882 | 535 468 | 40 082 | 5 820 061 |
| 宁夏 | 65 441 | 782 131 | 1 418 635 | 0 | 0 |
| 新疆 | 2 317 994 | 3 217 755 | 6 414 641 | 0 | 3 861 480 |

| 地区 | 暖性灌草丛类 | 热性草丛类 | 热性灌草丛类 | 干热稀树灌草丛类 | 低地草甸类 |
|---|---|---|---|---|---|
| 全国 | 11 615 910 | 14 237 195 | 17 551 276 | 863 144 | 25 219 621 |
| 北京 | 342 176 | 0 | 0 | 0 | 0 |
| 天津 | 16 268 | 0 | 0 | 0 | 24 589 |
| 河北 | 1 973 369 | 0 | 0 | 0 | 187 696 |
| 山西 | 1 275 489 | 0 | 0 | 0 | 34 425 |
| 内蒙古 | 0 | 0 | 0 | 0 | 9 037 127 |
| 辽宁 | 644 567 | 0 | 0 | 0 | 565 061 |
| 吉林 | 0 | 0 | 0 | 0 | 459 421 |
| 黑龙江 | 0 | 0 | 0 | 0 | 4 456 341 |
| 上海 | 0 | 0 | 0 | 0 | 38 133 |
| 江苏 | 8 617 | 27 851 | 15 231 | 0 | 89 871 |
| 浙江 | 0 | 166 167 | 523 857 | 0 | 32 793 |
| 安徽 | 0 | 139 619 | 432 313 | 0 | 2 732 |
| 福建 | 0 | 331 617 | 190 413 | 0 | 2 158 |
| 江西 | 37 049 | 1 589 333 | 1 922 830 | 0 | 316 304 |
| 山东 | 636 037 | 0 | 0 | 0 | 553 953 |

(续表)

| 地区 | 暖性灌草丛类 | 热性草丛类 | 热性灌草丛类 | 干热稀树灌草丛类 | 低地草甸类 |
|---|---|---|---|---|---|
| 河南 | 791 088 | 293 849 | 272 827 | 0 | 85 707 |
| 湖北 | 880 694 | 386 059 | 895 810 | 0 | 77 344 |
| 湖南 | 33 121 | 845 487 | 1 539 807 | 0 | 33 744 |
| 广东 | 0 | 238 771 | 313 593 | 0 | 15 177 |
| 广西 | 0 | 2 863 002 | 3 821 570 | 0 | 649 |
| 海南 | 0 | 266 471 | 200 029 | 7 563 | 12 098 |
| 四川 | 1 659 195 | 1 134 766 | 3 918 654 | 65 685 | 229 280 |
| 贵州 | 303 993 | 570 527 | 786 870 | 0 | 0 |
| 云南 | 1 775 534 | 5 223 969 | 2 688 806 | 789 896 | 0 |
| 西藏 | 139 896 | 9 328 | 27 851 | 0 | 44 466 |
| 陕西 | 191 329 | 150 379 | 815 | 0 | 137 202 |
| 甘肃 | 907 488 | 0 | 0 | 0 | 680 715 |
| 青海 | 0 | 0 | 0 | 0 | 1 123 471 |
| 宁夏 | 0 | 0 | 0 | 0 | 93 378 |
| 新疆 | 0 | 0 | 0 | 0 | 6 885 786 |

| 地区 | 高寒荒漠草原类 | 温性草原化荒漠类 | 温性荒漠类 | 高寒荒漠类 | 暖性草丛类 |
|---|---|---|---|---|---|
| 全国 | 9 566 006 | 10 673 418 | 45 060 811 | 7 527 763 | 6 657 148 |
| 北京 | 0 | 0 | 0 | 0 | 0 |
| 天津 | 0 | 0 | 0 | 0 | 3 971 |
| 河北 | 0 | 0 | 0 | 0 | 890 348 |
| 山西 | 0 | 0 | 0 | 0 | 1 589 620 |
| 内蒙古 | 0 | 5 354 087 | 16 924 818 | 0 | 0 |
| 辽宁 | 0 | 0 | 0 | 0 | 660 217 |
| 吉林 | 0 | 0 | 0 | 0 | 0 |
| 黑龙江 | 0 | 0 | 0 | 0 | 0 |
| 上海 | 0 | 0 | 0 | 0 | 0 |
| 江苏 | 0 | 0 | 0 | 0 | 5 015 |
| 浙江 | 0 | 0 | 0 | 0 | 0 |
| 安徽 | 0 | 0 | 0 | 0 | 59 843 |
| 福建 | 0 | 0 | 0 | 0 | 0 |
| 江西 | 0 | 0 | 0 | 0 | 26 804 |

(续表)

| 地区 | 高寒荒漠草原类 | 温性草原化荒漠类 | 温性荒漠类 | 高寒荒漠类 | 暖性草丛类 |
|---|---|---|---|---|---|
| 山东 | 0 | 0 | 0 | 0 | 289 613 |
| 河南 | 0 | 0 | 0 | 0 | 765 042 |
| 湖北 | 0 | 0 | 0 | 0 | 518 311 |
| 湖南 | 0 | 0 | 0 | 0 | 64 673 |
| 广东 | 0 | 0 | 0 | 0 | 0 |
| 广西 | 0 | 0 | 0 | 0 | 0 |
| 海南 | 0 | 0 | 0 | 0 | 0 |
| 四川 | 0 | 0 | 0 | 0 | 210 814 |
| 贵州 | 0 | 0 | 0 | 0 | 323 938 |
| 云南 | 0 | 0 | 0 | 0 | 883 331 |
| 西藏 | 8 678 715 | 107 098 | 45 333 | 5 441 650 | 11 202 |
| 陕西 | 0 | 0 | 0 | 0 | 354 406 |
| 甘肃 | 258 991 | 521 006 | 4 804 418 | 0 | 0 |
| 青海 | 0 | 0 | 2 038 517 | 525 519 | 0 |
| 宁夏 | 0 | 545 140 | 42 640 | 0 | 0 |
| 新疆 | 628 300 | 4 146 087 | 21 205 085 | 1 560 594 | 0 |

数据来源：《中国草地资源数据》，1994

## （二）草原建设利用情况（表74）

表74　2017年全国分地区草原建设利用情况　　　　单位：千公顷

| 地区 | 草原总面积 | 累计种草保留面积 | 当年新增种草面积 |
|---|---|---|---|
| 全国 | 392 832.7 | 19 036.0 | 6 119.1 |
| 北京 | 394.8 | | |
| 天津 | 146.6 | 5.6 | 2.6 |
| 河北 | 4 712.1 | 215.5 | 114.6 |
| 山西 | 4 552.0 | 392.7 | 146.0 |
| 内蒙古 | 78 804.5 | 3 683.5 | 1 788.2 |
| 辽宁 | 3 388.8 | 506.3 | 78.2 |
| 吉林 | 5 842.2 | 329.7 | 158.3 |
| 黑龙江 | 7 531.8 | 408.1 | 181.1 |
| 上海 | 73.3 | | |
| 江苏 | 412.7 | 18.6 | 16.4 |

(续表)

| 地区 | 草原总面积 | 累计种草保留面积 | 当年新增种草面积 |
|---|---|---|---|
| 浙江 | 3 169.9 | | |
| 安徽 | 1 663.2 | 76.5 | 64.8 |
| 福建 | 2 048.0 | 32.2 | 20.6 |
| 江西 | 4 442.3 | 179.4 | 105.9 |
| 山东 | 1 638.0 | 160.3 | 147.5 |
| 河南 | 4 433.8 | 86.1 | 70.3 |
| 湖北 | 6 352.2 | 199.8 | 65.7 |
| 湖南 | 6 372.7 | 230.1 | 85.1 |
| 广东 | 3 266.2 | 39.4 | 23.7 |
| 广西 | 8 698.3 | 103.8 | 24.5 |
| 海南 | 949.8 | 12.2 | 2.4 |
| 重庆 | 2 158.4 | 78.1 | 39.3 |
| 四川 | 20 380.4 | 2 875.3 | 610.6 |
| 贵州 | 4 287.3 | 302.6 | 131.8 |
| 云南 | 15 308.4 | 1 443.2 | 326.3 |
| 西藏 | 82 051.9 | 216.2 | 28.0 |
| 陕西 | 5 206.2 | 891.6 | 135.2 |
| 甘肃 | 17 904.2 | 2 559.6 | 705.9 |
| 青海 | 36 369.7 | 1 425.6 | 303.9 |
| 宁夏 | 3 014.1 | 718.2 | 146.4 |
| 新疆 | 57 258.8 | 1 845.5 | 595.8 |

| 地区 | 草原鼠害 | | 草原虫害 | | 草原火灾 |
|---|---|---|---|---|---|
| | 为害面积 | 治理面积 | 为害面积 | 治理面积 | 受害面积（公顷） |
| 全国 | 28 446.0 | 7 464.7 | 12 960.0 | 4 382.0 | 3 051.9 |
| 北京 | | | | | |
| 天津 | | | | | |
| 河北 | 256.7 | 201.3 | 331.3 | 220.7 | |
| 山西 | 396.7 | 135.3 | 291.3 | 85.3 | |
| 内蒙古 | 3 934.0 | 1 137.3 | 4 904.0 | 1 650.0 | 2 153.6 |
| 辽宁 | 280.7 | 176.0 | 288.7 | 137.3 | 13.3 |
| 吉林 | 200.7 | 128.7 | 126.7 | 72.0 | |
| 黑龙江 | 192.0 | 121.3 | 213.3 | 108.7 | |

（续表）

| 地区 | 草原鼠害 | | 草原虫害 | | 草原火灾 |
|---|---|---|---|---|---|
| | 为害面积 | 治理面积 | 为害面积 | 治理面积 | 受害面积（公顷）|
| 上海 | | | | | |
| 江苏 | | | | | |
| 浙江 | | | | | |
| 安徽 | | | | | |
| 福建 | | | | | |
| 江西 | | | | | |
| 山东 | | | | | |
| 河南 | | | | | |
| 湖北 | | | | | |
| 湖南 | | | | | |
| 广东 | | | | | |
| 广西 | | | | | |
| 海南 | | | | | |
| 重庆 | | | | | |
| 四川 | 2 716.0 | 384.0 | 794.7 | 238.7 | 400.7 |
| 贵州 | | | | | |
| 云南 | | | | | |
| 西藏 | 3 000.0 | 2 006.0 | 187.3 | 66.7 | |
| 陕西 | 473.3 | 138.0 | 147.3 | 38.7 | |
| 甘肃 | 3 440.7 | 551.3 | 1 226.0 | 300.0 | 58.7 |
| 青海 | 8 226.0 | 856.7 | 1 092.0 | 203.3 | 423.6 |
| 宁夏 | 276.7 | 173.3 | 340.0 | 146.7 | |
| 新疆 | 5 052.7 | 1 455.3 | 3 017.3 | 1 114.0 | 2.0 |

数据来源：《2018年中国统计年鉴》，2018

## （三）草产量

重点监测省（区、市）草原产草量（表75，图31，图32）。

表75　2006—2017年重点监测省（区、市）草原产草量　　单位：万吨

| 省（区、市） | 2006年 | | 2007年 | |
|---|---|---|---|---|
| | 鲜草产量 | 干草产量 | 鲜草产量 | 干草产量 |
| 河北 | 2 435.6 | 768.9 | 2 287.6 | 709.5 |
| 山西 | 2 376.8 | 743.6 | 1 679.9 | 520.5 |

(续表)

| 省（区、市） | 2006年 | | 2007年 | |
|---|---|---|---|---|
| | 鲜草产量 | 干草产量 | 鲜草产量 | 干草产量 |
| 内蒙古 | 16 669.0 | 5 305.3 | 14 213.7 | 4 737.9 |
| 辽宁 | 1 628.5 | 494.1 | 1 508.8 | 455.3 |
| 吉林 | 2 275.5 | 678.5 | 1 858.3 | 542.5 |
| 黑龙江 | 3 765.7 | 1 090.2 | 3 332.0 | 1 041.3 |
| 安徽 | — | — | — | — |
| 江西 | — | — | — | — |
| 山东 | 697.2 | 214.0 | 702.1 | 209.5 |
| 河南 | 1 642.4 | 511.6 | 1 864.4 | 581.0 |
| 湖北 | 3 089.8 | 957.6 | 2 884.3 | 896.7 |
| 湖南 | — | — | — | — |
| 广西 | 3 291.0 | 1 028.4 | 3 620.5 | 1 131.4 |
| 重庆 | 1 055.5 | 327.5 | 1 402.7 | 436.1 |
| 四川 | 8 053.7 | 2 449.9 | 8 579.6 | 2 638.8 |
| 贵州 | 2 148.3 | 669.6 | 2 583.5 | 806.2 |
| 云南 | 4 410.5 | 1 367.3 | 6 240.2 | 1 642.2 |
| 西藏 | 7 185.4 | 2 338.3 | 7 377.6 | 2 374.1 |
| 陕西 | 2 703.7 | 853.6 | 2 395.9 | 758.8 |
| 甘肃 | 3 367.3 | 1 059.9 | 3 725.9 | 1 173.5 |
| 青海 | 7 908.5 | 2 501.2 | 7 173.2 | 2 287.7 |
| 宁夏 | 400.6 | 138.7 | 458.6 | 183.4 |
| 新疆 | 9 155.8 | 3 025.0 | 9 250.0 | 3 056.1 |
| 合计 | 84 260.8 | 26 523.2 | 83 138.8 | 26 182.5 |

| 省（区、市） | 2008年 | | 2009年 | | 2010年 | |
|---|---|---|---|---|---|---|
| | 鲜草产量 | 干草产量 | 鲜草产量 | 干草产量 | 鲜草产量 | 干草产量 |
| 河北 | 2 454.6 | 761.3 | 2 224.9 | 690.1 | 2 499.1 | 775.1 |
| 山西 | 1 925.2 | 596.5 | 1 371.4 | 424.9 | 1 428.3 | 442.5 |
| 内蒙古 | 1 7662.6 | 5 624.0 | 14 462.9 | 4 605.2 | 15 745.8 | 5 013.7 |
| 辽宁 | 1 615.8 | 487.6 | 1 514.2 | 457.0 | 1 724.7 | 520.5 |
| 吉林 | 1 960.3 | 572.3 | 1 968.2 | 574.6 | 2 118.5 | 618.5 |
| 黑龙江 | 3 741.8 | 1 047.4 | 3 277.4 | 917.4 | 3 329.9 | 932.1 |
| 安徽 | — | — | — | — | — | — |
| 江西 | — | — | — | — | 1 941.4 | 599.5 |

(续表)

| 省（区、市） | 2008年 | | 2009年 | | 2010年 | |
| --- | --- | --- | --- | --- | --- | --- |
| | 鲜草产量 | 干草产量 | 鲜草产量 | 干草产量 | 鲜草产量 | 干草产量 |
| 山东 | 685.2 | 204.4 | 735.2 | 219.3 | 690.8 | 206.1 |
| 河南 | 1 761.8 | 549.0 | 2 426.9 | 756.3 | 2 522.2 | 786.0 |
| 湖北 | 2 665.1 | 828.6 | 2 948.3 | 916.6 | 3 025.8 | 940.7 |
| 湖南 | — | — | — | — | 2 554.7 | 796.7 |
| 广西 | 3 044.8 | 951.5 | 2 637.1 | 824.1 | 2 507.1 | 783.5 |
| 重庆 | 1 249.8 | 388.5 | 1 557.2 | 484.1 | 1 510.4 | 469.6 |
| 四川 | 8 346.3 | 2 567.1 | 8 683.0 | 2 670.6 | 8 999.9 | 2 768.1 |
| 贵州 | 2 440.3 | 761.5 | 2 794.1 | 871.9 | 2 817.0 | 879.1 |
| 云南 | 4 694.0 | 1 459.5 | 4 436.7 | 1 379.5 | 4 290.3 | 1 334.0 |
| 西藏 | 8 008.1 | 2 576.0 | 7 928.0 | 2 550.2 | 7 817.1 | 2 514.5 |
| 陕西 | 2 383.9 | 755.0 | 2 449.0 | 775.6 | 2 555.8 | 809.5 |
| 甘肃 | 3 559.8 | 1 121.2 | 3 718.3 | 1 171.1 | 3 854.0 | 1 213.8 |
| 青海 | 6 861.2 | 2 188.2 | 8 058.8 | 2 570.2 | 8 542.3 | 2 724.4 |
| 宁夏 | 374.6 | 149.8 | 392.7 | 157.1 | 408.5 | 163.4 |
| 新疆 | 7 460.1 | 2 361.9 | 8 623.9 | 2 730.4 | 9 926.1 | 3 142.7 |
| 合计 | 82 895.3 | 25 951.3 | 82 208.2 | 25 746.2 | 90 809.7 | 28 434.0 |

| 省（区、市） | 2011年 | | 2012年 | |
| --- | --- | --- | --- | --- |
| | 鲜草产量 | 干草产量 | 鲜草产量 | 干草产量 |
| 河北 | 2 543.1 | 789.8 | 2 606.8 | 809.6 |
| 山西 | 1 437.4 | 445.0 | 1 545.3 | 478.4 |
| 内蒙古 | 17 456.4 | 5 559.4 | 20 145.9 | 6 415.9 |
| 辽宁 | 1 619.1 | 489.2 | 1 702.5 | 514.4 |
| 吉林 | 2 149.0 | 626.5 | 2 181.7 | 636.0 |
| 黑龙江 | 3 458.0 | 968.6 | 3 503.6 | 981.4 |
| 安徽 | 437.2 | 136.2 | 420.9 | 131.1 |
| 江西 | 1 891.6 | 583.8 | 1 925.2 | 594.2 |
| 山东 | 710.6 | 212.1 | 688.9 | 205.6 |
| 河南 | 2 438.5 | 759.6 | 2 605.3 | 811.6 |

(续表)

| 省（区、市） | 2011 年 | | 2012 年 | |
|---|---|---|---|---|
| | 鲜草产量 | 干草产量 | 鲜草产量 | 干草产量 |
| 湖北 | 2 967.3 | 921.5 | 3 050.4 | 947.3 |
| 湖南 | 2 727.5 | 849.7 | 2 611.4 | 813.5 |
| 广西 | 2 824.9 | 882.8 | 2 755.2 | 861.0 |
| 重庆 | 1 493.4 | 463.8 | 1 446.8 | 449.3 |
| 四川 | 8 960.2 | 2 757.0 | 9 075.2 | 2 792.4 |
| 贵州 | 2 934.9 | 917.2 | 2 861.3 | 894.2 |
| 云南 | 4 730.8 | 1 469.2 | 4 653.3 | 1 445.1 |
| 西藏 | 8 745.6 | 2 812.1 | 8 635.8 | 2 776.8 |
| 陕西 | 2 267.1 | 717.5 | 2 560.5 | 810.4 |
| 甘肃 | 3 840.0 | 1 207.5 | 4 220.1 | 1 327.0 |
| 青海 | 7 695.2 | 2 450.7 | 8 486.6 | 2 702.7 |
| 宁夏 | 402.4 | 138.8 | 463.9 | 160.0 |
| 新疆 | 9 313.1 | 2 947.2 | 9 784.3 | 3 096.3 |
| 合计 | 93 043.3 | 29 105.2 | 97 930.9 | 30 654.3 |

| 省（区、市） | 2013 年 | | 2014 年 | | 2015 年 | |
|---|---|---|---|---|---|---|
| | 鲜草产量 | 干草产量 | 鲜草产量 | 干草产量 | 鲜草产量 | 干草产量 |
| 河北 | 2 658.1 | 825.5 | 2 381.2 | 739.5 | 2 522.6 | 783.4 |
| 山西 | 1 551.1 | 480.2 | 1 438 | 445.2 | 1 471.4 | 455.5 |
| 内蒙古 | 20 400.3 | 6 496.9 | 18 974 | 6 042.7 | 18 632.5 | 5 933.9 |
| 辽宁 | 1 707.5 | 515.9 | 1 517.6 | 458.5 | 1 591.4 | 480.8 |
| 吉林 | 2 183.4 | 636.5 | 2 128.5 | 620.5 | 2 205.7 | 643.0 |
| 黑龙江 | 3 454.8 | 967.7 | 3 431.0 | 961.0 | 3 446.7 | 965.4 |
| 安徽 | 422.9 | 131.7 | 428.0 | 133.3 | 448.0 | 139.5 |
| 江西 | 1 889.2 | 583.1 | 1 939.8 | 598.7 | 1 955.9 | 603.7 |
| 山东 | 697.7 | 208.2 | 643.0 | 191.9 | 669.0 | 199.7 |
| 河南 | 2 567.4 | 799.8 | 2 343.3 | 730.0 | 2 567.9 | 800.0 |
| 湖北 | 3 043.1 | 945.0 | 2 977.5 | 924.6 | 2 984.8 | 926.9 |
| 湖南 | 2 583.6 | 804.8 | 2 667.0 | 830.8 | 2 673.9 | 833.0 |
| 广西 | 2 798.5 | 874.5 | 2 719.0 | 849.7 | 2 988.5 | 933.9 |
| 重庆 | 1 445.4 | 448.9 | 1 410.1 | 437.9 | 1 415.0 | 439.4 |
| 四川 | 9 231.4 | 2 840.5 | 8 827.1 | 2 716.1 | 9 102.5 | 2 800.8 |

(续表)

| 省（区、市） | 2013年 | | 2014年 | | 2015年 | |
|---|---|---|---|---|---|---|
| | 鲜草产量 | 干草产量 | 鲜草产量 | 干草产量 | 鲜草产量 | 干草产量 |
| 贵州 | 2 826.4 | 883.3 | 2 970.9 | 928.4 | 3 099.2 | 968.5 |
| 云南 | 4 650.5 | 1 444.2 | 4 745 | 1 473.5 | 5 404.1 | 1 678.2 |
| 西藏 | 8 675.2 | 2 789.5 | 8 876.7 | 2 854.3 | 8 139.9 | 2 617.4 |
| 陕西 | 2 598.4 | 822.4 | 2 439.3 | 772.1 | 2 408.5 | 762.3 |
| 甘肃 | 4 198.8 | 1 320.3 | 4 027.5 | 1 266.4 | 3 929.9 | 1 235.7 |
| 青海 | 8 133.8 | 2 590.3 | 8 145.6 | 2 594.1 | 7 709.2 | 2 455.1 |
| 宁夏 | 452.2 | 156.0 | 445.8 | 153.8 | 379.5 | 130.9 |
| 新疆 | 10 163.8 | 3 216.4 | 8 899.9 | 2 816.4 | 9 796.1 | 3 100.0 |
| 合计 | 98 333.4 | 30 781.7 | 94 375.8 | 29 539.4 | 95 542.1 | 29 887.1 |

| 省（区、市） | 2016年 | | 2017年 | |
|---|---|---|---|---|
| | 鲜草产量 | 干草产量 | 鲜草产量 | 干草产量 |
| 河北 | 2 614.2 | 811.9 | 2 630.6 | 817.0 |
| 山西 | 1 514.0 | 468.7 | 1 525.1 | 472.1 |
| 内蒙古 | 17 235.0 | 5 488.9 | 16 924.0 | 5 389.9 |
| 辽宁 | 1 647.9 | 497.9 | 1 681.7 | 508.1 |
| 吉林 | 2 065.8 | 602.2 | 2 105.1 | 613.7 |
| 黑龙江 | 3 276.7 | 917.8 | 3 324.5 | 931.2 |
| 安徽 | 427.0 | 133.0 | 439.6 | 136.9 |
| 江西 | 1 897.9 | 585.8 | 1 965.6 | 606.8 |
| 山东 | 668.6 | 199.5 | 692.8 | 206.7 |
| 河南 | 2 542.1 | 791.9 | 2 576.5 | 802.6 |
| 湖北 | 2 982.2 | 926.1 | 3 065.5 | 952.0 |
| 湖南 | 2 646.8 | 824.5 | 2 796.2 | 871.1 |
| 广西 | 2 973.2 | 929.1 | 3 170.6 | 990.8 |
| 重庆 | 1 395.8 | 433.5 | 1 430.2 | 444.2 |
| 四川 | 9 277.2 | 2 854.6 | 9 497.7 | 2 922.5 |
| 贵州 | 3 085.4 | 9 64.2 | 3 235.8 | 1 011.2 |
| 云南 | 5 666.4 | 1 759.6 | 5 964.8 | 1 852.3 |
| 西藏 | 9 115.1 | 2 931.0 | 9 705.6 | 3 120.9 |
| 陕西 | 2 570.1 | 813.5 | 2 687.7 | 850.7 |
| 甘肃 | 4 028.1 | 1 266.6 | 4 208.3 | 1 323.3 |

(续表)

| 省（区、市） | 2016年 | | 2017年 | |
| --- | --- | --- | --- | --- |
| | 鲜草产量 | 干草产量 | 鲜草产量 | 干草产量 |
| 青海 | 7 913.6 | 2 520.2 | 8 418.1 | 2 680.9 |
| 宁夏 | 441.0 | 152.1 | 441.2 | 152.2 |
| 新疆 | 10 542.1 | 3336.1 | 10 596.8 | 3 353.4 |
| 合计 | 96 526.1 | 30 194.9 | 99 084.6 | 31 010.3 |

数据来源：《2017年全国草原监测报告》

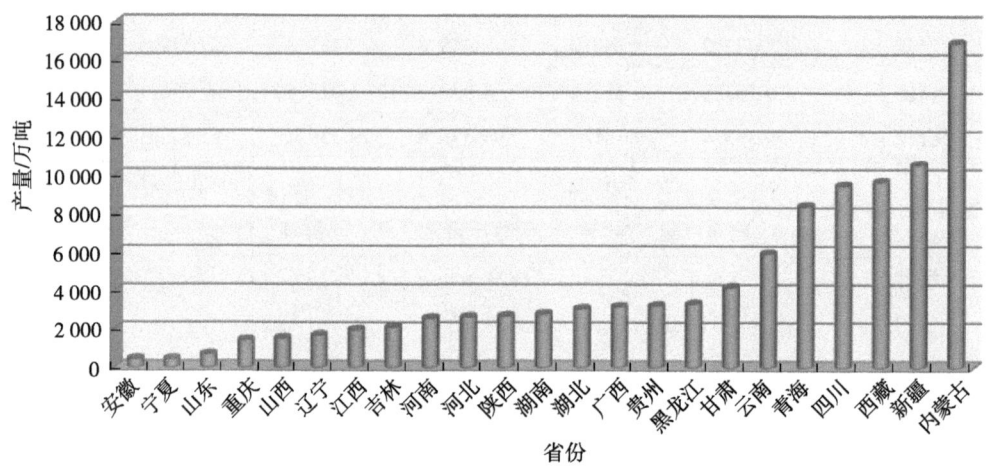

**图31　2017年分地区鲜草产量**

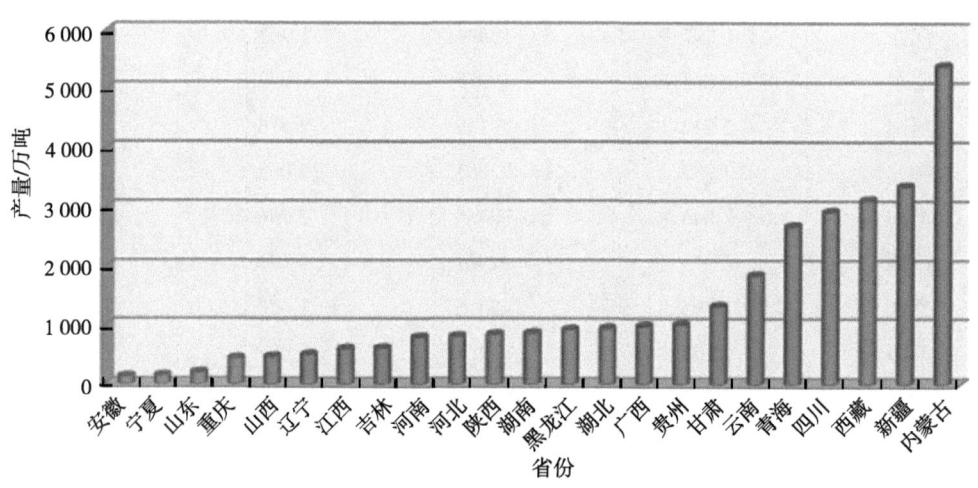

**图32　2017年分地区干草产量**

数据来源：《2017年全国草原监测报告》

## 第五章 国家重要农业资源台账示例

### （四）全国天然草原产草量及理论载畜量（表76）

表76 2006—2017年全国天然草原产草量及理论载畜量

单位：万吨、万羊单位

| | | 2006年 | 2007年 | 2008年 | 2009年 | 2010年 | 2011年 |
|---|---|---|---|---|---|---|---|
| 产草量 | 鲜草产量 | 94 313.00 | 95 214.00 | 94 715.50 | 93 840.86 | 97 632.21 | 100 248.3 |
| | 干草产量 | 29 587.00 | 29 865.00 | 29 626.80 | 29 363.77 | 30 549.71 | 31 322.01 |
| 理论载畜量 | | 23 161.00 | 23 369.00 | 23 178.00 | 23 098.81 | 24 013.11 | 24 619.93 |
| | | 2012年 | 2013年 | 2014年 | 2015年 | 2016年 | 2017年 |
| 产草量 | 鲜草产量 | 104 961.9 | 105 581.2 | 102 219.98 | 102 805.65 | 103 864.86 | 106 491.18 |
| | 干草产量 | 32 387.46 | 32 542.92 | 31 502.20 | 31 734.3 | 32 029.43 | 32 841.93 |
| 理论载畜量 | | 25 475.01 | 25 579.2 | 24 761.18 | 24 943.61 | 25 175.59 | 25 814.22 |

数据来源：《2017年全国草原监测报告》

## 四、渔业养殖水面

### （一）水产养殖面积（表77，图33至图35）

表77 2016—2017分地区水产养殖面积　　　　　单位：公顷

| 地区 | 2017年 | | | | 2016年 | | | | 2017年比2016年增减（±） | | | |
|---|---|---|---|---|---|---|---|---|---|---|---|---|
| | 总面积 | 海水养殖面积 | 淡水养殖面积 | 池塘 | 总面积 | 海水养殖面积 | 淡水养殖面积 | 池塘 | 总面积 | 海水养殖面积 | 淡水养殖面积 | 池塘 |
| 全国 | 7 449 034 | 2 084 076 | 5 364 958 | 2 527 781 | 7 445 543 | 2 098 103 | 5 347 440 | 2 447 068 | 3 491 | -14 027 | 17 518 | 80 713 |
| 北京 | 2 928 | | 2 928 | 2 869 | 2 800 | | 2 800 | 2 752 | 128 | | 128 | 117 |
| 天津 | 33 345 | 3 206 | 30 139 | 27 261 | 41 001 | 8 999 | 32 002 | 28 208 | -7 656 | -5 793 | -1 863 | -947 |
| 河北 | 153 484 | 107 583 | 45 901 | 22 324 | 179 601 | 124 800 | 54 801 | 22 385 | -26 117 | -17 217 | -8 900 | -61 |
| 山西 | 10 748 | | 10 748 | 2 422 | 9 900 | | 9 900 | 2 210 | 848 | | 848 | 212 |
| 内蒙古 | 137 105 | | 137 105 | 19 085 | 136 900 | | 136 900 | 18 830 | 205 | | 205 | 255 |
| 辽宁 | 878 700 | 698 400 | 180 300 | 36 401 | 878 700 | 698 400 | 180 300 | 37 256 | | | | -855 |
| 吉林 | 250 697 | | 250 697 | 30 812 | 181 300 | | 181 300 | 29 350 | 69 397 | | 69 397 | 1 462 |
| 黑龙江 | 382 677 | | 382 677 | 92 645 | 375 400 | | 375 400 | 88 173 | 7 277 | | 7 277 | 4 472 |
| 上海 | 15 621 | | 15 621 | 14 117 | 16 300 | | 16 300 | 14 747 | -679 | | -679 | -630 |
| 江苏 | 632 151 | 192 390 | 439 761 | 297 719 | 625 041 | 185 480 | 439 561 | 297 519 | 7 110 | 6 910 | 200 | 200 |
| 浙江 | 273 998 | 75 954 | 198 044 | 71 868 | 280 901 | 78 701 | 202 200 | 71 371 | -6 903 | -2 747 | -4 156 | 497 |
| 安徽 | 477 177 | | 477 177 | 183 607 | 476 600 | | 476 600 | 180 789 | 577 | | 577 | 2 818 |
| 福建 | 241 921 | 155 739 | 86 182 | 34 918 | 238 601 | 153 000 | 85 601 | 34 253 | 3 320 | 2 739 | 581 | 665 |
| 江西 | 412 784 | | 412 784 | 161 030 | 412 884 | | 412 884 | 160 969 | -100 | | -100 | 61 |

(续表)

| 地区 | 2017年 | | | | 2016年 | | | | 2017年比2016年增减（±） | | | |
| --- | --- | --- | --- | --- | --- | --- | --- | --- | --- | --- | --- | --- |
| | 总面积 | 海水养殖面积 | 淡水养殖面积 | 池塘 | 总面积 | 海水养殖面积 | 淡水养殖面积 | 池塘 | 总面积 | 海水养殖面积 | 淡水养殖面积 | 池塘 |
| 山东 | 833 586 | 610 377 | 223 209 | 110 429 | 839 500 | 604 800 | 234 700 | 102 721 | -5 914 | 5 577 | -11 491 | 7 708 |
| 河南 | 146 620 | | 146 620 | 111 952 | 147 000 | | 147 000 | 67 395 | -380 | | -380 | 44 557 |
| 湖北 | 797 575 | | 797 575 | 531 167 | 853 064 | | 853 064 | 521 083 | -55 489 | | -55 489 | 10 084 |
| 湖南 | 417 478 | | 417 478 | 240 463 | 413 959 | | 413 959 | 235 664 | 3 519 | | 3 519 | 4 799 |
| 广东 | 473 771 | 161 690 | 312 081 | 232 031 | 480 800 | 166 200 | 314 600 | 235 146 | -7 029 | -4 510 | -2 519 | -3 115 |
| 广西 | 181 966 | 47 022 | 134 944 | 59 247 | 180 600 | 45 400 | 135 200 | 59 725 | 1 366 | 1 622 | -256 | -478 |
| 海南 | 61 101 | 31 715 | 29 386 | 20 296 | 62 070 | 32 323 | 29 747 | 24 219 | -969 | -608 | -361 | -3 923 |
| 重庆 | 82 204 | | 82 204 | 52 288 | 80 141 | | 80 141 | 50 225 | 2 063 | | 2 063 | 2 063 |
| 四川 | 188 395 | | 188 395 | 95 725 | 181 100 | | 181 100 | 90 960 | 7 295 | | 7 295 | 4 765 |
| 贵州 | 35 177 | | 35 177 | 5 918 | 33 400 | | 33 400 | 5 445 | 1 777 | | 1 777 | 473 |
| 云南 | 93 493 | | 93 493 | 22 937 | 91 400 | | 91 400 | 22 774 | 2 093 | | 2 093 | 163 |
| 西藏 | 4 | | 4 | 4 | 5 | | 5 | 5 | -1 | | -1 | -1 |
| 陕西 | 42 900 | | 42 900 | 10 211 | 42 900 | | 42 900 | 10 211 | | | | |
| 甘肃 | 6 500 | | 6 500 | 1 394 | 6 100 | | 6 100 | 1 150 | 400 | | 400 | 244 |
| 青海 | 17 400 | | 17 400 | 139 | 17 400 | | 17 400 | 139 | | | | |
| 宁夏 | 35 097 | | 35 097 | 15 053 | 32 433 | | 32 433 | 14 873 | 2 664 | | 2 664 | 180 |
| 新疆 | 132 431 | | 132 431 | 21 449 | 127 742 | | 127 742 | 16 521 | 4 689 | | 4 689 | 4 928 |

数据来源：《2017年中国农业统计资料》，2019

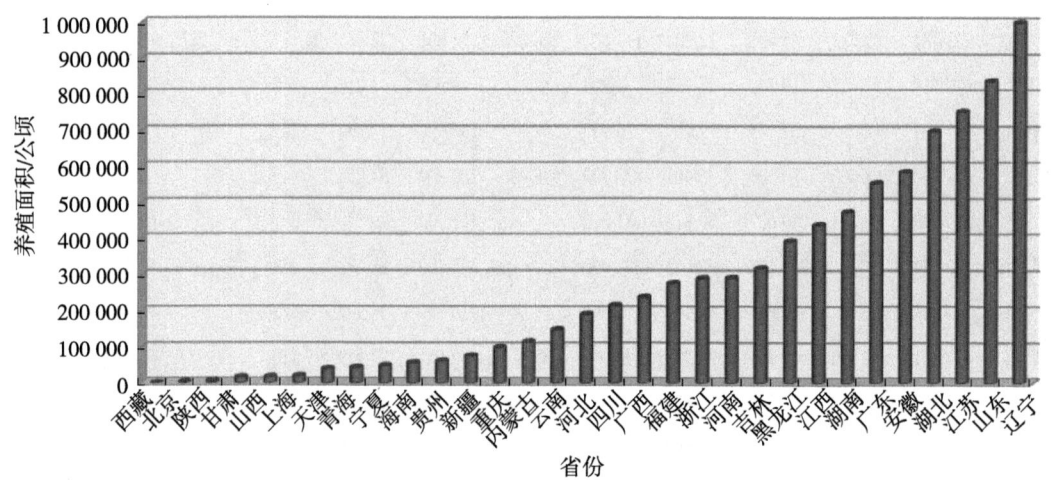

图33 2017年分地区水产养殖面积

## 第五章 国家重要农业资源台账示例

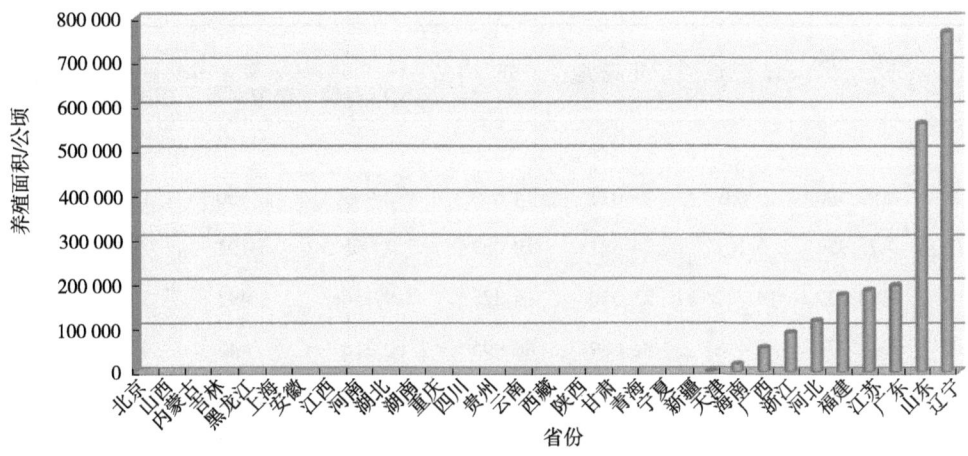

**图 34　2017 年分地区海水养殖面积**

数据来源：《2017 年中国农业统计资料》，2017

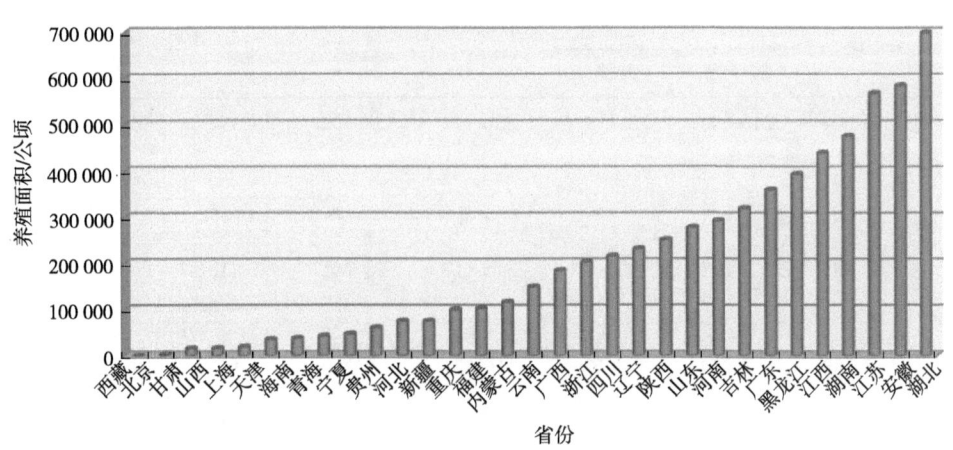

**图 35　2017 年分地区淡水养殖面积**

数据来源：《2017 年中国农业统计资料》，2017

### （二）海水养殖面积（按品种分）（表 78）

表 78　2017 年分地区海水养殖面积　　　　　　　　　　　　　　　　单位：公顷

| 地区 | 海水养殖面积 | 1. 鱼类 | 2. 甲壳类 | 虾 | 其中 | | | |
| --- | --- | --- | --- | --- | --- | --- | --- | --- |
| | | | | | 南美白对虾 | 斑节对虾 | 中国对虾 | 日本对虾 |
| 全国 | 2 084 076 | 89 917 | 299 053 | 245 409 | 165 833 | 11 949 | 22 639 | 25 741 |
| 天津 | 3 206 | 74 | 3 132 | 3 132 | 3 132 | | | |
| 河北 | 107 583 | 687 | 25 727 | 23 770 | 11 712 | | 6 396 | 5 073 |
| 辽宁 | 698 400 | 7 207 | 18 767 | 17 486 | 3 388 | | 7 199 | 6 005 |

(续表)

| 地区 | 海水养殖面积 | 1. 鱼类 | 2. 甲壳类 | 虾 | 其中 | | | |
|---|---|---|---|---|---|---|---|---|
| | | | | | 南美白对虾 | 斑节对虾 | 中国对虾 | 日本对虾 |
| 上海 | | | | | | | | |
| 江苏 | 192 390 | 9 649 | 23 013 | 14 633 | 2 949 | 2 460 | 1 701 | 150 |
| 浙江 | 75 954 | 3 101 | 24 522 | 10 089 | 7 065 | 191 | 106 | 431 |
| 福建 | 155 739 | 14 722 | 23 020 | 14 325 | 9 136 | 1 493 | 1 031 | 2 261 |
| 山东 | 610 377 | 8 498 | 88 689 | 80 995 | 60 216 | 443 | 4 611 | 11 003 |
| 广东 | 161 690 | 27 255 | 62 641 | 53 642 | 41 675 | 6 656 | 1 595 | 809 |
| 广西 | 47 022 | 1 265 | 18 850 | 17 785 | 17 683 | 93 | | 9 |
| 海南 | 31 715 | 17 459 | 10 692 | 9 552 | 8 877 | 613 | | |

| 地区 | 2. 甲壳类 | | | 3. 贝类 | 其中 | | | |
|---|---|---|---|---|---|---|---|---|
| | 蟹 | 其中 | | | 牡蛎 | 鲍 | 螺 | 蚶 |
| | | 梭子蟹 | 青蟹 | | | | | |
| 全国 | 53 644 | 246 648 | 22 734 | 1 286 771 | 138 462 | 14 393 | 38 907 | 39 167 |
| 天津 | | | | | | | | |
| 河北 | 1 957 | 1 957 | | 73 401 | | | 680 | 2 835 |
| 辽宁 | 1 281 | 651 | | 516 118 | 21 241 | 1 815 | | 20 049 |
| 上海 | | | | | | | | |
| 江苏 | 8 380 | 8 254 | 126 | 110 571 | 3 230 | 150 | 19 608 | 3 353 |
| 浙江 | 14 433 | 2 785 | 9 594 | 32 635 | 3 920 | 41 | 2 477 | 6 198 |
| 福建 | 8 695 | 4 172 | 4 225 | 73 633 | 34 505 | 5 430 | 462 | 3 124 |
| 山东 | 7 694 | 6 257 | | 386 559 | 34 953 | 6 259 | 7 498 | 574 |
| 广东 | 8 999 | 572 | 6 684 | 65 136 | 25 686 | 685 | 5 540 | 2 540 |
| 广西 | 1 065 | | 1 065 | 25 929 | 14 622 | | 2 597 | 198 |
| 海南 | 1 140 | | 1 040 | 2 789 | 305 | 13 | 45 | 296 |

| 地区 | 3. 贝类 | | | | | 4. 藻类 | 其中 | | | |
|---|---|---|---|---|---|---|---|---|---|---|
| | 其中 | | | | | | 海带 | 裙带菜 | 紫菜 | 江蓠 |
| | 贻贝 | 江珧 | 扇贝 | 蛤 | 蛏 | | | | | |
| 全国 | 49 039 | 676 | 462 927 | 416 742 | 54 578 | 145 263 | 44 236 | 6 431 | 79 607 | 8 810 |
| 天津 | | | | | | | | | | |

(续表)

| 地区 | 3. 贝类 | | | | | 4. 藻类 | 其中 | | | |
|---|---|---|---|---|---|---|---|---|---|---|
| | 其中 | | | | | | 海带 | 裙带菜 | 紫菜 | 江蓠 |
| | 贻贝 | 江珧 | 扇贝 | 蛤 | 蛏 | | | | | |
| 河北 | 540 | | 51 179 | 14 948 | 13 | | | | | |
| 辽宁 | 2 530 | | 273 294 | 145 686 | 3 945 | 10 916 | 5 814 | 5 102 | | |
| 上海 | | | | | | | | | | |
| 江苏 | 4 047 | | 106 | 71 157 | 4 391 | 47 775 | 520 | | 47 255 | |
| 浙江 | 1 626 | | 74 | 5 021 | 12 673 | 15 329 | 865 | | 13 709 | 4 |
| 福建 | 1 569 | | 231 | 13 733 | 13 103 | 41 059 | 18 529 | | 15 178 | 5 765 |
| 山东 | 34 913 | 64 | 131 678 | 142 430 | 18 573 | 27 098 | 18 397 | 1 313 | 2 978 | 1 299 |
| 广东 | 3 634 | 612 | 5 821 | 16 011 | 1 780 | 2 365 | 111 | 16 | 487 | 1 334 |
| 广西 | 180 | | 184 | 6 310 | 100 | | | | | |
| 海南 | | | 360 | 1 446 | | 721 | | | | 408 |

| 地区 | 4. 藻类 | | | | 5. 其他 | 其中 | | | |
|---|---|---|---|---|---|---|---|---|---|
| | 其中 | | | | | 海参 | 海胆（千克） | 海水珍珠（千克） | 海蜇 |
| | 麒麟菜 | 石花菜 | 羊栖菜 | 苔菜 | | | | | |
| 全国 | 345 | | 1 095 | 20 | 263 072 | 219 163 | 14 366 | 2 486 | 16 272 |
| 天津 | | | | | | | | | |
| 河北 | | | | | 7 768 | 7 718 | | | 25 |
| 辽宁 | | | | | 145 392 | 123 820 | 6 489 | | 13 544 |
| 上海 | | | | | | | | | |
| 江苏 | | | | | 1 382 | 637 | | | 701 |
| 浙江 | | | 705 | 20 | 367 | 27 | | | 177 |
| 福建 | | | 359 | | 3 305 | 1 740 | | | 1 452 |
| 山东 | | | | | 99 533 | 84 910 | 5 536 | | 347 |
| 广东 | 34 | | 31 | | 4 293 | 311 | 2 341 | 1 615 | 26 |
| 广西 | | | | | 978 | | | 871 | |
| 海南 | 311 | | | | 54 | | | | |

数据来源：《2017 年中国农业统计资料》，2019

## 第三节 水资源示例

### 一、水资源量

#### （一）水资源量

1. 水资源量（表79，图36，图37）

表79  2017年各地区水资源量

| 地区 | 水资源总量（亿立方米） | 地表水资源量（亿立方米） | 地下水资源量（亿立方米） | 地表水与地下水资源重复量（亿立方米） | 降水总量（毫米） | 人均水资源量（立方米/人） |
| --- | --- | --- | --- | --- | --- | --- |
| 全国 | 28 761.2 | 27 746.3 | 8 309.6 | 7 294.7 | 664.8 | 2 086 |
| 北京 | 29.8 | 12.0 | 20.4 | 2.7 | 592 | 137 |
| 天津 | 13.0 | 8.8 | 5.5 | 1.3 | 496.6 | 84.0 |
| 河北 | 138.3 | 60.0 | 116.3 | 38.0 | 478.8 | 186.0 |
| 山西 | 130.2 | 87.8 | 104.1 | 61.7 | 579.5 | 355.0 |
| 内蒙古 | 309.9 | 194.1 | 207.3 | 91.4 | 208.2 | 1 232.0 |
| 辽宁 | 186.3 | 161.0 | 86.6 | 61.2 | 543.6 | 425 |
| 吉林 | 394.4 | 339.8 | 133.3 | 78.8 | 595.9 | 1 438.0 |
| 黑龙江 | 742.5 | 626.5 | 273.2 | 157.2 | 526.6 | 1 951.0 |
| 上海 | 34.0 | 27.8 | 9.2 | 3.0 | 1 195.5 | 141.0 |
| 江苏 | 392.9 | 295.4 | 114.5 | 17.1 | 1 006.8 | 492.0 |
| 浙江 | 895.3 | 881.9 | 204.3 | 190.9 | 1 556.2 | 1 609.0 |
| 安徽 | 784.9 | 717.8 | 201.0 | 133.9 | 1 255.0 | 1 272.0 |
| 福建 | 1 055.6 | 1 054.2 | 287.5 | 286.1 | 1 513.0 | 2 737.0 |
| 江西 | 1 655.1 | 1 637.2 | 379.5 | 361.5 | 1 658.9 | 3 615.0 |
| 山东 | 225.6 | 139.1 | 151.1 | 64.7 | 635.8 | 228.0 |
| 河南 | 423.1 | 311.2 | 206.5 | 94.7 | 827.8 | 445.0 |
| 湖北 | 1 248.8 | 1 219.3 | 319.0 | 289.5 | 1 309.5 | 2 128.0 |
| 湖南 | 1 912.4 | 1 905.7 | 436.8 | 430.2 | 1 499.4 | 2 811.0 |
| 广东 | 1 786.6 | 1 777.0 | 440.7 | 431.1 | 1 739.2 | 1 635.0 |

(续表)

| 地区 | 水资源总量（亿立方米） | 地表水资源量（亿立方米） | 地下水资源量（亿立方米） | 地表水与地下水资源重复量（亿立方米） | 降水总量（毫米） | 人均水资源量（立方米/人） |
|---|---|---|---|---|---|---|
| 广西 | 2 388.0 | 2 386.0 | 446.6 | 444.7 | 1 805.7 | 4 958.0 |
| 海南 | 383.9 | 380.5 | 96.8 | 93.4 | 2 062.2 | 4 200.0 |
| 重庆 | 656.1 | 656.1 | 116.1 | 116.1 | 1 275.3 | 2 164.0 |
| 四川 | 2 467.1 | 2 466.0 | 607.5 | 606.4 | 941.4 | 2 997.0 |
| 贵州 | 1 051.5 | 1 051.5 | 260.8 | 260.8 | 1 175.3 | 2 968.0 |
| 云南 | 2 202.6 | 2 202.6 | 762.0 | 762.0 | 1 351.5 | 4 631.0 |
| 西藏 | 4 749.9 | 4 749.9 | 1 086.0 | 1 086.0 | 631.7 | 145 036.0 |
| 陕西 | 449.1 | 422.6 | 141.6 | 115.0 | 801.2 | 1 181.0 |
| 甘肃 | 238.9 | 231.8 | 133.4 | 126.2 | 317.7 | 917.0 |
| 青海 | 785.7 | 764.3 | 355.7 | 334.2 | 338.9 | 13 306.0 |
| 宁夏 | 10.8 | 8.7 | 19.3 | 17.2 | 331.6 | 160 |
| 新疆 | 1 018.6 | 969.5 | 587.0 | 537.9 | 192.4 | 4 282 |

数据来源：《2018年中国水利统计年鉴》，2018

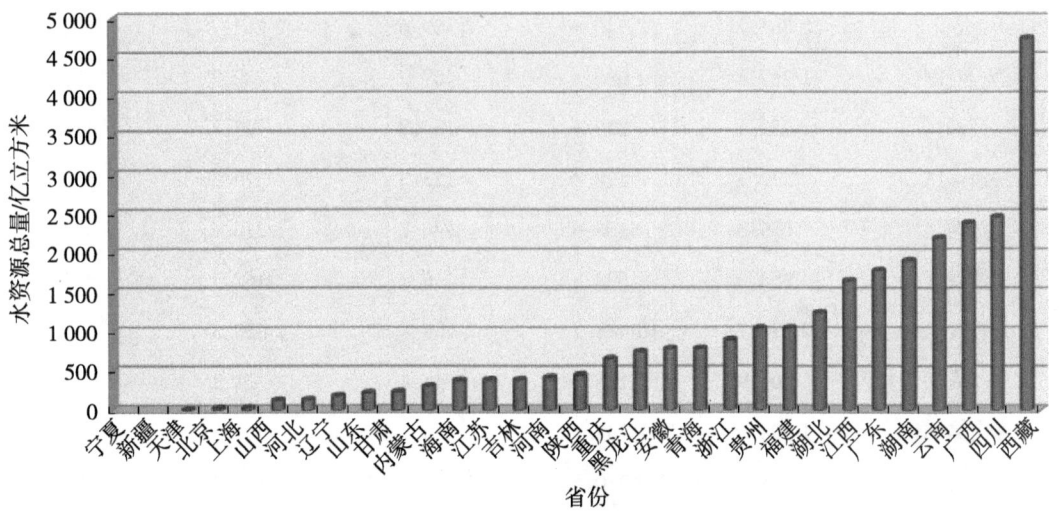

**图36　2017年分地区水资源总量**

## ▲ 国家重要农业资源台账体系建设与应用研究

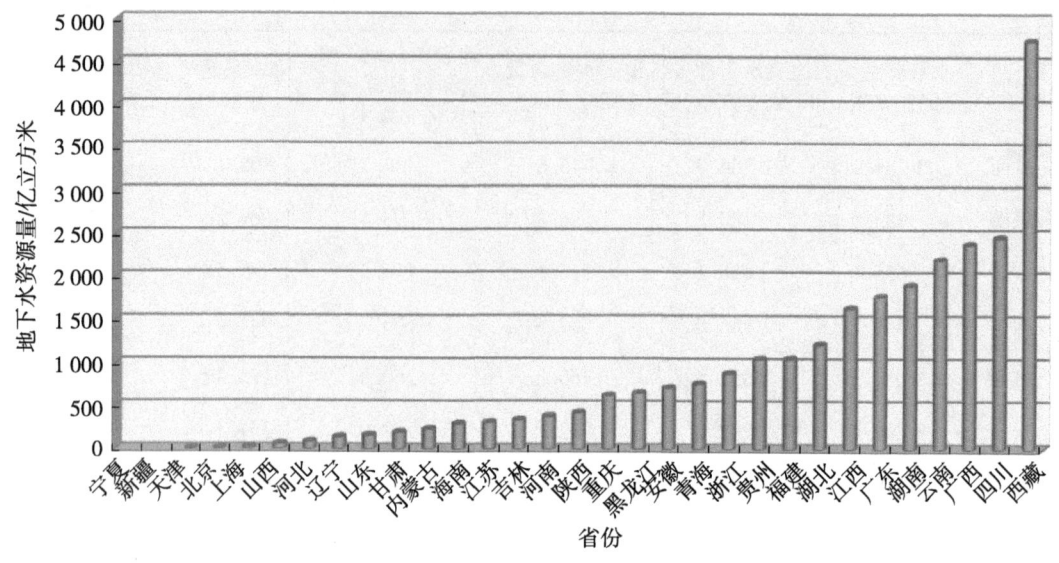

**图 37  2017 年分地区地下水资源量**

数据来源:《2018 年中国水利统计年鉴》,2018

2. 按水资源分区分水资源量(表 80)

**表 80  2017 年按水资源分区分水资源量**

| 水资源一级区 | 水资源总量<br>(亿立方米) | 地表水资源量<br>(亿立方米) | 地下水资源量<br>(亿立方米) | 地表水与地下水<br>资源重复量<br>(亿立方米) | 降水总量<br>(毫米) |
|---|---|---|---|---|---|
| 全国 | 28 761.2 | 27 746.3 | 8 309.6 | 7 294.7 | 664.8 |
| 松花江区 | 1 267.5 | 1 086 | 462.2 | 280.7 | 451 |
| 辽河区 | 293.1 | 220.4 | 164.8 | 92 | 459.8 |
| 海河区 | 272.2 | 128.3 | 223.3 | 79.5 | 500.3 |
| 黄河区 | 659.3 | 552.9 | 376.7 | 270.4 | 488.8 |
| 淮河区 | 958.6 | 699.8 | 419.2 | 160.5 | 874.7 |
| 长江区 | 10 614.7 | 10 488.7 | 2 606.4 | 2 480.3 | 1 121.8 |
| 其中:太湖流域 | 206.9 | 183.7 | 44.4 | 21.3 | 1 244.1 |
| 东南诸河区 | 1 808.5 | 1 799.3 | 450.7 | 441.5 | 1 546.6 |
| 珠江区 | 5 265.5 | 5 250.5 | 1 158.2 | 1 143.2 | 1 679.5 |
| 西南诸河区 | 6 025.9 | 6 025.9 | 1 497.6 | 1 497.6 | 1 163.7 |
| 西北诸河区 | 1 596 | 1 494.5 | 950.5 | 849 | 183.3 |

数据来源:《2018 年中国水利统计年鉴》,2018

3. 多年平均水资源量（表81）

表81 2017年分地区多年平均水资源量

| 地区 | 平均年水资源总量（亿立方米） | 平均年地表水资源量（亿立方米） | 平均年地下水资源量（亿立方米） | 平均年地表水与地下水资源重复量（亿立方米） | 平均年产水模数（万立方米/平方千米） |
|---|---|---|---|---|---|
| 全国 | 27 460.3 | 26 478.2 | 8 149 | 7 166.9 | 29.5 |
| 北京 | 40.8 | 25.3 | 26.2 | 10.7 | 24.3 |
| 天津 | 14.6 | 10.8 | 5.8 | 2 | 12.9 |
| 河北 | 236.9 | 167 | 145.8 | 75.9 | 12.6 |
| 山西 | 143.5 | 115 | 94.6 | 66.1 | 9.2 |
| 内蒙古 | 506.7 | 371 | 248.3 | 112.6 | 4.4 |
| 辽宁 | 363.2 | 325 | 105.5 | 67.3 | 25 |
| 吉林 | 390 | 345 | 110.1 | 65.1 | 20.7 |
| 黑龙江 | 775.8 | 647 | 269.3 | 140.5 | 16.6 |
| 上海 | 26.9 | 18.6 | 12 | 3.7 | 43.5 |
| 江苏 | 325.4 | 249 | 115.3 | 38.9 | 31.9 |
| 浙江 | 897.1 | 885 | 213.3 | 201.2 | 88.1 |
| 安徽 | 676.8 | 617.0 | 166.6 | 106.8 | 48.5 |
| 福建 | 1 168.7 | 1 168 | 306.4 | 305.7 | 96.3 |
| 江西 | 1 422.4 | 1 416 | 322.6 | 316.2 | 85.1 |
| 山东 | 335 | 264 | 154.2 | 83.2 | 21.9 |
| 河南 | 407.7 | 311 | 198.9 | 102.2 | 24.4 |
| 湖北 | 981.2 | 946 | 291.3 | 256.1 | 52.8 |
| 湖南 | 1 626.6 | 1 620 | 374.8 | 368.2 | 76.8 |
| 广东 | 2 134.1 | 2 111 | 545.9 | 522.8 | 100.7 |
| 广西 | 1 880 | 1 880 | 397.7 | 397.7 | 79.1 |
| 四川 | 3 133.8 | 3 131 | 801.6 | 798.8 | 55.2 |
| 贵州 | 1 035 | 1 035 | 258.9 | 258.9 | 58.8 |
| 云南 | 2 221 | 2 221 | 738 | 738 | 57.9 |
| 西藏 | 4 482 | 4 482 | 1 094.3 | 1 094.3 | 37.3 |
| 陕西 | 441.9 | 420 | 165.1 | 143.2 | 21.5 |
| 甘肃 | 274.3 | 273 | 132.7 | 131.4 | 6.9 |
| 青海 | 626.2 | 623 | 258.1 | 254.9 | 8.7 |

(续表)

| 地区 | 平均年水资源总量（亿立方米） | 平均年地表水资源量（亿立方米） | 平均年地下水资源量（亿立方米） | 平均年地表水与地下水资源重复量（亿立方米） | 平均年产水模数（万立方米/平方千米） |
|---|---|---|---|---|---|
| 宁夏 | 9.9 | 8.5 | 16.2 | 14.8 | 1.9 |
| 新疆 | 882.8 | 793 | 579.5 | 489.7 | 5.4 |

数据来源：《2018年中国水利统计年鉴》，2018

4. 历年水资源量（表82）

表82  1998—2017年历年水资源量

| 年份（年） | 水资源总量（亿立方米） | 地表水资源量（亿立方米） | 地下水资源量（亿立方米） | 地表水与地下水资源重复量（亿立方米） | 降水总量（亿立方米） | 人均水资源量（立方米/人） |
|---|---|---|---|---|---|---|
| 1998 | 34 017 | 32 726 | 9 400 | 8 109 | 67 631 | 2 723 |
| 1999 | 28 196 | 27 204 | 8 387 | 7 395 | 59 702 | 2 219 |
| 2000 | 27 701 | 26 562 | 8 502 | 7 363 | 60 092 | 2 194 |
| 2001 | 26 868 | 25 933 | 8 390 | 7 456 | 58 122 | 2 112 |
| 2002 | 28 261 | 27 243 | 8 697 | 7 679 | 62 610 | 2 207 |
| 2003 | 27 460 | 26 251 | 8 299 | 7 090 | 60 416 | 2 131 |
| 2004 | 24 130 | 23 126 | 7 436 | 6 433 | 56 876 | 1 856 |
| 2005 | 28 053 | 26 982 | 8 091 | 7 020 | 61 010 | 2 152 |
| 2006 | 25 330 | 24 358 | 7 643 | 6 671 | 57 840 | 1 932 |
| 2007 | 25 255 | 24 242 | 7 617 | 6 604 | 57 763 | 1 916 |
| 2008 | 27 434 | 26 377 | 8 122 | 7 065 | 62 000 | 2 071 |
| 2009 | 24 180 | 23 125 | 7 267 | 6 212 | 55 966 | 1 812 |
| 2010 | 30 906 | 29 798 | 8 417 | 7 308 | 65 850 | 2 310 |
| 2011 | 23 257 | 22 214 | 7 215 | 6 171 | 55 133 | 1 726 |
| 2012 | 29 529 | 28 373 | 8 296 | 7 141 | 65 150 | 2 186 |
| 2013 | 27 958 | 26 840 | 8 081 | 6 963 | 62 674 | 2 060 |
| 2014 | 27 267 | 26 264 | 7 745 | 6 742 |  | 1 999 |
| 2015 | 27 963 | 26 901 | 7 797 | 6 735 | 62 569 | 2 039 |
| 2016 | 32 466 | 31 274 | 8 855 | 7 662 | 68 672 | 2 355 |
| 2017 | 28 761 | 27 746 | 8 310 | 7 295 | 62 936 | 2 086 |

数据来源：《2018年水利统计年鉴》，2018

## （二）河流流域面积（表83）

表83 2002—2005年主要河流流域面积

| 流域名称 | 流域面积（平方千米） | 占外流河、内陆河流域面积合计（%） |
| --- | --- | --- |
| 合计 | 9 506 678 | 100.00 |
| 外流河 | 6 150 927 | 64.70 |
| 黑龙江及绥芬河 | 934 802 | 9.83 |
| 辽河、鸭绿江及沿海诸河 | 314 146 | 3.30 |
| 海滦河 | 320 041 | 3.37 |
| 黄河 | 752 773 | 7.92 |
| 淮河及山东沿海诸河 | 330 009 | 3.47 |
| 长江 | 1 782 715 | 18.75 |
| 浙闽台诸河 | 244 574 | 2.57 |
| 珠江及沿海诸河 | 578 974 | 6.09 |
| 元江及澜沧江 | 240 389 | 2.53 |
| 怒江及滇西诸河 | 157 392 | 1.66 |
| 雅鲁藏布江及藏南诸河 | 387 550 | 4.08 |
| 藏西诸河 | 58 783 | 0.62 |
| 额尔齐斯河 | 48 779 | 0.51 |
| 内陆河 | 3 355 751 | 35.30 |
| 内蒙古内陆河 | 311 378 | 3.28 |
| 河西内陆河 | 469 843 | 4.94 |
| 准噶尔内陆河 | 323 621 | 3.40 |
| 中亚细亚内陆河 | 77 757 | 0.82 |
| 塔里木内陆河 | 1 079 643 | 11.36 |
| 青海内陆河 | 321 161 | 3.38 |
| 羌塘内陆河 | 730 077 | 7.68 |
| 松花江、黄河、藏南闭流区 | 42 271 | 0.44 |

注：本表数据由水利部提供，为2002年至2005年进行的第二次水资源评价数据

数据来源：《2018年中国水利统计年鉴》，2018

## (三) 2017年分地区湖泊数量和面积[①] (表84)

表84 2017年分地区湖泊个数和面积　　　　单位：个、平方千米

| 地区 | 湖泊 数量 | 湖泊 面积 | 淡水湖 数量 | 淡水湖 面积 | 咸水湖 数量 | 咸水湖 面积 | 盐湖 数量 | 盐湖 面积 | 其他 数量 | 其他 面积 |
|---|---|---|---|---|---|---|---|---|---|---|
| 合计 | 2 865[②] | 78 007.1 | 1 594 | 35 149.9 | 945 | 39 205.0 | 166 | 2 003.7 | 160 | 1 648.6 |
| 北京 | 1 | 1.3 | 1 | 1.3 | | | | | | |
| 天津 | 1 | 5.1 | 1 | 5.1 | | | | | | |
| 河北 | 23 | 364.8 | 6 | 268.5 | 13 | 90.7 | 4 | 5.6 | | |
| 山西 | 6 | 80.7 | 4 | 18.8 | 2 | 61.9 | | | | |
| 内蒙古 | 428 | 3 915.8 | 86 | 571.6 | 268 | 3 101.4 | 73 | 240.0 | 1 | 2.8 |
| 辽宁 | 2 | 44.7 | 2 | 44.7 | | | | | | |
| 吉林 | 152 | 1 055.2 | 27 | 165.6 | 39 | 486.4 | 67 | 338.9 | 19 | 64.3 |
| 黑龙江 | 253 | 3 036.9 | 241 | 2 890.8 | 12 | 146.1 | | | | |
| 上海 | 14 | 68.1 | 14 | 68.1 | | | | | | |
| 江苏 | 99 | 5 887.3 | 99 | 5 887.3 | | | | | | |
| 浙江 | 57 | 99.2 | 57 | 99.2 | | | | | | |
| 安徽 | 128 | 3 505.0 | 128 | 3 505.0 | | | | | | |
| 福建 | 1 | 1.5 | 1 | 1.5 | | | | | | |
| 江西 | 86 | 3 802.2 | 86 | 3 802.2 | | | | | | |
| 山东 | 8 | 1 051.7 | 7 | 1 047.7 | 1 | 4.0 | | | | |
| 河南 | 6 | 17.2 | 6 | 17.2 | | | | | | |
| 湖北 | 224 | 2 569.2 | 224 | 2 569.2 | | | | | | |
| 湖南 | 156 | 3 370.7 | 156 | 3 370.7 | | | | | | |
| 广东 | 7 | 18.7 | 6 | 17.5 | 1 | 1.2 | | | | |
| 广西 | 1 | 1.1 | 1 | 1.1 | | | | | | |
| 海南 | | | | | | | | | | |
| 重庆 | | | | | | | | | | |
| 四川 | 29 | 114.5 | 29 | 114.5 | | | | | | |
| 贵州 | 1 | 22.9 | 1 | 22.9 | | | | | | |
| 云南 | 29 | 1 115.9 | 29 | 1 115.9 | | | | | | |
| 西藏 | 808 | 28 868.0 | 251 | 4 341.5 | 434 | 22 338.3 | 14 | 1 234.7 | 109 | 953.5 |
| 陕西 | 5 | 41.1 | | | 5 | 41.1 | | | | |
| 甘肃 | 7 | 100.6 | 3 | 22.0 | 3 | 13.6 | 1 | 65.0 | | |
| 青海 | 242 | 12 826.5 | 104 | 2 516.0 | 125 | 10 193.8 | 8 | 103.7 | 5 | 13.0 |
| 宁夏 | 15 | 101.3 | 11 | 57.1 | 4 | 44.3 | | | | |
| 新疆 | 116 | 5 919.8 | 44 | 2 606.8 | 44 | 2 682.2 | 2 | 15.8 | 26 | 615.1 |

注：①面积大于或等于1平方千米；②有40个跨省湖泊在分省数据中有重复统计；③本表数据来源于2011年第一次全国水利普查

数据来源：《2018年中国水利统计年鉴》，2018

## （四）已建成水库数量、库容和耕地灌溉面积（表85）

表85　1979—2017年已建水库情况

| 年份（年） | 已建成水库 | | | 大型水库 | | |
|---|---|---|---|---|---|---|
| | 座数（座） | 总库容（亿立方米） | 耕地灌溉面积（千公顷） | 座数（座） | 总库容（亿立方米） | 耕地灌溉面积（千公顷） |
| 1979 | 86 132 | 4 081 | 16 806 | 319 | 2 945 | 7 159 |
| 1980 | 86 822 | 4 130 | 15 989 | 326 | 2 975 | 6 255 |
| 1981 | 86 881 | 4 169 | 15 806 | 328 | 2 989 | 6 080 |
| 1982 | 86 900 | 4 188 | 15 943 | 331 | 2 994 | 6 217 |
| 1983 | 86 567 | 4 208 | 15 671 | 335 | 3 007 | 6 081 |
| 1984 | 84 998 | 4 292 | 15 833 | 338 | 3 068 | 6 280 |
| 1985 | 83 219 | 4 301 | 15 760 | 340 | 3 076 | 6 407 |
| 1986 | 82 716 | 4 432 | 15 749 | 350 | 3 199 | 6 408 |
| 1987 | 82 870 | 4 475 | 15 902 | 353 | 3 233 | 6 449 |
| 1988 | 82 937 | 4 504 | 15 801 | 355 | 3 252 | 6 399 |
| 1989 | 82 848 | 4 617 | 15 826 | 358 | 3 357 | 6 409 |
| 1990 | 83 387 | 4 660 | 15 809 | 366 | 3 397 | 6 431 |
| 1991 | 83 799 | 4 678 | | 367 | 3 400 | |
| 1992 | 84 130 | 4 688 | | 369 | 3 407 | |
| 1993 | 84 614 | 4 717 | | 374 | 3 425 | |
| 1994 | 84 558 | 4 751 | | 381 | 3 456 | |
| 1995 | 84 775 | 4 797 | | 387 | 3 493 | |
| 1996 | 84 905 | 4 571 | | 394 | 3 260 | |
| 1997 | 84 837 | 4 583 | | 397 | 3 267 | |
| 1998 | 84 944 | 4 930 | | 403 | 3 595 | |
| 1999 | 85 119 | 4 499 | | 400 | 3 164 | |
| 2000 | 83 260 | 5 183 | | 420 | 3 843 | |
| 2001 | 83 542 | 5 280 | | 433 | 3 927 | |
| 2002 | 83 960 | 5 594 | | 445 | 4 230 | |
| 2003 | 84 091 | 5 657 | | 453 | 4 279 | |
| 2004 | 84 363 | 5 541 | | 460 | 4 147 | |
| 2005 | 84 577 | 5 623 | | 470 | 4 197 | |
| 2006 | 85 249 | 5 841 | | 482 | 4 379 | |
| 2007 | 85 412 | 6 345 | | 493 | 4 836 | |

(续表)

| 年份(年) | 已建成水库 | | | 大型水库 | | |
|---|---|---|---|---|---|---|
| | 座数(座) | 总库容(亿立方米) | 耕地灌溉面积(千公顷) | 座数(座) | 总库容(亿立方米) | 耕地灌溉面积(千公顷) |
| 2008 | 86 353 | 6 924 | | 529 | 5 386 | |
| 2009 | 87 151 | 7 064 | | 544 | 5 506 | |
| 2010 | 87 873 | 7 162 | | 552 | 5 594 | |
| 2011 | 88 605 | 7 201 | | 567 | 5 602 | |
| 2012 | 97 543 | 8 255 | | 683 | 6 493 | |
| 2013 | 97 721 | 8 298 | | 687 | 6 529 | |
| 2014 | 97 735 | 8 394 | | 697 | 6 617 | |
| 2015 | 97 988 | 8 581 | | 707 | 6 812 | |
| 2016 | 98 460 | 8 967 | | 720 | 7 166 | |
| 2017 | 98 795 | 9 035 | | 732 | 7 210 | |

| 年份(年) | 中型水库 | | | 小型水库 | | |
|---|---|---|---|---|---|---|
| | 座数(座) | 总库容(亿立方米) | 耕地灌溉面积(千公顷) | 座数(座) | 总库容(亿立方米) | 耕地灌溉面积(千公顷) |
| 1979 | 2 252 | 593 | 4 164 | 83 561 | 543 | 5 483 |
| 1980 | 2 298 | 605 | 4 213 | 84 198 | 550 | 5 522 |
| 1981 | 2 333 | 622 | 4 253 | 84 220 | 558 | 5 473 |
| 1982 | 2 353 | 632 | 4 318 | 84 216 | 562 | 5 408 |
| 1983 | 2 367 | 640 | 4 251 | 83 865 | 561 | 5 339 |
| 1984 | 2 387 | 658 | 4 232 | 82 273 | 566 | 5 321 |
| 1985 | 2 401 | 661 | 4 206 | 80 478 | 564 | 5 147 |
| 1986 | 2 115 | 666 | 4 189 | 79 951 | 567 | 5 153 |
| 1987 | 2 428 | 672 | 4 257 | 80 089 | 570 | 5 196 |
| 1988 | 2 462 | 681 | 4 201 | 80 120 | 571 | 5 201 |
| 1989 | 2 480 | 688 | 4 254 | 80 010 | 572 | 5 163 |
| 1990 | 2 499 | 690 | 4 205 | 80 522 | 573 | 5 173 |
| 1991 | 2 524 | 698 | | 80 908 | 579 | |
| 1992 | 2 538 | 700 | | 81 223 | 580 | |
| 1993 | 2 562 | 707 | | 81 678 | 583 | |
| 1994 | 2 572 | 713 | | 81 605 | 582 | |
| 1995 | 2 593 | 719 | | 81 795 | 585 | |
| 1996 | 2 618 | 724 | | 81 893 | 587 | |

(续表)

| 年份(年) | 中型水库 | | | 小型水库 | | |
|---|---|---|---|---|---|---|
| | 座数(座) | 总库容(亿立方米) | 耕地灌溉面积(千公顷) | 座数(座) | 总库容(亿立方米) | 耕地灌溉面积(千公顷) |
| 1997 | 2 634 | 729 | | 81 806 | 587 | |
| 1998 | 2 653 | 736 | | 81 888 | 598 | |
| 1999 | 2 681 | 743 | | 82 039 | 593 | |
| 2000 | 2 704 | 746 | | 80 136 | 593 | |
| 2001 | 2 736 | 758 | | 80 373 | 595 | |
| 2002 | 2 781 | 768 | | 80 734 | 596 | |
| 2003 | 2 827 | 783 | | 80 811 | 596 | |
| 2004 | 2 869 | 796 | | 81 034 | 598 | |
| 2005 | 2 934 | 826 | | 81 173 | 601 | |
| 2006 | 3 000 | 852 | | 81 767 | 610 | |
| 2007 | 3 110 | 883 | | 81 809 | 625 | |
| 2008 | 3 181 | 910 | | 82 643 | 628 | |
| 2009 | 3 259 | 921 | | 83 348 | 636 | |
| 2010 | 3 269 | 930 | | 84 052 | 638 | |
| 2011 | 3 346 | 954 | | 84 692 | 645 | |
| 2012 | 3 758 | 1 064 | | 93 102 | 698 | |
| 2013 | 3 774 | 1 070 | | 93 260 | 700 | |
| 2014 | 3 799 | 1 075 | | 93 239 | 702 | |
| 2015 | 3 844 | 1 068 | | 93 437 | 701 | |
| 2016 | 3 890 | 1 096 | | 93 850 | 705 | |
| 2017 | 3 934 | 1 117 | | 94 129 | 709 | |

数据来源：《2018年中国水利统计年鉴》，2018

## 二、水资源质量

### （一）河流水质状况（表86）

表86　2017年分地区主要河流水质状况

| 地区 | 评价河长(千米) | 分类河长占评价河长百分比（%） | | | | | | |
|---|---|---|---|---|---|---|---|---|
| | | Ⅰ类 | Ⅱ类 | Ⅲ类 | Ⅳ类 | Ⅴ类 | 劣Ⅴ类 | Ⅰ~Ⅲ类 |
| 全国 | 244 502.3 | 7.8 | 49.6 | 21.1 | 9.5 | 3.7 | 8.3 | 78.5 |
| 北京 | 527.3 | 0.0 | 75.7 | 5.5 | 4.8 | 0.0 | 14.0 | 81.2 |

(续表)

| 地区 | 评价河长（千米） | 分类河长占评价河长百分比（%） | | | | | | |
|---|---|---|---|---|---|---|---|---|
| | | Ⅰ类 | Ⅱ类 | Ⅲ类 | Ⅳ类 | Ⅴ类 | 劣Ⅴ类 | Ⅰ~Ⅲ类 |
| 天津 | 1 657.5 | 0.0 | 7.0 | 7.2 | 8.2 | 19.5 | 58.1 | 14.2 |
| 河北 | 9 330.5 | 3.2 | 25.8 | 21.2 | 5.1 | 5.9 | 38.8 | 50.2 |
| 山西 | 2 345.5 | 3.0 | 25.3 | 10.9 | 10.1 | 10.0 | 40.7 | 39.2 |
| 内蒙古 | 9 754.5 | 0.0 | 19.6 | 49.7 | 16.6 | 4.8 | 9.3 | 69.3 |
| 辽宁 | 2 411.6 | 3.1 | 29.9 | 17.4 | 12.3 | 19.9 | 17.4 | 50.4 |
| 吉林 | 6 050.0 | 1.2 | 30.3 | 34.6 | 18.4 | 3.2 | 12.3 | 66.1 |
| 黑龙江 | 6 819.0 | 0.0 | 17.7 | 55.8 | 21.5 | 2.9 | 2.1 | 73.5 |
| 上海 | 811.3 | 0.0 | 0.0 | 57.8 | 29.7 | 11.6 | 0.9 | 57.8 |
| 江苏 | 19 382.3 | 0.0 | 6.4 | 39.9 | 31.7 | 10.8 | 11.2 | 46.3 |
| 浙江 | 2 928.1 | 16.6 | 46.8 | 19.8 | 15.1 | 1.7 | 0.0 | 83.2 |
| 安徽 | 7 673.9 | 0.6 | 41.8 | 24.4 | 20.6 | 5.1 | 7.5 | 66.8 |
| 福建 | 12 616.9 | 4.3 | 62.1 | 23.3 | 7.9 | 1.2 | 1.2 | 89.7 |
| 江西 | 6 139.6 | 1.7 | 80.5 | 14.0 | 2.8 | 0.1 | 0.9 | 96.2 |
| 山东 | 9 907.4 | 0.7 | 16.4 | 28.8 | 21.4 | 13.5 | 19.2 | 45.9 |
| 河南 | 6 323.4 | 1.3 | 26.6 | 29.8 | 13.3 | 9.8 | 19.2 | 57.7 |
| 湖北 | 10 570.5 | 4.2 | 61.3 | 25.3 | 3.8 | 1.3 | 4.1 | 90.8 |
| 湖南 | 10 172.7 | 8.4 | 63.5 | 26.9 | 1.2 | 0.0 | 0.0 | 98.8 |
| 广东 | 11 928.4 | 0.7 | 51.9 | 24.7 | 10.0 | 3.3 | 9.4 | 77.3 |
| 广西 | 8 886.0 | 13.6 | 79.4 | 3.4 | 2.0 | 1.1 | 0.5 | 96.4 |
| 海南 | 1 985.0 | 7.6 | 83.9 | 6.6 | 1.9 | 0.0 | 0.0 | 98.1 |
| 重庆 | 1 279.5 | 0.0 | 68.2 | 31.8 | 0.0 | 0.0 | 0.0 | 100.0 |
| 四川 | 10 567.9 | 5.6 | 72.9 | 13.0 | 6.2 | 0.6 | 1.7 | 91.5 |
| 贵州 | 7 443.8 | 0.0 | 73.6 | 15.5 | 4.4 | 2.4 | 4.1 | 89.1 |
| 云南 | 20 072.9 | 6.5 | 66.2 | 17.4 | 3.7 | 1.6 | 4.6 | 90.1 |
| 西藏 | 9 308.2 | 6.2 | 84.6 | 5.1 | 2.7 | 1.3 | 0.1 | 95.9 |
| 陕西 | 7 125.1 | 1.1 | 55.0 | 20.2 | 9.0 | 3.5 | 11.2 | 76.3 |
| 甘肃 | 10 921.4 | 4.9 | 69.8 | 8.3 | 2.9 | 1.4 | 12.7 | 83.0 |
| 青海 | 11 212.4 | 69.2 | 25.4 | 2.7 | 0.0 | 0.8 | 1.9 | 97.3 |
| 宁夏 | 2 015.7 | 3.6 | 28.4 | 5.0 | 13.3 | 8.9 | 40.8 | 37.0 |
| 新疆 | 16 334.0 | 22.4 | 74.7 | 1.5 | 0.9 | 0.0 | 0.5 | 98.6 |

数据来源：《2017年中国水资源公报》，2018

## 第五章 国家重要农业资源台账示例

### (二) 按水资源分区分河流水质状况 (表87)

表87 2017年主要水资源区分河流水质情况

| 水资源一级区 | 评价河长（千米） | 分类河长占评价河长百分比（%） | | | | | | |
|---|---|---|---|---|---|---|---|---|
| | | Ⅰ类 | Ⅱ类 | Ⅲ类 | Ⅳ类 | Ⅴ类 | 劣Ⅴ类 | Ⅰ-Ⅲ类 |
| 全国 | 244 511.8 | 7.8 | 49.6 | 21.1 | 9.5 | 3.7 | 8.3 | 78.5 |
| 松花江区 | 16 780.4 | 0.4 | 15.5 | 50.9 | 21.0 | 3.6 | 8.6 | 66.8 |
| 辽河区 | 6 067.2 | 1.2 | 34.2 | 28.3 | 13.8 | 11.2 | 11.3 | 63.7 |
| 海河区 | 15 324.6 | 1.9 | 20.7 | 16.3 | 9.7 | 12.1 | 39.3 | 38.9 |
| 黄河区 | 22 891.9 | 9.6 | 44.3 | 16.0 | 7.3 | 3.7 | 19.1 | 69.9 |
| 淮河区 | 24 080.6 | 0.4 | 16.0 | 38.8 | 24.9 | 8.1 | 11.8 | 55.2 |
| 长江区 | 70 896.6 | 7.8 | 55.1 | 21.0 | 8.8 | 3.1 | 4.2 | 83.9 |
| 其中：太湖流域 | 6 340.9 | | 8.3 | 24.8 | 43.5 | 14.7 | 8.7 | 33.1 |
| 东南诸河区 | 13 642.8 | 7.5 | 62.5 | 21.3 | 6.5 | 1.3 | 0.9 | 91.3 |
| 珠江区 | 30 475.4 | 5.0 | 66.2 | 15.2 | 6.7 | 1.9 | 5.0 | 86.4 |
| 西南诸河区 | 21 085.5 | 9.4 | 77.4 | 9.8 | 1.8 | 0.9 | 0.7 | 96.6 |
| 西北诸河区 | 23 266.8 | 27.2 | 66.4 | 5.1 | 0.7 | 0.1 | 0.5 | 98.7 |

数据来源：《2017年中国水资源公报》，2018

### (三) 全国重点湖泊水质及富营养化状况 (表88)

表88 2017年全国重点湖泊水质及富营养化状况

| 湖泊名称 | 所属行政区 | 水质类别 | 营养状况 |
|---|---|---|---|
| 太湖（含五里湖） | 江苏 | Ⅴ | 中度富营养 |
| 白洋淀 | 河北 | Ⅴ | 轻度富营养 |
| 洪泽湖 | 江苏 | Ⅳ | 轻度富营养 |
| 查干湖 | 吉林 | 劣Ⅴ | 中度富营养 |
| 骆马湖 | 江苏 | Ⅳ | 轻度富营养 |
| 高邮湖 | 江苏 | Ⅳ | 轻度富营养 |
| 巢湖 | 安徽 | Ⅴ | 中度富营养 |
| 鄱阳湖 | 江西 | Ⅳ | 中营养 |
| 南四湖 | 山东、江苏 | Ⅲ | 轻度富营养 |
| 邵伯湖 | 江苏 | Ⅳ | 轻度富营养 |
| 洪湖 | 湖北 | Ⅳ | 轻度富营养 |
| 长湖 | 湖北 | Ⅳ | 轻度富营养 |
| 梁子湖 | 湖北 | Ⅳ | 轻度富营养 |
| 龙感湖 | 湖北、安徽 | Ⅴ | 轻度富营养 |
| 洞庭湖 | 湖南 | Ⅳ | 轻度富营养 |
| 宝应湖 | 江苏 | Ⅳ | 轻度富营养 |

(续表)

| 湖泊名称 | 所属行政区 | 水质类别 | 营养状况 |
|---|---|---|---|
| 滆湖 | 江苏 | V | 中度富营养 |
| 石臼湖 | 江苏、安徽 | IV | 轻度富营养 |
| 大官湖黄湖 | 安徽 | IV | 轻度富营养 |
| 菜子湖 | 安徽 | IV | 轻度富营养 |
| 南漪湖 | 安徽 | IV | 轻度富营养 |
| 滇池 | 云南 | V | 轻度富营养 |
| 抚仙湖 | 云南 | I | 中营养 |
| 城西湖 | 安徽 | IV | 轻度富营养 |
| 城东湖 | 安徽 | IV | 中营养 |
| 女山湖 | 安徽 | IV | 轻度富营养 |
| 洱海 | 云南 | III | 中营养 |
| 纳木错 | 西藏 | 劣V | 中营养 |
| 普莫雍错 | 西藏 | III | 中营养 |
| 羊卓雍错 | 西藏 | 劣V | 中营养 |
| 青海湖 | 青海 | II | 中营养 |
| 瓦埠湖 | 安徽 | IV | 轻度富营养 |
| 乌伦古湖 | 新疆 | 劣V | 中营养 |
| 赛里木湖 | 新疆 | III | 中营养 |
| 博斯腾湖 | 新疆 | IV | 中营养 |
| 泊湖 | 安徽 | III | 轻度富营养 |
| 东平湖 | 山东 | V | 轻度富营养 |
| 斧头湖 | 湖北 | III | 中营养 |
| 班公错 | 西藏 | 劣V | 中营养 |
| 佩枯错 | 西藏 | II | 中营养 |
| 克鲁克湖 | 青海 | V | 轻度富营养 |

数据来源:《2018年中国水利统计年鉴》,2018

## 三、水资源利用

### (一) 主要用水指标(表89)

表89 2017年分地区主要用水指标　　单位:万元/立方米/升/天

| 地区 | 人均国内生产总值 | 人均综合用水量 | 万元国内生产总值用水量 | 耕地实际灌溉亩均用水量 | 农田灌溉水有效利用系数 | 人均生活用水量 | | | 万元工业增加值用水量 |
|---|---|---|---|---|---|---|---|---|---|
| | | | | | | 城镇生活 | 居民 | 农村居民 | |
| 全国 | 5.966 | 436 | 73 | 377 | 0.548 | 221 | 137 | 87 | 45.6 |
| 北京 | 12.892 | 182 | 14 | 179 | 0.732 | 248 | 139 | 117 | 8.2 |

(续表)

| 地区 | 人均国内生产总值 | 人均综合用水量 | 万元国内生产总值用水量 | 耕地实际灌溉亩均用水量 | 农田灌溉水有效利用系数 | 人均生活用水量 城镇生活 | 居民 | 农村居民 | 万元工业增加值用水量 |
|---|---|---|---|---|---|---|---|---|---|
| 天津 | 11.924 | 176 | 15 | 228 | 0.703 | 120 | 78 | 49 | 8 |
| 河北 | 4.798 | 242 | 50 | 202 | 0.672 | 166 | 116 | 57 | 13.3 |
| 山西 | 4.056 | 203 | 50 | 191 | 0.538 | 122 | 93 | 59 | 26.1 |
| 内蒙古 | 6.379 | 745 | 117 | 308 | 0.538 | 141 | 91 | 84 | 30.8 |
| 辽宁 | 5.474 | 300 | 55 | 342 | 0.589 | 196 | 120 | 83 | 24.8 |
| 吉林 | 5.611 | 465 | 83 | 318 | 0.579 | 192 | 128 | 77 | 29.7 |
| 黑龙江 | 4.27 | 931 | 218 | 409 | 0.6 | 142 | 105 | 67 | 56.1 |
| 上海 | 12.457 | 433 | 35 | 521 | 0.736 | 306 | 160 | 81 | 75.5 |
| 江苏 | 10.719 | 738 | 69 | 427 | 0.608 | 245 | 147 | 100 | 73.5 |
| 浙江 | 9.206 | 319 | 35 | 351 | 0.592 | 278 | 146 | 121 | 23.4 |
| 安徽 | 4.42 | 466 | 105 | 285 | 0.532 | 199 | 129 | 89 | 80.1 |
| 福建 | 8.298 | 493 | 59 | 603 | 0.542 | 295 | 163 | 118 | 49.2 |
| 江西 | 4.519 | 538 | 119 | 567 | 0.503 | 233 | 163 | 97 | 74.5 |
| 山东 | 7.285 | 210 | 29 | 162 | 0.637 | 112 | 78 | 68 | 10 |
| 河南 | 4.713 | 245 | 52 | 159 | 0.608 | 157 | 120 | 73 | 27.1 |
| 湖北 | 6.197 | 493 | 79 | 349 | 0.511 | 352 | 162 | 94 | 63.3 |
| 湖南 | 5.056 | 478 | 95 | 502 | 0.515 | 245 | 152 | 96 | 72.4 |
| 广东 | 8.109 | 391 | 48 | 756 | 0.494 | 297 | 188 | 133 | 29.8 |
| 广西 | 4.195 | 586 | 140 | 811 | 0.486 | 329 | 191 | 125 | 60 |
| 海南 | 4.843 | 494 | 102 | 1 000 | 0.566 | 348 | 199 | 114 | 56.7 |
| 重庆 | 6.37 | 253 | 40 | 330 | 0.489 | 236 | 163 | 87 | 46.2 |
| 四川 | 4.465 | 324 | 73 | 404 | 0.467 | 240 | 163 | 93 | 44.6 |
| 贵州 | 3.796 | 290 | 76 | 398 | 0.464 | 239 | 126 | 64 | 58.2 |
| 云南 | 3.454 | 327 | 95 | 360 | 0.468 | 173 | 124 | 81 | 54.9 |
| 西藏 | 3.924 | 940 | 240 | 568 | 0.432 | 593 | 211 | 53 | 149.4 |
| 陕西 | 5.727 | 243 | 42 | 311 | 0.565 | 150 | 109 | 83 | 16.4 |
| 甘肃 | 2.932 | 443 | 151 | 470 | 0.553 | 150 | 76 | 39 | 58.5 |
| 青海 | 4.438 | 434 | 98 | 505 | 0.496 | 188 | 99 | 66 | 32.2 |
| 宁夏 | 5.091 | 974 | 191 | 680 | 0.524 | 141 | 87 | 29 | 41.2 |
| 新疆 | 4.51 | 2281 | 506 | 569 | 0.542 | 236 | 172 | 94 | 40.6 |

注：①万元国内生产总值用水量和万元工业增加值用水量指标按当年价格计算；②本表计算中所使用的人口数字为年平均人口数；③本表中"人均生活用水量"中的"城镇生活"包括居民家庭生活用水和公共用水（含第三产业及建筑业等用水），"居民"仅包括居民家庭生活用水

数据来源：《2017年水资源公报》，2018

## （二）供用水量

1. 供用水量（表90）

表90　2017年分地区供用水量　　　　　　　　　单位：亿立方米

| 地区 | 合计 | 供水量 | | | 合计 | 用水量 | | | |
|---|---|---|---|---|---|---|---|---|---|
| | | 地表水 | 地下水 | 其他 | | 农业 | 工业 | 生活 | 生态 |
| 合计 | 6 043.4 | 4 945.5 | 1 016.7 | 81.2 | 6 043.4 | 3 766.4 | 1 277.0 | 838.1 | 161.9 |
| 北京 | 39.5 | 12.4 | 16.6 | 10.5 | 39.5 | 5.1 | 3.5 | 18.3 | 12.7 |
| 天津 | 27.5 | 19.0 | 4.6 | 3.9 | 27.5 | 10.7 | 5.5 | 6.1 | 5.2 |
| 河北 | 181.6 | 59.4 | 116.0 | 6.2 | 181.6 | 126.1 | 20.3 | 27.0 | 8.2 |
| 山西 | 74.9 | 39.6 | 31.1 | 4.2 | 74.9 | 45.5 | 13.5 | 12.8 | 3.0 |
| 内蒙古 | 188.0 | 99.2 | 85.3 | 3.4 | 188.0 | 138.1 | 15.7 | 11.0 | 23.1 |
| 辽宁 | 131.1 | 72.4 | 54.5 | 4.2 | 131.1 | 81.6 | 18.6 | 25.4 | 5.5 |
| 吉林 | 126.7 | 81.5 | 44.7 | 0.4 | 126.7 | 89.8 | 18.1 | 14.1 | 4.7 |
| 黑龙江 | 353.1 | 188.9 | 163.1 | 1.0 | 353.1 | 316.4 | 19.7 | 15.4 | 1.5 |
| 上海 | 104.8 | 104.8 | | | 104.8 | 16.7 | 62.7 | 24.6 | 0.8 |
| 江苏 | 591.3 | 575.3 | 8.4 | 7.7 | 591.3 | 280.6 | 250.1 | 58.5 | 2.1 |
| 浙江 | 179.5 | 176.2 | 1.3 | 2.0 | 179.5 | 80.9 | 46.1 | 47.0 | 5.5 |
| 安徽 | 290.3 | 256.5 | 30.8 | 3.0 | 290.3 | 158.2 | 92.2 | 33.8 | 6.2 |
| 福建 | 192.0 | 186.4 | 5.0 | 0.7 | 192.0 | 91.2 | 64.4 | 33.2 | 3.2 |
| 江西 | 248.0 | 237.6 | 8.3 | 2.1 | 248.0 | 156.3 | 60.5 | 28.9 | 2.3 |
| 山东 | 209.5 | 121.1 | 79.7 | 8.7 | 209.5 | 134.0 | 28.8 | 34.6 | 12.0 |
| 河南 | 233.8 | 113.1 | 115.5 | 5.1 | 233.8 | 122.8 | 51.0 | 40.2 | 19.8 |
| 湖北 | 290.3 | 281.4 | 8.8 | 0.1 | 290.3 | 148.1 | 87.8 | 53.2 | 1.2 |
| 湖南 | 326.9 | 311.7 | 15.2 | 0.1 | 326.9 | 193.7 | 86.0 | 44.5 | 2.8 |
| 广东 | 433.5 | 417.3 | 13.8 | 2.3 | 433.5 | 220.3 | 107.0 | 100.9 | 5.3 |
| 广西 | 284.9 | 273.1 | 10.5 | 1.4 | 284.9 | 195.8 | 46.0 | 40.2 | 3.0 |
| 海南 | 45.6 | 42.3 | 3.1 | 0.2 | 45.6 | 33.3 | 3.0 | 8.4 | 0.8 |
| 重庆 | 77.4 | 76.1 | 1.1 | 0.2 | 77.4 | 25.4 | 30.4 | 20.5 | 1.1 |
| 四川 | 268.4 | 254.3 | 12.1 | 1.9 | 268.4 | 160.5 | 51.4 | 50.7 | 5.8 |
| 贵州 | 103.5 | 101.1 | 1.8 | 0.6 | 103.5 | 58.9 | 24.8 | 18.8 | 0.9 |
| 云南 | 156.6 | 149.9 | 3.7 | 3.1 | 156.6 | 108.5 | 23.4 | 21.7 | 3.1 |
| 西藏 | 31.4 | 27.8 | 3.6 | | 31.4 | 26.9 | 1.5 | 2.7 | 0.2 |
| 陕西 | 93.0 | 58.2 | 32.6 | 2.3 | 93.0 | 58.2 | 14.3 | 17.0 | 3.5 |
| 甘肃 | 116.1 | 87.1 | 25.1 | 3.9 | 116.1 | 92.3 | 10.4 | 8.7 | 4.7 |
| 青海 | 25.8 | 20.7 | 5.0 | 0.2 | 25.8 | 19.2 | 2.5 | 2.9 | 1.2 |
| 宁夏 | 66.1 | 60.3 | 5.5 | 0.2 | 66.1 | 56.7 | 4.5 | 2.3 | 2.5 |
| 新疆 | 552.3 | 440.9 | 109.8 | 1.6 | 552.3 | 514.4 | 13.1 | 14.7 | 10.2 |

数据来源：《2018年中国水利统计年鉴》，2018

2. 历年供用水量（表91，图38，图39）

表91　2000—2017年历年供用水量　　　　　　　　单位：亿立方米

| 年份（年） | 合计 | 供水量 | | | 合计 | 用水量 | | | |
|---|---|---|---|---|---|---|---|---|---|
| | | 地表水 | 地下水 | 其他 | | 农业 | 工业 | 生活 | 生态 |
| 2000 | 5 530.7 | 4 440.4 | 1 069.2 | 21.1 | 5 497.6 | 3 783.5 | 1 139.1 | 574.9 | |

(续表)

| 年份(年) | 合计 | 供水量 | | | 合计 | 用水量 | | | |
|---|---|---|---|---|---|---|---|---|---|
| | | 地表水 | 地下水 | 其他 | | 农业 | 工业 | 生活 | 生态 |
| 2001 | 5 567.4 | 4 450.7 | 1 094.9 | 21.9 | 5 567.4 | 3 825.7 | 1 141.8 | 599.9 | |
| 2002 | 5 497.3 | 4 404.4 | 1 072.4 | 20.5 | 5 497.3 | 3 736.2 | 1 142.4 | 618.7 | |
| 2003 | 5 320.4 | 4 286.0 | 1 018.1 | 16.3 | 5 320.4 | 3 432.8 | 1 177.2 | 630.9 | 79.5 |
| 2004 | 5 547.8 | 4 504.2 | 1 026.4 | 17.2 | 5 547.8 | 3 585.7 | 1 228.9 | 651.2 | 82.0 |
| 2005 | 5 633.0 | 4 572.2 | 1 038.8 | 22.0 | 5 633.0 | 3 580.0 | 1 285.2 | 675.1 | 92.7 |
| 2006 | 5 795.0 | 4 706.8 | 1 065.5 | 22.7 | 5 795.0 | 3 664.4 | 1 343.8 | 693.8 | 93.0 |
| 2007 | 5 818.7 | 4 723.5 | 1 069.5 | 25.7 | 5 818.7 | 3 598.5 | 1 404.1 | 710.4 | 105.7 |
| 2008 | 5 909.9 | 4 796.4 | 1 084.8 | 28.7 | 5 909.9 | 3 663.4 | 1 397.1 | 729.2 | 120.2 |
| 2009 | 5 965.2 | 4 839.5 | 1 094.5 | 31.2 | 5 965.2 | 3 723.1 | 1 390.9 | 748.2 | 103.0 |
| 2010 | 6 022.0 | 4 881.6 | 1 107.3 | 33.1 | 6 022.0 | 3 689.1 | 1 447.3 | 765.8 | 119.8 |
| 2011 | 6 107.2 | 4 953.3 | 1 109.1 | 44.8 | 6 107.2 | 3 743.6 | 1 461.8 | 789.9 | 111.9 |
| 2012 | 6 131.2 | 4 952.8 | 1 133.8 | 44.6 | 6 131.2 | 3 902.5 | 1 380.7 | 739.7 | 108.3 |
| 2013 | 6 183.4 | 5 007.3 | 1 126.2 | 49.9 | 6 183.4 | 3 921.5 | 1 406.4 | 750.1 | 105.4 |
| 2014 | 6 094.9 | 4 920.5 | 1 116.9 | 57.5 | 6 094.9 | 3 869.0 | 1 356.1 | 766.6 | 103.2 |
| 2015 | 6 103.2 | 4 969.5 | 1 069.2 | 64.5 | 6 103.2 | 3 852.2 | 1 334.8 | 793.5 | 122.7 |
| 2016 | 6 040.2 | 4 912.4 | 1 057.0 | 70.8 | 6 040.2 | 3 768.0 | 1 308.0 | 821.6 | 142.6 |
| 2017 | 6 043.4 | 4 945.5 | 1 016.7 | 81.2 | 6 043.4 | 3 766.4 | 1 277.0 | 838.1 | 161.9 |

数据来源：《2018年中国水利统计年鉴》，2018

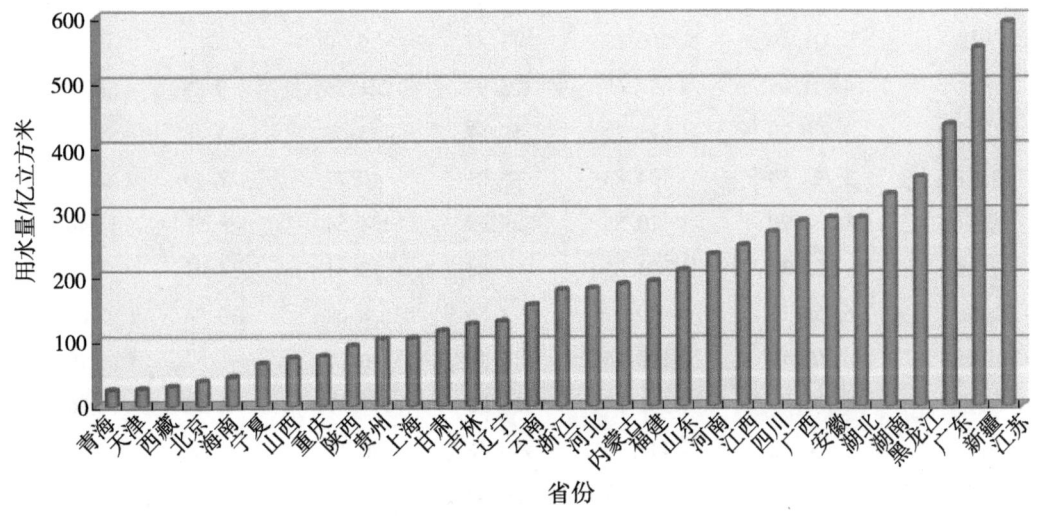

图38　2017年分地区农业用水量

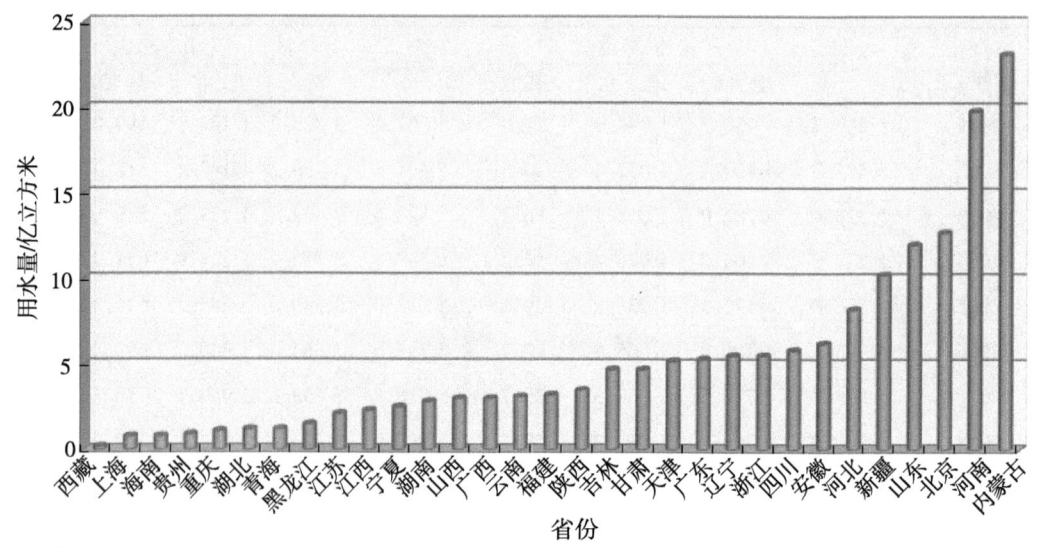

**图39 2017年分地区生态用水量**

数据来源：《2018年中国水利统计年鉴》，2018

### （三）灌溉面积

1. 灌溉面积（表92，图40，图41）

**表92 2017年分地区灌溉面积**　　　　　　　　　　单位：千公顷

| 地区 | 总计 | 灌溉面积 | | | | 耕地实灌面积 |
|---|---|---|---|---|---|---|
| | | 耕地 | 林地 | 果园 | 牧草 | |
| 合计 | 73 946.13 | 67 815.57 | 2 402.73 | 2 623.64 | 1 104.19 | 58 553.25 |
| 北京 | 209.41 | 115.48 | 54.29 | 38.63 | 1.01 | 98.80 |
| 天津 | 327.19 | 306.62 | 13.87 | 6.70 | | 277.60 |
| 河北 | 4 831.05 | 4 474.67 | 125.93 | 221.56 | 8.89 | 3 781.40 |
| 山西 | 1 620.29 | 1 511.21 | 50.57 | 53.03 | 5.48 | 1 500.27 |
| 内蒙古 | 3 792.50 | 3 174.83 | 85.21 | 10.27 | 522.19 | 2 613.42 |
| 辽宁 | 1 751.29 | 1 610.55 | 29.69 | 104.54 | 6.51 | 1 404.32 |
| 吉林 | 1 922.32 | 1 893.05 | 2.85 | 12.41 | 14.01 | 1 397.83 |
| 黑龙江 | 6 056.18 | 6 030.97 | 7.85 | 6.62 | 10.74 | 5 062.74 |
| 上海 | 207.19 | 190.76 | 16.14 | 0.29 | | 190.76 |
| 江苏 | 4 381.73 | 4 131.88 | 122.92 | 117.37 | 9.56 | 3 869.22 |
| 浙江 | 1 566.18 | 1 444.70 | 50.46 | 70.18 | 0.84 | 1 347.39 |
| 安徽 | 4 592.02 | 4 504.14 | 36.49 | 50.69 | 0.70 | 3 613.64 |
| 福建 | 1 213.15 | 1 064.84 | 53.26 | 90.66 | 4.39 | 884.51 |

(续表)

| 地区 | 总计 | 灌溉面积 | | | | 耕地实灌面积 |
|---|---|---|---|---|---|---|
| | | 耕地 | 林地 | 果园 | 牧草 | |
| 江西 | 2 125.08 | 2 039.42 | 24.82 | 60.84 | | 1 734.25 |
| 山东 | 5 770.03 | 5 191.06 | 209.39 | 362.28 | 7.30 | 4 789.05 |
| 河南 | 5 389.79 | 5 273.63 | 60.90 | 54.94 | 0.32 | 4 538.00 |
| 湖北 | 3 111.49 | 2 919.17 | 114.91 | 70.58 | 6.83 | 2 473.58 |
| 湖南 | 3 242.33 | 3 145.87 | 46.92 | 48.92 | 0.62 | 2 474.21 |
| 广东 | 2 069.87 | 1 774.61 | 57.56 | 237.70 | | 1 632.43 |
| 广西 | 1 748.47 | 1 669.87 | 12.56 | 66.04 | | 1 439.22 |
| 海南 | 354.27 | 289.25 | 40.03 | 24.12 | 0.87 | 212.18 |
| 重庆 | 694.26 | 694.26 | | | | 423.81 |
| 四川 | 3 113.74 | 2 873.10 | 96.73 | 134.71 | 9.20 | 2 325.46 |
| 贵州 | 1 120.97 | 1 114.12 | 1.70 | 4.51 | 0.64 | 941.12 |
| 云南 | 1 955.09 | 1 851.42 | 25.93 | 70.51 | 7.23 | 1 598.55 |
| 西藏 | 448.10 | 261.23 | 30.78 | 22.86 | 133.23 | 252.86 |
| 陕西 | 1 418.60 | 1 263.09 | 18.56 | 135.69 | 1.26 | 1 039.11 |
| 甘肃 | 1 537.16 | 1 331.43 | 150.20 | 39.83 | 15.70 | 1 182.29 |
| 青海 | 284.78 | 206.61 | 37.32 | 3.51 | 37.34 | 183.04 |
| 宁夏 | 616.29 | 511.45 | 43.80 | 40.68 | 20.36 | 464.27 |
| 新疆 | 6 475.32 | 4 952.29 | 781.09 | 462.97 | 278.97 | 4 807.92 |

数据来源：《2018 年中国水利统计年鉴》，2018

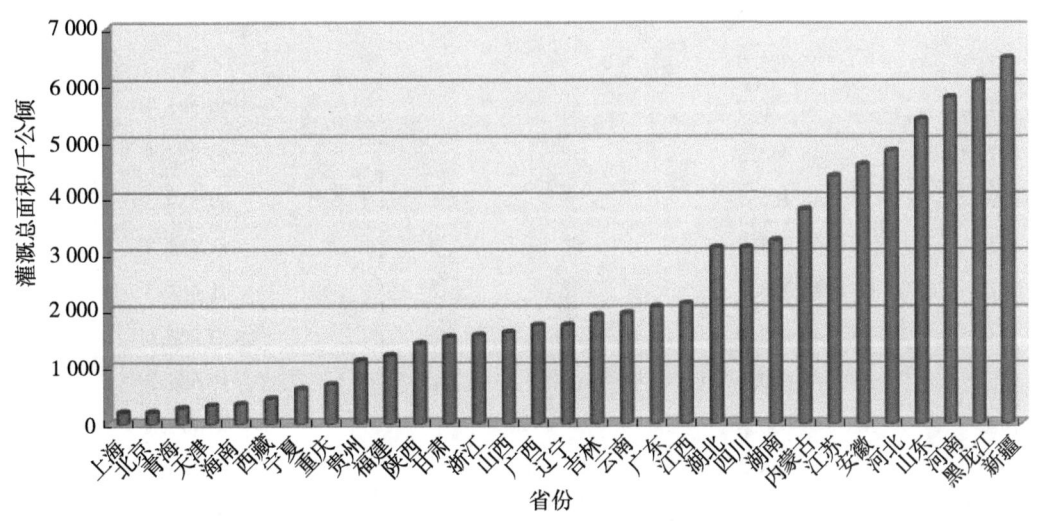

图 40　2017 年分地区灌溉总面积

## ⚠ 国家重要农业资源台账体系建设与应用研究

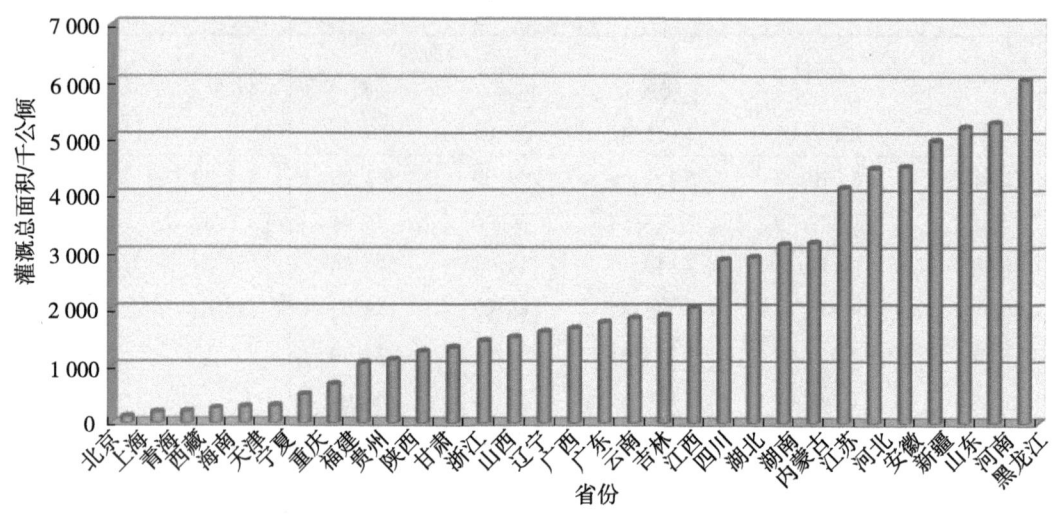

**图 41　2017 年分地区耕地灌溉面积**

数据来源：《2018 年中国水利统计年鉴》，2018 年 10 月出版

### 2. 历年灌溉面积（表 93）

表 93　1957—2017 年历年灌溉面积　　　　　　　　单位：千公顷

| 年份（年） | 总计 | 灌溉面积 |  |  |  |  | 实灌面积 | 旱涝保收面积 |
|---|---|---|---|---|---|---|---|---|
|  |  | 耕地 | 林地 | 果园 | 牧草 | 其他 |  |  |
| 1957 |  | 25 004.7 |  |  |  |  |  |  |
| 1962 |  | 28 696.7 |  |  |  |  |  |  |
| 1965 |  | 32 036.0 |  |  |  |  |  |  |
| 1972 |  | 40 642.0 |  |  |  |  |  |  |
| 1973 |  | 43 810.7 |  |  |  |  |  |  |
| 1974 |  | 45 707.3 |  |  |  |  |  |  |
| 1975 |  | 46 120.7 |  |  |  |  | 39 281.3 |  |
| 1976 |  | 45 463.3 |  |  |  |  | 40 825.3 |  |
| 1977 |  | 48 186.7 |  |  |  |  | 40 559.3 |  |
| 1978 |  | 48 053.3 |  |  |  |  | 41 714.7 |  |
| 1979 |  | 48 318.7 |  |  |  |  | 41 663.3 |  |
| 1980 |  | 48 888.0 |  |  |  |  | 39 906.0 |  |
| 1981 |  | 48 600.0 |  |  |  |  | 39 656.7 |  |
| 1982 |  | 48 663.3 |  |  |  |  | 40 177.3 |  |
| 1983 |  | 48 546.0 |  |  |  |  | 39 383.3 |  |
| 1984 |  | 48 400.0 |  |  |  |  | 39 933.3 |  |

(续表)

| 年份(年) | 总计 | 灌溉面积 | | | | | 实灌面积 | 旱涝保收面积 |
|---|---|---|---|---|---|---|---|---|
| | | 耕地 | 林地 | 果园 | 牧草 | 其他 | | |
| 1985 | | 47 932.7 | | | | | 38 671.3 | |
| 1986 | | 47 872.7 | | | | | 39 938.0 | |
| 1987 | | 47 966.7 | | | | | 39 861.3 | 33 349.3 |
| 1988 | | 47 980.7 | | | | | 41 188.7 | 33 570.7 |
| 1989 | | 48 337.3 | | | | | 40 695.3 | 33 994.0 |
| 1990 | | 48 389.3 | | | | | 41 437.3 | 34 365.3 |
| 1991 | | 48 951.3 | | | | | 42 884.0 | 34 720.0 |
| 1992 | | 49 464.0 | | | | | 43 501.3 | 35 374.0 |
| 1993 | | 49 839.3 | | | | | 42 914.0 | 35 631.3 |
| 1994 | | 49 938.0 | | | | | 43 610.7 | 36 140.0 |
| 1995 | | 50 412.7 | | | | | 44 102.0 | 36 636.0 |
| 1996 | | 51 160.7 | | | | | 44 768.7 | 37 187.3 |
| 1997 | | 52 268.7 | | | | | 46 187.3 | 38 102.0 |
| 1998 | | 53 400.0 | | | | | 47 036.0 | 38 760.7 |
| 1999 | | 54 366.0 | | | | | 47 709.3 | 39 375.3 |
| 2000 | 59 341.6 | 55 013.2 | 1 072.8 | 1 601.3 | 1 001.3 | 653.0 | 47 965.2 | 40 164.3 |
| 2001 | 60 025.4 | 55 517.0 | 1 136.5 | 1 665.7 | 1 035.9 | 670.1 | 48 398.4 | 40 532.2 |
| 2002 | 60 753.1 | 55 857.9 | 1 252.0 | 1 759.6 | 1 194.9 | 660.9 | 48 434.6 | 40 594.9 |
| 2003 | 61 056.1 | 55 900.6 | 1 468.2 | 1 835.1 | 1 186.7 | 665.5 | 47 383.2 | 40 852.5 |
| 2004 | 61 511.2 | 56 252.1 | 1 573.3 | 1 862.5 | 1 185.0 | 638.3 | 47 783.9 | 40 740.6 |
| 2005 | 61 897.9 | 56 562.4 | 1 636.6 | 1 861.0 | 1 172.0 | 672.5 | 47 968.7 | 41 337.7 |
| 2006 | 62 559.1 | 57 078.4 | 1 562.1 | 1 988.6 | 1 201.2 | 728.8 | 49 024.5 | 41 335.0 |
| 2007 | 63 413.5 | 57 782.4 | 1 598.4 | 2 039.4 | 1 225.5 | 767.8 | 49 936.9 | 41 745.7 |
| 2008 | 64 119.7 | 58 471.7 | 1 648.9 | 2 065.0 | 1 214.4 | 719.7 | 50 665.5 | 42 024.9 |
| 2009 | 65 164.6 | 59 261.5 | 1 774.7 | 2 088.6 | 1 246.9 | 793.0 | 51 806.6 | 42 358.2 |
| 2010 | 66 352.3 | 60 347.7 | 1 821.9 | 2 151.4 | 1 257.6 | 773.7 | 52 589.0 | 42 871.5 |
| 2011 | 67 742.9 | 61 681.6 | 1 899.2 | 2 178.2 | 1 264.7 | 719.2 | 53 982.2 | 43 383.4 |
| 2012 | 67 782.7 | 62 490.5 | 1 766.8 | 2 189.8 | 819.4 | 516.2 | | |
| 2013 | 69 481.4 | 63 473.3 | 2 111.3 | 2 315.1 | 1 059.4 | 522.2 | 53 105.4 | |
| 2014 | 70 651.7 | 64 539.5 | 2 228.7 | 2 376.2 | 1 092.4 | 414.8 | 54 974.9 | |
| 2015 | 72 060.8 | 65 872.6 | 2 211.1 | 2 433.3 | 1 079.2 | 464.5 | 56 739.4 | |
| 2016 | 73 176.9 | 67 140.6 | 2 388.4 | 2 571.9 | 1 076.0 | | 58 107.0 | |
| 2017 | 73 946.1 | 67 815.6 | 2 402.7 | 2 623.6 | 1 104.2 | | 58 553.3 | |

数据来源：《2018 年中国水利统计年鉴》，2018

3. 万亩以上灌区数量和耕地灌溉面积（表94）

表94　2017年分地区万亩以上灌区数量和耕地灌溉面积

| 地区 | 合计 | | 50万亩以上灌区 | | 30万~50万亩灌区 | |
|---|---|---|---|---|---|---|
| | 处数（处） | 耕地灌溉面积（千公顷） | 处数（处） | 耕地灌溉面积（千公顷） | 处数（处） | 耕地灌溉面积（千公顷） |
| 合计 | 7 839 | 33 262 | 177 | 12 416 | 281 | 5 425 |
| 北京 | 10 | 54 | | | 1 | 23 |
| 天津 | 80 | 188 | | | 1 | 28 |
| 河北 | 151 | 1 162 | 6 | 432 | 15 | 309 |
| 山西 | 186 | 884 | 6 | 296 | 6 | 125 |
| 内蒙古 | 210 | 1 400 | 10 | 884 | 4 | 97 |
| 辽宁 | 84 | 449 | 6 | 210 | 5 | 79 |
| 吉林 | 137 | 401 | 5 | 81 | 5 | 81 |
| 黑龙江 | 387 | 1 237 | 3 | 130 | 22 | 258 |
| 上海 | 1 | 3 | | | | |
| 江苏 | 316 | 2 329 | 7 | 340 | 28 | 661 |
| 浙江 | 205 | 624 | 4 | 133 | 8 | 127 |
| 安徽 | 502 | 2 055 | 7 | 1 002 | 3 | 89 |
| 福建 | 157 | 251 | | | 4 | 96 |
| 江西 | 313 | 789 | 5 | 176 | 13 | 179 |
| 山东 | 507 | 3 200 | 19 | 1 498 | 34 | 570 |
| 河南 | 329 | 2 402 | 18 | 1 496 | 19 | 304 |
| 湖北 | 573 | 2 675 | 15 | 788 | 25 | 577 |
| 湖南 | 683 | 1 602 | 5 | 132 | 17 | 370 |
| 广东 | 487 | 770 | 2 | 113 | 1 | 7 |
| 广西 | 356 | 689 | 3 | 82 | 8 | 128 |
| 海南 | 68 | 351 | 1 | 138 | | |
| 重庆 | 127 | 160 | | | | |
| 四川 | 382 | 1 375 | 6 | 828 | 4 | 78 |
| 贵州 | 115 | 116 | | | | |
| 云南 | 338 | 815 | 2 | 59 | 10 | 183 |
| 西藏 | 87 | 73 | | | 1 | 19 |
| 陕西 | 187 | 837 | 8 | 462 | 4 | 66 |
| 甘肃 | 242 | 1 190 | 4 | 202 | 20 | 420 |
| 青海 | 94 | 129 | | | | |
| 宁夏 | 33 | 578 | 4 | 490 | 1 | 21 |
| 新疆 | 492 | 4 476 | 31 | 2 442 | 22 | 531 |

数据来源：《2018年中国水利统计年鉴》，2018

4. 万亩以上灌区数量和耕地灌溉面积（表95，图42）

表95　1978—2017年万亩以上灌区数量和耕地灌溉面积

| 年份(年) | 合计 | | 50万亩以上灌区 | | 30万~50万亩灌区 | |
|---|---|---|---|---|---|---|
| | 处数（处） | 耕地灌溉面积（千公顷） | 处数（处） | 耕地灌溉面积（千公顷） | 处数（处） | 耕地灌溉面积（千公顷） |
| 1978 | 5 249 | 20 227 | 74 | 5 751 | 74 | 1 849 |
| 1979 | 5 227 | 20 219 | 72 | 5 793 | 71 | 1 789 |
| 1980 | 5 289 | 20 486 | 66 | 5 737 | 72 | 1 817 |
| 1981 | 5 247 | 20 363 | 66 | 5 720 | 71 | 1 777 |
| 1982 | 5 252 | 20 578 | 66 | 5 788 | 72 | 1 825 |
| 1983 | 5 288 | 20 941 | 67 | 5 941 | 76 | 1 789 |
| 1984 | 5 319 | 20 775 | 71 | 5 994 | 69 | 1 738 |
| 1985 | 5 281 | 20 777 | 71 | 5 996 | 66 | 1 670 |
| 1986 | 5 299 | 20 869 | 70 | 5 988 | 71 | 1 793 |
| 1987 | 5 343 | 21 144 | 70 | 6 014 | 75 | 1 889 |
| 1988 | 5 302 | 21 075 | 71 | 6 066 | 75 | 1 877 |
| 1989 | 5 331 | 21 177 | 72 | 6 119 | 78 | 1 933 |
| 1990 | 5 363 | 21 231 | 72 | 6 048 | 76 | 1 896 |
| 1991 | 5 665 | 23 292 | 73 | 6 169 | 91 | 2 186 |
| 1992 | 5 531 | 23 632 | 74 | 6 184 | 92 | 2 270 |
| 1993 | 5 567 | 24 483 | 74 | 6 239 | 92 | 2 318 |
| 1994 | 5 523 | 22 353 | 74 | 6 288 | 98 | 2 429 |
| 1995 | 5 562 | 22 499 | 74 | 6 314 | 99 | 2 444 |
| 1996 | 5 606 | 22 062 | 75 | 6 150 | 108 | 2 665 |
| 1997 | 5 579 | 22 495 | 77 | 6 408 | 115 | 2 862 |
| 1998 | 5 611 | 22 747 | 79 | 6 692 | 114 | 2 769 |
| 1999 | 5 648 | 23 580 | 90 | 7 632 | 123 | 3 093 |
| 2000 | 5 683 | 24 493 | 101 | 7 883 | 141 | 3 440 |
| 2001 | 5 686 | 24 766 | 108 | 8 617 | 169 | 4 054 |
| 2002 | 5 691 | 25 030 | 110 | 9 158 | 168 | 4 072 |
| 2003 | 5 729 | 25 244 | 112 | 9 381 | 169 | 4 084 |
| 2004 | 5 800 | 25 506 | 111 | 9 714 | 169 | 4 057 |

(续表)

| 年份（年） | 合计 | | 50万亩以上灌区 | | 30万~50万亩灌区 | |
|---|---|---|---|---|---|---|
| | 处数（处） | 耕地灌溉面积（千公顷） | 处数（处） | 耕地灌溉面积（千公顷） | 处数（处） | 耕地灌溉面积（千公顷） |
| 2005 | 5 860 | 26 419 | 117 | 10 230 | 170 | 4 080 |
| 2006 | 5 894 | 28 021 | 119 | 10 520 | 166 | 4 092 |
| 2007 | 5 869 | 28 341 | 120 | 10 519 | 174 | 4 148 |
| 2008 | 5 851 | 29 440 | 120 | 10 768 | 205 | 4 633 |
| 2009 | 5 844 | 29 562 | 125 | 10 828 | 210 | 4 747 |
| 2010 | 5 795 | 29 415 | 131 | 10 918 | 218 | 4 740 |
| 2011 | 5 824 | 29 748 | 129 | 10 990 | 219 | 4 796 |
| 2012 | 7 756 | 30 191 | 177 | 6 243 | 280 | 5 017 |
| 2013 | 7 709 | 30 216 | 176 | 6 241 | 280 | 5 010 |
| 2014 | 7 709 | 30 256 | 176 | 6 241 | 280 | 5 010 |
| 2015 | 7 773 | 32 302 | 176 | 12 024 | 280 | 5 663 |
| 2016 | 7 806 | 33 045 | 177 | 12 335 | 281 | 5 430 |
| 2017 | 7 839 | 33 262 | 177 | 12 416 | 281 | 5 425 |

数据来源：《2018年中国水利统计年鉴》，2018

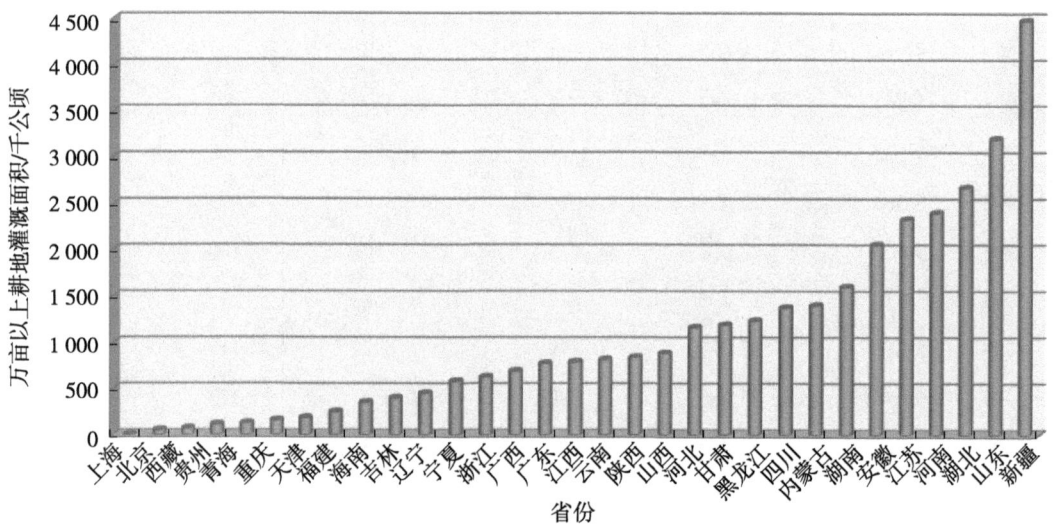

**图42　2017年分地区万亩以上耕地灌溉面积**

数据来源：《2018年中国水利统计年鉴》，2018

## 第五章 国家重要农业资源台账示例

5. 节水灌溉面积（表96，图43，图44）

表96　2017年分地区节水灌溉面积　　　　　　　　　　　单位：千公顷

| 地区 | 合计 | 喷灌 | 微灌 | 低压管灌 |
| --- | --- | --- | --- | --- |
| 合计 | 34 318.97 | 4 277.5 | 6 283.47 | 9 990.14 |
| 北京 | 200.69 | 31.85 | 20.09 | 136.17 |
| 天津 | 235.42 | 4.49 | 2.88 | 170.52 |
| 河北 | 3 415.72 | 244.03 | 136.71 | 2 689.79 |
| 山西 | 810.98 | 77.1 | 53.41 | 582.69 |
| 内蒙古 | 2 800.44 | 606.81 | 837.74 | 580.84 |
| 辽宁 | 929.58 | 157.67 | 358.71 | 245.22 |
| 吉林 | 758.77 | 423.72 | 138.12 | 145.41 |
| 黑龙江 | 2 086.61 | 1 545.18 | 94.22 | 11.8 |
| 上海 | 146.14 | 3.51 | 1.18 | 75.45 |
| 江苏 | 2 637.47 | 57.95 | 46.99 | 144.62 |
| 浙江 | 1 099.57 | 65.72 | 49.73 | 77.82 |
| 安徽 | 976 | 123.93 | 18.68 | 74.07 |
| 福建 | 657.88 | 120.49 | 53.3 | 97.03 |
| 江西 | 544.66 | 27.17 | 42.09 | 41.79 |
| 山东 | 3 213.21 | 144.39 | 111.61 | 2 211.83 |
| 河南 | 1 893.27 | 170.66 | 41.2 | 1 150.5 |
| 湖北 | 443.98 | 121.06 | 69.58 | 160.22 |
| 湖南 | 395.41 | 11.6 | 4.78 | 35.51 |
| 广东 | 326.19 | 18.7 | 8.05 | 33.13 |
| 广西 | 1 067.93 | 39.88 | 71.08 | 115.62 |
| 海南 | 88.99 | 8.86 | 17.16 | 26.45 |
| 重庆 | 233.28 | 12.11 | 2.92 | 54.89 |
| 四川 | 1 702.6 | 41.11 | 26.3 | 108.47 |
| 贵州 | 332.82 | 30.12 | 22.51 | 86.41 |
| 云南 | 867.97 | 38.16 | 116.54 | 165.67 |
| 西藏 | 30.34 | 1.52 | 0.2 | 17.52 |
| 陕西 | 931.49 | 34.37 | 58.73 | 343.07 |
| 甘肃 | 1 020.89 | 32.96 | 231.22 | 206.79 |
| 青海 | 115.33 | 1.93 | 10.16 | 38.43 |
| 宁夏 | 359.15 | 42.48 | 120.82 | 40.08 |
| 新疆 | 3 996.2 | 37.97 | 3 516.76 | 122.33 |

数据来源：《2018年中国水利统计年鉴》，2018

## 国家重要农业资源台账体系建设与应用研究

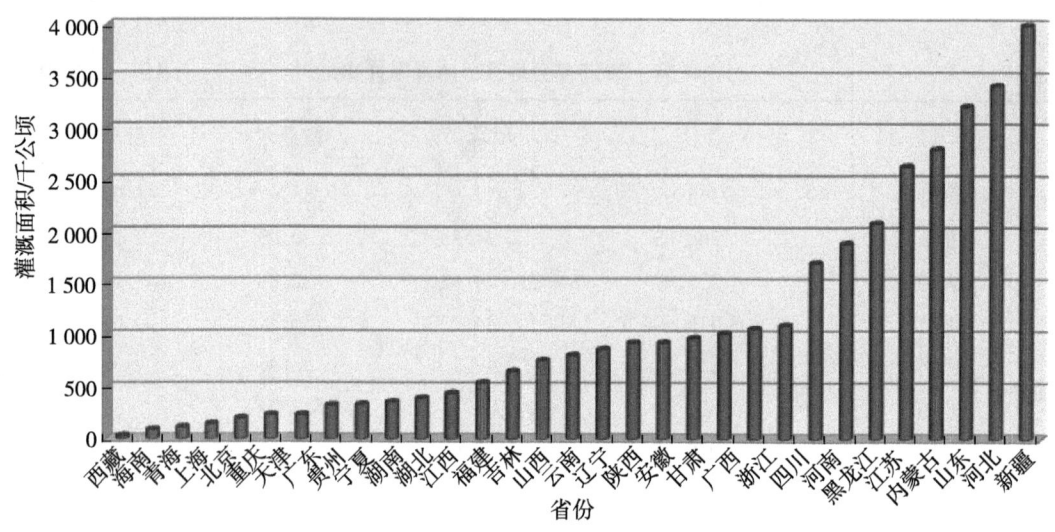

图 43　2017 年分地区节水灌溉面积

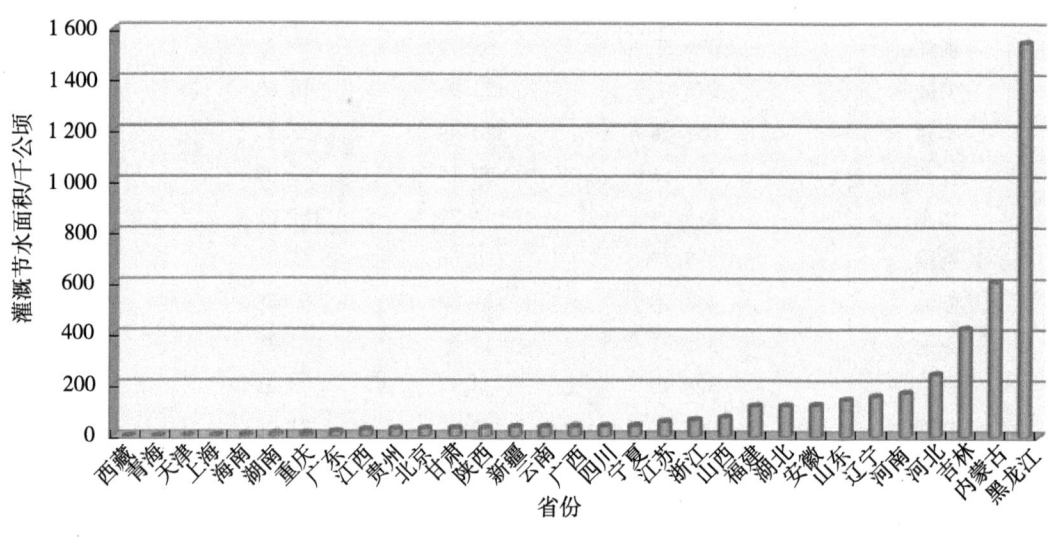

图 44　2017 年分地区灌溉节水面积

数据来源：《2018 年中国水利统计年鉴》，2018

6. 节水灌溉面积（表 97）

表 97　1998—2017 年节水灌溉面积　　　　　　　　　　　单位：千公顷

| 年份（年） | 合计 | 喷灌 | 微灌 | 低压管灌 | 渠道防渗 | 其他 |
| --- | --- | --- | --- | --- | --- | --- |
| 1998 | 15 235.33 | | | | | |
| 1999 | 15 051.06 | | | | | |

— 270 —

(续表)

| 年份（年） | 合计 | 喷灌 | 微灌 | 低压管灌 | 渠道防渗 | 其他 |
|---|---|---|---|---|---|---|
| 2000 | 16 388.86 | 2 131.4 | 152.58 | 3 567.92 | 6 361.33 | 4 175.63 |
| 2001 | 17 446.38 | 2 364.21 | 215.39 | 3 903.69 | 6 925.3 | 4 037.79 |
| 2002 | 18 627.05 | 2 473.21 | 278.76 | 4 156.77 | 7 570.88 | 4 147.42 |
| 2003 | 19 442.8 | 2 633.67 | 371.1 | 4 476.17 | 8 071.47 | 3 890.39 |
| 2004 | 20 346.23 | 2 674.83 | 479.64 | 4 706.29 | 8 561.95 | 3 923.53 |
| 2005 | 21 338.15 | 2 746.28 | 621.76 | 4 991.84 | 9 133.16 | 3 845.12 |
| 2006 | 22 425.96 | 2 823.84 | 754.89 | 5 263.75 | 9 593.65 | 3 989.83 |
| 2007 | 23 489.46 | 2 876.47 | 976.98 | 5 573.92 | 10 058.12 | 4 003.97 |
| 2008 | 24 435.52 | 2 821.18 | 1 249.62 | 5 873 | 10 447.73 | 4 044 |
| 2009 | 25 755.11 | 2 926.71 | 1 669.27 | 6 249.36 | 11 166.07 | 3 743.71 |
| 2010 | 27 313.87 | 3 025.44 | 2 115.68 | 6 680.04 | 11 580.3 | 3 912.41 |
| 2011 | 29 179.47 | 3 181.79 | 2 613.94 | 7 130.37 | 12 175.04 | 4 078.33 |
| 2012 | 31 216.69 | 3 373.48 | 3 226.29 | 7 526.03 | 12 823.39 | 4 264.34 |
| 2013 | 27 108.62 | 2 990.62 | 3 856.54 | 7 424.25 | | 12 837.21 |
| 2014 | 29 018.76 | 3 161.96 | 4 681.5 | 8 271.03 | | 12 904.26 |
| 2015 | 31 060.44 | 3 747.97 | 5 263.6 | 8 911.76 | | 13 137.11 |
| 2016 | 32 846.99 | 4 099.45 | 5 854.58 | 9 451.25 | | 13 441.71 |
| 2017 | 34 318.97 | 4 277.5 | 6 283.47 | 9 990.14 | | 13 767.86 |

数据来源：《2018年中国水利统计年鉴》，2018

# 第四节 农业气候资源示例

## 一、农业气候要素统计

### （一）30年降水量、气温平均值（表98）

表98 1986—2015年分地区降水量及气温

| 地区 | 年平均降水量（mm） | 平均最高气温（℃） | 平均最低气温（℃） | 年平均气温（℃） |
|---|---|---|---|---|
| 北京 | 531.3 | 17.4 | 5.9 | 11.3 |
| 天津 | 535.9 | 17.9 | 8.3 | 12.7 |
| 河北 | 483.9 | 15.9 | 3.9 | 9.4 |
| 内蒙古 | 305.8 | 11.2 | -1.6 | 4.4 |

(续表)

| 地区 | 年平均降水量（mm） | 平均最高气温（℃） | 平均最低气温（℃） | 年平均气温（℃） |
|---|---|---|---|---|
| 山西 | 480.3 | 16.6 | 4.0 | 9.7 |
| 山东 | 679.5 | 17.9 | 8.8 | 13.0 |
| 河南 | 752.6 | 20.3 | 10.2 | 14.7 |
| 辽宁 | 664.9 | 14.6 | 3.9 | 8.9 |
| 吉林 | 607.6 | 11.7 | -0.1 | 5.4 |
| 黑龙江 | 514.1 | 8.8 | -2.9 | 2.7 |
| 上海 | 1 182.3 | 20.4 | 13.9 | 16.9 |
| 江苏 | 1 029.6 | 19.9 | 11.6 | 15.3 |
| 浙江 | 1 467.3 | 21.7 | 14.2 | 17.4 |
| 江西 | 1 711.5 | 14.5 | 22.8 | 17.9 |
| 安徽 | 1 202.3 | 21.0 | 12.3 | 16.1 |
| 福建 | 1 668.8 | 24.0 | 15.5 | 18.9 |
| 湖北 | 1 171.7 | 21.4 | 12.8 | 16.5 |
| 湖南 | 1 434.5 | 21.7 | 14.0 | 17.2 |
| 广西 | 1 576.9 | 25.9 | 18.3 | 21.4 |
| 广东 | 1 755.2 | 26.5 | 18.8 | 22.0 |
| 海南 | 1 890.7 | 28.9 | 21.7 | 24.6 |
| 四川 | 918.8 | 18.0 | 7.1 | 11.7 |
| 重庆 | 1 115.2 | 21.7 | 14.6 | 17.6 |
| 云南 | 1 090.1 | 23.4 | 12.4 | 16.8 |
| 贵州 | 1 146.2 | 12.6 | 20.3 | 15.7 |
| 西藏 | 447.5 | -2.0 | 11.9 | 4.3 |
| 陕西 | 642.5 | 17.9 | 7.0 | 11.8 |
| 甘肃 | 296.3 | 15.4 | 2.2 | 8.2 |
| 宁夏 | 293.5 | 14.9 | 2.6 | 8.2 |
| 青海 | 352.5 | 10.3 | -4.4 | 2.1 |
| 新疆 | 162.2 | 15.0 | 2.0 | 8.0 |

数据来源：中国气象局

### （二）30年日照时数、平均风速及相对湿度平均值（表99）

表99　1986—2015年分地区日照时数、平均风速及相对湿度

| 地区 | 日照时数（h） | 平均风速（m/s） | 平均相对湿度（%） |
|---|---|---|---|
| 北京 | 2 502.0 | 2.1 | 56.5 |
| 天津 | 2 403.7 | 2.7 | 61.1 |
| 河北 | 2 617.0 | 2.0 | 55.4 |
| 内蒙古 | 2 939.6 | 2.9 | 52.6 |
| 山西 | 2 418.3 | 2.2 | 58.5 |
| 山东 | 2 431.9 | 3.2 | 66.3 |

(续表)

| 地区 | 日照时数（h） | 平均风速（m/s） | 平均相对湿度（%） |
| --- | --- | --- | --- |
| 河南 | 1 946.3 | 2.1 | 68.8 |
| 辽宁 | 2 542.1 | 2.7 | 63.4 |
| 吉林 | 2 451.8 | 2.5 | 65.1 |
| 黑龙江 | 2 510.5 | 2.8 | 65.9 |
| 上海 | 1 812.6 | 3.1 | 74.2 |
| 江苏 | 2 052.5 | 2.5 | 75.0 |
| 浙江 | 1 767.4 | 2.6 | 77.1 |
| 江西 | 1 630.0 | 1.7 | 78.4 |
| 安徽 | 1 885.4 | 2.2 | 74.9 |
| 福建 | 1 674.5 | 1.9 | 78.8 |
| 湖北 | 1 665.6 | 1.6 | 75.9 |
| 湖南 | 1 433.9 | 1.8 | 78.3 |
| 广西 | 1 575.3 | 1.8 | 77.5 |
| 广东 | 1 779.0 | 2.0 | 77.3 |
| 海南 | 2 061.3 | 2.1 | 81.7 |
| 四川 | 1 726.4 | 1.6 | 68.6 |
| 重庆 | 1 142.3 | 1.2 | 79.5 |
| 云南 | 2 081.6 | 1.7 | 72.4 |
| 贵州 | 1 186.0 | 1.6 | 79.3 |
| 西藏 | 2 728.0 | 2.4 | 51.1 |
| 陕西 | 2 082.5 | 1.8 | 66.0 |
| 甘肃 | 2 702.6 | 2.1 | 55.0 |
| 宁夏 | 2 768.9 | 2.8 | 55.3 |
| 青海 | 2 771.8 | 2.2 | 50.4 |
| 新疆 | 2 853.0 | 2.1 | 52.7 |

数据来源：中国气象局

### （三）2017年分地区降水量（表100，图45）

表100　2017年分地区降水量　　　　　　　　　　单位：毫米

| 地区 | 2016年降水量 | 2017年降水量 | 2017年与2016年降水量差值 |
| --- | --- | --- | --- |
| 北京 | 667 | 615.2 | -51.8 |
| 天津 | 658.4 | 554.9 | -103.5 |
| 河北 | 617.1 | 500.5 | -116.6 |
| 山西 | 573.2 | 539.9 | -33.3 |
| 内蒙古 | 325.8 | 257.9 | -67.9 |
| 辽宁 | 744 | 547 | -197 |
| 吉林 | 763.9 | 590.2 | -173.7 |
| 黑龙江 | 558.6 | 536.1 | -22.5 |
| 上海 | 1 575.6 | 1 398.4 | -177.2 |
| 江苏 | 1 451.2 | 1 045 | -406.2 |
| 浙江 | 1 712.3 | 1 380.3 | -332 |

（续表）

| 地区 | 2016年降水量 | 2017年降水量 | 2017年与2016年降水量差值 |
| --- | --- | --- | --- |
| 安徽 | 1 733.4 | 1 325.1 | -408.3 |
| 福建 | 2 409.8 | 1 507.1 | -902.7 |
| 江西 | 2 071.2 | 1 806.5 | -264.7 |
| 山东 | 663 | 621.3 | -41.7 |
| 河南 | 841.2 | 834 | -7.2 |
| 湖北 | 1 513.2 | 1 461.4 | -51.8 |
| 湖南 | 1 647.5 | 1 542.3 | -105.2 |
| 广东 | 2 339.8 | 1 671.8 | -668 |
| 广西 | 1 744.3 | 1 976.4 | 232.1 |
| 海南 | 2 019.2 | 1 989.8 | -29.4 |
| 重庆 | 1 265.7 | 1 257.2 | -8.5 |
| 四川 | 949.2 | 948.5 | -0.7 |
| 贵州 | 1 272.6 | 1 216.1 | -56.5 |
| 云南 | 1 162.3 | 1 185.4 | 23.1 |
| 西藏 | 499.2 | 481 | -18.2 |
| 陕西 | 605.5 | 787.6 | 182.1 |
| 甘肃 | 313 | 332 | 19 |
| 青海 | 378 | 398.3 | 20.3 |
| 宁夏 | 310.7 | 353 | 42.3 |
| 新疆 | 217.5 | 172.1 | -45.4 |

数据来源：中国气象局

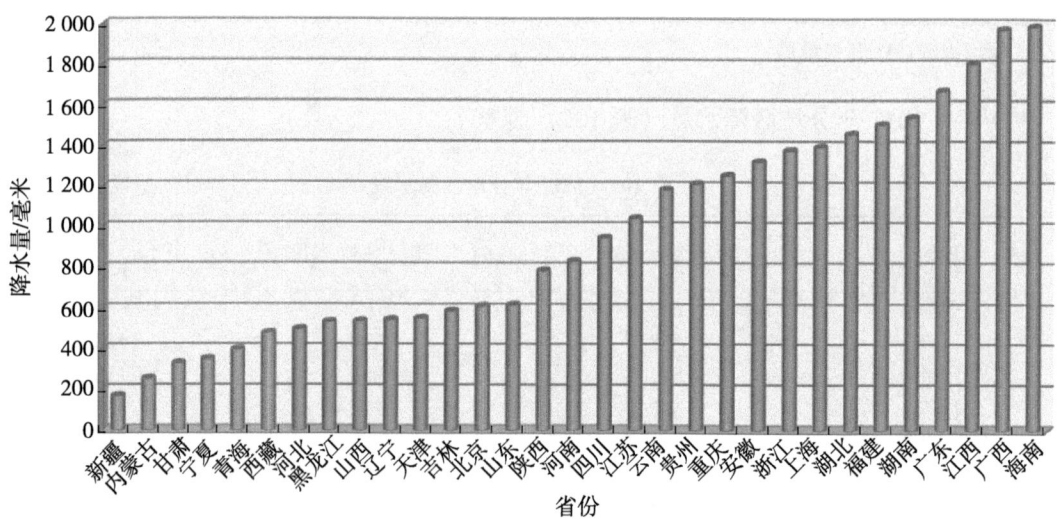

图45 2017年分地区降水量

数据来源：中国气象局

## 二、农业气候灾害台账

### （一）水旱灾害（表101，图46，图47）

表101  2017年分地区水旱灾害

| 地区 | 洪 灾 | | | | | |
|---|---|---|---|---|---|---|
| | 受灾面积（千公顷） | 成灾面积（千公顷） | 受灾人口（万人） | 死亡人口（人） | 直接经济总损失（亿元） | 水利设施经济损失（亿元） |
| 合计 | 5 196.5 | 2 781.20 | 5 514.90 | 316 | 2 142.53 | 345.38 |
| 北京 | 1.1 | 0.1 | 0.74 | 6 | 1.24 | |
| 天津 | | | | | | |
| 河北 | 58.1 | 23.0 | 51.36 | | 8.32 | 0.61 |
| 山西 | 53.0 | 30.5 | 46.43 | | 5.76 | 1.11 |
| 内蒙古 | 212.0 | 151.8 | 64.29 | 7 | 17.29 | 1.79 |
| 辽宁 | 124.1 | 66.9 | 98.40 | 3 | 69.03 | 10.53 |
| 吉林 | 370.9 | 253.2 | 148.05 | 25 | 368.92 | 36.94 |
| 黑龙江 | 379.4 | 212.0 | 41.73 | 2 | 29.28 | 2.95 |
| 上海 | 1.3 | | 0.31 | | 0.12 | |
| 江苏 | 60.6 | 21.1 | 29.14 | | 4.54 | 0.45 |
| 浙江 | 107.1 | 45.7 | 116.87 | | 46.96 | 10.95 |
| 安徽 | 155.4 | 79.0 | 146.41 | | 11.68 | 1.42 |
| 福建 | 51.0 | 18.2 | 53.91 | 3 | 23.02 | 6.75 |
| 江西 | 411.3 | 216.3 | 543.42 | 7 | 106.74 | 35.75 |
| 山东 | 114.1 | 37.2 | 58.09 | | 14.06 | 2.59 |
| 河南 | 265.8 | 111.8 | 134.42 | 10 | 10.17 | 1.51 |
| 湖北 | 520.6 | 307.9 | 500.85 | 5 | 99.53 | 16.03 |
| 湖南 | 1 074.9 | 602.0 | 1 348.49 | 54 | 524.42 | 104.92 |
| 广东 | 271.2 | 99.1 | 310.31 | 13 | 314.38 | 16.82 |
| 广西 | 241.5 | 118.2 | 429.67 | 32 | 130.75 | 29.08 |
| 海南 | 12.8 | 2.0 | 95.40 | | 6.01 | 2.35 |
| 重庆 | 151.3 | 72.9 | 286.57 | 38 | 66.83 | 13.69 |
| 四川 | 48.4 | 33.1 | 141.00 | 8 | 15.94 | 2.83 |
| 贵州 | 161.9 | 87.2 | 307.65 | 23 | 40.30 | 7.43 |
| 云南 | 165.9 | 95.9 | 325.67 | 42 | 52.22 | 8.59 |
| 西藏 | 8.4 | 0.8 | 24.72 | | 16.58 | 4.45 |
| 陕西 | 92.6 | 49.3 | 114.45 | 20 | 98.04 | 13.22 |
| 甘肃 | 47.3 | 30.3 | 77.55 | 15 | 49.55 | 8.70 |
| 青海 | 15.0 | 4.4 | 9.51 | 1 | 2.42 | 0.67 |
| 宁夏 | 7.0 | 4.8 | 4.37 | | 1.40 | 0.80 |
| 新疆 | 12.6 | 6.7 | 5.13 | 2 | 7.01 | 2.45 |

(续表)

| 地区 | 旱灾 ||
|---|---|---|
| | 受灾面积（千公顷） | 成灾面积（千公顷） |
| 合计 | 9 946.4 | 4 490.0 |
| 北京 | | |
| 天津 | | |
| 河北 | 367.4 | 146.1 |
| 山西 | 497.3 | 149.3 |
| 内蒙古 | 3 238.8 | 1 963.8 |
| 辽宁 | 777.6 | 186.2 |
| 吉林 | 475.4 | 166.9 |
| 黑龙江 | 997.2 | 128.6 |
| 上海 | | |
| 江苏 | 37.3 | 32.2 |
| 浙江 | | |
| 安徽 | 216.9 | 100.9 |
| 福建 | 20.0 | 10.0 |
| 江西 | 41.2 | 26.9 |
| 山东 | 531.0 | 265.4 |
| 河南 | 219.1 | 148.4 |
| 湖北 | 626.7 | 282.7 |
| 湖南 | 222.0 | 60.5 |
| 广东 | | |
| 广西 | 71.7 | 45.8 |
| 海南 | | |
| 重庆 | 79.6 | 27.4 |
| 四川 | 34.8 | 24.8 |
| 贵州 | 56.5 | 34.4 |
| 云南 | 102.0 | 69.8 |
| 西藏 | | |
| 陕西 | 434.2 | 181.7 |
| 甘肃 | 526.7 | 225.1 |
| 青海 | 225.3 | 118.0 |
| 宁夏 | 130.7 | 81.7 |
| 新疆 | 17.1 | 13.4 |

数据来源：《2018年中国水利统计年鉴》，2018

第五章 国家重要农业资源台账示例

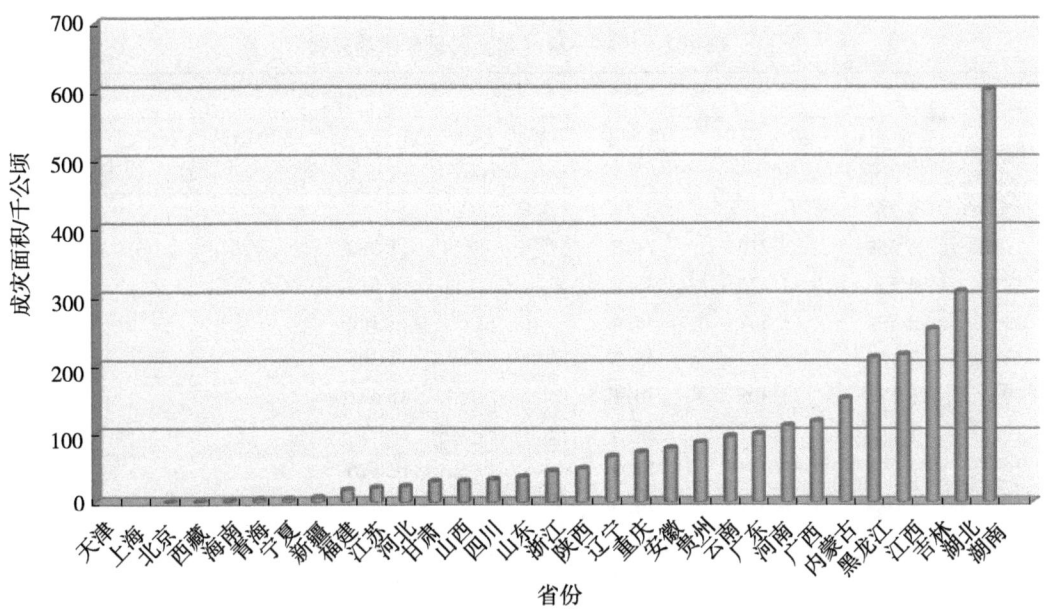

图 46　2017 年分地区洪灾成灾面积

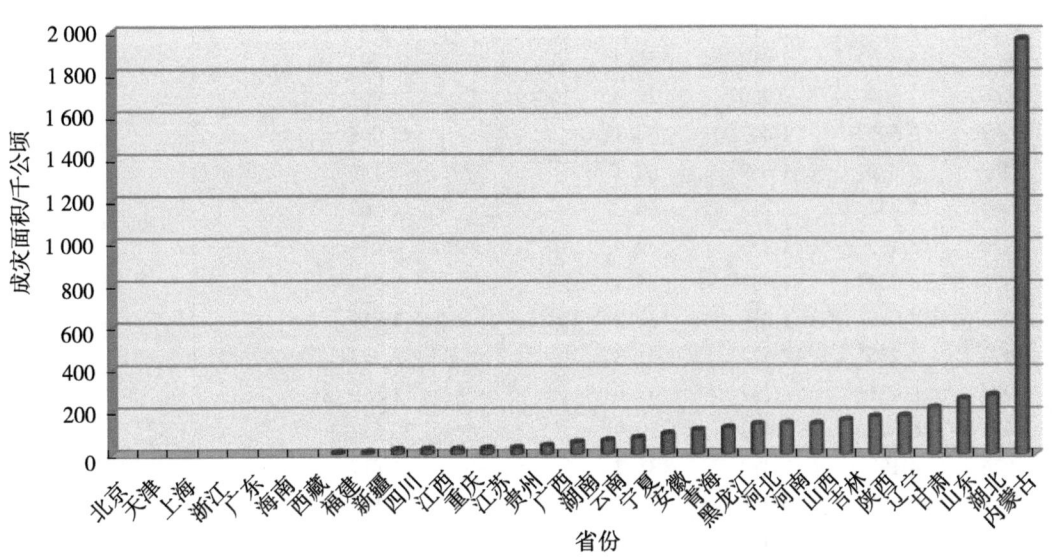

图 47　2017 年分地区旱灾成灾面积

数据来源：《2018 年中国水利统计年鉴》，2018

## (二) 历年水旱灾害（表102）

表102　1949—2017年全国历年水旱灾害

| 年份(年) | 洪 灾 | | | | | | |
|---|---|---|---|---|---|---|---|
| | 受灾面积（千公顷） | 成灾面积（千公顷） | 成灾率（%） | 受灾人口（万人） | 死亡人口（人） | 直接经济总损失（亿元） | 水利设施经济损失（亿元） |
| 1949 | 9 282 | | | | | | |
| 1950 | 6 559 | 4 710 | 71.8 | | 1 982 | | |
| 1951 | 4 173 | 1 476 | 35.4 | | 7 819 | | |
| 1952 | 2 794 | 1 547 | 55.4 | | 4 162 | | |
| 1953 | 7 187 | 3 285 | 45.7 | | 3 308 | | |
| 1954 | 16 131 | 11 305 | 70.1 | | 42 447 | | |
| 1955 | 5 247 | 3 067 | 58.5 | | 2 718 | | |
| 1956 | 14 377 | 10 905 | 75.9 | | 10 676 | | |
| 1957 | 8 083 | 6 032 | 74.6 | | 4 415 | | |
| 1958 | 4 279 | 1 441 | 33.7 | | 3 642 | | |
| 1959 | 4 813 | 1 817 | 37.8 | | 4 540 | | |
| 1960 | 10 155 | 4 975 | 49 | | 6 033 | | |
| 1961 | 8 910 | 5 356 | 60.1 | | 5 074 | | |
| 1962 | 9 810 | 6 318 | 64.4 | | 4 350 | | |
| 1963 | 14 071 | 10 479 | 74.5 | | 10 441 | | |
| 1964 | 14 933 | 10 038 | 67.2 | | 4 288 | | |
| 1965 | 5 587 | 2 813 | 50.3 | | 1 906 | | |
| 1966 | 2 508 | 950 | 37.9 | | 1 901 | | |
| 1967 | 2 599 | 1 407 | 54.1 | | 1 095 | | |
| 1968 | 2 670 | 1 659 | 62.1 | | 1 159 | | |
| 1969 | 5 443 | 3 265 | 60 | | 4 667 | | |
| 1970 | 3 129 | 1 234 | 39.4 | | 2 444 | | |
| 1971 | 3 989 | 1 481 | 37.1 | | 2 323 | | |
| 1972 | 4 083 | 1 259 | 30.8 | | 1 910 | | |
| 1973 | 6 235 | 2 577 | 41.3 | | 3 413 | | |
| 1974 | 6 431 | 2 737 | 42.6 | | 1 849 | | |
| 1975 | 6 817 | 3 467 | 50.9 | | 29 653 | | |
| 1976 | 4 197 | 1 329 | 31.7 | | 1 817 | | |
| 1977 | 9 095 | 4 989 | 54.9 | | 3 163 | | |
| 1978 | 2 820 | 924 | 32.8 | | 1 796 | | |
| 1979 | 6 775 | 2 870 | 42.4 | | 3 446 | | |
| 1980 | 9 146 | 5 025 | 54.9 | | 3 705 | | |
| 1981 | 8 625 | 3 973 | 46.1 | | 5 832 | | |
| 1982 | 8 361 | 4 463 | 53.4 | | 5 323 | | |
| 1983 | 12 162 | 5 747 | 47.3 | | 7 238 | | |
| 1984 | 10 632 | 5 361 | 50.4 | | 3 941 | | |

(续表)

| 年份(年) | 洪灾 | | | | | | |
|---|---|---|---|---|---|---|---|
| | 受灾面积(千公顷) | 成灾面积(千公顷) | 成灾率(%) | 受灾人口(万人) | 死亡人口(人) | 直接经济总损失(亿元) | 水利设施经济损失(亿元) |
| 1985 | 14 197 | 8 949 | 63.0 | | 3 578 | | |
| 1986 | 9 155 | 5 601 | 61.2 | | 2 761 | | |
| 1987 | 8 686 | 4 104 | 47.2 | | 3 749 | | |
| 1988 | 11 949 | 6 128 | 51.3 | | 4 094 | | |
| 1989 | 11 328 | 5 917 | 52.2 | | 3 270 | | |
| 1990 | 11 804 | 5 605 | 47.5 | | 3 589 | 239 | |
| 1991 | 24 596 | 14 614 | 59.4 | | 5 113 | 779 | |
| 1992 | 9 423 | 4 464 | 47.4 | | 3 012 | 413 | |
| 1993 | 16 387 | 8 610 | 52.5 | | 3 499 | 642 | |
| 1994 | 18 859 | 11 490 | 60.9 | 21 523 | 5 340 | 1 797 | |
| 1995 | 14 367 | 8 001 | 55.7 | 20 070 | 3 852 | 1 653 | |
| 1996 | 20 388 | 11 823 | 58.0 | 25 384 | 5 840 | 2 208 | |
| 1997 | 13 135 | 6 515 | 49.6 | 18 067 | 2 799 | 930 | |
| 1998 | 22 292 | 13 785 | 61.8 | 18 655 | 4 150 | 2 551 | 287 |
| 1999 | 9 605 | 5 389 | 56.1 | 13 013 | 1 896 | 930 | 132 |
| 2000 | 9 045 | 5 396 | 59.7 | 12 936 | 1 942 | 712 | 103 |
| 2001 | 7 138 | 4 253 | 59.6 | 11 087 | 1 605 | 623 | 98 |
| 2002 | 12 384 | 7 439 | 60.1 | 15 204 | 1 819 | 838 | 166 |
| 2003 | 20 366 | 13 000 | 63.8 | 22 572 | 1 551 | 1 301 | 173 |
| 2004 | 7 782 | 4 017 | 51.6 | 10 673 | 1 282 | 714 | 113 |
| 2005 | 14 967 | 8 217 | 54.9 | 20 026 | 1 660 | 1 662 | 249 |
| 2006 | 10 522 | 5 592 | 53.2 | 13 882 | 2 276 | 1 333 | 208 |
| 2007 | 12 549 | 5 969 | 47.6 | 17 698 | 1 230 | 1 123 | 177 |
| 2008 | 8 867 | 4 537 | 51.2 | 14 047 | 633 | 955 | 172 |
| 2009 | 8 748 | 3 796 | 43.4 | 11 102 | 538 | 846 | 148 |
| 2010 | 17 867 | 8 728 | 48.9 | 21 085 | 3 222 | 3 745 | 692 |
| 2011 | 7 192 | 3 393 | 47.2 | 8 942 | 519 | 1 301 | 210 |
| 2012 | 11 218 | 5 871 | 52.3 | 12 367 | 673 | 2 675 | 468 |
| 2013 | 11 901 | 6 623 | 55.7 | 12 022 | 775 | 3 146 | 445 |
| 2014 | 5 919 | 2 830 | 47.8 | 7 382 | 486 | 1 574 | 249 |
| 2015 | 6 132 | 3 054 | 49.8 | 7 641 | 319 | 1 661 | 254 |
| 2016 | 9 443 | 5 063 | 53.6 | 10 095 | 686 | 3 643 | 698 |
| 2017 | 5 196 | 2 781 | 53.5 | 5 515 | 316 | 2 143 | 345 |

| 年份(年) | 旱灾 | | |
|---|---|---|---|
| | 受灾面积(千公顷) | 成灾面积(千公顷) | 成灾率(%) |
| 1949 | | 52 | |
| 1950 | 2 398 | 589 | 24.6 |
| 1951 | 7 829 | 2 299 | 29.4 |
| 1952 | 4 236 | 2 565 | 60.6 |
| 1953 | 8 616 | 1 341 | 15.6 |

(续表)

| 年份（年） | 旱　　灾 | | |
|---|---|---|---|
| | 受灾面积（千公顷） | 成灾面积（千公顷） | 成灾率（%） |
| 1954 | 2 988 | 560 | 18.7 |
| 1955 | 13 433 | 4 024 | 30.0 |
| 1956 | 3 127 | 2 051 | 65.6 |
| 1957 | 17 205 | 7 400 | 43.0 |
| 1958 | 22 361 | 5 031 | 22.5 |
| 1959 | 33 807 | 11 173 | 33.1 |
| 1960 | 38 125 | 16 177 | 42.4 |
| 1961 | 37 847 | 18 654 | 49.3 |
| 1962 | 20 808 | 8 691 | 41.8 |
| 1963 | 16 865 | 9 021 | 53.5 |
| 1964 | 4 219 | 1 423 | 33.7 |
| 1965 | 13 631 | 8 107 | 59.5 |
| 1966 | 20 015 | 8 106 | 40.5 |
| 1967 | 6 764 | 3 065 | 45.3 |
| 1968 | 13 294 | 7 929 | 59.6 |
| 1969 | 7 624 | 3 442 | 45.1 |
| 1970 | 5 723 | 1 931 | 33.7 |
| 1971 | 25 049 | 5 319 | 21.2 |
| 1972 | 30 699 | 13 605 | 44.3 |
| 1973 | 27 202 | 3 928 | 14.4 |
| 1974 | 25 553 | 2 296 | 9.0 |
| 1975 | 24 832 | 5 318 | 21.4 |
| 1976 | 27 492 | 7 849 | 28.5 |
| 1977 | 29 852 | 7 005 | 23.5 |
| 1978 | 40 169 | 17 969 | 44.7 |
| 1979 | 24 646 | 9 316 | 37.8 |
| 1980 | 26 111 | 12 485 | 47.8 |
| 1981 | 25 693 | 12 134 | 47.2 |
| 1982 | 20 697 | 9 972 | 48.2 |
| 1983 | 16 089 | 7 586 | 47.2 |
| 1984 | 15 819 | 7 015 | 44.3 |
| 1985 | 22 989 | 10 063 | 43.8 |
| 1986 | 31 042 | 14 765 | 47.6 |
| 1987 | 24 920 | 13 033 | 52.3 |
| 1988 | 32 904 | 15 303 | 46.5 |
| 1989 | 29 358 | 15 262 | 52.0 |
| 1990 | 18 175 | 7 805 | 42.9 |
| 1991 | 24 914 | 10 559 | 42.4 |
| 1992 | 32 980 | 17 049 | 51.7 |
| 1993 | 21 098 | 8 659 | 41.0 |
| 1994 | 30 282 | 17 049 | 56.3 |
| 1995 | 23 455 | 10 374 | 44.2 |
| 1996 | 20 151 | 6 247 | 31.0 |
| 1997 | 33 514 | 20 010 | 59.7 |
| 1998 | 14 237 | 5 068 | 35.6 |
| 1999 | 30 153 | 16 614 | 55.1 |

(续表)

| 年份（年） | 旱灾 | | |
|---|---|---|---|
| | 受灾面积（千公顷） | 成灾面积（千公顷） | 成灾率（%） |
| 2000 | 40 541 | 26 777 | 66.0 |
| 2001 | 38 480 | 23 702 | 61.6 |
| 2002 | 22 207 | 13 247 | 59.7 |
| 2003 | 24 852 | 14 470 | 58.2 |
| 2004 | 17 255 | 7 951 | 46.1 |
| 2005 | 16 028 | 8 479 | 52.9 |
| 2006 | 20 738 | 13 411 | 64.7 |
| 2007 | 29 386 | 16 170 | 55.0 |
| 2008 | 12 137 | 6 798 | 56.0 |
| 2009 | 29 259 | 13 197 | 45.1 |
| 2010 | 13 259 | 8 987 | 67.8 |
| 2011 | 16 304 | 6 599 | 40.4 |
| 2012 | 9 333 | 3 509 | 37.6 |
| 2013 | 11 220 | 6 971 | 62.1 |
| 2014 | 12 272 | 5 677 | 46.3 |
| 2015 | 10 067 | 5 577 | 55.4 |
| 2016 | 9 873 | 6 131 | 62.0 |
| 2017 | 9 946 | 4 490 | 45.1 |

数据来源：《2018年中国水利统计年鉴》，2018

## 第五节 农业生物资源

### 一、我国农业主导品种（种植业，2016年）（表103）

表103 2016年我国种植业主导品种

| 类别 | 区域 | 数量 | 品种名称 |
|---|---|---|---|
| 水稻 | 长江中下游稻区 | 15 | Y两优1号，新两优6号，中浙优1号，内5优8015，珞优8号，宜优673，丰两优四号，宁粳4号，南粳9108，深两优5814，中嘉早17，中早39，隆香优130，天优华占，五优308 |
| | 华南稻区 | 4 | 美优796，天优998，五山丝苗，深优9516 |
| | 西南稻区 | 5 | 宜香2115，德优4727，川优6203，楚粳28号，内5优39 |
| | 北方稻区 | 6 | 龙粳25，龙粳31，绥粳14，沈农9816，宁粳43号 |
| 小麦 | 黄淮海地区 | 14 | 济麦22，百农AK58，西农979，洛麦23，周麦22，安农0711，鲁原502，山农20，运旱20410，石麦15，郑麦7698，衡观35，良星66，淮麦22 |
| | 长江中下游地区 | 4 | 扬麦16，郑麦9023，扬麦20，襄麦25 |
| | 西南地区 | 2 | 川麦104，绵麦367 |
| | 西北地区 | 2 | 宁春4号，新冬20号 |
| | 东北地区 | 1 | 龙麦33 |

(续表)

| 类别 | 区域 | 数量 | 品种名称 |
|---|---|---|---|
| 玉米 | 黄淮海地区 | 11 | 郑单958，浚单20，隆平206，金海5号，中科11号，中单909，登海605，伟科702，苏玉29，圣瑞999，宇玉30 |
| | 南方地区 | 10 | 东单80，雅玉889，成单30，中单808，荃玉9号，苏玉30，荣玉1210，桂单162，云瑞999，苏科花糯2008 |
| | 北方地区 | 10 | 德育919，农华101，京科968，德美亚1号，KWS2564，东单6531，翔玉998，豫青贮23，绥玉23，华农887 |
| 大豆 | 东北地区 | 10 | 黑河45号，华疆4号，疆莫豆1号，黑河43，克山1号，垦丰16，合丰55，绥农26，黑农48，吉育47 |
| | 黄淮海地区 | 6 | 冀豆17，中黄30，齐黄34，周豆12，中黄37，皖豆28 |
| | 南方地区 | 2 | 南夏豆25，滇豆7号 |
| 棉花 | 长江流域棉区 | 3 | 华惠4号，鄂杂棉29，湘杂棉7号 |
| | 黄河流域棉区 | 6 | 鲁棉研28号，中棉所50，国欣棉9，新植5号，冀棉169，GK103 |
| | 西北内陆棉区 | 4 | 新陆早50，新陆早41号，新陆中44，新陆中47号 |
| 油菜 | | 9 | 中双11号，浙油50，华油杂62，华油杂13号，阳光2009，中农油6号，沣油737，川油36，青杂7号 |
| 花生 | | 4 | 花育33，远杂9847，冀花4号，中花16 |
| 马铃薯 | | 6 | 中薯18号，冀张薯12号，青薯9号，东农310，云薯105，鄂马铃薯7号 |

数据来源：《2016年农业主导品种和主推技术》

## 二、我国农业主导品种（畜牧业，2016年）（表104）

表104 2016年我国畜牧业主导品种

| 类别 | | 数量 | 品种名称 |
|---|---|---|---|
| 猪 | 引进猪 | 2 | 杜洛克（长白、大白猪），巴克夏猪 |
| | 培育猪 | 5 | 湘村黑猪，苏姜猪，松辽黑猪，晋汾白猪，江泉白猪配套系 |
| 牛 | 乳用牛 | 5 | 荷斯坦奶牛，娟姗牛，槟榔江水牛，摩拉水牛，尼里/拉菲水牛 |
| | 肉用牛 | 4 | 安格斯牛，延黄牛，利木赞牛，云岭牛 |
| | 乳肉兼用牛 | 4 | 三河牛，新疆褐牛，乳肉兼用型西门塔尔牛，蒙贝利亚牛 |
| 羊 | 肉用羊 | 5 | 杜泊羊，波尔山羊，德国肉用美利奴，小尾寒羊，湖羊 |
| | 毛绒羊 | 4 | 辽宁绒山羊，内蒙古白绒山羊（阿尔巴斯型），新吉细毛羊，高山美利奴羊 |
| | 萨能奶山羊 | | |
| 鸡 | 蛋鸡 | 5 | 京粉2号蛋鸡配套系，<br>农大5号小型蛋鸡配套系，<br>大午金凤蛋鸡配套系，<br>豫粉1号土种蛋鸡配套系，<br>新杨黑羽蛋鸡配套系 |

(续表)

| 类别 | | 数量 | 品种名称 |
|---|---|---|---|
| 鸡 | 肉鸡 | 7 | 京星黄鸡，岭南黄鸡，粤禽皇3号鸡配套系，新兴矮脚黄鸡配套系，京海黄鸡，三高青脚黄鸡3号，金陵花鸡配套系 |
| 鸭 | 鸭 | 3 | Z型北京鸭，南口1号北京鸭，绍兴麻鸭 |
| 鹅 | 鹅 | 2 | 天府肉鹅配套系，小型豁眼鹅快长系 |
| 种兔 | 种兔 | 3 | 浙系长毛兔，皖系长毛兔，川白獭兔新品种 |
| 蜜蜂 | 蜜蜂 | 1 | 中蜜一号蜜蜂配套系 |
| 牧草 | 牧草 | 7 | 草原4号紫花苜蓿，鄂牧5号红三叶，公农广布野豌豆，兰箭2号箭筈豌豆，川北箭筈豌豆，川中鹅观草，同德贫花鹅观草 |

数据来源：《2016年农业主导品种和主推技术》

## 三、我国农业主导品种（渔业，2016年）（表105）

### 表105 2016年我国渔业主导品种

| 类别 | 数量 | 品种名称 |
|---|---|---|
| 蟹 | 6 | 中华绒螯蟹"光合1号"，中华绒螯蟹"长江1号"，中华绒螯蟹"长江2号"，三疣梭子蟹"黄选1号"，三疣梭子蟹"科甬1号"，拟穴青蟹 |
| 虾 | 10 | 中国对虾"黄海2号"，中国对虾"黄海3号"，杂交青虾"太湖1号"，罗氏沼虾"南太湖2号"，斑节对虾"南海1号"，凡纳滨对虾"壬海1号"，凡纳滨对虾"中兴1号"，凡纳滨对虾"科海1号"，凡纳滨对虾"桂海1号"，克氏原螯虾 |
| 罗非鱼 | 4 | 奥尼罗非鱼，"夏奥1号"奥利亚罗非鱼，"新吉富"罗非鱼，尼罗罗非鱼"鹭雄1号" |
| 鲫鲂 | 6 | 异育银鲫"中科3号"，湘云鲫2号，方正银鲫，杂交黄金鲫，团头鲂"浦江1号"，杂交鲌"先锋1号" |
| 鳝鳅 | 3 | 黄鳝，泥鳅，黄颡鱼"全雄1号" |
| 鲤鲢 | 7 | 津新鲤2号，松浦镜鲤，乌克兰鳞鲤，福瑞鲤，豫选黄河鲤，长丰鲢，津鲢 |
| 鮰鳢 | 2 | 杂交鳢"杭鳢1号"，斑点叉尾鮰"江丰1号" |
| 鳜鲈 | 3 | 大口黑鲈"优鲈1号"，秋浦杂交斑鳜，翘嘴鳜"华康1号" |
| 大黄鱼 | 2 | "闽优1号""东海1号" |
| 鲆鲽类 | 4 | 半滑舌鳎，大菱鲆"丹法鲆"，牙鲆"北鲆2号"，牙鲆"鲆优1号" |
| 贝类 | 6 | 杂交鲍"大连1号"，西盘鲍，虾夷扇贝"海大金贝"，海湾扇贝"中科2号"，栉孔扇贝"蓬莱红2号"，长牡蛎"海大1号" |
| 海藻 | 9 | 海带"东方7号"，海带"黄官1号"，"三海"海带，"爱伦湾"海带，坛紫菜"申福2号"，坛紫菜"闽丰1号"，坛紫菜"浙东1号"，条斑紫菜"苏通1号"，龙须菜"鲁龙1号" |
| 中华鳖日本品系 | | |

数据来源：《2016年农业主导品种和主推技术》

## 四、国家审定通过水稻、小麦、玉米、棉花、大豆品种（2018年）（表106）

表106 2018年审定通过水稻、小麦、玉米、棉花、大豆品种

| 类别 | 品种名称 | 审定编号 | 类别 | 品种名称 | 审定编号 |
|---|---|---|---|---|---|
| 水稻 | 川种优369 | 国审稻20180001 | 水稻 | 亚两优598 | 国审稻20180040 |
| | 隆晶优534 | 国审稻20180002 | | 扬两优309 | 国审稻20180041 |
| | 玖两优475 | 国审稻20180003 | | 荃早优丝苗 | 国审稻20180042 |
| | 创优华占 | 国审稻20180004 | | 早优粤农丝苗 | 国审稻20180043 |
| | 金早239 | 国审稻20180005 | | 晶两优534 | 国审稻20180044 |
| | 陵两优171 | 国审稻20180006 | | 望两优华占 | 国审稻20180045 |
| | 五丰优317 | 国审稻20180007 | | 晶两优336 | 国审稻20180046 |
| | 晶两优1206 | 国审稻20180008 | | 荃优金三 | 国审稻20180047 |
| | 内6优103 | 国审稻20180009 | | 秀优71207 | 国审稻20180048 |
| | 内6优107 | 国审稻20180010 | | 甬优7872 | 国审稻20180049 |
| | 荃优527 | 国审稻20180011 | | 隆两优黄莉占 | 国审稻20180050 |
| | 荃优丝苗 | 国审稻20180012 | | 神9优28 | 国审稻20180051 |
| | 神农优228 | 国审稻20180013 | | 天隆粳71 | 国审稻20180052 |
| | 双优573 | 国审稻20180014 | | 裕粳136 | 国审稻20180053 |
| | 雅7优2117 | 国审稻20180015 | | 华粳9号 | 国审稻20180054 |
| | 旌康优1号 | 国审稻20180016 | | 淮稻268 | 国审稻20180055 |
| | 蓉7优2117 | 国审稻20180017 | | 垦稻808 | 国审稻20180056 |
| | 旺两优958 | 国审稻20180018 | | 泗稻16号 | 国审稻20180057 |
| | 红两优216 | 国审稻20180019 | | 徐稻10号 | 国审稻20180058 |
| | 聚两优676 | 国审稻20180020 | | 中科盐1号 | 国审稻20180059 |
| | 科两优168 | 国审稻20180021 | | 润农粳1号 | 国审稻20180060 |
| | 科两优9218 | 国审稻20180022 | | 金粳818 | 国审稻20180061 |
| | 徽两优2018 | 国审稻20180023 | | 津原985 | 国审稻20180062 |
| | 安两优989 | 国审稻20180024 | | 天隆粳301 | 国审稻20180063 |
| | 荃优2118 | 国审稻20180025 | | 津粳优919 | 国审稻20180064 |
| | 望两优1133 | 国审稻20180026 | | 京粳3号 | 国审稻20180065 |
| | 扬两优228 | 国审稻20180027 | | 吉农大1041 | 国审稻20180066 |
| | 源两优9567 | 国审稻20180028 | | 沈稻529 | 国审稻20180067 |
| | C两优雅占 | 国审稻20180029 | | 天隆优649 | 国审稻20180068 |
| | Y两优18 | 国审稻20180030 | | 吉洋100 | 国审稻20180069 |
| | 和两优16 | 国审稻20180031 | | 沈稻505 | 国审稻20180070 |
| | 两优531 | 国审稻20180032 | | 中科发6号 | 国审稻20180071 |
| | 科两优826 | 国审稻20180033 | | 吉大319 | 国审稻20180072 |
| | 丰两优七号 | 国审稻20180034 | | 吉洋108 | 国审稻20180073 |
| | 隆两优1318 | 国审稻20180035 | | 馨稻9号 | 国审稻20180074 |
| | 隆两优96 | 国审稻20180036 | | 吉大398 | 国审稻20180075 |
| | 荃优0861 | 国审稻20180037 | | 吉农大531 | 国审稻20180076 |
| | 荃优737 | 国审稻20180038 | | 中科发5号 | 国审稻20180077 |
| | 旺两优950 | 国审稻20180039 | | 白粳2号 | 国审稻20180078 |

(续表)

| 类别 | 品种名称 | 审定编号 | 类别 | 品种名称 | 审定编号 |
|---|---|---|---|---|---|
| 水稻 | 吉农大521 | 国审稻20180079 | 水稻 | 德两优华占 | 国审稻20180116 |
| | 龙稻115 | 国审稻20180080 | | 玖两优华占 | 国审稻20180117 |
| | 龙稻202 | 国审稻20180081 | | 秀优207 | 国审稻20180118 |
| | 荃9优801 | 国审稻20180082 | | 江两优7901 | 国审稻20180119 |
| | 和两优1086 | 国审稻20180083 | | 常农粳151 | 国审稻20180120 |
| | 内6优595 | 国审稻20180084 | | 中禾优1号 | 国审稻20180121 |
| | 蓉3优567 | 国审稻20180085 | | 中粳616 | 国审稻20180122 |
| | 宜1优3185 | 国审稻20180086 | | 武科粳210 | 国审稻20180123 |
| | 泰优187 | 国审稻20180087 | | 润稻118 | 国审稻20180124 |
| | 正优538 | 国审稻20180088 | | 鸿源6号 | 国审稻20180125 |
| | 深两优31 | 国审稻20180089 | | 晶两优1237 | 国审稻20186001 |
| | 大两优968 | 国审稻20180090 | | 晶两优1377 | 国审稻20186002 |
| | 红优3348 | 国审稻20180091 | | 隆晶优8129 | 国审稻20186003 |
| | 荃优868 | 国审稻20180092 | | C两优727 | 国审稻20186004 |
| | 深两优8012 | 国审稻20180093 | | B两优6号 | 国审稻20186005 |
| | 湘两优华占 | 国审稻20180094 | | B两优华占 | 国审稻20186006 |
| | N两优1133 | 国审稻20180095 | | 晶两优1199 | 国审稻20186007 |
| | 荃优665 | 国审稻20180096 | | 晶两优510 | 国审稻20186008 |
| | K两优369 | 国审稻20180097 | | 隆两优7810 | 国审稻20186009 |
| | 徽两优473 | 国审稻20180098 | | 晶两优1212 | 国审稻20186010 |
| | 星两优华占 | 国审稻20180099 | | 隆两优1234 | 国审稻20186011 |
| | H优523 | 国审稻20180100 | | 乾两优8号 | 国审稻20186012 |
| | E两优78 | 国审稻20180101 | | 欣荣优33 | 国审稻20186013 |
| | 梦两优1177 | 国审稻20180102 | | 隆晶优1706 | 国审稻20186014 |
| | 荃优259 | 国审稻20180103 | | 隆两优丝占 | 国审稻20186015 |
| | 创两优669 | 国审稻20180104 | | 九优2117 | 国审稻20186016 |
| | K两优1269 | 国审稻20180105 | | 蓉7优2115 | 国审稻20186017 |
| | 荃优712 | 国审稻20180106 | | 欣荣优0861 | 国审稻20186018 |
| | 安两优586 | 国审稻20180107 | | 内6优139 | 国审稻20186019 |
| | 欣两优2172 | 国审稻20180108 | | 内优506 | 国审稻20186020 |
| | 瑞两优9578 | 国审稻20180109 | | 蜀乡优695 | 国审稻20186021 |
| | 隆两优金10号 | 国审稻20180110 | | 雅优2116 | 国审稻20186022 |
| | 广两优815 | 国审稻20180111 | | 裕优华占 | 国审稻20186023 |
| | 创两优001 | 国审稻20180112 | | 广两优990 | 国审稻20186024 |
| | 旌3优808 | 国审稻20180113 | | 六福优977 | 国审稻20186025 |
| | 泸优911 | 国审稻20180114 | | 云两优588 | 国审稻20186026 |
| | C两优810 | 国审稻20180115 | | 科两优8990 | 国审稻20186027 |

（续表）

| 类别 | 品种名称 | 审定编号 | 类别 | 品种名称 | 审定编号 |
|---|---|---|---|---|---|
| 水稻 | 科两优 5219 | 国审稻 20186028 | 水稻 | 川谷优 600 | 国审稻 20186069 |
| | 天优湘 99 | 国审稻 20186029 | | 聚两优 5476 | 国审稻 20186070 |
| | Y 两优 143 | 国审稻 20186030 | | 智两优 5336 | 国审稻 20186071 |
| | 千优 531 | 国审稻 20186031 | | 智两优 5476 | 国审稻 20186072 |
| | N 两优 091 | 国审稻 20186032 | | 深两优 857 | 国审稻 20186073 |
| | 正优 531 | 国审稻 20186033 | | 荃优 528 | 国审稻 20186074 |
| | 川绿优 105 | 国审稻 20186034 | | 科优 139 | 国审稻 20186075 |
| | 荟丰优 5438 | 国审稻 20186035 | | Y 两优 609 | 国审稻 20186076 |
| | 科两优 211 | 国审稻 20186036 | | 卓两优 581 | 国审稻 20186077 |
| | 蓉 7 优 523 | 国审稻 20186037 | | N 两优 8 号 | 国审稻 20186078 |
| | 双优 451 | 国审稻 20186038 | | 深两优 600 | 国审稻 20186079 |
| | 蓉 3 优 2117 | 国审稻 20186039 | | 深两优 867 | 国审稻 20186080 |
| | 内 6 优 2118 | 国审稻 20186040 | | 科两优 12 号 | 国审稻 20186081 |
| | 秋乡优 1302 | 国审稻 20186041 | | 科两优 17 号 | 国审稻 20186082 |
| | 隆两优 2115 | 国审稻 20186042 | | 广两优 1000 | 国审稻 20186083 |
| | 兴 3 优 1141 | 国审稻 20186043 | | 六福优 996 | 国审稻 20186084 |
| | 川绿优 149 | 国审稻 20186044 | | 黔丰优 877 | 国审稻 20186085 |
| | 简两优 534 | 国审稻 20186045 | | 清两优 185 | 国审稻 20186086 |
| | 隆晶优 4393 | 国审稻 20186046 | | 清两优 225 | 国审稻 20186087 |
| | 隆两优 1177 | 国审稻 20186047 | | 荃优 631 | 国审稻 20186088 |
| | 川种优 3877 | 国审稻 20186048 | | 扬籼优 919 | 国审稻 20186089 |
| | 川种优 749 | 国审稻 20186049 | | 荃优 554 | 国审稻 20186090 |
| | 德 1 优 205 | 国审稻 20186050 | | 荃优 W8 | 国审稻 20186091 |
| | 农两优 7231 | 国审稻 20186051 | | 创两优 926 | 国审稻 20186092 |
| | 双两优 508 | 国审稻 20186052 | | 徽两优 6192 | 国审稻 20186093 |
| | 中广两优 727 | 国审稻 20186053 | | 丰两优 406 | 国审稻 20186094 |
| | 华浙优 1 号 | 国审稻 20186054 | | 奋两优 686 | 国审稻 20186095 |
| | 晶两优 3206 | 国审稻 20186055 | | 徽两优 9192 | 国审稻 20186096 |
| | 隆两优 947 | 国审稻 20186056 | | C 两优 919 | 国审稻 20186097 |
| | 隆两优 1401 | 国审稻 20186057 | | 深两优 828 | 国审稻 20186098 |
| | 隆两优 1686 | 国审稻 20186058 | | C 两优丝苗 | 国审稻 20186099 |
| | 隆两优 2533 | 国审稻 20186059 | | 徽两优 238 | 国审稻 20186100 |
| | 荃优金 24 号 | 国审稻 20186060 | | 荃优粤农丝苗 | 国审稻 20186101 |
| | 晶两优 1988 | 国审稻 20186061 | | 九优 27 占 | 国审稻 20186102 |
| | 晶两优黄莉占 | 国审稻 20186062 | | 荃优 9028 | 国审稻 20186103 |
| | 隆两优 2246 | 国审稻 20186063 | | 荃优 1512 | 国审稻 20186104 |
| | 隆两优绿丝苗 | 国审稻 20186064 | | 荃优 523 | 国审稻 20186105 |
| | 隆两优 1273 | 国审稻 20186065 | | 银两优丝苗 | 国审稻 20186106 |
| | 隆两优 5 号 | 国审稻 20186066 | | 荃早优 406 | 国审稻 20186107 |
| | 荃优 1273 | 国审稻 20186067 | | 欣荣优粤农丝苗 | 国审稻 20186108 |
| | 扬两优 612 | 国审稻 20186068 | | 安优美占 | 国审稻 20186109 |

(续表)

| 类别 | 品种名称 | 审定编号 | 类别 | 品种名称 | 审定编号 |
|---|---|---|---|---|---|
| 水稻 | 19两优华占 | 国审稻 20186110 | 小麦 | 光明麦 1311 | 国审麦 20180005 |
| | 鹏优 1269 | 国审稻 20186111 | | 国红 3 号 | 国审麦 20180006 |
| | 鹏优 5774 | 国审稻 20186112 | | 华麦 1028 | 国审麦 20180007 |
| | 桃优 205 | 国审稻 20186113 | | 农麦 126 | 国审麦 20180008 |
| | 六福优 1066 | 国审稻 20186114 | | 皖西麦 0638 | 国审麦 20180009 |
| | 黔丰优 900 | 国审稻 20186115 | | 扬麦 28 | 国审麦 20180010 |
| | 天两优 682 | 国审稻 20186116 | | 扬辐麦 8 号 | 国审麦 20180011 |
| | 五丰优 9989 | 国审稻 20186117 | | 扬辐麦 6 号 | 国审麦 20180012 |
| | 科优 8440 | 国审稻 20186118 | | 新麦 32 | 国审麦 20180013 |
| | 元优 808 | 国审稻 20186119 | | 商麦 167 | 国审麦 20180014 |
| | 玖两优佳辐占 | 国审稻 20186120 | | 鑫农 518 | 国审麦 20180015 |
| | 桃湘优华占 | 国审稻 20186121 | | 轮选 16 | 国审麦 20180016 |
| | 安丰优 5466 | 国审稻 20186122 | | 豫丰 11 | 国审麦 20180017 |
| | 安丰优 6101 | 国审稻 20186123 | | 荃麦 725 | 国审麦 20180018 |
| | 泰丰优 218 | 国审稻 20186124 | | 轮选 66 | 国审麦 20180019 |
| | 五丰优 5466 | 国审稻 20186125 | | 郑育麦 16 | 国审麦 20180020 |
| | 隆优 4456 | 国审稻 20186126 | | 周麦 32 号 | 国审麦 20180021 |
| | 隆优 534 | 国审稻 20186127 | | 瑞华麦 518 | 国审麦 20180022 |
| | 隆优丝苗 | 国审稻 20186128 | | 锦绣 21 | 国审麦 20180023 |
| | 玖两优 10 | 国审稻 20186129 | | 许科 168 | 国审麦 20180024 |
| | 五优 19 | 国审稻 20186130 | | 洛麦 26 | 国审麦 20180025 |
| | 扬籼优 633 | 国审稻 20186131 | | 轮选 13 | 国审麦 20180026 |
| | 和两优 627 | 国审稻 20186132 | | 郑麦 618 | 国审麦 20180027 |
| | 广星优 1380 | 国审稻 20186133 | | 赛德麦 1 号 | 国审麦 20180028 |
| | 兆优 6319 | 国审稻 20186134 | | 皖垦麦 1221 | 国审麦 20180029 |
| | N两优 581 | 国审稻 20186135 | | 郑麦 369 | 国审麦 20180030 |
| | C两优 66 | 国审稻 20186136 | | 涡麦 66 | 国审麦 20180031 |
| | 望两优 581 | 国审稻 20186137 | | 俊达 109 | 国审麦 20180032 |
| | 韵两优 633 | 国审稻 20186138 | | 新科麦 169 | 国审麦 20180033 |
| | 晶两优 1686 | 国审稻 20186139 | | 中麦 170 | 国审麦 20180034 |
| | 晶两优 4952 | 国审稻 20186140 | | 中育 1211 | 国审麦 20180035 |
| | 晶两优 8612 | 国审稻 20186141 | | 濉 1216 | 国审麦 20180036 |
| | 隆两优 3463 | 国审稻 20186142 | | 濮麦 6311 | 国审麦 20180037 |
| | 韵两优 827 | 国审稻 20186143 | | 高麦 6 号 | 国审麦 20180038 |
| 小麦 | 川麦 601 | 国审麦 20180001 | | 光泰 68 | 国审麦 20180039 |
| | 川农 32 | 国审麦 20180002 | | 西农 511 | 国审麦 20180040 |
| | 隆垦麦 1 号 | 国审麦 20180003 | | 新麦 36 | 国审麦 20180041 |
| | 安农 1124 | 国审麦 20180004 | | 周麦 36 号 | 国审麦 20180042 |

(续表)

| 类别 | 品种名称 | 审定编号 | 类别 | 品种名称 | 审定编号 |
|---|---|---|---|---|---|
| 小麦 | 淮麦40 | 国审麦20180043 | 玉米 | YN2 | 国审玉20180005 |
| | 先天麦12号 | 国审麦20180044 | | A6565 | 国审玉20180006 |
| | 众麦7号 | 国审麦20180045 | | 利禾10 | 国审玉20180007 |
| | 华成863 | 国审麦20180046 | | 利合528 | 国审玉20180008 |
| | 驻麦328 | 国审麦20180047 | | 三北102 | 国审玉20180009 |
| | 瑞华麦516 | 国审麦20180048 | | 双悦8号 | 国审玉20180010 |
| | 邯麦19 | 国审麦20180049 | | 先玉1508 | 国审玉20180011 |
| | 裕田麦119 | 国审麦20180050 | | 鑫科玉3号 | 国审玉20180012 |
| | 俊达子麦603 | 国审麦20180051 | | 元华9号 | 国审玉20180013 |
| | 石麦26 | 国审麦20180052 | | C3061 | 国审玉20180014 |
| | 中信麦99 | 国审麦20180053 | | Q2935 | 国审玉20180015 |
| | 山农27号 | 国审麦20180054 | | 北斗309 | 国审玉20180016 |
| | 莘麦818 | 国审麦20180055 | | 大德317 | 国审玉20180017 |
| | 泰科麦33 | 国审麦20180056 | | 东农261 | 国审玉20180018 |
| | 山农24号 | 国审麦20180057 | | 东农264 | 国审玉20180019 |
| | 洛旱22 | 国审麦20180058 | | 东农275 | 国审玉20180020 |
| | 中信麦28 | 国审麦20180059 | | 敦玉323 | 国审玉20180021 |
| | 山农25号 | 国审麦20180060 | | 丰垦139 | 国审玉20180022 |
| | 阳光578 | 国审麦20180061 | | 广德9 | 国审玉20180023 |
| | 中信麦78 | 国审麦20180062 | | 和育502 | 国审玉20180024 |
| | 石麦28 | 国审麦20180063 | | 宏硕298 | 国审玉20180025 |
| | 中麦36 | 国审麦20180064 | | 华硕587 | 国审玉20180026 |
| | 长6990 | 国审麦20180065 | | 桦单6 | 国审玉20180027 |
| | 太1305 | 国审麦20180066 | | 吉东823 | 国审玉20180028 |
| | 京花12号 | 国审麦20180067 | | 镜泊湖绿单4号 | 国审玉20180029 |
| | 农大3486 | 国审麦20180068 | | 蠡玉232 | 国审玉20180030 |
| | 航麦2566 | 国审麦20180069 | | 利单668 | 国审玉20180031 |
| | 中麦93 | 国审麦20180070 | | 龙信399 | 国审玉20180032 |
| | 长6794 | 国审麦20180071 | | 农华309 | 国审玉20180033 |
| | 京麦179 | 国审麦20180072 | | 赛玉539 | 国审玉20180034 |
| | 北麦16 | 国审麦20180073 | | 硕秋639 | 国审玉20180035 |
| | 垦红24 | 国审麦20180074 | | 天丰1号 | 国审玉20180036 |
| | 龙辐麦23 | 国审麦20180075 | | 同德139 | 国审玉20180037 |
| | 克春14号 | 国审麦20180076 | | 先达304 | 国审玉20180038 |
| | 酒春7号 | 国审麦20180077 | | 先玉1416 | 国审玉20180039 |
| 玉米 | 吉农大17 | 国审玉20180001 | | 协玉306 | 国审玉20180040 |
| | C2191 | 国审玉20180002 | | 鑫达6号 | 国审玉20180041 |
| | GL1409 | 国审玉20180003 | | 鑫鑫1号 | 国审玉20180042 |
| | YN109 | 国审玉20180004 | | | |

第五章　国家重要农业资源台账示例

（续表）

| 类别 | 品种名称 | 审定编号 | 类别 | 品种名称 | 审定编号 |
|---|---|---|---|---|---|
| 玉米 | 益农玉 10 号 | 国审玉 20180043 | 玉米 | 金诚 12 | 国审玉 20180081 |
| | 益农玉 11 号 | 国审玉 20180044 | | 金诚 381 | 国审玉 20180082 |
| | 臻邦 168 | 国审玉 20180045 | | 科玉 15 | 国审玉 20180083 |
| | 臻邦 517 | 国审玉 20180046 | | 连禾 333 | 国审玉 20180084 |
| | 奥玉 518 | 国审玉 20180047 | | 辽单 1281 | 国审玉 20180085 |
| | 宏育 236 | 国审玉 20180048 | | 辽单 575 | 国审玉 20180086 |
| | 锦华 299 | 国审玉 20180049 | | 强硕 168 | 国审玉 20180087 |
| | MC703 | 国审玉 20180050 | | 松楠 198 | 国审玉 20180088 |
| | 必祥 897 | 国审玉 20180051 | | 粟科 352 | 国审玉 20180089 |
| | 春玉 101 | 国审玉 20180052 | | 五谷 635 | 国审玉 20180090 |
| | 德美禾 19 | 国审玉 20180053 | | 先达 602 | 国审玉 20180091 |
| | 德育 717 | 国审玉 20180054 | | 先玉 1225 | 国审玉 20180092 |
| | 丰田 1601 | 国审玉 20180055 | | 先玉 1419 | 国审玉 20180093 |
| | 富成 265 | 国审玉 20180056 | | 先玉 1483 | 国审玉 20180094 |
| | 广德 5 | 国审玉 20180057 | | 秀青 835 | 国审玉 20180095 |
| | 禾育 159 | 国审玉 20180058 | | 雅玉 609 | 国审玉 20180096 |
| | 梨玉 818 | 国审玉 20180059 | | 优迪 598 | 国审玉 20180097 |
| | 蠡玉 105 | 国审玉 20180060 | | 兆育 517 | 国审玉 20180098 |
| | 利禾 5 | 国审玉 20180061 | | 兆育 298 | 国审玉 20180099 |
| | 五谷 632 | 国审玉 20180062 | | 豫单 9953 | 国审玉 20180100 |
| | 武科 12 | 国审玉 20180063 | | C1212 | 国审玉 20180101 |
| | 先玉 1619 | 国审玉 20180064 | | C6361 | 国审玉 20180102 |
| | 翔玉 558 | 国审玉 20180065 | | 丰德存玉 10 号 | 国审玉 20180103 |
| | 鑫鑫 2 号 | 国审玉 20180066 | | 奥玉 503 | 国审玉 20180104 |
| | 优迪 501 | 国审玉 20180067 | | 百玉 5875 | 国审玉 20180105 |
| | 优迪 919 | 国审玉 20180068 | | 北青 340 | 国审玉 20180106 |
| | 豫禾 695 | 国审玉 20180069 | | 必祥 617 | 国审玉 20180107 |
| | MC121 | 国审玉 20180070 | | 创玉 102 | 国审玉 20180108 |
| | MC538 | 国审玉 20180071 | | 滑玉 127 | 国审玉 20180109 |
| | WS58 | 国审玉 20180072 | | 机玉 12 | 国审玉 20180110 |
| | YF3240 | 国审玉 20180073 | | 金北 209 | 国审玉 20180111 |
| | 必祥 1207 | 国审玉 20180074 | | 金诚 6 | 国审玉 20180112 |
| | 创玉 115 | 国审玉 20180075 | | 科玉 188 | 国审玉 20180113 |
| | 丰海 7 号 | 国审玉 20180076 | | 农华 208 | 国审玉 20180114 |
| | 滑玉 388 | 国审玉 20180077 | | 晟玉 18 | 国审玉 20180115 |
| | 桦单 18 | 国审玉 20180078 | | 苏玉 44 | 国审玉 20180116 |
| | 吉农大 819 | 国审玉 20180079 | | 万盛 69 | 国审玉 20180117 |
| | 佳昌 309 | 国审玉 20180080 | | 伟育 2 号 | 国审玉 20180118 |

(续表)

| 类别 | 品种名称 | 审定编号 | 类别 | 品种名称 | 审定编号 |
| --- | --- | --- | --- | --- | --- |
| 玉米 | 先玉 1140 | 国审玉 20180119 | 玉米 | 双甜 318 | 国审玉 20180157 |
| | 新单 61 | 国审玉 20180120 | | 郑甜 78 | 国审玉 20180158 |
| | 秀青 829 | 国审玉 20180121 | | 苏玉糯 602 | 国审玉 20180159 |
| | 院玉 66 | 国审玉 20180122 | | 郑黄糯 968 | 国审玉 20180160 |
| | J8525 | 国审玉 20180123 | | 焦点糯 517 | 国审玉 20180161 |
| | 金园 15 | 国审玉 20180124 | | 金玉糯 9 号 | 国审玉 20180162 |
| | 先玉 1321 | 国审玉 20180125 | | 科花糯 828 | 国审玉 20180163 |
| | SAU1402 | 国审玉 20180126 | | 苏科糯 1501 | 国审玉 20180164 |
| | 帮豪玉 208 | 国审玉 20180127 | | 天贵糯 932 | 国审玉 20180165 |
| | 高科玉 138 | 国审玉 20180128 | | 万黄甜糯 1015 | 国审玉 20180166 |
| | 昊玉 501 | 国审玉 20180129 | | 双色甜 5 号 | 国审玉 20180167 |
| | 禾康 9 号 | 国审玉 20180130 | | 维甜 1 号 | 国审玉 20180168 |
| | 华玉 12 | 国审玉 20180131 | | 粤甜 28 | 国审玉 20180169 |
| | 吉圣玉 1 号 | 国审玉 20180132 | | 浙甜 11 | 国审玉 20180170 |
| | 吉圣玉 207 | 国审玉 20180133 | | 泰鲜甜 1 号 | 国审玉 20180171 |
| | 杰单 158 | 国审玉 20180134 | | 夏甜都都 | 国审玉 20180172 |
| | 金禾 130 | 国审玉 20180135 | | 仲甜 5 号 | 国审玉 20180173 |
| | 金亿 1157 | 国审玉 20180136 | | 京科青贮 932 | 国审玉 20180174 |
| | 金亿 219 | 国审玉 20180137 | | 北农青贮 368 | 国审玉 20180175 |
| | 金亿 418 | 国审玉 20180138 | | 大京九 26 | 国审玉 20180176 |
| | 经禾 168 | 国审玉 20180139 | | 成青 398 | 国审玉 20180177 |
| | 垦玉 999 | 国审玉 20180140 | | 荣玉青贮 1 号 | 国审玉 20180178 |
| | 黔单 88 | 国审玉 20180141 | | 饲玉 2 号 | 国审玉 20180179 |
| | 青青 100 | 国审玉 20180142 | | 中玉 335 | 国审玉 20180180 |
| | 青青 700 | 国审玉 20180143 | | 涿单 18 | 国审玉 20180181 |
| | 青青 921 | 国审玉 20180144 | | 佳球 105 | 国审玉 20180182 |
| | 雅玉 988 | 国审玉 20180145 | | 金 450 | 国审玉 20180183 |
| | 永越 88 | 国审玉 20180146 | | 申科爆 2 号 | 国审玉 20180184 |
| | 友玉 106 | 国审玉 20180147 | | 申科爆 3 号 | 国审玉 20180185 |
| | 友玉 988 | 国审玉 20180148 | | 沈爆 6 号 | 国审玉 20180186 |
| | 正玉 983 | 国审玉 20180149 | | 沈爆 7 号 | 国审玉 20180187 |
| | 天益青 9 号 | 国审玉 20180150 | | 丰垦 165 | 国审玉 20180188 |
| | 金糯 695 | 国审玉 20180151 | | 锦华 506 | 国审玉 20180189 |
| | 粮源糯 2 号 | 国审玉 20180152 | | 利合 629 | 国审玉 20180190 |
| | 密花甜糯 3 号 | 国审玉 20180153 | | 奥邦 A8 | 国审玉 20180191 |
| | 斯达糯 38 | 国审玉 20180154 | | 高锐思 4601 | 国审玉 20180192 |
| | 万黄糯 253 | 国审玉 20180155 | | 宏育 436 | 国审玉 20180193 |
| | BM800 | 国审玉 20180156 | | 华北 140 | 国审玉 20180194 |

(续表)

| 类别 | 品种名称 | 审定编号 | 类别 | 品种名称 | 审定编号 |
|---|---|---|---|---|---|
| 玉米 | 吉大 218 | 国审玉 20180195 | 玉米 | MC687 | 国审玉 20180233 |
| | 金辉 106 | 国审玉 20180196 | | S2869 | 国审玉 20180234 |
| | 宁玉 708 | 国审玉 20180197 | | 丹玉 212 | 国审玉 20180235 |
| | 沁单 311 | 国审玉 20180198 | | 福盛 699 | 国审玉 20180236 |
| | 庆单 16 | 国审玉 20180199 | | 广德 2756 | 国审玉 20180237 |
| | 荃研 1 号 | 国审玉 20180200 | | 宏博 701 | 国审玉 20180238 |
| | 瑞福 738 | 国审玉 20180201 | | 宏育 239 | 国审玉 20180239 |
| | 祥玉 19 | 国审玉 20180202 | | 华农 5173 | 国审玉 20180240 |
| | 兴丰 3 | 国审玉 20180203 | | 惠民 207 | 国审玉 20180241 |
| | S1602 | 国审玉 20180204 | | 稼农 3169 | 国审玉 20180242 |
| | SK567 | 国审玉 20180205 | | 金科玉 3306 | 国审玉 20180243 |
| | 必祥 809 | 国审玉 20180206 | | 金圣玉 35 | 国审玉 20180244 |
| | 承单 813 | 国审玉 20180207 | | 九粟 910 | 国审玉 20180245 |
| | 创玉 411 | 国审玉 20180208 | | 辽单 585 | 国审玉 20180246 |
| | 春光 99 号 | 国审玉 20180209 | | 龙星 1 号 | 国审玉 20180247 |
| | 丹玉 311 | 国审玉 20180210 | | 明科玉 2 号 | 国审玉 20180248 |
| | 方玉 6402 | 国审玉 20180211 | | 明玉 268 | 国审玉 20180249 |
| | 丰德存玉 13 | 国审玉 20180212 | | 宁玉 688 | 国审玉 20180250 |
| | 甘优 169 | 国审玉 20180213 | | 农华 127 | 国审玉 20180251 |
| | 甘优 638 | 国审玉 20180214 | | 荃科 666 | 国审玉 20180252 |
| | 亨达 568 | 国审玉 20180215 | | 瑞丰 266 | 国审玉 20180253 |
| | 红泰 696 | 国审玉 20180216 | | 瑞普 909 | 国审玉 20180254 |
| | 泓丰 707 | 国审玉 20180217 | | 太玉 811 | 国审玉 20180255 |
| | 鸿基 966 | 国审玉 20180218 | | 五谷 738 | 国审玉 20180256 |
| | 九粟 702 | 国审玉 20180219 | | 伊邦 2 号 | 国审玉 20180257 |
| | 九粟 904 | 国审玉 20180220 | | 优迪 503 | 国审玉 20180258 |
| | 坤瑞 28 | 国审玉 20180221 | | 云化 1 号 | 国审玉 20180259 |
| | 梨玉 816 | 国审玉 20180222 | | 纵横 836 | 国审玉 20180260 |
| | 利单 679 | 国审玉 20180223 | | NK718 | 国审玉 20180261 |
| | 利禾 1 | 国审玉 20180224 | | 必祥 616 | 国审玉 20180262 |
| | 联丰 168 | 国审玉 20180225 | | 登海 6188 | 国审玉 20180263 |
| | 庆单 15 | 国审玉 20180226 | | 东玉 158 | 国审玉 20180264 |
| | 硕秋 631 | 国审玉 20180227 | | 甘优 661 | 国审玉 20180265 |
| | 雄玉 1688 | 国审玉 20180228 | | 冠昇 601 | 国审玉 20180266 |
| | 宇玉 502 | 国审玉 20180229 | | 豪威 556 | 国审玉 20180267 |
| | 御科 401 | 国审玉 20180230 | | 恒硕 167 | 国审玉 20180268 |
| | JK9681 | 国审玉 20180231 | | 衡玉 321 | 国审玉 20180269 |
| | MC618 | 国审玉 20180232 | | 宏瑞 2081 | 国审玉 20180270 |

(续表)

| 类别 | 品种名称 | 审定编号 | 类别 | 品种名称 | 审定编号 |
|---|---|---|---|---|---|
| 玉米 | 惠民 157 | 国审玉 20180271 | 玉米 | 德单 1001 | 国审玉 20180309 |
| | 机玉 110 | 国审玉 20180272 | | 德发 719 | 国审玉 20180310 |
| | 冀玉 3421 | 国审玉 20180273 | | 敦玉 758 | 国审玉 20180311 |
| | 九粟 907 | 国审玉 20180274 | | 豪威 568 | 国审玉 20180312 |
| | 洹丰 G136 | 国审玉 20180275 | | 华西 948 | 国审玉 20180313 |
| | 科试 647 | 国审玉 20180276 | | 京科 968 | 国审玉 20180314 |
| | 科腾 918 | 国审玉 20180277 | | 垦玉 100 | 国审玉 20180315 |
| | 联研 155 | 国审玉 20180278 | | 联达 588 | 国审玉 20180316 |
| | 良玉 DF31 | 国审玉 20180279 | | 联达 6124 | 国审玉 20180317 |
| | 鲁单 888 | 国审玉 20180280 | | 潞玉 1572 | 国审玉 20180318 |
| | 孟玉 338 | 国审玉 20180281 | | 宁玉 909 | 国审玉 20180319 |
| | 明天 517 | 国审玉 20180282 | | 平安 169 | 国审玉 20180320 |
| | 宁玉 721 | 国审玉 20180283 | | 秦丰 515 | 国审玉 20180321 |
| | 濮玉 18 | 国审玉 20180284 | | 川单 308 | 国审玉 20180322 |
| | 圣瑞 565 | 国审玉 20180285 | | 鼎程 811 | 国审玉 20180323 |
| | 双惠 87 | 国审玉 20180286 | | 泓丰 159 | 国审玉 20180324 |
| | 硕育 668 | 国审玉 20180287 | | 金单 68 | 国审玉 20180325 |
| | 太玉 339 | 国审玉 20180288 | | 金单 98 | 国审玉 20180326 |
| | 万盛 103 | 国审玉 20180289 | | 金玉 102 | 国审玉 20180327 |
| | 伟育 618 | 国审玉 20180290 | | 康农玉 508 | 国审玉 20180328 |
| | 沃玉 3 号 | 国审玉 20180291 | | 隆瑞 696 | 国审玉 20180329 |
| | 五谷 563 | 国审玉 20180292 | | 隆瑞 8 号 | 国审玉 20180330 |
| | 先玉 1650 | 国审玉 20180293 | | 绵单 232 | 国审玉 20180331 |
| | 先玉 1656 | 国审玉 20180294 | | 天艺 193 | 国审玉 20180332 |
| | 翔玉 218 | 国审玉 20180295 | | 先玉 1382 | 国审玉 20180333 |
| | 翔玉 998 | 国审玉 20180296 | | 渝豪单 2 号 | 国审玉 20180334 |
| | 新单 68 | 国审玉 20180297 | | 正昊 235 | 国审玉 20180335 |
| | 宇慧 369 | 国审玉 20180298 | | 黄糯 9 号 | 国审玉 20180336 |
| | 裕丰 512 | 国审玉 20180299 | | 金糯 691 | 国审玉 20180337 |
| | 源育 157 | 国审玉 20180300 | | 京科糯 2010 | 国审玉 20180338 |
| | 兆育 107 | 国审玉 20180301 | | 京科糯 623 | 国审玉 20180339 |
| | 兆育 261 | 国审玉 20180302 | | 密花甜糯 12 号 | 国审玉 20180340 |
| | 正弘 658 | 国审玉 20180303 | | 密甜糯 4 号 | 国审玉 20180341 |
| | 郑单 2265 | 国审玉 20180304 | | 农科糯 303 | 国审玉 20180342 |
| | 众玉 88 | 国审玉 20180305 | | 斯达糯 32 | 国审玉 20180343 |
| | 纵横 618 | 国审玉 20180306 | | 斯达糯 41 | 国审玉 20180344 |
| | Q2146 | 国审玉 20180307 | | 万糯 161 | 国审玉 20180345 |
| | 春光 7501 | 国审玉 20180308 | | 万糯 162 | 国审玉 20180346 |

(续表)

| 类别 | 品种名称 | 审定编号 | 类别 | 品种名称 | 审定编号 |
|---|---|---|---|---|---|
| 玉米 | 中糯 330 | 国审玉 20180347 | 玉米 | 锦华 225 | 国审玉 20186016 |
| | 金冠 220 | 国审玉 20180348 | | 锦华 313 | 国审玉 20186017 |
| | 京科甜 608 | 国审玉 20180349 | | 隆平 912 | 国审玉 20186018 |
| | 农科甜 563 | 国审玉 20180350 | | 陇研 588 | 国审玉 20186019 |
| | 中农甜 488 | 国审玉 20180351 | | 美豫 32 | 国审玉 20186020 |
| | 中农甜 828 | 国审玉 20180352 | | 美豫 33 | 国审玉 20186021 |
| | 华耐甜糯 101 | 国审玉 20180353 | | 美豫 35 | 国审玉 20186022 |
| | 京科糯 2016 | 国审玉 20180354 | | 美豫 36 | 国审玉 20186023 |
| | 京科糯 609 | 国审玉 20180355 | | 美豫 37 | 国审玉 20186024 |
| | BM488 | 国审玉 20180356 | | 农华 312 | 国审玉 20186025 |
| | 农科甜 601 | 国审玉 20180357 | | 强盛 557 | 国审玉 20186026 |
| | 斯达甜 219 | 国审玉 20180358 | | 中垦玉 101 | 国审玉 20186027 |
| | 萃甜 618 | 国审玉 20180359 | | 郑原玉 432 | 国审玉 20186028 |
| | 华美甜 368 | 国审玉 20180360 | | 郑原玉 436 | 国审玉 20186029 |
| | 江甜 088 | 国审玉 20180361 | | BS1718 | 国审玉 20186030 |
| | 金百甜 15 | 国审玉 20180362 | | DHJ338 | 国审玉 20186031 |
| | 闽双色 4 号 | 国审玉 20180363 | | 登海 179 | 国审玉 20186032 |
| | 苏科甜 1506 | 国审玉 20180364 | | 登海 378 | 国审玉 20186033 |
| | 万鲜甜 159 | 国审玉 20180365 | | 富育 1611 | 国审玉 20186034 |
| | 万鲜甜 178 | 国审玉 20180366 | | 金博士 822 | 国审玉 20186035 |
| | 粤甜 29 号 | 国审玉 20180367 | | 锦华 228 | 国审玉 20186036 |
| | 珍甜 368 | 国审玉 20180368 | | 九圣禾 524 | 国审玉 20186037 |
| | 东科 301 | 国审玉 20180369 | | 九玉 J03 | 国审玉 20186038 |
| | C9640 | 国审玉 20186001 | | 九玉 M03 | 国审玉 20186039 |
| | 富尔 2292 | 国审玉 20186002 | | 隆平 618 | 国审玉 20186040 |
| | 富尔 943 | 国审玉 20186003 | | 隆平 901 | 国审玉 20186041 |
| | 九圣禾 235 | 国审玉 20186004 | | 美豫 811 | 国审玉 20186042 |
| | 垦沃 5 号 | 国审玉 20186005 | | 美豫 812 | 国审玉 20186043 |
| | 郑品玉 491 | 国审玉 20186006 | | 美豫 815 | 国审玉 20186044 |
| | 隆平 702 | 国审玉 20186007 | | 强盛 506 | 国审玉 20186045 |
| | 大民 6609 | 国审玉 20186008 | | 优旗 511 | 国审玉 20186046 |
| | 富尔 2233 | 国审玉 20186009 | | 玉丰 506 | 国审玉 20186047 |
| | C2188 | 国审玉 20186010 | | 郁青 358 | 国审玉 20186048 |
| | 登海 512 | 国审玉 20186011 | | 裕丰 307 | 国审玉 20186049 |
| | 富尔 302A | 国审玉 20186012 | | 郑品玉 456 | 国审玉 20186050 |
| | 富育 1505 | 国审玉 20186013 | | 中地 103 | 国审玉 20186051 |
| | 富育 1648 | 国审玉 20186014 | | 中地 88 | 国审玉 20186052 |
| | 华皖 763 | 国审玉 20186015 | | 中地 9988 | 国审玉 20186053 |

（续表）

| 类别 | 品种名称 | 审定编号 | 类别 | 品种名称 | 审定编号 |
|---|---|---|---|---|---|
| 玉米 | 中垦玉 206 | 国审玉 20186054 | 玉米 | 翔玉 588 | 国审玉 20186092 |
| | BS1809 | 国审玉 20186055 | | 翔玉 988 | 国审玉 20186093 |
| | C3288 | 国审玉 20186056 | | 鑫研 218 | 国审玉 20186094 |
| | C7899 | 国审玉 20186057 | | 裕丰 309 | 国审玉 20186095 |
| | DHT1597 | 国审玉 20186058 | | 裕丰 310 | 国审玉 20186096 |
| | ND367 | 国审玉 20186059 | | 豫禾 161 | 国审玉 20186097 |
| | 奥美 11 | 国审玉 20186060 | | 豫禾 162 | 国审玉 20186098 |
| | 奥玉 408 | 国审玉 20186061 | | 豫禾 368 | 国审玉 20186099 |
| | 奥玉 501 | 国审玉 20186062 | | 中单 4374 | 国审玉 20186100 |
| | 奥玉 510 | 国审玉 20186063 | | 中单 882 | 国审玉 20186101 |
| | 诚信 1601 | 国审玉 20186064 | | 中地 159 | 国审玉 20186102 |
| | 诚信 ZH863 | 国审玉 20186065 | | 中农大 751 | 国审玉 20186103 |
| | 德科 622 | 国审玉 20186066 | | 中奕农 23 | 国审玉 20186104 |
| | 登海 122 | 国审玉 20186067 | | C1210 | 国审玉 20186105 |
| | 登海 173 | 国审玉 20186068 | | ND376 | 国审玉 20186106 |
| | 登海 3315 | 国审玉 20186069 | | 东单 2184 | 国审玉 20186107 |
| | 登海 539 | 国审玉 20186070 | | 东单 6531 | 国审玉 20186108 |
| | 东单 608 | 国审玉 20186071 | | 东单 913 | 国审玉 20186109 |
| | 东单 610 | 国审玉 20186072 | | 富育 1512 | 国审玉 20186110 |
| | 东单 9573 | 国审玉 20186073 | | 九玉 Y02 | 国审玉 20186111 |
| | 宏硕 738 | 国审玉 20186074 | | 浚单 509 | 国审玉 20186112 |
| | 吉单 56 | 国审玉 20186075 | | 齐单 109 | 国审玉 20186113 |
| | 金诚 35 | 国审玉 20186076 | | 硕秋 518 | 国审玉 20186114 |
| | 宽玉 520 | 国审玉 20186077 | | 新科 891 | 国审玉 20186115 |
| | 乐农 79 | 国审玉 20186078 | | 永优 1573 | 国审玉 20186116 |
| | 联创 825 | 国审玉 20186079 | | 郑原玉 8 | 国审玉 20186117 |
| | 联达 A74 | 国审玉 20186080 | | LB101 | 国审玉 20186118 |
| | 龙垦 118 | 国审玉 20186081 | | 邦玉 339 | 国审玉 20186119 |
| | 隆禧 109 | 国审玉 20186082 | | 登海 695 | 国审玉 20186120 |
| | 美加 605 | 国审玉 20186083 | | 耕玉 505 | 国审玉 20186121 |
| | 美豫 22 | 国审玉 20186084 | | 金凯 7 号 | 国审玉 20186122 |
| | 美豫 513 | 国审玉 20186085 | | 九圣禾 2468 | 国审玉 20186123 |
| | 美豫 818 | 国审玉 20186086 | | 九新 631 | 国审玉 20186124 |
| | 平安 1605 | 国审玉 20186087 | | 九玉 W03 | 国审玉 20186125 |
| | 强盛 538 | 国审玉 20186088 | | 潞玉 1403 | 国审玉 20186126 |
| | 强盛 559 | 国审玉 20186089 | | 齐单 951 | 国审玉 20186127 |
| | 秋乐 117 | 国审玉 20186090 | | 强盛 325 | 国审玉 20186128 |
| | 秋乐 818 | 国审玉 20186091 | | 强盛 326 | 国审玉 20186129 |

(续表)

| 类别 | 品种名称 | 审定编号 | 类别 | 品种名称 | 审定编号 |
|---|---|---|---|---|---|
| 玉米 | 秋乐 138 | 国审玉 20186130 | 大豆 | 蒙豆 1137 | 国审豆 20180007 |
| | 秋乐 519 | 国审玉 20186131 | | 华庆豆 103 | 国审豆 20180008 |
| | 天泰 358 | 国审玉 20186132 | | 合农 85 | 国审豆 20180009 |
| | 中地 89 | 国审玉 20186133 | | 垦农 38 | 国审豆 20180010 |
| | 登海 857 | 国审玉 20186134 | | 合农 114 | 国审豆 20180011 |
| | 登海 858 | 国审玉 20186135 | | 吉农 50 | 国审豆 20180012 |
| | 国豪玉 23 号 | 国审玉 20186136 | | 长农 38 | 国审豆 20180013 |
| | 金博士 129 | 国审玉 20186137 | | 吉育 441 | 国审豆 20180014 |
| | 金博士 158 | 国审玉 20186138 | | 铁豆 82 | 国审豆 20180015 |
| | 金博士 866 | 国审玉 20186139 | | 长农 33 | 国审豆 20180016 |
| | 隆白 1 号 | 国审玉 20186140 | | 德豆 10 | 国审豆 20180017 |
| | 隆单 1604 | 国审玉 20186141 | | 铁豆 67 | 国审豆 20180018 |
| | 隆黄 2502 | 国审玉 20186142 | | 中黄 78 | 国审豆 20180019 |
| | 潞玉 1681 | 国审玉 20186143 | | 齐黄 34 | 国审豆 20180020 |
| | 强盛 520 | 国审玉 20186144 | | 石 885 | 国审豆 20180021 |
| | 天宇 502 | 国审玉 20186145 | | 潍豆 8 号 | 国审豆 20180022 |
| | 巡玉 608 | 国审玉 20186146 | | 濮 955 | 国审豆 20180023 |
| | 仲玉 1181 | 国审玉 20186147 | | 冀豆 16 | 国审豆 20180024 |
| 棉花 | 中棉所 110 | 国审棉 20180001 | | 汉黄 1 号 | 国审豆 20180025 |
| | 鲁棉 1127 | 国审棉 20180002 | | 中豆 44 | 国审豆 20180026 |
| | 鲁杂 2138 | 国审棉 20180003 | | 浙春 8 号 | 国审豆 20180027 |
| | 华惠 13 | 国审棉 20180004 | | 鄂 2066 | 国审豆 20180028 |
| | 湘杂 198 | 国审棉 20180005 | | 油 6019 | 国审豆 20180029 |
| | 创棉 508 | 国审棉 20180006 | | 蒙 1301 | 国审豆 20180030 |
| 大豆 | 蒙豆 44 | 国审豆 20180001 | | 潍科 8 号 | 国审豆 20180031 |
| | 汇农 417 | 国审豆 20180002 | | 圣豆 40 | 国审豆 20180032 |
| | 黑科 60 号 | 国审豆 20180003 | | 桂夏 7 号 | 国审豆 20180033 |
| | 明星 0911 | 国审豆 20180004 | | 桂夏豆 109 | 国审豆 20180034 |
| | 东农 63 | 国审豆 20180005 | | 奎鲜 5 号 | 国审豆 20180035 |
| | 华疆 12 | 国审豆 20180006 | | | |

小麦审定品种数据来源：中华人民共和国农业农村部公告第 18 号，发布日期：2018 年 5 月 1 日。
稻、玉米、棉花、大豆审定品种数据来源：中华人民共和国农业农村部公告第 65 号，发布日期：2018 年 9 月 17 日。

## 五、国家级畜禽遗传资源保护名录（表107）

表107 国家级畜禽遗传资源保护名录

| 类别 | 品种 |
|---|---|
| 猪 | 八眉猪，大花白猪（广东大花白猪），黄淮海黑猪（马身猪，淮猪，莱芜猪，河套大耳猪），内江猪，乌金猪（大河猪），五指山猪，太湖猪（二花脸，梅山猪），民猪，两广小花猪（陆川猪），里岔黑猪，金华猪，荣昌猪，香猪（含白香猪），华中两头乌猪（通城猪），清平猪，滇南小耳猪，槐猪，蓝塘猪，藏猪，浦东白猪，撒坝猪，湘西黑猪，大蒲莲猪，巴马香猪，玉江猪（玉山黑猪），河西猪，姜曲海猪，关岭猪，粤东黑猪，汉江黑猪，安庆六白猪，莆田黑猪，嵊县花猪，宁乡猪 |
| 牛 | 九龙牦牛，天祝白牦牛，青海高原牦牛，独龙牛（大额牛），海子水牛，富钟水牛，德宏水牛，温州水牛，延边牛，复州牛，南阳牛，秦川牛，晋南牛，渤海黑牛，鲁西牛，温岭高峰牛，蒙古牛，雷琼牛，郏县红牛，巫陵牛（湘西牛），帕里牦牛 |
| 羊 | 辽宁绒山羊，内蒙古绒山羊（阿尔巴斯型，阿拉善型，二狼山型），小尾寒羊，中卫山羊，长江三角洲白山羊（笔料毛型），乌珠穆沁羊，同羊，西藏羊（草地型），西藏山羊，济宁青山羊，贵德黑裘皮羊，湖羊，滩羊，雷州山羊，和田羊，大尾寒羊，多浪羊，兰州大尾羊，汉中绵羊，圭山山羊，岷县黑裘皮羊 |
| 鸡 | 九斤黄鸡，大骨鸡，鲁西斗鸡，吐鲁番斗鸡，西双版纳斗鸡，漳州斗鸡，白耳黄鸡，仙居鸡，北京油鸡，丝羽乌骨鸡，茶花鸡，狼山鸡，清远麻鸡，藏鸡，矮脚鸡，浦东鸡，溧阳鸡，文昌鸡，惠阳胡须鸡，河田鸡，边鸡，金阳丝毛鸡，静原鸡 |
| 鸭 | 北京鸭，攸县麻鸭，连城白鸭，建昌鸭，金定鸭，绍兴鸭，莆田黑鸭，高邮鸭 |
| 鹅 | 四川白鹅，伊犁鹅，狮头鹅，皖西白鹅，雁鹅，豁眼鹅，鄱县白鹅，太湖鹅，兴国灰鹅，乌鬃鹅 |
| 其他品种 | 百色马，蒙古马，鄂伦春马，晋江马，宁强马，岔口驿马，关中驴，德州驴，广灵驴，泌阳驴，新疆驴，阿拉善双峰驼，敖鲁古雅驯鹿，吉林梅花鹿，藏獒，山东细犬，中蜂，东北黑蜂，新疆黑蜂，福建黄兔，四川白兔 |

数据来源：2006年农业农村部公告第662号

## 六、国家重点保护经济水生动植物资源名录166种（第一批）

鲱，金色沙丁鱼，远东拟沙丁鱼（斑点莎瑙鱼），鳓，鳀，黄鲫，大头狗母鱼，海鳗，大头鳕，鲛，鲻，尖吻鲈，花鲈，赤点石斑鱼，青石斑鱼，宽额鲈，蓝圆鲹，竹荚鱼，高体鰤，军曹鱼，白姑鱼，黄姑鱼，棘头梅童鱼，黑鳃梅童鱼，鮸，大黄鱼，小黄鱼，红笛鲷，真鲷，二长棘鲷，黑鲷，金线鱼，玉筋鱼，带鱼，鲐，蓝点马鲛（鲅鱼），银鲳，灰鲳，鲆，褐牙鲆，高眼鲽，钝吻黄盖鲽，半滑舌鳎，绿鳍马面鲀，黄鳍马面鲀，黄鮟鱇，刀鲚，凤鲚，红鳍东方鲀，假晴东方鲀，暗纹东方鲀，鳗鲡，大马哈鱼，花羔红点鲑，乌苏里白鲑，太湖新银鱼，大银鱼，黑斑狗鱼，白斑狗鱼，青鱼，草鱼，赤眼鳟，翘嘴鲌，鳡，三角鲂，团头鲂（武昌鱼），广东鲂，鳊，红鳍原鲌，蒙古鲌，鲢，鳙，细鳞斜颌鲴，银鲴，倒刺鲃，光倒刺鲃，中华倒刺鲃，白甲鱼，圆口铜鱼，铜鱼，鲮，青海湖裸鲤，重口裂腹鱼，拉萨裸裂尻鱼，鲤，鲫，岩原鲤，长薄鳅，大口鲇，兰州鲶，黄颡鱼，长吻鮠，斑鳠，黑斑原鮡，黄鳝，鳜，大眼鳜，乌鳢，斑鳢，大管鞭虾，中华管鞭虾，中国对虾，长毛对虾，竹节虾，斑节对虾，鹰爪虾，脊尾白虾，中国毛虾，秀丽白虾，青虾，口虾蛄，中国龙虾，三疣梭子蟹，海蜌，锯缘青蟹，中华绒螯蟹，太平洋褶柔鱼，中国枪乌贼，日本枪乌贼，剑尖枪乌贼，曼氏无针乌贼，金乌贼，章鱼，皱纹盘鲍，杂色鲍，脉红螺，魁蚶，毛蚶，泥蚶，厚壳贻贝，紫贻贝，翡翠贻贝，栉江珧，合浦珠母贝，栉孔扇贝，太平洋牡蛎（长牡蛎），西施舌，缢蛏，文蛤，菲律宾蛤仔，三角帆蚌，褶纹冠蚌，河蚬，梅花参，刺参，马粪海胆，紫海胆，海蜇，鳖，乌龟，坛紫菜，条斑紫菜，石花菜，细基江蓠，珍珠麒麟菜，海带，裙带菜，菱，芦苇，茭白，水芹，荸荠，慈姑，蒲草，芡实，莲。

资料来源：2007 年农业农村部公告第 948 号

## 七、国家重点保护农业野生植物资源分布表（表108）

表108 国家重点保护农业野生植物资源

| 类别 | | 中文种名 | 拉丁种名 |
|---|---|---|---|
| 粮食作物（21） | 野生稻 | 药用野生稻 | *Oryza officinalis* |
| | | 普通野生稻 | *Oryza rufipogon* |
| | | 疣粒野生稻 | *Oryza granulate* Neeset Arn. exHook. f. |
| | 拟高粱 | 拟高粱 | *Sorghumpropinquum* |
| | 小麦野生近缘植物 | （内蒙古）大麦草 | *Hordeuminnermongolicum* |
| | | 毛披碱草 | *Elymus villifer* |
| | | 短芒披碱草 | *Elymus breviaristatus* |
| | | 黑紫披碱草 | *Elymus atratus* (Nevski) Hand.-Mazz. |
| | | 无芒披碱草 | *Elymus submuticus* |
| | | 沙芦草 | *Agropyron mongolicum* |
| | 中华结缕草 | 中华结缕草 | *Zoysia sinica* |
| | 箭叶大油芒 | 箭叶大油芒 | *Spodiopogon sagittifolius* |
| | 乾宁狗尾巴草 | 乾宁狗尾巴草 | *Pennisetum qianningense* S. L. Zhong |
| | 四川狼尾草 | 四川狼尾草 | *Pennisetum sichuanense* |
| | 野生大豆 | 野生大豆 | *Glycinesoja* |
| | 三蕊草 | 三蕊草 | *Sinochasea trigyna* |
| | 烟豆 | 烟豆 | *Glycine tabacina* |
| | 假枝雀麦 | 假枝雀麦 | *Bromus pseudoramosus* Kengex L. Liu |
| | 中华羊茅 | 中华羊茅 | *Festuca sinensis* Kengex S. L. Lu |
| | 两型豆 | 锈毛两型豆 | *Amphicarpaea rufescens* (Franch.) Y. T. WeietS. Lee |
| | | 线苞两型豆 | *Amphicarpaea linearis* Chunet T. Chen |
| 蔬菜植物（9） | 发菜 | 发菜 | Nostoc flagelliforme |
| | 水韭属（所有种） | 水韭属（所有种） | Isoetes spp. |
| | 莼菜（野生） | 莼菜 | *Brasenia schreberi* |
| | 蒙古口蘑 | 蒙古口蘑 | *Tricholoma mongolicum* Imai |
| | 荷叶铁线蕨 | 荷叶铁线蕨 | *Adiantum reniforme* L. var. sinenseY. X. Lin |

(续表)

| 类别 | | 中文种名 | 拉丁种名 |
| --- | --- | --- | --- |
| 蔬菜植物<br>(9) | | 野菱 | *Trapa incisa* |
| | | 莲（野生） | *Nelumbo nucifera* |
| | | 水蕨属（所有种） | *Ceratopteris* spp. |
| | | 浮叶慈菇 | *Sagittaria natans* |
| 果树植物<br>(20) | | 河北梨 | *Pyrus hopeiensis* Yü |
| | | 杏香丽菇 | *Calocybe gambosa*（Fr.）Sing. |
| | | 新疆野杏 | *Armenia cavulgaris* Lam.（*Prunusarmeniaca* L.） |
| | | 新疆野苹果 | *Malus sieversii*（Ledeb.）Roem. |
| | | 野生龙眼 | *Dimocarpus longan* Lour. |
| | | 野生猕猴桃 | 猕猴桃属（所有种） | *Actinidia* spp. |
| | 扁桃 | 蒙古扁桃 | *Amygdalus mongolica*（Maxim.）Ricker<br>（*Prunus mongolica* Maxim.） |
| | | 矮扁桃 | *Amygdalu snana* L.（*PrunusledebourianaSchlecht.*） |
| | 野生柑橘 | 宜昌橙 | *Citrus ichangensis* Swingle |
| | | 道县野桔 | *Citrus daoxianensis* S. W. Hee G. F. Liu |
| | | 红河橙 | *Citrus hongheensis* Yeetal. |
| | | 黎檬 | *Citrus limonia* O sb. |
| | | 莽山野桔 | *Citrus mangshanensis* S. W. Hee G. F. Liu |
| | | 山橘 | *Fortunella hindsii*（Champ. exBenth.）Swingle |
| | | 金豆 | *Fortunellav enosa*（Champ. exBenth.）Huang |
| | | 富民枳 | *Poncirus polyandra* S. Q. Dingetal. |
| | 野核桃 | 喙核桃 | *Annamocarya sinensis*（Dode）Leroy |
| | | 核桃（胡桃） | *Juglansregia* L. |
| | | 海南韶子 | *Nephelium topengii*（Merr.）H. S. Lo |
| | | 东北茶藨子 | *Ribes mandshuricum*（Maxim.）Kom. |
| 经济植物<br>(17) | | 锡金海棠 | *Malus sikkimensis*（Wenz.）Koehne |
| | 茶树 | 厚轴茶 | *Camellia crassicolumna* H. T. Chang |
| | | 山茶属金花茶组<br>（所有种） | *Camellia* Sect. Chrysantha H. T. Chang |
| | | 防城茶 | *Camellia fangchengensis* S. Y. Lianget Y. C. Zhong |
| | | 大苞茶 | *Camellia grandibracteata* H. T. Changet C. X. Ye |
| | | 大苞白山茶 | *Camellia granthamiana* Sealy |
| | | 山茶（凤凰山茶） | *Camellia japonica* L. [*Camelliahozanensis*<br>（Hayata）Hayata] |
| | | 毛叶茶 | *Camellia ptilophylla* H. T. Chang |

## 第五章 国家重要农业资源台账示例

(续表)

| 类别 | | 中文种名 | 拉丁种名 |
|---|---|---|---|
| 经济植物<br>(17) | 茶树 | 滇山茶 | *Camellia reticulate* Lindl. |
| | | (野生)茶 | *Camellia sinensis* (L.) Kuntze |
| | | 雕果茶 | *Camellia yunnanensis* (PitardexDiels) Cohen-Stuart [*Glyptocarpacamellioides* (Hu) Hu] |
| | 苦丁茶 | 苦丁茶 | *Ilexkaushue* S. Y. Hu (*Ilexkudingcha* C. J. Tseng) |
| | 长穗桑 | 长穗桑 | *Morus wittiorum* Hand.-Mazz. |
| | 野苎麻 | 野生苎麻 | *Boehmeria leiophylla* W. T. Wang |
| | | 长叶苎麻 | *Apocynumpictum* Schrenk [*Poacynumhendersonii* (Hook. f.) Woodson] |
| | 大叶白麻 | 大叶白麻 | *Boehmeria oblongifolia* W. T. Wang |
| 药用植物<br>(63) | 姜状三七 | 姜状三七 | *Panax zingiberensis* C. Y. WuetK. M. Feng |
| | 屏边三七 | 屏边三七 | *Saussureainvolucrate* (Kar. etKir.) Sch.-Bip. |
| | 甘草 | 光果甘草 | *Glycyrrhiza glabra* L. |
| | | 胀果甘草 | *Glycyrrhiza inflate* Batal. |
| | | 甘草 | *Glycyrrhiz auralensis* Fisch. |
| | 麻黄 | 木贼麻黄 | *Ephedra equisetina* Bunge |
| | | 中麻黄 | *Ephedra intermedia* Schrenkex Mey. |
| | | 斑子麻黄 | *Ephedra rhytidosperma* Pachom. (*Ephedra lepidospem* C. X. Cheng) |
| | | 草麻黄 | *Ephedra sinica* Stapf |
| | 冬虫夏草 | 冬虫夏草 | |
| | 苁蓉 | 草苁蓉 | *Boschniakia rossica* (Cham. etSchlecht.) Fedtsch. |
| | | 肉苁蓉 | *Cistanche deserticola* Ma |
| | | 管花肉苁蓉 | *Cistanche mongolica* Beck |
| | 阿魏 | 阜康阿魏 | *Ferula fukanensis* K. M. Shen |
| | | 新疆阿魏 | *Ferula sinkiangensis* K. M. Shen |
| | 珊瑚菜 | 珊瑚菜(北沙参) | *Glehnia littoralis* |
| | 黄芪 | 黄芪 | *Astragalus membranaceus* (Fisch.) Bunge |
| | 剑叶龙血树 | 剑叶龙血树 | *Dracaena cochinchinensis* (Lour.) S. C. Chen |
| | 梭梭 | 白梭梭 | *Haloxylon persicum* Bunge ex Boiss. et Buhse |
| | | 梭梭 | *Haloxylon ammodendron* (C. A. Mey.) Bunge |
| | 刺萼参 | 刺萼参 | *Echinocodon lobophyllus* D. Y. Hong |
| | 苞藜 | 苞藜 | *Baolia bracteata* Kunget G. L. Chu |
| | 软紫草 | 软紫草 | *Arnebia euchroma* (Royle) Johnst |

(续表)

| 类别 | 中文种名 | 拉丁种名 |
|---|---|---|
| 药用植物（63） | 山茴香 | *Carlesia sinensis* Dunn |
| | 金荞麦 | *Fagopyrum dibotrys* |
| | 刺五加 | *Eleutherococcus senticosus*（Rupr. etMaxim.）Maxim. ［*Acanthopanax senticosus*（Rupr. et） |
| | 明党参 | *Changium smyrnioides* Wolff |
| | 五味子 | *Schisandra chinensis*（Tuecz.）Baill. |
| | 山莨菪 | *Anisodus tanguticus* |
| | 黄连 | *Coptis* spp. |
| | 巴戟天 | *Morinda officinalis* How |
| | 关木通（木通马兜铃） | *Aristolochia manshuriensis* Kom. |
| | 背蛇生 | *Aristolochia tuberosa* C. F. LiangetS. M. Hwang |
| | 北方黑三棱 | *Sparganium hyperboreum* |
| | 红花绿绒蒿 | *Meconopsis punicea* |
| | 马蹄香 | *Saruma henryi* Oliv. |
| | 青蒿 | *Artemisia annua* L. |
| | 高山红景天 | *Rhodiola cretinii* sp. Sinoalpina |
| | 盾叶薯蓣 | *Dioscorea zingiberensis* C. H. Wright |
| | 南方山荷叶 | *Diphylleia sinensis* H. L. Li |
| | 天南星 | *Rhizoma arisaematis* |
| | 贵州萍蓬草 | *Nuphar bornetii* |
| | 桃儿七 | *Sinopodophyllum hexandrum*（Royle）Ying |
| | 八角莲 | *Dysosma versipellis*（Hance）M. ChengexYing |
| | 兰科（所有种） | *Orchidaceae* spp. |
| | 革苞菊 | *Tugarinovia mongolica* |
| | 崖柏 | *Thuja sutchuenensis* Franch. |
| | 雪白睡莲 | *Nymphaea candida* |
| | 百合 | 墨江百合 | *Lilium henricii* Franch. |
| | | 绿花百合 | *Lilium fargesii* Franch. |
| | | 大理百合 | *Lilium taliense* Franch. |
| | 太行花 | *Taihangia rupestris* Yüet Li |
| | 四福花 | *Tetradoxa omeiensis*（Hara）C. Y. Wu |
| | 羽叶点地梅 | *Pomatosace filicula* |

(续表)

| 类别 | | 中文种名 | 拉丁种名 |
|---|---|---|---|
| 药用植物（63） | | 西南重楼 | *Paris polyphylla* Sm. Var. Thibetica（Franch.）Hara |
| | | 盾叶秋海棠 | *Begonia peltatifolia* |
| | 菊科 | 内蒙亚菊 | *Ajania alabasica* H. C. Fu |
| | | 西藏亚菊 | *Ajania tibetica*（Hook. f. et Thoms. ex C. B. Clarke）Tzvel. |
| | | 藏沙蒿 | *Artemisia wellbyi* Hemsl. etPears. ex Deasy |
| | | 戈壁短舌菊 | *Brachanthemum gobicum* Krasch |
| | | 太行菊 | *Opisthopappus taihangensis*（Ling）Shih |
| | | 雪莲 | *Saussurea involucrate*（Kar. et Kir.）Sch. -Bip. |
| | | 博洛塔绢蒿 | *Seriphidium borotalense*（Pojak.）Ling et Y. R. Ling |
| 特用植物（13） | | 长喙毛茛泽泻 | *Ranalisma rostratum* |
| | | 柱筒枸杞 | *Lycium cylindricum* Kuang et A. M. Lu |
| | | 林生芒果 | *Mangifera sylvatica* Roxb. |
| | | 半日花 | *Helianthemum songaricum* Schrenk |
| | | 瓣鳞花 | *Frankenia pulverulenta* |
| | | 裸果木 | *Gymnocarpos przewalskii* Maxim. |
| | | 沙冬青 | *Ammopiptanthus mongolicus*（Maxim. ex Kom.）Cheng f. |
| | | 矮沙冬青 | *Ammopiptanthus nanus*（M. Pop.）Cheng f. |
| | | 沙生柽柳 | *Tamarix taklamakanensis* M. T. Liu |
| | | 栌菊木 | *Nouelia insignis* Franch. |
| | | 川藻 | *Terniopsis sessilis* |
| | | 华北驼绒藜 | *Krascheninnikovia arborescens*（Losinsk.）Czerep. |
| | | 山楂海棠 | *Malus komarovii*（Sarg.）Rehd. |

# 第六节  农业废弃物资源

## 一、秸秆综合利用情况（表109）

表109  2017年分地区秸秆综合利用情况　　　　单位：万吨

| 地区 | 理论资源量 | | | | |
|---|---|---|---|---|---|
| | 合计 | 玉米 | 水稻 | 小麦 | 其他谷物 |
| 全国 | 102 462.91 | 42 857.86 | 24 186.43 | 18 319.61 | 1 943.24 |
| 北京 | 63.14 | 54.37 | | 8.77 | |

(续表)

| 地区 | 理论资源量 | | | | |
| --- | --- | --- | --- | --- | --- |
| | 合计 | 玉米 | 水稻 | 小麦 | 其他谷物 |
| 天津 | 267.40 | 182.40 | 19.00 | 54.00 | |
| 河北 | 7 044.52 | 3 977.54 | 91.83 | 2 033.73 | 144.59 |
| 山西 | 2 608.54 | 1 918.57 | 0.33 | 361.52 | 119.97 |
| 内蒙古 | 4 216.02 | 2 923.10 | 66.19 | 252.46 | 160.91 |
| 辽宁 | 3 414.44 | 2 735.40 | 469.53 | 1.57 | 104.71 |
| 吉林 | 4 150.00 | 3 491.00 | 515.00 | | |
| 黑龙江 | 13 396.89 | 8 449.80 | 3 234.97 | 66.43 | 59.91 |
| 上海 | 134.07 | | 111.39 | 17.79 | 3.38 |
| 江苏 | 4 119.07 | 377.72 | 1 863.06 | 1 539.46 | 54.10 |
| 浙江 | 1 123.20 | 83.94 | 735.52 | 71.41 | 7.67 |
| 安徽 | 6 098.59 | 1 254.95 | 2 039.75 | 2 108.04 | 82.67 |
| 福建 | 772.71 | 30.09 | 484.03 | 0.64 | 1.16 |
| 江西 | 3 230.53 | 41.43 | 2 790.52 | 4.45 | 6.09 |
| 山东 | 9 123.90 | 4 417.95 | 110.56 | 3 703.63 | 54.20 |
| 河南 | 10 195.03 | 3 743.55 | 460.30 | 4 612.18 | 194.63 |
| 湖北 | 4 233.50 | 647.94 | 1 752.78 | 680.59 | 141.95 |
| 湖南 | 4 778.39 | 372.46 | 3 498.13 | 8.17 | 28.94 |
| 广东 | 1 431.00 | 107.00 | 1 107.00 | | |
| 广西 | 2 456.17 | 467.89 | 1 560.72 | 6.20 | 41.63 |
| 海南 | 336.33 | 8.68 | 163.31 | | |
| 重庆 | 1 250.08 | 320.85 | 476.03 | 21.06 | 18.49 |
| 四川 | 4 218.76 | 985.13 | 1 578.80 | 508.44 | 97.59 |
| 贵州 | 1 550.16 | 527.09 | 418.20 | 53.55 | 94.22 |
| 云南 | 1 674.60 | 635.60 | 426.10 | 121.60 | 191.10 |
| 西藏 | 183.87 | 39.07 | 0.51 | 30.20 | 99.27 |
| 陕西 | 1 715.44 | 843.29 | 103.03 | 567.14 | 19.05 |
| 甘肃 | 2 483.54 | 1 502.40 | 6.95 | 377.03 | 62.10 |
| 青海 | 203.73 | 36.55 | | 39.30 | 21.85 |
| 宁夏 | 487.40 | 326.60 | 51.20 | 50.30 | 14.60 |
| 新疆 | 5 501.88 | 2 355.51 | 51.70 | 1 019.96 | 118.44 |

| 地区 | 理论资源量 | | | | |
| --- | --- | --- | --- | --- | --- |
| | 棉花 | 油菜 | 花生 | 豆类 | 薯类 |
| 全国 | 2 775.97 | 2 932.48 | 2 078.76 | 3 606.26 | 3 762.29 |
| 北京 | | | | | |

（续表）

| 地区 | 理论资源量 | | | | |
|---|---|---|---|---|---|
| | 棉花 | 油菜 | 花生 | 豆类 | 薯类 |
| 天津 | 12.00 | | | | |
| 河北 | 215.52 | 93.74 | 201.28 | 55.34 | 230.96 |
| 山西 | 3.27 | 7.73 | 1.83 | 55.62 | 139.70 |
| 内蒙古 | | 28.84 | 12.95 | 394.57 | 377.00 |
| 辽宁 | | | 59.41 | 36.43 | 7.39 |
| 吉林 | | | 95.00 | 49.00 | |
| 黑龙江 | | | | 1 526.17 | 59.60 |
| 上海 | | 1.51 | | | |
| 江苏 | 9.46 | 138.41 | 42.23 | 76.29 | 18.34 |
| 浙江 | 5.94 | 65.15 | 9.20 | 72.67 | 71.70 |
| 安徽 | 72.53 | 175.43 | 95.10 | 178.51 | 91.63 |
| 福建 | 0.02 | 3.03 | 45.33 | 27.20 | 181.21 |
| 江西 | 27.00 | 147.66 | 63.31 | 47.97 | 102.09 |
| 山东 | 226.06 | 18.82 | 261.00 | 160.29 | 171.39 |
| 河南 | 66.70 | 102.94 | 617.04 | 170.16 | 227.52 |
| 湖北 | 187.14 | 485.73 | 101.99 | 115.45 | 119.93 |
| 湖南 | 76.81 | 456.30 | 53.68 | 117.75 | 166.15 |
| 广东 | | 1.50 | 165.00 | 25.00 | 25.50 |
| 广西 | 4.05 | 47.05 | 110.82 | 79.41 | 138.40 |
| 海南 | | | 12.24 | 6.69 | 145.41 |
| 重庆 | | 84.00 | 13.02 | 62.80 | 253.83 |
| 四川 | 1.94 | 502.87 | 104.81 | 120.65 | 318.53 |
| 贵州 | 0.18 | 174.93 | 7.33 | 28.42 | 246.23 |
| 云南 | | 57.10 | | 93.10 | 150.00 |
| 西藏 | | 12.35 | 0.05 | 2.09 | 0.34 |
| 陕西 | 12.67 | 98.28 | 4.55 | 31.29 | 36.14 |
| 甘肃 | 21.86 | 137.19 | 1.21 | 52.88 | 321.93 |
| 青海 | | 43.51 | | 7.62 | 54.90 |
| 宁夏 | | | | | 44.70 |
| 新疆 | 1 832.81 | 48.41 | 0.39 | 12.89 | 61.77 |

| 地区 | 可收集资源量 | | | | |
|---|---|---|---|---|---|
| | 合计 | 玉米 | 水稻 | 小麦 | 其他谷物 |
| 全国 | 83 681.1 | 37 183.07 | 19 101.94 | 14 664.61 | 1 527.74 |
| 北京 | 53.2 | 46.79 | | 6.41 | |
| 天津 | 234.56 | 167.8 | 15.58 | 41.58 | |

(续表)

| 地区 | 可收集资源量 | | | | |
| --- | --- | --- | --- | --- | --- |
| | 合计 | 玉米 | 水稻 | 小麦 | 其他谷物 |
| 河北 | 5 841.89 | 3 460.51 | 73.76 | 1 562.16 | 120.4 |
| 山西 | 2 103.64 | 1 627.47 | 0.33 | 265.73 | 74.99 |
| 内蒙古 | 3 162.02 | 2 484.6 | 40.31 | 150.62 | 94.28 |
| 辽宁 | 2 901.73 | 2 342.35 | 387.02 | 1.25 | 90.11 |
| 吉林 | 3 735 | 3 165 | 450 | | |
| 黑龙江 | 10 648.06 | 7 202.05 | 2 414.26 | 48.65 | 50.66 |
| 上海 | 113.84 | | 94.7 | 15.06 | 2.82 |
| 江苏 | 3 678.31 | 353.44 | 1 683.75 | 1 339.36 | 49.98 |
| 浙江 | 890.91 | 74.44 | 595.48 | 55.99 | 6.32 |
| 安徽 | 4 831.49 | 1 100.05 | 1 555.18 | 1 640.98 | 76.53 |
| 福建 | 601.32 | 26.61 | 383.6 | 0.38 | 0.72 |
| 江西 | 2 474.34 | 37.03 | 2 141.96 | 3.32 | 4.31 |
| 山东 | 8 538.12 | 4 219.84 | 86.76 | 3 431.6 | 42.46 |
| 河南 | 7 860.61 | 3 094.21 | 315.85 | 3 382.22 | 168.66 |
| 湖北 | 3 247.86 | 525.94 | 1 411.78 | 505.07 | 74.2 |
| 湖南 | 3 422.52 | 302.54 | 2 513.93 | 5.3 | 21.77 |
| 广东 | 1 161.3 | 85.6 | 885.6 | | |
| 广西 | 2 247.86 | 438.21 | 1 420.72 | 5.5 | 36.52 |
| 海南 | 307.45 | 8.07 | 151.06 | | |
| 重庆 | 955.62 | 252.94 | 360.77 | 16.5 | 14.63 |
| 四川 | 3 338.96 | 875.21 | 1 244.82 | 414.21 | 84.57 |
| 贵州 | 1 255.5 | 467.31 | 340.28 | 44.89 | 78.84 |
| 云南 | 1 375.75 | 540.29 | 345.06 | 102.14 | 152.88 |
| 西藏 | 139.09 | 34.38 | 0.37 | 22.05 | 72.93 |
| 陕西 | 1 418.04 | 664.22 | 103.03 | 520.36 | 15.48 |
| 甘肃 | 2 181.85 | 1 337.87 | 5.95 | 349.91 | 62.01 |
| 青海 | 164.12 | 32.89 | 0 | 32.62 | 18.14 |
| 宁夏 | 397.26 | 277.61 | 37.89 | 36.72 | 12.41 |
| 新疆 | 4 398.89 | 1 937.82 | 42.15 | 664.02 | 101.1 |

| 地区 | 可收集资源量 | | | | |
| --- | --- | --- | --- | --- | --- |
| | 棉花 | 油菜 | 花生 | 豆类 | 薯类 |
| 全国 | 2 321.84 | 2 045.45 | 1 724.53 | 2 318.01 | 2 793.9 |
| 北京 | | | | | |
| 天津 | 9.6 | | | | |

(续表)

| 地区 | 可收集资源量 | | | | |
|---|---|---|---|---|---|
| | 棉花 | 油菜 | 花生 | 豆类 | 薯类 |
| 河北 | 188.53 | 60.42 | 168.48 | 37.21 | 170.42 |
| 山西 | 2.2 | 5.8 | 1.48 | 30.16 | 95.48 |
| 内蒙古 | | 18.46 | 8.58 | 215.36 | 149.81 |
| 辽宁 | | | 51.52 | 23.9 | 5.57 |
| 吉林 | | | 80 | 40 | |
| 黑龙江 | | | | 888.08 | 44.35 |
| 上海 | | 1.26 | | | |
| 江苏 | 8.3 | 125.29 | 39.62 | 63.01 | 15.57 |
| 浙江 | 5.16 | 43.93 | 7.2 | 47.65 | 54.74 |
| 安徽 | 62.03 | 119.02 | 78.95 | 127.74 | 71.01 |
| 福建 | 0.02 | 2.02 | 35.4 | 17.11 | 135.46 |
| 江西 | 23.26 | 102.02 | 53.01 | 30.33 | 79.11 |
| 山东 | 208.15 | 13.22 | 231.49 | 143.97 | 160.63 |
| 河南 | 52.2 | 63.97 | 495.59 | 112.22 | 175.68 |
| 湖北 | 107.18 | 366.11 | 64.17 | 77.17 | 116.23 |
| 湖南 | 58.84 | 293.87 | 35.03 | 71.57 | 119.66 |
| 广东 | | 1.2 | 148.5 | 20 | 20.4 |
| 广西 | 3.3 | 38.97 | 105.94 | 72.34 | 126.36 |
| 海南 | | | 11.37 | 6.08 | 130.87 |
| 重庆 | | 61.43 | 10.42 | 46.53 | 192.4 |
| 四川 | 1.68 | 326.82 | 86.75 | 70.35 | 234.55 |
| 贵州 | 0.14 | 117.62 | 6.08 | 16.01 | 184.33 |
| 云南 | | 51.39 | | 81.94 | 102.05 |
| 西藏 | | 7.9 | 0.04 | 1.17 | 0.25 |
| 陕西 | 3.45 | 49.14 | 3.5 | 29.24 | 29.62 |
| 甘肃 | 17.57 | 103.8 | 1.07 | 38.14 | 265.52 |
| 青海 | | 36.12 | | 4.27 | 40.08 |
| 宁夏 | | | | | 32.63 |
| 新疆 | 1 570.23 | 35.67 | 0.34 | 6.44 | 41.12 |

| 地区 | 已利用量 | | | | |
|---|---|---|---|---|---|
| | 合计 | 肥料化 | 饲料化 | 燃料化 | 基料化 | 原料化 |
| 全国 | 70 020.8 | 39 582.64 | 16 271.71 | 10 636.86 | 1 626.15 | 1 903.44 |
| 北京 | 52.38 | 34.33 | 17.86 | 0.19 | | |
| 天津 | 219.45 | 177.85 | 24.18 | 9.2 | 0.02 | 8.2 |
| 河北 | 5 655.73 | 3 945.2 | 1 318.37 | 279.86 | 61.48 | 50.82 |
| 山西 | 1 901.5 | 1 120.72 | 541.14 | 174.67 | 33.79 | 31.18 |

(续表)

| 地区 | 已利用量 | | | | | |
| --- | --- | --- | --- | --- | --- | --- |
| | 合计 | 肥料化 | 饲料化 | 燃料化 | 基料化 | 原料化 |
| 内蒙古 | 2 608.67 | 797.89 | 1 042.02 | 746.62 | 10.23 | 11.91 |
| 辽宁 | 2 458.63 | 594.82 | 832.68 | 899.57 | 27.26 | 104.3 |
| 吉林 | 2 829 | 804 | 600 | 1 370 | 14 | 41 |
| 黑龙江 | 6 825.42 | 3 600.34 | 1 048.14 | 2 065.72 | 21.28 | 89.94 |
| 上海 | 107.03 | 97.12 | 2.06 | 3.62 | 4.23 | |
| 江苏 | 3 384.04 | 2 265.29 | 236.23 | 504.44 | 142.17 | 235.92 |
| 浙江 | 847.25 | 617.8 | 111.38 | 64.05 | 34.94 | 19.08 |
| 安徽 | 4 217.71 | 3 103.91 | 413.96 | 552.31 | 85.96 | 61.57 |
| 福建 | 561.73 | 405.64 | 91.2 | 16.72 | 39.56 | 8.61 |
| 江西 | 2 196.14 | 1 589.87 | 229.29 | 230.31 | 93.58 | 53.1 |
| 山东 | 7 649.45 | 5 002.15 | 1 572.23 | 427.6 | 323.57 | 323.9 |
| 河南 | 6 845.21 | 4 977.89 | 1 177.93 | 348.4 | 122.8 | 218.2 |
| 湖北 | 2 617.51 | 1 229.99 | 397.74 | 690.45 | 114.42 | 184.91 |
| 湖南 | 2 293.96 | 1 262.95 | 347.16 | 432.83 | 159.71 | 91.32 |
| 广东 | 942 | 685 | 74 | 178 | 5 | |
| 广西 | 2 079.43 | 1 261.44 | 456.65 | 251.52 | | 109.82 |
| 海南 | 220.92 | 47.08 | 131.84 | 40.3 | | 1.7 |
| 重庆 | 787.21 | 325.21 | 223.75 | 191.6 | 27.38 | 19.27 |
| 四川 | 2 901.07 | 1 784.57 | 509.8 | 439.46 | 118.5 | 48.74 |
| 贵州 | 893.44 | 437.72 | 266.09 | 137.79 | 31.07 | 20.76 |
| 云南 | 1 117.31 | 619.99 | 313.67 | 168.37 | 6.4 | 8.88 |
| 西藏 | 118.22 | 15.07 | 100.49 | | 2.66 | |
| 陕西 | 1 226.61 | 858.62 | 210.3 | 55.8 | 53.1 | 48.79 |
| 甘肃 | 1 814.87 | 159.88 | 1 420.18 | 161.01 | 26.68 | 47.11 |
| 青海 | 131.54 | 27.87 | 50.17 | 46.08 | 4.43 | 2.99 |
| 宁夏 | 326.61 | 42.61 | 210 | 32 | 7 | 35 |
| 新疆 | 4 190.75 | 1 689.83 | 2 301.19 | 118.37 | 54.93 | 26.43 |

数据来源：《2017 年度全国农村可再生能源统计汇总表（征求意见）》

## 二、农用塑料薄膜使用量（表110）

表110　2017年分地区农用塑料薄膜使用量

| 地区 | 农用塑料薄膜使用量（吨） | | 地膜使用量（吨） | | 地膜覆盖面积（公顷） | |
| --- | --- | --- | --- | --- | --- | --- |
| | 2016 年 | 2017 年 | 2016 年 | 2017 年 | 2016 年 | 2017 年 |
| 全国 | 2 602 609 | 2 528 365 | 1 470 110 | 1 436 606 | 18 401 203 | 18 657 169 |
| 北京 | 9 867 | 8 973 | 2 605 | 2 342 | 13 440 | 11 620 |
| 天津 | 11 644 | 10 906 | 3 942 | 3 751 | 53 740 | 53 711 |

(续表)

| 地区 | 农用塑料薄膜使用量（吨） | | 地膜使用量（吨） | | 地膜覆盖面积（公顷） | |
| --- | --- | --- | --- | --- | --- | --- |
| | 2016 年 | 2017 年 | 2016 年 | 2017 年 | 2016 年 | 2017 年 |
| 河北 | 138 434 | 128 100 | 65 123 | 61 564 | 1 065 312 | 1 000 371 |
| 山西 | 48 922 | 49 998 | 32 641 | 31 734 | 587 904 | 588 132 |
| 内蒙古 | 95 631 | 94 306 | 73 527 | 77 593 | 1 279 544 | 1 333 222 |
| 辽宁 | 137 273 | 124 791 | 38 114 | 37 906 | 324 903 | 310 755 |
| 吉林 | 59 565 | 60 752 | 28 423 | 29 874 | 179 668 | 192 955 |
| 黑龙江 | 82 575 | 79 770 | 32 536 | 31 185 | 306 686 | 284 710 |
| 上海 | 17 062 | 15 664 | 4 536 | 3 800 | 18 152 | 16 551 |
| 江苏 | 113 941 | 115 085 | 45 481 | 44 986 | 610 513 | 601 693 |
| 浙江 | 67 300 | 67 891 | 29 082 | 28 945 | 157 962 | 157 958 |
| 安徽 | 96 966 | 97 601 | 42 728 | 43 089 | 428 897 | 427 543 |
| 福建 | 62 424 | 62 415 | 31 547 | 31 882 | 139 880 | 140 238 |
| 江西 | 52 757 | 53 509 | 32 724 | 33 198 | 132 260 | 133 656 |
| 山东 | 297 961 | 287 098 | 121 014 | 114 244 | 2 091 689 | 1 989 055 |
| 河南 | 163 149 | 157 298 | 76 081 | 73 023 | 1 019 290 | 984 362 |
| 湖北 | 67 306 | 65 876 | 38 018 | 37 585 | 405 930 | 404 130 |
| 湖南 | 84 679 | 85 209 | 56 630 | 56 594 | 726 204 | 724 379 |
| 广东 | 45 505 | 45 867 | 26 166 | 26 708 | 134 642 | 139 083 |
| 广西 | 48 445 | 47 693 | 36 953 | 36 300 | 566 702 | 574 517 |
| 海南 | 26 704 | 27 642 | 15 057 | 16 643 | 46 174 | 48 735 |
| 重庆 | 45 265 | 45 479 | 24 520 | 24 642 | 255 292 | 256 632 |
| 四川 | 132 384 | 130 993 | 92 191 | 90 949 | 1 007 757 | 996 719 |
| 贵州 | 51 053 | 51 138 | 30 758 | 31 901 | 312 434 | 320 498 |
| 云南 | 115 926 | 120 150 | 92 302 | 96 235 | 1 046 414 | 1 065 242 |
| 西藏 | 1 784 | 1 870 | 1 510 | 1 478 | 5 003 | 3 175 |
| 陕西 | 43 717 | 43 954 | 22 313 | 22 322 | 437 530 | 436 924 |
| 甘肃 | 195 092 | 172 188 | 126 954 | 108 388 | 1 372 748 | 1 388 762 |
| 青海 | 7 944 | 8 416 | 6 410 | 6 699 | 72 981 | 76 380 |
| 宁夏 | 15 137 | 15 087 | 11 521 | 11 580 | 196 305 | 199 574 |
| 新疆 | 266 198 | 252 646 | 228 703 | 219 467 | 3 405 247 | 3 795 886 |

数据来源：《2018 年中国农村统计年鉴》

# 第六章 国家重要农业资源台账平台建设

## 第一节 国家重要农业资源台账远程汇交系统建设

### 一、项目概述

**（一）文档编写目的**

本文档对平台项目中各个模块需求进行概要描述，用于指导下一步的详细设计。本文档作为软件详细设计和软件开发的重要依据。软件详细设计人员和编程人员依此作为工作依据。

本文档作为软件编码的重要依据，编程人员将依此作为工作依据。

**（二）项目建设背景**

本项目交办方为中国农业科学院农业资源与区划研究所，承办方为城信迪赛（北京）科技有限公司。

农业资源台账是资源资产化管理是世界经济社会发展的大趋势，自然资源永续利用是国家生态文明战略的重要内容，习近平总书记要求发展经济要算资源环境综合账。2016年，启动重要农业资源台账和国家数据平台搭建工作，确定国家重要农业资源台账数据清单，制定标准规范，编制实施方案，开展数据收集、整理等工作。本项目启动建设国家重要农业资源台账远程汇交系统。

### 二、任务概述

**（一）目标**

为满足各级用户在线填报的需求，保障国家重要农业资源台账数据收集工作的顺利进行，构建网络版国家重要农业资源台账远程汇交系统，提供一个稳定的、便捷的、责任清晰在线填报环境。具体目标如下：

——构建网络版系统，简化数据填报流程；

——采取安全管理措施，严格控制各级用户权限，保障信息安全；

——规范省级、地市级和县级用户的填报流程，提高信息填报和审核速度；

——添加数据校验，保证信息填报质量；

——增加界面友好性，便于各用户学习和使用。

### （二）用户特点

本软件的用户多为各省、市、区县农业环保站相关信息填报人员以及少数科研人员，教育水平和专业水平较高。

## 三、功能模块设计说明（图48）

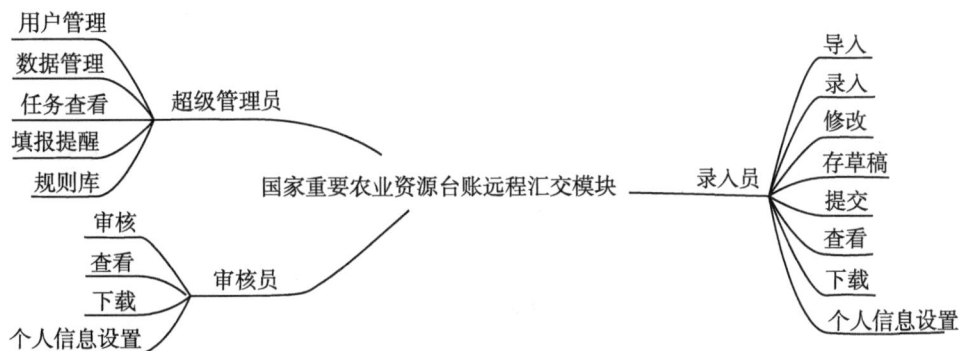

**图48　国家重要农业资源台账远程汇交模块**

### （一）填报数据指标

数据在线填报总分为水资源、农业地资源、生物资源、气候资源、农业废弃物资源及社会经济资源6大类。

填报要求：

为保证数据的有效性及正确性，系统对所有指标均要求在线填报，并提供计算机校验，对不满足校验关系的数据不予填报。

### （二）用户及权限

系统用户共分为三类，录入员、审核员及超级管理员。针对数据填报范围将用户分为县级录入员、县级审核员、市级审核员、市级录入员，省级审核员、省级录入员、国家级审核员、超级管理员，共8种用户。

数据有明确的审核流程，具体流程如下：

——县级数据：县级录入员—县级审核员—地市级审核员—省级审核员—国家级审核员

——地市级数据：地市级录入员—地市级审核员—省级审核员—国家级审核员

——省级数据：省级录入员—省级审核员—国家级审核员

### （三）录入员数据填报

实现台账数据的数据表填报、数据表编辑、数据校验、数据表查看、数据表显示、数据表检索、保存草稿、提交功能以及个人信息设置。

1. 数据表填报

（1）概述　实现台账数据表的添加。

(2) IPO 表（表 111）

表 111　录入员数据表填报

| 功能 | 输入 | 处理 | 输出 |
|---|---|---|---|
| 表添加 | 点击要添加表的表名 | | 弹出所选择要添加的表的界面 |

2. 数据表编辑

(1) 概述　实现对台账数据表的编辑

(2) IPO 表（表 112）

表 112　录入员数据表编辑

| 功能 | 输入 | 处理 | 输出 |
|---|---|---|---|
| 表编辑 | 首先选中要编辑的表，点击编辑打开表，在表的文本框填写 | 系统收到表编辑的请求，对表状态进行查询，已提交待审核的表不予编辑；可编辑的对编辑的表信息进行记录 | |

3. 保存草稿

(1) 概述　实现对台账数据表的填写情况的草稿保存。

(2) IPO 表（表 113）

表 113　录入员保存草稿

| 功能 | 输入 | 处理 | 输出 |
|---|---|---|---|
| 保存草稿 | 点击保存草稿 | 系统收到保存草稿的请求，将该表所填写的信息进行保存 | |

4. 提交审核

(1) 概述　实现对台账数据表的提交审核。

(2) IPO 表（表 114）

表 114　录入员提交审核

| 功能 | 输入 | 处理 | 输出 |
|---|---|---|---|
| 提交审核 | 点击提交 | 系统收到提交的请求，将该表的填写信息提交至审核员 | 提交录入后的表，录入员用户没有权限对其进行修改。审核员用户界面出现提交的数据表信息 |

5. 数据表删除

(1) 概述　实现对台账数据表的删除。

(2) IPO 表（表 115）

表 115　录入员数据表删除

| 功能 | 输入 | 处理 | 输出 |
|---|---|---|---|
| 表删除 | 选中要删除的表,点击删除 | 系统收到表删除的请求,删除所选择的表 | 该表从表显示框中消失 |

6. 信息校验

(1) 概述　在进行台账数据表的信息填报时完成信息校验,校验关系详见填报指南。

(2) IPO 表(表 116)

表 116　录入员信息校验

| 功能 | 输入 | 处理 | 输出 |
|---|---|---|---|
| 数据校验 | 在数据表填报或编辑时填报下一项数据 | 系统对填报的数据阈值进行实时校验 | 若填报数据不满足校验则不允许继续填报并提示填报有误,若填报数据正确则允许继续填报 |
| 关系校验 | 当数据填报完成点击提交时 | 对关系式类型(如 a=b+c)的校验在点击提交时进行 | 若所有填写结果符合要求,则信息校验结果正确,直接提交成功;若填写结果有不符合校验的地方,则输出校验不符的提示结果,并且不符的填报项成高亮状态 |

7. 数据表列表

(1) 概述　在列表中显示所有的已填报数据表。

(2) IPO 表(表 117)

表 117　录入员数据填入表

| 功能 | 输入 | 处理 | 输出 |
|---|---|---|---|
| 数据表查看 | | 系统收到数据表提交的请求后,输出所有数据表列表信息 | 在列表中显示所有的数据表信息,包括年份、数据表名称、地区范围、审核状态 |

8. 数据表内容显示

(1) 概述　实现数据表内容显示的功能。

(2) IPO 表(表 118)

表 118　录入员数据表内容显示

| 功能 | 输入 | 处理 | 输出 |
| --- | --- | --- | --- |
| 数据表显示 | 双击列表中的数据表或选中调查表点击编辑 | 系统收到数据表显示的请求，输出选中数据表的界面 | 弹出数据表界面 |

9. 数据表检索

（1）概述　实现台账数据表的关键字模糊检索和字段检索。

（2）IPO 表（表 119）

表 119　录入员数据表检索

| 功能 | 输入 | 处理 | 输出 |
| --- | --- | --- | --- |
| 数据表检索 | 在检索框中输入数据表相关关键字 | 系统收到数据查表检索的请求，输出包含关键字数据表 | 在列表中显示包含关键字的数据表 |

**（四）审核员数据审核**

1. 数据表列表

（1）概述　在列表中显示所有的已提交的数据表。

（2）IPO 表（表 120）

表 120　审核员数据表列表

| 功能 | 输入 | 处理 | 输出 |
| --- | --- | --- | --- |
| 数据表查看 |  | 输出所有数据表列表信息 | 在列表中显示所有的数据表信息，包括年份、数据表名称、地区范围、审核状态 |

2. 数据表检索

（1）概述　实现台账数据表的地区名称、年份、表名等关键字模糊检索和字段检索。

（2）IPO 表（表 121）

表 121　审核员数据表检索

| 功能 | 输入 | 处理 | 输出 |
| --- | --- | --- | --- |
| 数据表检索 | 在检索框中输入数据表相关关键字 | 系统收到数据查表检索的请求，输出包含关键字数据表 | 在列表中显示包含关键字的数据表 |

3. 数据表内容显示

（1）概述　实现数据表内容显示的功能。

（2）IPO 表（表 122）

表 122　审核员数据表内容显示

| 功能 | 输入 | 处理 | 输出 |
| --- | --- | --- | --- |
| 数据表显示 | 双击列表中的数据表或选中调查表点击编辑 | 系统收到数据表显示的请求，输出选中数据表的界面 | 弹出数据表界面 |

4. 数据审核

（1）概述　审核员对录入员录入的数据进行审核，审核出现问题的数据，可通过退回至录入人员重新录入数据的方式解决。

（2）IPO 表（表 123）

表 123　审核员数据审核

| 功能 | 输入 | 处理 | 输出 |
| --- | --- | --- | --- |
| 数据审核 | 选中要进行审核的数据，点击审核。 | 系统收到对选中数据进行审核的请求，发出数据审核的命令。 | 弹出要审核的表，进入审核状态，审核员核对数据有误、需要退回的数据表填写审核意见，系统将审核意见以邮件的形式发送到录入员邮箱，审核通过的数据提交到上一级审核员 |

### （五）超级管理员

1. 用户管理

系统初始阶段按照行政区划表自动分配各级、各权限用户，用户名及密码初始值为：

——省级、地市级、县级录入员：LRY+行政区划代码，如 LRY130000 为河北省省级录入员，用户名及密码相同；

——省级、地市级、县级审核员：SHY+行政区划代码，如 SHY130000 为河北省省级审核员，用户名及密码相同；

——国家级审核员及超级管理员等用户通过添加用户功能分配用户。

2. 用户添加

（1）概述　通过该功能实现新用户的添加。

（2）IPO 表（表 124）

表 124　超级管理员用户添加

| 功能 | 输入 | 处理 | 输出 |
| --- | --- | --- | --- |
| 用户添加 | 点击用户添加，弹出用户添加的对话框，在对话框中填写登录名称、初始密码，进行用户角色、录入范围和录入审核区划代码的选择，点击确定 | 系统收到用户添加的请求，实现用户注册信息的读取和用户的新建 | 新建一个用户，用户信息为用户添加时所填写的信息 |

### 3. 用户编辑

(1) 概述 通过该功能实现对用户信息的编辑。

(2) IPO 表（表 125）

表 125 超级管理员用户编辑

| 功能 | 输入 | 处理 | 输出 |
|---|---|---|---|
| 用户编辑 | 点击用户编辑，弹出用户编辑的对话框，在对话框中进行对登录名称、初始密码、用户角色、录入范围、录入审核区划代码的修改，点击确定 | 系统收到用户编辑的请求，对用户编辑信息的读取和用户信息的修改 | 实现用户信息的编辑 |

### 4. 用户删除

(1) 概述 通过该功能实现对用户的删除。

(2) IPO 表（表 126）

表 126 超级管理员用户删除

| 功能 | 输入 | 处理 | 输出 |
|---|---|---|---|
| 用户删除 | 在用户列表中选中要删除的用户，点击删除 | 系统收到用户删除的请求，删除选中用户 | 实现选中用户的删除 |

### 5. 数据管理

(1) 数据表列表

①概述：在列表中显示所有的已审核通过的数据表。

②IPO 表（表 127）

表 127 超级管理员数据表列表

| 功能 | 输入 | 处理 | 输出 |
|---|---|---|---|
| 数据表查看 |  | 输出所有数据表列表信息 | 在列表中显示所有的数据表信息，包括年份、数据表名称、地区范围 |

(2) 数据表检索

①概述：实现台账数据表的地区名称、年份、表名等关键字模糊检索和字段检索。

②IPO 表（表 128）

表 128 超级管理员数据表检索

| 功能 | 输入 | 处理 | 输出 |
|---|---|---|---|
| 数据表检索 | 在检索框中输入数据表相关关键字 | 系统收到数据查表检索的请求，输出包含关键字数据表 | 在列表中显示包含关键字的数据表 |

## 第六章 国家重要农业资源台账平台建设

(3) 数据表内容显示
①概述：实现数据表内容显示的功能。
②IPO 表（表 129）

表 129　超级管理员数据表内容显示

| 功能 | 输入 | 处理 | 输出 |
| --- | --- | --- | --- |
| 数据表显示 | 双击列表中的数据表或选中调查表点击编辑 | 系统收到数据表显示的请求，输出选中数据表的界面 | 弹出数据表界面 |

6. 任务管理
（1）概述　对任务完成情况分省以列表、报告及地图的形式进行展示。其中每个省的任务量是指根据行政区划表统计的县个数。
（2）IPO 表（表 130）

表 130　超级管理员任务管理

| 功能 | 输入 | 处理 | 输出 |
| --- | --- | --- | --- |
| 列表展示 | 输入需要进行任务查看的省份、年份、数据表 | 系统根据条件，统计该年份该省份该数据表的填报数据量，对填报量与任务量进行对比 | 输出填报情况列表，表头包括年份、省份、表名、任务量、填报量、完成情况 |
| 生成文档报告 | 输入需要进行任务查看的省份、年份、数据表，点击生成报告 | 系统根据条件，统计该年份该省份该数据表的填报数据量 | 生成报告，内容为×省共有多少个县，×年×数据共填报数据多少 |
| 生成地图报告（单个数据表） | 输入需要进行任务查看的省份、年份、数据表，点击生成报告 | 系统根据条件，统计该省每个县的填报情况，并在地图中以不同颜色表示数据填报与否（2级） | 填报情况专题图，图名为×年×地×数据填报汇总情况 |
| 生成地图报告（全部数据表） | 输入需要进行任务查看的省份、年份，点击生成报告 | 系统根据条件，统计该省每个县的填报情况，并在地图中以不同颜色表示数据的填报比例，每20%为一级，共划分为5级 | 填报情况专题图，图名为×年×地台账数据填报汇总情况 |

7. 规则库
（1）概述　对数据填报时专家设定的各种约束条件进行控制，超级管理员可以进行条件的修改。
（2）IPO 表（表 131）

表 131　超级管理员规则库

| 功能 | 输入 | 处理 | 输出 |
| --- | --- | --- | --- |
| 规则库管理 | 更改指标项的阈值、必填/选填要求、定义 | 系统收到数据，将更改的内容存入数据库中 | |

8. 填报提醒

(1) 概述　对填报任务的截止日期及提醒频次可以设置，并通过邮箱统一给所有用户发送通知，并根据该日期该频次对未完成填报任务的用户发送后续通知。

(2) IPO 表（表132）

表132　超级管理员填报提醒

| 功能 | 输入 | 处理 | 输出 |
| --- | --- | --- | --- |
| 填报提醒 | 设定提醒，输入截止日期与提醒频次 | 系统收到数据，实现首次邮件通知所有用户 | 邮件通知所有用户，内容为××日期前完成所有数据的填报工作 |
| 定期提醒 | | 系统根据提醒设定时间、提醒频次、截止日期进行时间推算，定期发送邮件提醒 | 邮件通知数据未完全填报的用户，内容为××日期前完成所有数据的填报工作 |

（六）用户初始化实名登记

(1) 概述　录入员和审核员在信息填报和信息审核前的实名信息登记功能。

(2) IPO 表（表133）

表133　用户初始的实名登记

| 功能 | 输入 | 处理 | 输出 |
| --- | --- | --- | --- |
| 用户初始化实名登记 | 用户分配完成后，第一次登陆系统时，弹出完善个人信息（姓名、电话、邮箱、工作单位等）的消息，进行实名登记才能进行下一步工作 | 系统收到用户初始化实名登记请求，记录用户的实名登记信息 | 实现用户初始化实名信息的登记。用户信息在用户下一步工作所要填报或审核的表中显示出来 |

（七）个人信息设置

(1) 概述　录入员和审核员各级用户可以登陆之后对个人信息进行修改。

(2) IPO 表（表134）

表134　个人信息设置

| 功能 | 输入 | 处理 | 输出 |
| --- | --- | --- | --- |
| 个人信息设置 | 用户登陆系统点击个人信息设置 | 系统收到个人信息设置请求，记录信息修改内容 | 实现个人信息的更改 |

（八）系统登陆

各级用户登陆系统使用IE10.0及以上、谷歌、火狐浏览器，输入系统访问地址进入，输入用户名、密码及绑定邮箱的动态验证码进行登陆，保证用户及系统的安全性。

（九）参数查询

参数查询功能是为用户提供参数查看的功能，以便用户在数据录入的时候查看相关的参数。提供在线查看及下载两种方式的参数查询。

用户可查看的参数主要包括行政区划代码、6个数据表相关填报指南。行政区代码包括全国各省、地级市、各区县行政区代码；填报指南主要包括台账指标定义、阈值、填报要求、数据更新周期、单位、数据来源、示例等内容。

### （十）数据备份

1. 定期备份

定期对数据库进行自动备份。系统设置的默认备份周期为每天凌晨，根据系统具体需求可进行修改。

2. 手动备份

根据设定的数据备份路径，将数据库数据实时备份到该路径下。

## 第二节　国家重要农业资源台账管理系统建设

### 一、引言

#### （一）编写目的

本文档的预期读者为中国农业科学院台账管理系统项目组的相关人员，包括用户管理人员、实施人员、测试人员等。本文档力求能够厘清"国家重要农业资源台账管理系统"的主要业务需求、功能范围、性能要求以及安全性要求，为后续开发人员的系统设计、开发、实施以及系统测试提供依据。

#### （二）建设背景

土地、水、气候、生物等重要农业资源是发展农业生产、实现农业现代化的基础。

农业资源数据管理分散、底数不清，成为农业现代化发展的短板。

建设国家重要农业资源台账管理系统是贯彻落实党中央国务院关于加快推进生态文明建设决策部署，是《全国农业现代化规划（2016—2020年）》的要求。

#### （三）定义

1. HTML5

HTML语言作为如今编程最为广泛的语言，具有易用、快捷、多浏览平台兼容等特点，但是随着时代的进步，HTML的标准却停滞不前，尚在不断开发中的HTML5标准的更新给它带来了新的生命力。W3C在HTML 5 proposal中为HTML 5赋予了这样的使命，弥补了上一代HTML的不足，具体说，实现了Flash，Silverlight，JavaFX所能实现的功能；HTML 5是近十年来Web开发标准最巨大的飞跃。和以前的版本不同，HTML 5并非仅仅用来表示Web内容，它的新使命是将Web带入一个成熟的应用平台，在HTML 5平台上，视频、音频、图像、动画以及同电脑的交互都被标准化。

2. Web Services

Web Services是一种革命性的分布式计算技术。从表面上看，Web Services就是一个应用程序，它向外部暴露了一个能够通过网络进行调用的API。它使用基于XML的消息处理作为基本的数据通信方式，消除使用不同组件模型、操作系统和编程语言的系统之间存在的差异，使异类系统能够作为计算网络的一部分协同运行。开发人员可以使用像过去创建分布式应用程序时使用组件的方式，创建由各种来源的Web服务组合在一起的应用程序。由于Web服务是建立在一些通用协议的基础上，如HTTP（Hypertext Transfer Protocol，WWW服务程序所用的协议），XML，WSDL（Web Services Description Language，Web服务描述语言），UDDI（Universal Description, Discovery, and Integration，通用描述发现和集成协议）等，这些协议在涉及操作系统、对象模型和编程语言的选择时，没有任何倾向，因此Web Services将会有很强的生命力。

3. WFS

支持对地理要素的插入、更新、删除、检索和发现服务。该服务根据HTTP客户请求返回GML（Geography Markup Language，地理标识语言）数据。WFS对应于常见桌面程序中的条件查询功能，WFS通过OGC Filter构造查询条件，支持基于空间几何关系的查询，基于属性域的查询，当然还包括基于空间关系和属性域的共同查询。

4. WMS

Web地图服务（Web map service，WMS）利用具有地理空间位置信息的数据制作地图。其中将地图定义为地理数据可视的表现。

（四）参考资料

——《UML和统一过程实用面向对象的分析和设计》

——《UML用户指南》

——《用UML构建Web应用》

## 二、总体设计

### （一）系统架构设计（图49）

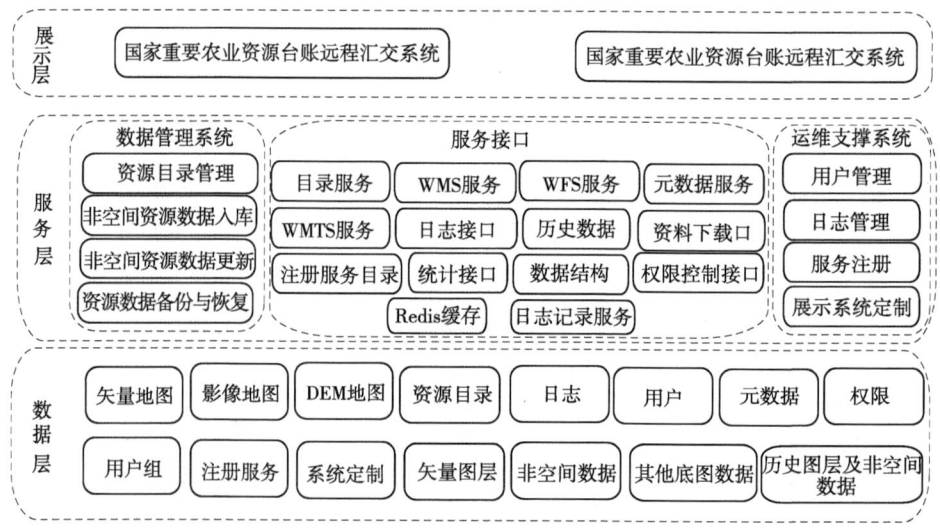

图49　国家重要农业资源台账管理系统架构

## 第六章 国家重要农业资源台账平台建设

1. 数据层

数据层包括以下数据（表135）：

表135 系统数据层类型

| 数据类型 | 存储格式 | 备注 |
| --- | --- | --- |
| 空间数据 | Shp、raster | 矢量地图、影像地图 |
| 元数据 | Oracle 表 | 农业资源数据的元数据 |
| 非空间数据 | Oracle 表 | 六大农业资源数据 |
| 文档数据 | Swf | 电子文档类数据 |

2. 服务层

服务层包括以下模块（表136）：

表136 气流服务层模块

| 模块 | 功能 | 备注 |
| --- | --- | --- |
| 目录服务 | 管理共享平台数据资源 | |
| WMS 服务 | 管理地图数据 | |
| WFS 服务 | 查询展示地图属性数据 | |
| 日志服务 | 管理系统操作日志 | |
| 元数据服务 | 管理平台元数据 | |

3. 展示层

展示层包括以下模块（表137）：

表137 系统展示层模块

| 模块 | 功能 | 备注 |
| --- | --- | --- |
| 台账展示系统 | 展示台账数据资源及多种查询方式 | |

### （二）需求规定

1. 台账展示系统

（1）系统结构图（图50）

（2）目录展示

——节点展示：点击目录节点，浏览隶属于六大资源模块的数据集（图51）。

（3）综合查询

——数据展示：输入条件，展示数据（表格）（图52）。

——统计图：输入条件，展示统计图（图53）。

——行政边界：根据查询结果（数据集包含行政信息的），展示行政边界（图54）。

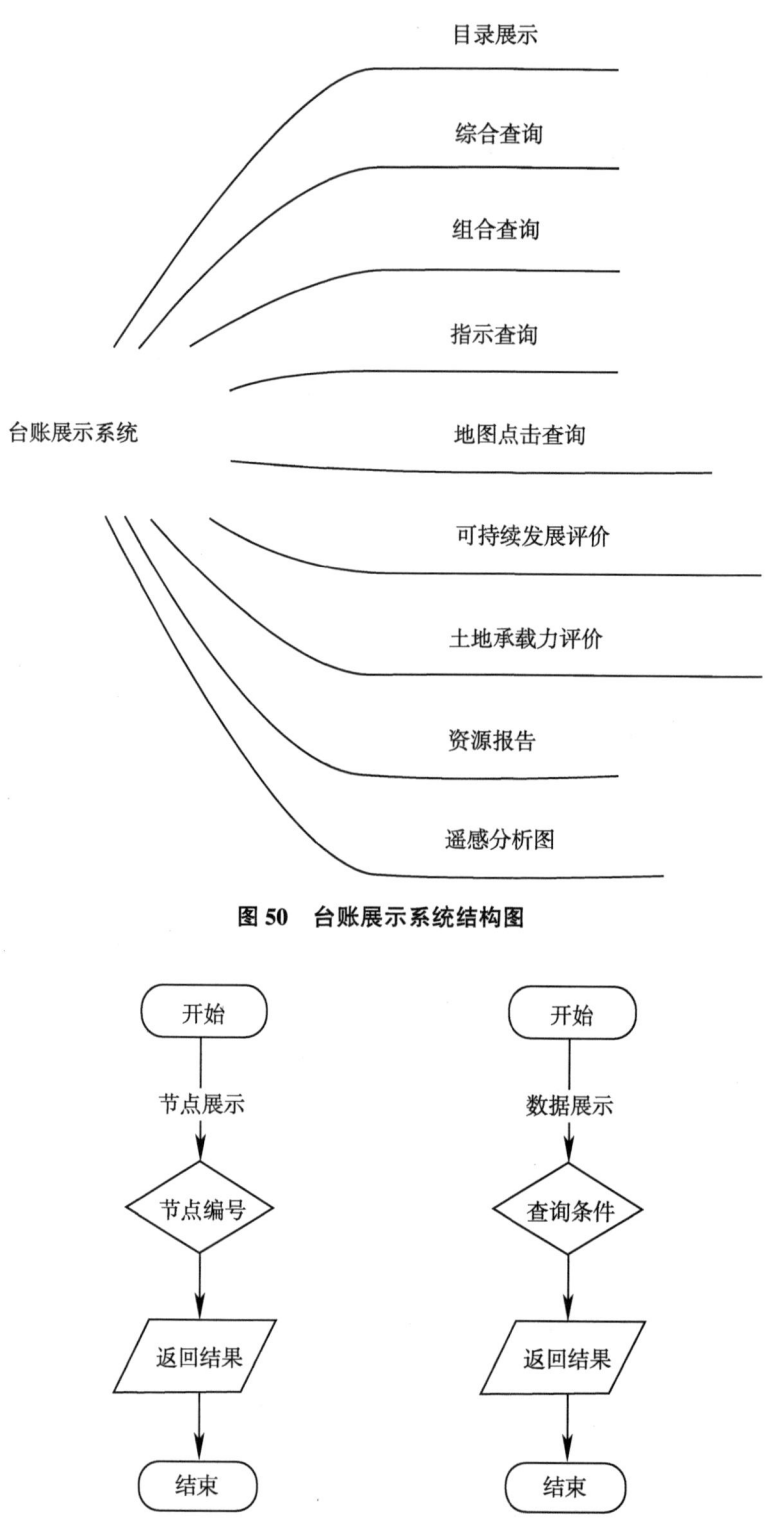

图 50　台账展示系统结构图

图 51　目录节点展示活动图　　图 52　综合查询数据展示活动图

## 第六章　国家重要农业资源台账平台建设

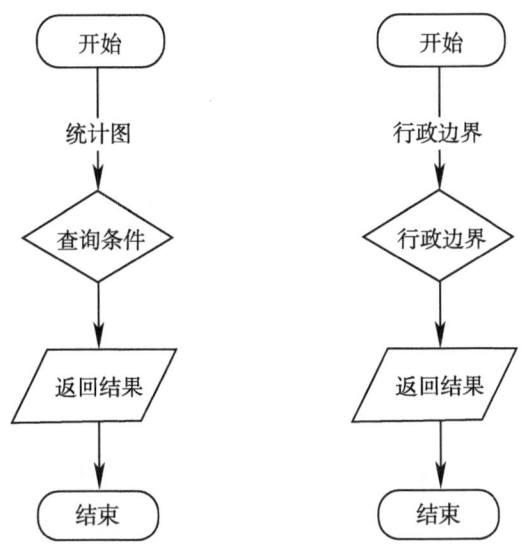

图 53　综合查询统计活动图　　图 54　综合查询行政边界活动图

——动态专题图：点击地图展示（动态展示），展示动态专题图（图55）。

（4）组合查询

——数据展示：输入条件，展示数据（表格）（图56）。

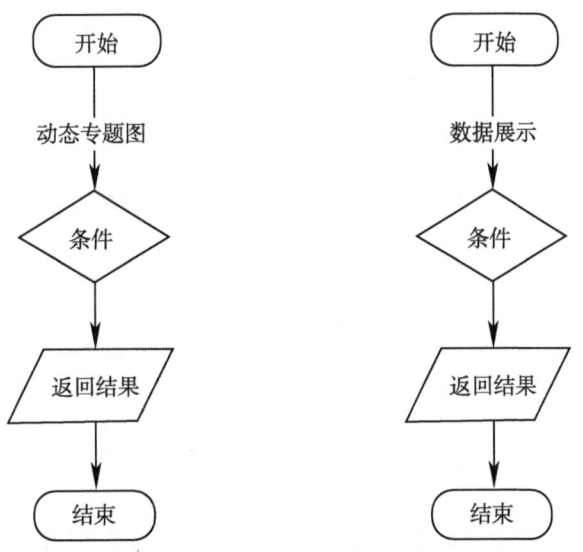

图 55　组合查询动态专题活动图　　图 56　组合查询数据展示活动图

——行政边界：根据查询结果（数据集包含行政信息的），展示行政边界（图57）。

（5）底图

——矢量图：使地图上的底图是矢量图（天地图）（图58）。

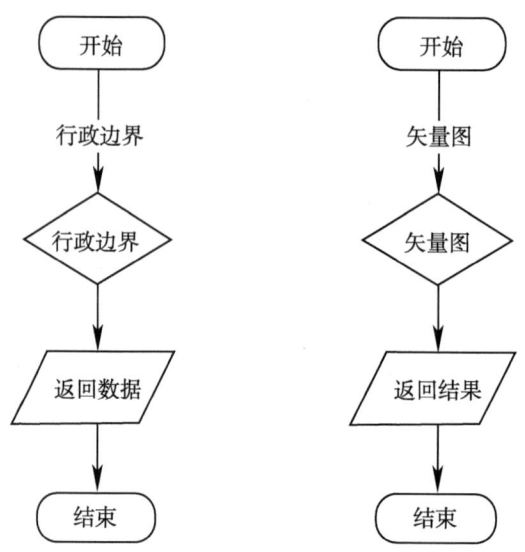

图 57 综合查询行政边界活动图　　图 58 底图矢量图活动图

——加强图：使地图上的底图是加强图（图59）。
——影像图：使地图上的底图是影像（图60）。

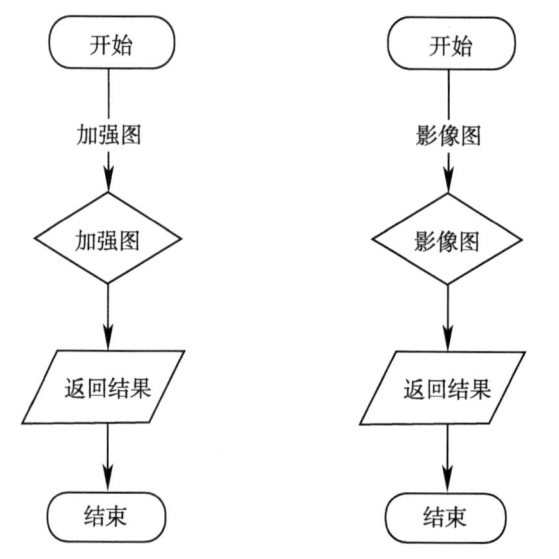

图 59 底图加强图活动图　　图 60 底图影像图活动图

（6）指标检索
——数据展示：输入条件，展示数据（表格）（图61）。
——统计图：输入条件，展示数据（统计图）（图62）。
——站点定位：点击某一站点，在地图高亮显示（图63）。
——动态专题图：点击地图展示（动态展示），展示动态专题图（图64）。

## 第六章 国家重要农业资源台账平台建设

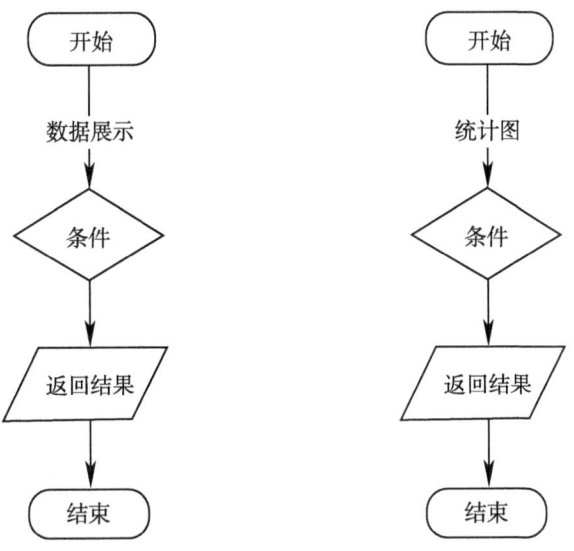

图 61　指标检索数据展示活动图　　图 62　指标检索统计图活动图

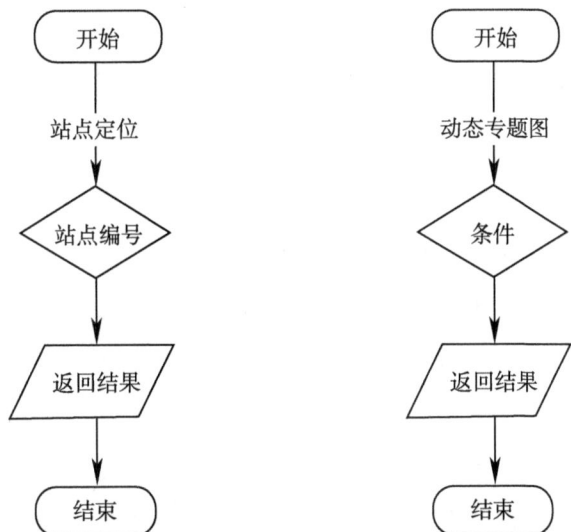

图 63　指标检索站点定位活动图　　图 64　指标检索动态专题活动图

——PDF 文档：点击行政编号，展示相应的地区文档（PDF）（图 65）。
——行政边界：根据查询结果（数据集包含行政信息的），展示行政边界（图 66）。
（7）地图点击查询
——数据展示　输入条件，展示数据（表格）（图 67）。
（8）可持续发展评价　输入条件，展示评价结果（地图分级专题图及表格数据结果）（图 68）。

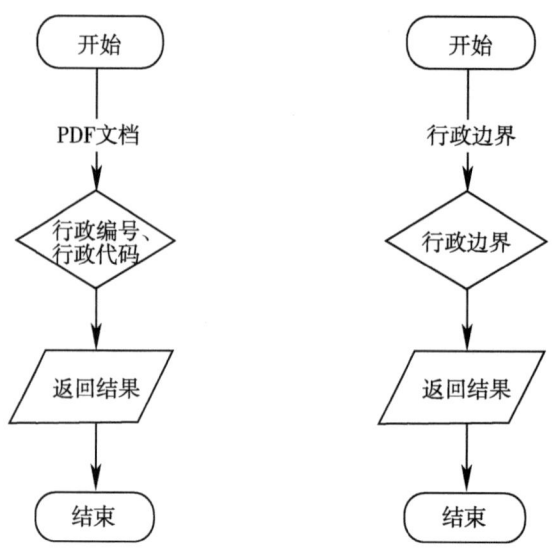

图 65　指标检索 PDF 文档活动图　图 66　指标检索行政边界活动图

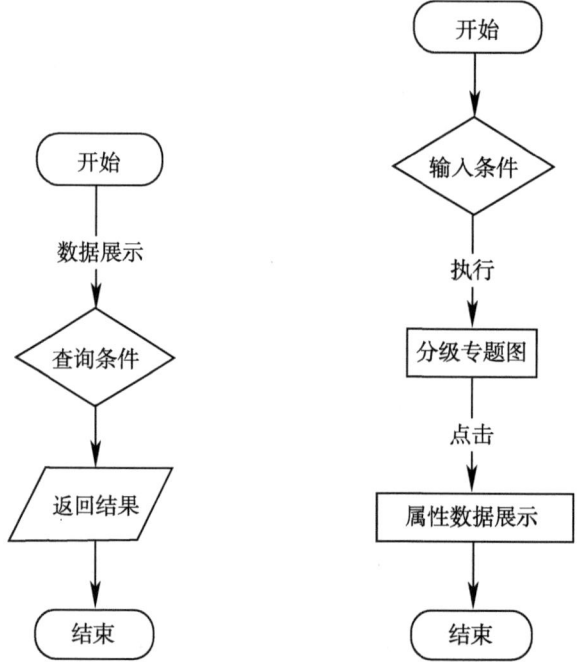

图 67　地图点击查询数据展示活动图　图 68　可持续发展评价活动图

（9）土地承载力评价　输入条件，展示评价结果（地图分级专题图及表格数据结果）（图 69）。

（10）资源报告　点击生成报告，在线预览并可下载（图 70）。

## 第六章 国家重要农业资源台账平台建设

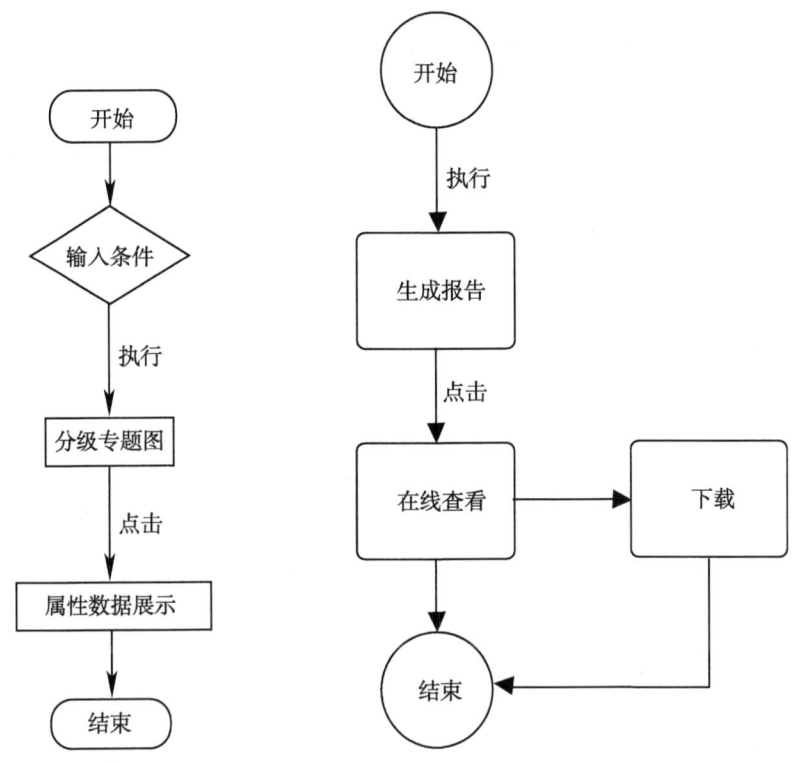

图 69 土地承载力评价活动图　　图 70 资源报告活动图

（11）遥感分析图　点击查看某个遥感分析图，点击地图查询相应位置的遥感属性数据（图 71）。

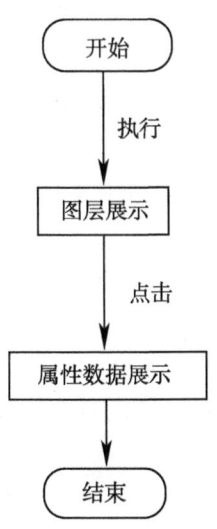

图 71 遥感分析活动图

## (三) 运行环境——服务器设备要求

(1) 设备 应满足如下硬件环境要求（表138）：

表138 服务器设备硬件环境要求

| 服务器 | CPU | 硬盘 | 内存 | 网卡 | 操作系统 |
|---|---|---|---|---|---|
| 数据库服务器 | 2.4G 以上 | 600G 以上 | 25G 以上 | 无 | Windows server2008 |
| 应用程序服务器 | 2.0G 以上 | 1T 以上 | 32G 以上 | 无 | Windows server2008 |

(2) 支持软件

——数据库服务器

操作系统：Microsoft Windows 2008 Server（简体中文版）

数据库：Oracle 11.2.0.1.0

——应用程序服务器

操作系统：Microsoft Windows 2008 Server（简体中文版）

软件：OpenOffice.org 3.2

　　　Swftools

　　　Apatch tomcat7.0

　　　winRAR

——客户机设备要求

操作系统：windows 2003/windows XP/windows 7/windows 8 及以上

浏览器要求：IE11 以上、google

浏览器插件要求：安装 flash player release 10.0 以上

——开发环境

操作系统：windows 2003/windows 7/windows 8/windows 10 及以上

浏览器要求：IE11 以上、google

浏览器插件要求：安装 flash player debug 10.0 以上

软件：My Eclipse 10.7

　　　Apatch tomcat 7.0

　　　Swftools

本系统网络环境如图72，设备描述如下。

应用服务器：放置本系统程序及所有文档及 arcgis 服务

数据库服务器：存储系统数据

(3) 运行组件

前端展示：HTML5+Bootstrap+Jquery

后端程序：JAVA

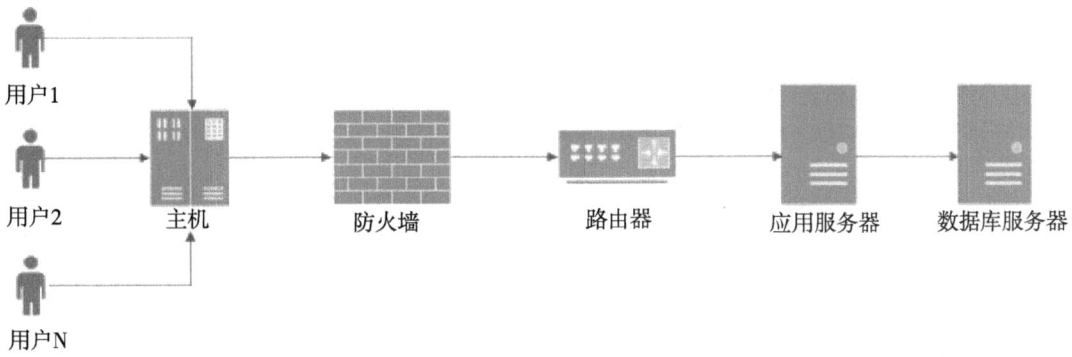

图 72　系统网络结构图

## 三、系统数据结构设计

### （一）数据库选型

本系统的数据库选择为 oracle11g

### （二）数据库结构设计

数据库存储和管理将采用 oracle11g。按照数据库的规划，依据其存储数据的属性和种类，分为不同的表空间，主要分为 DATAMANAGER_ TABLESPACE（存储年鉴数据）、SOURCEMANAGER_ TABLESPACE（存储元数据）。

## 四、故障处理要求

### （一）故障信息（表139）

表139　故障信息

| 故障 | 出错提示 | 处理方法 | 错误级别 |
|---|---|---|---|
| 数据库连接出错 | 用户数据权限设置错误 | 修改数据库配置文件 | 严重 |
| 登录出错 | 用户不存在 | 重输用户名 | 一般警告 |
| 登录出错 | 密码不正确 | 重输密码 | 一般警告 |
| 功能权限不正确 | 功能权限不正确 | 重新配置权限 | 一般警告 |
| 网络连接超时 | 网络连接超时 | 重新登录 | 一般警告 |
| 上传文件出错 | 上传文件失败 | 重新上传 | 一般警告 |
| 下载文件出错 | 下载文件失败 | 重新下载 | 一般警告 |
| 新增数据无法入库 | 名称重名 | 重输 | 一般警告 |
| 数据库出错 | | 重启数据库服务 | 严重 |
| 未知错误 | | 重启系统 | 严重 |
| 数据库系统崩溃 | | 利用增量备份数据，进行数据库恢复 | 严重 |
| 应用服务器崩溃 | | 重新启动 | 严重 |

## （二）补救措施

对系统可能出现的较大故障设计补救措施。

后备技术，说明准备采用的后备技术，当原始系统数据万一丢失时启用副本建立和启动技术，例如周期性地把磁盘信息记录到磁带上去就是对于磁盘媒体的一种后备技术；

降效技术，说明准备采用的降效技术，使用另一个效率稍低的系统或方法来求得所需结果的某些部分，例如一个自动系统的降效技术可以是手工操作和数据的人工记录；恢复及再启动技术，说明将使用的恢复再启动技术，使软件从故障点恢复执行或使软件从头开始重新运行的方法。

## 五、其他专门要求

### （一）系统维护设计

定时对服务进行巡检，发现错误会将错误发给系统维护人员。

### （二）安全保密设计

系统的用户安全管理保证了只有经过授权的用户才能进入系统对数据进行操作，对于一些重要的数据，系统可设置为只有更高权限的人员方可读取或操作。

# 第七章 我国农业资源台账建设发展趋势展望

## 第一节 农业资源节约优先与台账制度若干问题思考

恩格斯在《自然辩证法》（1873—1883年）中指出，"我们一天天地学会更加正确地理解自然规律，学会认识我们对自然界的惯常行程的干涉所引起的比较近或比较远的影响。特别从21世纪自然科学大踏步前进以来，我们就越来越能够认识到，因而也学会支配至少是我们最普通的生产行为所引起的比较远的自然影响"。我国以占世界7%的耕地，生产了占世界17%的谷物，解决了占世界22%以上人口的吃饭问题。习近平总书记指出，"耕地是我国最为宝贵的资源。我国人多地少的基本国情，决定了我们必须把关系十几亿人吃饭大事的耕地保护好，绝不能有闪失。要实行最严格的耕地保护制度，依法依规做好耕地占补平衡，规范有序推进农村土地流转，像保护大熊猫一样保护耕地""要把生态环境保护放在更加突出位置，要算大账、算长远账、算整体账、算综合账"。农业是高度依赖自然资源的产业，也是资源节约潜力最大的产业。2016年，国务院《关于印发全国农业现代化规划（2016—2020）的通知》提出"建立重要农业资源台账制度"。党的"十九大"报告明确指出"加快推进生态文明体制改革，必须坚持节约优先、保护优先、自然恢复为主的方针"。今后一个时期，我国农业资源利用管理要通过建立资源台账制度，扎实落实节约优先的基本遵循和战略要求。坚持节约优先方针，要在理念上尽快树立现代农业资源观，在路径上突出抓好建立农业资源监测体系、分类推进农业资源资产化、构建资源节约型绿色生产体系、建立资源节约长效机制等4项任务。近期可结合国家农业可持续发展试验示范区创建，将4项任务细化为操作指南，在试验示范区内率先探索建立重要农业资源台账制度，推动农业尽快走上资源节约、绿色发展的道路。

### 一、坚持节约优先，尽快树立现代农业资源观

我国人均耕地只有世界平均水平的38%，水资源总量仅占世界的6%，人均不足世界平均水平的1/4，是世界上13个贫水国家之一。而且水土资源时空分布不均匀，

南方地区拥有水资源 67.1 万立方米/平方千米，北方地区仅有 8.7 万立方米/平方千米，南方地区是北方地区的 7.7 倍，有地没水、有水没地的资源不匹配矛盾比较突出。因水土流失、贫瘠化、次生盐渍化、酸化导致耕地退化面积已占总面积的 40%以上。90%的天然草原出现不同程度沙化退化，退化、沙化、盐碱化面积还在逐年增加。马克思在《资本论》第一卷（1867 年）中指出，"人在生产中只能像自然本身那样发挥作用，就是说，只能改变物质的形态。不仅如此，他在这种改变形态的劳动中还要经常依靠自然力的帮助。因此，劳动并不是它所生产的使用价值即物质财富的唯一源泉。正像威廉·配第所说，劳动是财富之父，土地是财富之母"。实现农业资源节约优先，关键是加快转变传统发展观念。要充分认识到有用性和有限性是农业资源的基本特性，资源有价和产权明晰是农业资源资产化管理的前提条件，节约集约高效循环是实现农业资源可持续利用的基本途径，尽快树立以有用、有限、有主、有价和有效为核心的"五有"现代农业资源观。

（一）农业资源有用观

有用性是资源的基本特性。资源是财富之源，只要是对人类"有用的东西，都是资源"。习近平总书记指出"生态就是资源，生态就是生产力"。树立农业资源的有用观，要将能为农业所直接利用、重复利用、循环利用的各种资源纳入农业生产系统，不仅包括水、耕地、气候、生物等传统自然资源，还应包括可资源化利用的农业废弃物和生态环境，着力解决农业资源概念、内涵拓展问题。

（二）农业资源有限观

有限性和稀缺性是资源又一基本特征。习近平总书记指出"生态环境没有替代品，用之不觉，失之难存"。在一定的技术条件下，农业资源的数量和承载力是有限的，特别是优质农业资源更为有限。我国是一个农业资源相对缺乏的国家，农业资源总量虽多，但人均占有量少，农业资源供给压力大。特别是随着我国经济社会发展，农业资源的刚性需求还在持续增长，农业资源供需矛盾将长期存在。要树立农业资源的有限观，珍惜和爱护现有的有限的农业资源，着力解决农业资源底数不清、资源利用过度、资源超载、资源退化等问题。全面摸清资源底数，全面推动农业资源节约利用。

（三）农业资源有主观

《中华人民共和国宪法》规定自然资源均属于国家或集体所有，目前的农业资源产权大多存在产权主体缺位、权益关系紊乱等问题。《生态文明体制改革总体方案》中指出，"构建归属清晰、权责明确、监管有效的自然资源资产产权制度"。要树立农业资源的有主观，以明晰使用权主体为重点，细化处置权、受益权等各项权能，分类推进农业资源资产产权制度，改变农业资源名义上"人人有份"、实际上"人人无份"的状态。

（四）农业资源有价观

任何稀缺资源都是有价值的，包括经济、生态和文化等多种价值，这些价值多数可以量化评估,能够在市场上实现。长期以来,我国农业资源无偿或低价使用,资源价格没能反映农业资源的稀缺程度,造成掠夺式资源开发利用和严重浪费。习近平总书记指出"绿水青山就是金山银山,建立反映市场供求和资源稀缺程度、体现生态价值、代际补偿的资源有偿使用制度和生态补偿制度"。要尽快树立农业资源的有价观,加快国家重要农业资源台账制度建设,探索农业资源资产化实现形式和管理方式,促进农业资源的保值增值。

（五）农业资源有效观

应对农业资源日益短缺的形势,树立农业资源的有效观,建立高效农业生产体系,推进农业资源的高效、循环、可持续利用,最大限度地挖掘农业资源的生产潜力,着力解决资源错配、资源浪费、资源低效无效利用问题。目前,我国农业发展整体上还是依靠拼资源拼环境的粗放型生产方式来实现,农业劳动生产率、土地产出率和资源利用率还比较低。习近平总书记指出"要大力节约集约利用资源,推动资源利用方式根本转变,加强全过程节约管理,大幅降低能源、水、土地消耗强度,大力发展循环经济,促进生产、流通、消费过程的减量化、再利用、资源化"。必须加快转变农业生产方式,推进农业降耗节本、提质增效,提高资源利用效率。

## 二、坚持底数清晰,建立农业资源监测体系

当前,我国农业资源存在数据分散、家底不清、变化不察、质量不明等问题,严重影响了农业资源的科学管理。例如,耕地保有量不实,账面数与实际数可能存在差距。国家土地督察公告2015年第1号显示,在对粮食主产区的56个城市开展耕地占补平衡不实、耕地保有量虚增等突出问题督促整改时发现,有47个市的1 215个项目（批次）没有按照规定的数量质量要求补充耕地,或未按规定缴纳耕地开垦费,涉及面积1.02万公顷;有45个市将一些现状为住房、工厂、水库水面等建设用地认定为耕地,涉及面积7 160公顷。高标准农田总数不清,由于投资渠道分散、建设主体多元、建设标准不一,有的部门之间的建设项目重合,目前建成的高标准农田总共有多少、在哪里,未见统计数据。耕地用途掌握不准,有基层同志反映,苗木、水果等经济效益比粮食好,一些地方农民在农田上种植苗木、果树的情况增多。所以,贯彻落实现代农业资源观,要加快建立农业资源监测体系,摸清底数,开展监测,推进信息共享,夯实农业资源管理的基础。

（一）建立农业资源清单

以县为基本单元,以土地资源、水资源、气候资源、生物资源为重点,编制农业资源数据清单和标准,按照"谁建谁用谁管"的原则,系统采集反映水土气生等重要农业资源的种类、数量、质量、时空分布及其动态的数据,建成底数清晰、结构合理的国家、省、市和县四级农业资源清单。

（二）监测农业资源动态

建立耕地、草原、渔业水域、生物资源和产地环境监测体系。建立健全农业资源

监测网点，依托农业部门建立资源监测队伍，设立耕地质量、作物面积、草原面积与植被、养殖水面、农业废弃物数量及其利用、农业面源污染等监测网点，实现对我国重要农业资源重大关键指标的实时动态监测，支撑农业资源台账数据更新。充分利用遥感等农业信息技术手段，推动"天空地"一体化农业资源调查系统与平台建设，逐步实现农业资源调查方式、数据采集手段、调查管理方式、调查成果服务方式的转变。

### （三）开展农业资源普查

农业资源普查是对水土气生等各类农业资源及其环境的数量、质量、空分布和利用状况开展全覆盖、全要素、全过程的系统调查。最近一次的农业资源普查是20世纪80年代所开展的全国农业资源调查与区划，距今已有近40年的时间。随着经济社会快速发展和资源长期开发利用，各类农业资源的数量、质量、分布状况都已发生了巨大变化，迫切需要每隔5~10年开展一次系统、全面的农业资源普查工作，为有计划、长期的合理利用开发和保护农业资源环境提供科学依据。

### （四）推动农业资源信息共享

水、土、气、生等农业资源数据分散在水利、国土、气象、环保、统计、农业等多个部门，数据协调难度大、耗时长、开发共享不足。打破"信息孤岛"、消除"数据烟囱"，让数据"活起来""用起来"，要加强顶层设计和统筹规划，明确各部门数据共享的范围边界和使用方式，厘清各部门数据管理及共享的义务和权利，充分利用好互联网数据，完善各部门间数据共享制度，推动相关部门涉农资源数据共享。建立重要农业资源数据共享平台，将耕地、草原、渔业、灌溉水等农业资源的数量、质量和价值，化肥农药投入，畜禽粪污、秸秆等农业废弃物资源化利用，优质农产品供给，产地环境等关键核心指标纳入共享平台。

## 三、坚持权责明确，分类推进农业资源资产化

在农业资源台账基础上，分类探索农业土地资源、水资源、生物资源、气候资源等各类资源资产化途径，完善农业资源资产产权制度，创新资源资产价值评估理念和方法，探索农业资源价格形成机制和有偿使用制度，引导和规范农业资源产权流转交易，努力构建适合不同农业资源特征的资产化管理制度。

### （一）推进农业土地资源资产化

农业土地资源是指农业基本生产资料土地的总称，包括耕地、林地、牧地、养殖水面等已利用的农业土地，宜农地、宜林地、宜牧地、宜养殖利用的水面等可以开发利用的土地，戈壁、沙漠、高寒山地等暂不能利用的土地。要推动农业土地资源所有权、承包权和经营权分置，明确占有、使用、收益、处分等权利归属关系和权责，适度扩大经营权的出让、转让、出租、抵押、担保、入股等权能。创新农业土地资源国有所有权和集体所有权的实现形式，全面建立覆盖各类国有农业土地资源资产的有偿出让制度，深化农村集体土地制度改革，规范土地有偿流转、有偿使用。

## （二）推进农业用水有偿制度

农业水资源主要指国家所有的水和集体经济组织修建的水库的水。建立农业水权制度，在用水总量控制的基础上，按照灌溉用水定额，逐步把指标细化分解到农村集体经济组织、农民用水合作组织、农户等用水主体，明确水权。完善农业水价形成机制，探索分级、分类、分档制定农业水价。建立精准补贴和节水奖励机制，重点补贴灌溉定额范围内用水，对采取节水措施、调整种植结构节水的规模经营主体、农民用水合作组织和农户给予奖励，提高农民有偿用水意识和节水积极性。

## （三）探索农业生物资源资产化

农业生物资源主要指与农业相关的各种动物、植物和微生物，是宝贵的财富。应按照保护优先、属地管理原则，推进农业生物资源特别是种质资源的资产化管理，防止保护不当或利用过度，造成生物多样性退化。对具有明确知识产权主体的生物资源，例如培育的动植物新品种或含有遗传功能单位（基因和DNA水平）的材料（即遗传物质），建立有效、合理的生物种质资源的使用权转让机制，按照品种的权属，充分体现开发者的知识产权，在品种推广和应用过程中使其得到受益。

## （四）创新农业气象资源保护方式

农业气象资源主要是指能为农业生物的生长发育提供物质和能量来源的气象条件，包括光照、辐射、温度、降水、空气等气象因子的数量、质量（强度）及其组合。气象资源是一种流动性资源、产权主体界定难度大，这里重点从减少资源环境损害角度探讨农业气候资源的资产化管理。农业主要通过排放和吸收$CO_2$等温室气体的途径影响全球气候变化和生态环境，节能减碳的潜力巨大。要借鉴国际碳交易的经验，将农业纳入碳交易市场，建立固碳减排补偿机制，大力发展低碳农业，使农民从保护气候资源中获益。

## 四、坚持合理利用，构建农业绿色生产体系

依托农业资源台账，科学评估地区资源承载力和环境容量，建立与资源环境格局相匹配的绿色农业生产体系，切实将农业资源利用规模、利用强度和空间布局控制在资源承载力和环境容量许可范围内。

### （一）优化农业空间布局

针对空间布局上资源错配问题，立足地区比较优势和资源环境承载力容量，推进国家农业主体功能区建设，逐步形成相对稳定的地区主体功能和主导产业，引导农业生产向优势区集聚。改变长期以来形成的遍地开花式生产布局模式，减轻非优势区的资源环境压力。在宏观上，按优化发展区、适度发展区和保护发展区进行全国农业主体功能空间布局。在微观上，积极对接国家宏观区域农业主体功能落地，加快创建粮食生产功能区、重要农产品生产保护区和特色农产品优势区，进一步细化国家粮食安全、农民增收和农村增绿的空间布局方案。

### （二）推行农业绿色生产方式

坚持节约优先，因地制宜推广节地、节水、节肥、节药等节约型农业技术，坚持

最严格的耕地保护制度和节约用地制度，突出农艺节水和工程节水措施，推广水肥一体化及喷灌、微灌、管道输水灌溉等农业节水技术，切实提高资源利用率和生产率。坚持循环发展，大力实施种养结合生态循环农业，推广"果沼畜""菜沼畜""茶沼畜""稻鱼共生"的种养循环技术模式，强化畜禽粪污、秸秆、农膜等农业废弃物资源化利用，探索区域农业循环利用机制，实施粮经饲统筹、种养加结合、农林牧渔融合循环发展。推行用养结合，大力发展大豆等固氮养地作物，鼓励发展绿肥种植，开展秸秆还田，增施有机肥，提升耕地地力。建立休养生息制度，系统推进山水林田湖草生态环境综合治理，开展耕地轮作休耕试点，实行退耕还林还草，落实禁牧休牧和草畜平衡制度，健全海洋伏季休渔和重点河流禁渔期制度，完善水生生物增殖放流，加强水生生物资源养护。

### （三）建立农业产业准入负面清单制度

引导和约束各地严格按照农业资源承载能力谋划农业生产，积极开展全国或区域性的农业资源承载力预警分析，明确地区农业发展的规模上限，对资源压力状况进行评估，确定资源超载等级，并进行预警提示和提出限制性措施建议。以县为单位，针对农业资源与生态环境突出问题，建立农业产业准入负面清单制度，因地制宜制定禁止和限制发展产业目录，明确种植业、养殖业发展方向和开发强度，强化准入管理和底线约束，分类推进重点地区资源保护和严重污染地区治理。

## 五、坚持激励约束，建立资源节约长效机制

基于农业资源台账，建立以资源节约集约循环利用为中心的农业绿色发展指标体系，定量评价各地资源节约环境友好型农业发展成效，并以此作为考核地方政府、生产企业和农户等各类主体落实农业节约优先、高效生产、绿色发展绩效的主要依据，探索建立激励与约束相结合的资源节约长效机制。

### （一）健全政府监管机制

加强农业生态文明建设的总体设计和组织领导，农业部门会同自然资源管理部门共同开展农业资源调查评价，建立农业资源清单、台账和动态更新机制，全面、准确、及时掌握我国农业资源"家底"，开展农业资源监测预警，确保农业资源节约利用、有偿使用和保值增值。通过舆论倡导、行为规范等手段，引导农业生产者和消费者树立节约农业资源的意识，杜绝资源浪费。

### （二）编制评价指标体系

按照资源节约集约循环利用要求，建立综合评价指标体系，主要包括：耕地和草地数量不突破红线、质量不降，灌溉水总量不增、地下水不超采，土地生产率和水分生产率不断提高，生物多样性得到有效保护；单位面积化肥和农药施用量不增，畜禽粪污、作物秸秆全利用，农膜全回收，产地环境质量不断改善，绿色优质农产品占比不断提高，农产品质量安全零事故等。同时，结合不同区域农业资源禀赋状况、功能定位和目标，针对政府、市场主体实行差异化评价。

### (三) 建立奖惩机制

强化对市场主体的激励和约束，探索建立与考核绩效挂钩、以绿色生态为导向的农业补贴政策体系、农业生态补偿制度和奖惩机制，引导和规范企业、农户等各类市场主体节约利用资源，对考核不合格的市场主体，降低其信用等级、减少甚至取消各类农业补贴；对考核优秀者，加大政策扶持和奖励。将农业绿色发展综合考核指标纳入地方党政领导班子的政绩考核体系，将农业资源承载能力变化和农业资源资产变化纳入领导干部自然资源资产离任审计范围。对考核优秀的地方政府给予表彰，对考核不合格地区的进行约谈，整改措施不力、资源持续恶化的依法严肃追责。

## 第二节 探索建立重要农业资源监测与管理制度

农业资源区划工作是发展农业农村经济、推进农业现代化的重要基础性、前瞻性工作。面向"十三五"，全国农业资源区划系统要适应国家经济发展新常态和农业转型升级，探索建立起全国重要农业资源监测与管理制度，使农业资源区划工作在农业可持续发展中的地位和作用得到明显提升。建立全国重要农业资源监测与管理制度，需要从思想体系、理论体系和制度性安排三个方面来认真研究推进。

### 一、重要农业资源监测与管理的思想体系

重要农业资源监测与管理的思想主要来自习近平总书记的一系列重要论述。十八大以来，中央高度重视生态文明建设，习近平总书记在多次重要讲话中明确阐述了资源、环境、生态的重要作用。要认真学习习近平总书记系列讲话原著，并作为建设重要农业资源监测与管理制度的根本原则。

#### （一）现代农业是绿色产业

2015年1月，习近平总书记在云南考察时指出，"要把生态环境保护放在更加突出位置，像保护眼睛一样保护生态环境，像对待生命一样对待生态环境。在生态环境保护上一定要算大账、算长远账、算整体账、算综合账。经济要发展，但不能以破坏生态环境为代价。生态环境保护是一个长期任务，要久久为功"。2015年10月，习近平总书记在党的十八届五中全会上指出，"必须加快推动生产方式绿色化，构建科技含量高、资源消耗低、环境污染少的产业结构和生产方式，大幅提高经济绿色化程度，加快发展绿色产业，形成经济社会发展新的增长点。必须加快推动生活方式绿色化，实现生活方式和消费模式向勤俭节约、绿色低碳、文明健康的方向转变，力戒奢侈浪费和不合理消费"。农业农村部韩长赋部长用通俗的语言指出，我们搞农业是为全国人搞饭、为农村人搞钱、为城里人搞绿。建设现代农业实际就是在发展生态产业、绿色产业。

#### （二）资源消耗应成为农业发展的重要导向和硬性约束

2013年5月，习近平总书记在中央政治局第六次集体学习时指出，"节约资源是

保护生态环境的根本之策。要大力节约集约利用资源，推动资源利用方式根本转变，加强全过程节约管理，大幅降低能源、水、土地消耗强度，大力发展循环经济，促进生产、流通、消费过程的减量化、再利用、资源化"。"要完善经济社会发展考核评价体系，把资源消耗、环境损害、生态效益等体现生态文明建设状况的指标纳入经济社会发展评价体系，使之成为推进生态文明建设的重要导向和约束"。

（三）把自然资源当作资产管理

2013年5月，习近平总书记在中央政治局第六次集体学习时指出，"要建立健全资源生态环境管理制度，加快建立国土空间开发保护制度，强化水、大气、土壤等污染防治制度，建立反映市场供求和资源稀缺程度、体现生态价值、代际补偿的资源有偿使用制度和生态补偿制度，健全生态环境保护责任追究制度和环境损害赔偿制度，强化制度约束作用"。2013年11月，习近平总书记在《中共中央关于全面深化改革若干重大问题的决定》作说明时指出，"健全国家自然资源资产管理体制是健全自然资源资产产权制度的一项重大改革，也是建立系统完备的生态文明制度体系的内在要求。山水林田湖是一个生命共同体，人的命脉在田，田的命脉在水，水的命脉在山，山的命脉在土，土的命脉在树。用途管制和生态修复必须遵循自然规律，由一个部门负责领土范围内所有国土空间用途管制职责，对山水林田湖进行统一保护、统一修复是十分必要的"。

## 二、重要农业资源监测与管理的理论体系

重要农业资源监测与管理的理论框架，应包括节约集约循环利用的农业资源观，以及建立资源可持续利用的理论模型。

（一）研究节约集约循环利用的农业资源观

《国民经济和社会发展第十三个五年规划纲要》对理论体系进行了阐述，提出了新的资源观，即树立节约集约循环利用的资源观，推动资源利用方式根本转变，加强全过程节约管理，大幅提高资源利用综合效益。与传统资源观相比，新资源观主要基于四个方面的变化或特点。一是资源禀赋日益趋紧。过去突出地大物博，资源取之不尽，用之不竭。但经过长期高强度的开发利用，农业资源对农业发展的支撑日益不足，资源禀赋趋紧成为现代农业建设的重要约束。二是资源供给出现调整。再生资源成为资源供给的重要来源。除了水资源、土地资源等传统资源，农作物秸秆、畜禽粪污等废弃物已成为重要资源，其资源化利用已成为紧迫任务。三是生态环境的资源属性不断强化。绿水青山就是金山银山。良好的生态环境造就了良好的农产品产地环境，良好的产地环境可生产出价值更高的有机、绿色、无公害农产品。贫困地区大多是生态环境良好的地区、绿水青山的地区。要把绿水青山体现在农产品价格当中，进军高端消费市场，体现生态环境的价值所在。四是资源与生态环境统筹协调。在工作当中，不能简单认为资源是资源、环境是环境、生态是生态，孤立看待、片面推进，要把三者有机联系起来，统筹协调发展。资源是根本性的，要把研究资源利用方式作

为基础。

### (二) 建立资源可持续利用的理论模型

重要农业资源监测与管理的理论体系需要从四个方面深入研究资源可持续利用的理论模型。一是资源承载力。资源承载力是合理安排农业发展的前提和基础。只有摸清资源承载力，才能对农业生产进行合理安排。二是生态环境容量。创新生态环境治理理念和方式，实行最严格的生态环境保护制度，才能提高生态环境容量。三是农业可持续发展指数。研究评价农业可持续发展的方法和指标，用以衡量一个地区是否实现了可持续发展目标。四是资源监测方法。研究卫星遥感监测、提高影像识别率等理论方法，并在实践中不断完善。

## 三、重要农业资源监测与管理的制度框架

重要农业资源监测与管理的制度框架，就是要摸清资源底数，建立资源监测体系，进行资源评价报告，探索建立农业资源管理制度。

### (一) 建立农业资源台账

农业资源底数不清成为农业部门的重要短板。摸清资源底数是重要农业资源监测与管理制度框架中最基础的工作。农业资源主要包括水、土、气、生四种资源，但这些数据分散在不同部门，没有从农业角度来深入研究。农业生产主要还是靠天吃饭，取决于自然因素的影响。要建立农业资源清单目录，将水资源、土地资源、气象资源、生物资源与农业生产有效结合起来，形成农业资源台账。

### (二) 建立重要农业资源监测体系

农业资源是动态变化的。在摸清资源底数的基础上，需要进一步了解农业资源变化情况，并分析其原因。农业资源监测要利用好科学的技术手段，一是卫星遥感监测，二是互联网大数据监测。要充分利用好互联网数据，利用好国家建立的部门间数据共享制度，整理收集已有的公开数据，实现相关部门农业资源数据共享，搭建重要农业资源数据共享平台。同时，要推动建立国家农业遥感应用体系，进一步加强农业遥感应用和研究，力争水土气生等农业资源数据可以通过卫星不间断监测，实时获取并实现共享。要进行农业资源数据评价，编制评价报告。全国农业资源区划办正在努力建立全国重要农业资源数据台账，搭建数据平台。各省区划办要力争把省里、县里的数据台账、数据平台建起来。

### (三) 建立农业资源评价和报告制度

建立农业资源评价和报告制度，就是开展资源利用方式、利用效率的分析报告，最终研究评估资源利用成效。要把国家粮食安全和重要农产品有效供给与重要农业资源台账制度、遥感监测体系结合起来，形成粮食安全的实时监测体系。国家粮食生产功能区、重要农产品生产保护区划定工作完成后，要通过农业遥感系统监测地块上的作物种植、产量等数据，确保国家口粮绝对安全。同时，评估报告水资源、耕地资源、气候资源、生物资源的每年利用情况、变化情况，以及对经济的贡献和影响，包

括资源利用率、劳动生产率、土地产出率。

**（四）积极探索农业资源管理制度**

要探索建立农业资源管理制度，先行先试，积极推进。按照《国民经济和社会发展第十三个五年规划纲要》要求，农业可持续发展试验示范区的制度建设正在推进。其中重要的一项先行先试工作就是建立农业资源管理制度，实现对重要农业资源的监测评估。但是，当前还存在科研基础较弱、数据资源共享较难等问题，需要努力推进解决。

# 参考文献

蔡永芳，徐晓新，张欢，2014. "三本台账"创新社会治理 [J]. 中国国情国力（7）：34-36.
曹艳杰，2015. 基于业务模型驱动的政务督查台账管理系统设计与实现 [J]. 国土资源信息化（4）：29-33.
陈印军，卢布，杨瑞珍，等，2007. 农业资源管理研究发展趋势与未来展望 [J]. 中国农业资源与区划（6）：21-25.
陈玥，杨艳昭，闫慧敏，等，2015. 自然资源核算进展及其对自然资源资产负债表编制的启示 [J]. 资源科学（9）：1 716-1 724.
陈志红，2011. 从现行台账弊端看建立新型台账势在必行 [J]. 中国统计（11）：33-35.
程叶青，2004. 农业资源可持续利用综合评价模型 [J]. 辽宁农业科学（2）：7-9.
丁丁，周冏，2007. 自然资源核算账户研究报告 [J]. 经济研究参考（34）：2-10.
董谦，刘宾，2006. 我国农业资源可持续利用的问题及对策研究 [J]. 安徽农业科学（1）：122-123.
董照亮，2014. 浅析规范土地利用台账数据库建设的必要性 [J]. 华北国土资源（3）：123, 125.
封志明，杨艳昭，李鹏，2014. 从自然资源核算到自然资源资产负债表编制 [J]. 中国科学院院刊（4）：449-456.
耿建新，刘祝君，胡天雨，2015. 编制适合我国的土地资源平衡表方法初探——基于实物量和价值量关系的探讨 [J]. 会计之友（2）：7-14.
谷树忠，李志强，秦光武，等，1996. 我国现行农业资源统计及其制度的分析 [J]. 中国软科学（3）：97-101.
谷树忠，王道龙，1995. 农业自然资源核算的理论与方法 [J]. 中国农业资源与区划（1）：32-35.
谷树忠，1998. 关于我国农业自然资源核算制度的初步设想 [J]. 中国农村经济（7）：10-14.
国务院，2016. 全国农业现代化规划（2016—2020 年）[EB/OL]. www.gov.cn/zhangce/comtent/2016-1010/comteht_ 5122217.htm.
何可，张俊飚，2014a. 农民对资源性农业废弃物循环利用的价值感知及其影响因素 [J]. 中国人口.资源与环境（10）：150-156.
何可，张俊飚，2014b. 农业废弃物资源化的生态价值——基于新生代农民与上一代农民支付意愿的比较分析 [J]. 中国农村经济（5）：62-73.
黄火键，2011. 台账建设工作存在的问题及建议 [J]. 中国水利（18）：8-10.
黄溶冰，赵谦，2015. 自然资源核算——从账户到资产负债表：演进与启示 [J]. 财经理论与实践（1）：74-77.
冀树春，曹培庆，郝乾军，等，2015. 设备动态台账管理系统研究和设计 [J]. 自动化博览（2）：

76-81.

江东, 卓君, 付晶莹, 等, 2015. 面向自然资源资产负债表编制的时空数据库建设 [J]. 资源科学 (9): 1 692-1 699.

靳相木, 柳乾坤, 2017. 自然资源核算的生态足迹模型演进及其评论 [J]. 自然资源学报 (1): 163-176.

孔含笑, 沈镭, 钟帅, 等, 2016. 关于自然资源核算的研究进展与争议问题 [J]. 自然资源学报 (3): 363-376.

李海凤, 周秉荣, 2013. 我国农业气候资源区划研究综述 [J]. 青海气象 (3): 45-50.

李继由, 1991. 我国农业气候资源的数量和质量及其开发利用方向 [J]. 自然资源 (3): 1-9.

李继由, 1995. 农业气候资源理论及其充分利用 [J]. 自然资源 (1): 1-9.

李金华, 2016. 论中国自然资源资产负债表编制的方法 [J]. 财经问题研究 (7): 3-11.

李美莲, 2011. 设置原始记录与统计台账是统计工作的基础 [J]. 中国统计 (10): 27-29.

李敏, 王海星, 2012. 农业废弃物综合利用措施综述 [J]. 中国人口·资源与环境 (S1): 37-39.

李鹏. 农业资源利用方式与农业可持续发展的关系研究 [J]. 北京农业 (30): 147-148.

李文华, 成升魁, 梅旭荣, 等, 2016. 中国农业资源与环境可持续发展战略研究 [J]. 中国工程科学 (1): 56-64.

李文槐, 1992. 中国农业资源管理问题对策研究 [J]. 经济研究参考 (Z5): 1 242-1 256.

李孝芳, 1981. 中国土地资源分类原则和系统的探讨 [J]. 自然资源 (2): 1-6.

李彦, 贾曦, 孙明, 等, 2007. 我国农业资源的利用现状及可持续发展对策 [J]. 安徽农业科学 (32): 10 454-10 456.

梁玉莲, 韩明臣, 白龙, 等, 2015. 中国近30年农业气候资源时空变化特征 [J]. 干旱地区农业研究 (4): 259-267.

刘北桦, 2012. 提高农业资源利用效率 促进现代农业发展 [J]. 中国农业资源与区划 (6): 1-3.

刘亚灵, 周申蓓, 2017. 水资源账户的建立与应用研究 [J]. 人民长江 (5): 43-47.

农业农村部, 国家发展和改革委员会, 科学技术部, 等, 2016.国家农业可持续发展试验示范区建设方案 [EB/OL]. www.moa.gov.cn/nybgb/2016/dijiuqi/201711/t20171128_5921932.htm.

全国农业资源区划办公室, 中国农业资源与区划学会, 中国农业科学院农业资源与农业区划研究, 2011. 中国农业资源区划30年 [M]. 北京: 中国农业科学技术出版社.

盛管球, 华伟民, 2013. "一套表"背景下电子台账的应用及推广——以苏州市为例 [J]. 调研世界 (5): 51-53.

时代, 魏奇, 2012. 信息化资产运营维护的一种简易方法——台账管理 [J]. 国土资源信息化 (2): 68-72.

苏伟权, 张朴言, 2014. 关于农业资源的利用现状及可持续发展的探讨 [J]. 农业与技术 (3): 207.

孙夕涛, 2001. 实施农村土地"台账"管理制度效果好 [J]. 山东农业 (9): 38.

万书波, 丁汉凤, 2009. 山东省农业生物资源保护现状与发展战略 [J]. 山东农业科学 (7): 113-117.

王克强, 李国军, 刘红梅, 2011. 中国农业水资源政策一般均衡模拟分析 [J]. 管理世界 (9): 81-92.

王舒曼, 诸培新, 吴丽梅, 等, 2007. 农业资源环境价值与评估方法 [J]. 农业开发与装备 (3): 9-14.

王昕, 陆迁, 2014. 中国农业水资源利用效率区域差异及趋同性检验实证分析 [J]. 软科学 (11): 133-137.

吴海杰，徐静，2013. 江苏省生态市、生态县（市、区）创建台账资料准备的思考 [J]. 环境科技（6）：71-74.

吴强，廉升光，2016. 环境监管执法网格化管理和环境风险隐患台账的有机结合分析 [J]. 环境与发展（1）：114-117.

肖海英，2013. 日本户籍制度与居民基本台账制度及其对完善我国户籍制度的启示 [J]. 人口研究（1）：94-103.

薛智超，闫慧敏，杨艳昭，等，2015. 自然资源资产负债表编制中土地资源核算体系设计与实证 [J]. 资源科学（9）：1 725-1 731.

杨洁，李忠德，杨萍，等，2016. 基于生态足迹模型的山东省农业资源可持续发展分析 [J]. 中国农业资源与区划（11）：56-64.

杨骞，刘华军，2015. 污染排放约束下中国农业水资源效率的区域差异与影响因素 [J]. 数量经济技术经济研究（1）：114-128.

杨晓慧，崔瑛，2016. 自然资源资产负债表的编制——基于土地资源核算的研究 [J]. 当代经济（17）：44-45.

姚霖，黎禹，2016. 资源环境核算：从国际经验到国内实践 [J]. 国土资源情报（10）：9-15.

余芳东，2015. 世界银行关于国民财富和自然资源核算 [J]. 中国统计（5）：4-6.

喻永红，2010. 农业资源可持续利用观评述 [J]. 沈阳农业大学学报（社会科学版）（5）：531-534.

张芳，王积田，2012. 农业自然资源非实物型消耗恶化成本估算方法研究 [J]. 东北农业大学学报（社会科学版）（1）：14-17.

张合成，2016. 探索建立重要农业资源监测与管理制度 [J]. 中国农业资源与区划，37（7）：1-3.

张慧芳，王晔，2007. 代际资源配置——可持续发展的中心议题 [J]. 科学经济社会（1）：32-36.

张楠，2016. 基于农业资源可持续利用探究 [J]. 中国农业信息（3）：6-7.

张帅，李琳一，赵京音，等，2008. 我国农业资源管理研究现状及展望 [J]. 农业网络信息（9）：110-111.

张旭阳，李星敏，杜继稳，2009. 农业气候资源区划研究综述 [J]. 江西农业学报（7）：120-122.

赵建英，崔建周，朱美珍，2014. 建立干部日常管理台账体系的思考 [J]. 前进（10）：39-41.

周成敏，2016. 从自然资源核算到自然资源资产负债表编制的研究 [J]. 会计师（20）：6-7.

周小萍，陈百明，周常萍，2004. 区域农业资源可持续利用模式及其评价研究 [J]. 经济地理（1）：85-90.

A History of Natural Resource Inventories Conducted by the USDA's Soil Conservation Service and Natural Resources [EB/OL]. https://www.nrcs.usda.gov/Internet/FSE_DOCUMENTS/nrcseprd1212208.pdf.

File I, 2012. Proposal for a Regulation of the European Parliament and of the Council on the Protection of Individuals with Regard to the Processing of Personal Data and on the Free movement of Such Data (General Data Protection Regulation) [Z]. European Commission.

Hambira W L, 2007. Natural resources accounting: A tool for water resources management in Botswana [J]. Physics and Chemistry of the Earth, Parts A/B/C, 32 (15): 1 310-1 314.

Harris M, Fraser I, 2002. Natural resource accounting in theory and practice: A critical assessment [J]. Australian Journal of Agricultural and Resource Economics, 46 (2): 139-192.

Natural Resource Inventories Data Gathering Documentation, https://www.nrcs.usda.gov/wps/portal/nrcs/detail/national/technical/nra/nri/processes/?cid=nrcs143_014072.

Oda K, Arahara K, Hirai N, et al, 1998. Japan: the System of integrated Environmental and Economic

Accounting (SEEA) —trial estimates and remaining issues [M]. Environmental Accounting in Theory and Practice, Springer.

# 图表索引

| | | |
|---|---|---|
| 图 1 | 美国国家资源存量调查数据收集指导系统 | (31) |
| 图 2 | 美国国家资源存量调查数据调查步骤 | (32) |
| 图 3 | 美国国家资源存量调查软件主界面 | (33) |
| 图 4 | 抽样样本选择示意图 | (43) |
| 图 5 | 农业资源承载能力的 DPSIR 理论模型 | (48) |
| 图 6 | 农业资源承载能力监测预警过程 | (49) |
| 图 7 | 农业资源承载能力监测预警技术路线 | (50) |
| 图 8 | 超载类型与预警等级关系 | (53) |
| 图 9 | 国家重要农业资源台账数据库文件命名格式 | (58) |
| 图 10 | 国家重要农业资源台账核心元数据逻辑 | (100) |
| 图 11 | 国家重要农业资源台账核心元数据 UML | (101) |
| 图 12 | 第一次全国水利普查台账主表 | (142) |
| 图 13 | 农业水资源台账数据平台架构 | (151) |
| 图 14 | 美国农业气象监测系统的组织构成和资料的流程 | (156) |
| 图 15 | 地面气象观测站分布 | (159) |
| 图 16 | 辐射观测台站分布 | (159) |
| 图 17 | 农业气象观测站分布 | (160) |
| 图 18 | 生态与农业气象试验站分布 | (161) |
| 图 19 | 2017 年国家重要农业资源台账试点县分布 | (172) |
| 图 20 | 生物资源台账指标体系 | (178) |
| 图 21 | 秸秆资源指标体系 | (192) |
| 图 22 | 畜禽粪污资源指标体系 | (193) |
| 图 23 | 废旧农膜及回收情况指标体系 | (193) |
| 图 24 | 农药废弃包装物指标 | (194) |
| 图 25 | 病死畜禽及无害化处理指标 | (194) |
| 图 26 | 2017 年分地区农用地面积 | (222) |
| 图 27 | 2017 年分地区耕地面积 | (224) |
| 图 28 | 全国县级土壤全氮含量分布图 | (227) |

图 29　全国县级土壤有效磷含量 ………………………………………… (228)
图 30　全国县级土壤速效钾含量分布图 ………………………………… (230)
图 31　2017 年分地区鲜草产量 …………………………………………… (241)
图 32　2017 年分地区干草产量 …………………………………………… (241)
图 33　2017 年分地区水产养殖面积 ……………………………………… (243)
图 34　2017 年分地区海水养殖面积 ……………………………………… (244)
图 35　2017 年分地区淡水养殖面积 ……………………………………… (244)
图 36　2017 年分地区水资源总量 ………………………………………… (248)
图 37　2017 年分地区地下水资源量 ……………………………………… (249)
图 38　2017 年分地区农业用水量 ………………………………………… (262)
图 39　2017 年分地区生态用水量 ………………………………………… (263)
图 40　2017 年分地区灌溉总面积 ………………………………………… (264)
图 41　2017 年分地区耕地灌溉面积 ……………………………………… (265)
图 42　2017 年分地区万亩以上耕地灌溉面积 …………………………… (269)
图 43　2017 年分地区节水灌溉面积 ……………………………………… (271)
图 44　2017 年分地区灌溉节水面积 ……………………………………… (271)
图 45　2017 年分地区降水量 ……………………………………………… (275)
图 46　2017 年分地区洪灾成灾面积 ……………………………………… (278)
图 47　2017 年分地区旱灾成灾面积 ……………………………………… (278)
图 48　国家重要农业资源台账远程汇交模块 …………………………… (310)
图 49　国家重要农业资源台账管理系统架构 …………………………… (319)
图 50　台账展示系统结构图 ……………………………………………… (321)
图 51　目录节点展示活动图 ……………………………………………… (321)
图 52　综合查询数据展示活动图 ………………………………………… (321)
图 53　综合查询统计活动图 ……………………………………………… (322)
图 54　综合查询行政边界活动图 ………………………………………… (322)
图 55　组合查询动态专题活动图 ………………………………………… (322)
图 56　组合查询数据展示活动图 ………………………………………… (322)
图 57　综合查询行政边界活动图 ………………………………………… (323)
图 58　底图矢量图活动图 ………………………………………………… (323)
图 59　底图加强图活动图 ………………………………………………… (323)
图 60　底图影像图活动图 ………………………………………………… (323)
图 61　指标检索数据展示活动图 ………………………………………… (324)
图 62　指标检索统计图活动图 …………………………………………… (324)
图 63　指标检索站点定位活动图 ………………………………………… (324)
图 64　指标检索动态专题活动图 ………………………………………… (324)

| 图 65 | 指标检索 PDF 文档活动图 | (325) |
| 图 66 | 指标检索行政边界活动图 | (325) |
| 图 67 | 地图点击查询数据展示活动图 | (325) |
| 图 68 | 可持续发展评价活动图 | (325) |
| 图 69 | 土地承载力评价活动图 | (326) |
| 图 70 | 资源报告活动图 | (326) |
| 图 71 | 遥感分析活动图 | (326) |
| 图 72 | 系统网络结构图 | (328) |
| 表 1 | 澳大利亚土地平衡表 | (36) |
| 表 2 | 按州和领地分类的土地覆被表——摸索—达令河流域 | (36) |
| 表 3 | 按州和领地分类的土地使用表——摸索—达令河流域 | (37) |
| 表 4 | 地块级农业资源调查示例 | (44) |
| 表 5 | 土壤养分含量分级标准 | (51) |
| 表 6 | 土壤 pH 分级标准 | (51) |
| 表 7 | 土壤养分含量分级标准 | (51) |
| 表 8 | 超载类型划分中的集成指标及分级 | (52) |
| 表 9 | 杭锦后旗农业资源承载力试评价结果与超载类型 | (54) |
| 表 10 | 国家重要农业资源台账数据库说明 | (56) |
| 表 11 | 水资源台账数据库结构 | (58) |
| 表 12 | 农用地资源台账数据库结构 | (61) |
| 表 13 | 气候资源台账数据库结构 | (63) |
| 表 14 | 生物资源台账数据库结构 | (66) |
| 表 15 | 农业废弃物资源台账数据库结构 | (71) |
| 表 16 | 社会经济资源台账数据库结构 | (72) |
| 表 17 | 国家重要农业资源台账——水资源台账指标及定义 | (76) |
| 表 18 | 国家重要农业资源台账——农用地资源台账指标及定义 | (79) |
| 表 19 | 国家重要农业资源台账——气候资源台账指标及定义 | (83) |
| 表 20 | 国家重要农业资源台账——生物资源台账指标及定义 | (86) |
| 表 21 | 国家重要农业资源台账——农业废弃物资源台账指标及定义 | (90) |
| 表 22 | 国家重要农业资源台账——社会经济资源台账指标及定义 | (93) |
| 表 23 | 国家重要农业资源台账核心元数据元素列表 | (99) |
| 表 24 | 数据集标识信息 | (102) |
| 表 25 | 数据集数据质量信息 | (103) |
| 表 26 | 数据集分发信息 | (104) |
| 表 27 | 元数据实体集信息 | (104) |
| 表 28 | MD_ 表示类型代码<<代码表>> | (105) |

| 表号 | 标题 | 页码 |
|---|---|---|
| 表 29 | MD_ 专题类型代码<<代码表>> | (105) |
| 表 30 | SC_ 平面坐标参照系<<代码表>> | (105) |
| 表 31 | MD_ 维护频率代码<<代码表>> | (106) |
| 表 32 | MD_ 限制代码<<代码表>> | (106) |
| 表 33 | MD_ 安全等级代码<<代码表>> | (106) |
| 表 34 | 国家重要农业资源台账数据清单（农用地资源）（省、市、县） | (120) |
| 表 35 | 澳大利亚水资源账户发布统计 | (138) |
| 表 36 | 农业资源区划工作中农业资源统计情况 | (141) |
| 表 37 | 农业水资源台账数据清单 | (145) |
| 表 38 | 国家重要农业资源台账数据清单（水资源）（省、市、县） | (147) |
| 表 39 | 固城农田生态与农业气象试验站观测任务 | (162) |
| 表 40 | 农业农村部野外科学观测试验站名单 | (162) |
| 表 41 | 中国生态系统研究网络中涉农野外台站 | (165) |
| 表 42 | 农业气候资源台账质量收集范围 | (167) |
| 表 43 | 农业气候资源台账数据清单 | (170) |
| 表 44 | 农业气候资源台账填报情况 | (173) |
| 表 45 | 农业气候资源与气象灾害数据填报情况 | (173) |
| 表 46 | 土壤墒情数据填报情况 | (173) |
| 表 47 | 国家重要农业资源台账数据清单（气候资源）（省、市、县） | (174) |
| 表 48 | 农业生物资源台账数据清单 | (180) |
| 表 49 | 国家重要农业资源台账数据清单（生物资源）（省、市、县） | (186) |
| 表 50 | 不同农区主要作物草谷比数据参考 | (199) |
| 表 51 | 其他农作物草谷比体系 | (199) |
| 表 52 | 各类农作物秸秆可收集利用系数 | (200) |
| 表 53 | 第一次全国污染源普查畜禽养殖业源产排污系数 | (200) |
| 表 54 | 修改后指标体系 | (202) |
| 表 55 | 绿色食品、有机农产品和地理标志农产品认证指标体系 | (204) |
| 表 56 | 规模化畜禽养殖量指标 | (205) |
| 表 57 | 绿色食品、有机农产品和地理标志畜产品产量指标 | (205) |
| 表 58 | 绿色食品、有机农产品和地理标志水产品产量指标 | (206) |
| 表 59 | 生产资料指标 | (206) |
| 表 60 | 农民收入和农民生活指标 | (206) |
| 表 61 | 农村机械化和能源指标 | (207) |
| 表 62 | 设施农业指标 | (207) |
| 表 63 | 农村科技和农村人才指标 | (207) |
| 表 64 | 化肥折纯量参考计算表 | (215) |

| | | |
|---|---|---|
| 表 65 | 2017年分地区土地利用情况 | （220） |
| 表 66 | 2012—2017年分地区耕地面积 | （223） |
| 表 67 | 不同等级耕地面积、比例及主要分布区域 | （224） |
| 表 68 | 2005—2014年分地区土壤有机质 | （225） |
| 表 69 | 2005—2014年分地区土壤全氮 | （226） |
| 表 70 | 2005—2014年分地区土壤有效磷 | （227） |
| 表 71 | 2005—2014年分地区土壤速效钾 | （229） |
| 表 72 | 全国各类天然草地面积 | （230） |
| 表 73 | 全国天然草地面积分类统计 | （231） |
| 表 74 | 2017年全国分地区草原建设利用情况 | （234） |
| 表 75 | 2006—2017年重点监测省（区、市）草原产草量 | （236） |
| 表 76 | 2006—2017年全国天然草原产草量及理论载畜量 | （242） |
| 表 77 | 2016—2017分地区水产养殖面积 | （242） |
| 表 78 | 2017年分地区海水养殖面积 | （244） |
| 表 79 | 2017年各地区水资源量 | （247） |
| 表 80 | 2017年按水资源分区分水资源量 | （249） |
| 表 81 | 2017年分地区多年平均水资源量 | （250） |
| 表 82 | 1998—2017年历年水资源量 | （251） |
| 表 83 | 2002—2005年主要河流流域面积 | （252） |
| 表 84 | 2017年分地区湖泊个数和面积 | （253） |
| 表 85 | 1979—2017年已建水库情况 | （254） |
| 表 86 | 2017年分地区主要河流水质状况 | （256） |
| 表 87 | 2017年主要水资源区分河流水质情况 | （258） |
| 表 88 | 2017年全国重点湖泊水质及富营养化状况 | （258） |
| 表 89 | 2017年分地区主要用水指标 | （259） |
| 表 90 | 2017年分地区供用水量 | （261） |
| 表 91 | 2000—2017年历年供用水量 | （261） |
| 表 92 | 2017年分地区灌溉面积 | （263） |
| 表 93 | 1957—2017年历年灌溉面积 | （265） |
| 表 94 | 2017年分地区万亩以上灌区数量和耕地灌溉面积 | （267） |
| 表 95 | 1978—2017年万亩以上灌区数量和耕地灌溉面积 | （268） |
| 表 96 | 2017年分地区节水灌溉面积 | （270） |
| 表 97 | 1998—2017年节水灌溉面积 | （271） |
| 表 98 | 1986—2015年分地区降水量及气温 | （272） |
| 表 99 | 1986—2015年分地区日照时数、平均风速及相对湿度 | （273） |
| 表 100 | 2017年分地区降水量 | （274） |

| 表 101 | 2017年分地区水旱灾害 | (276) |
|---|---|---|
| 表 102 | 1949—2017年全国历年水旱灾害 | (279) |
| 表 103 | 2016年我国种植业主导品种 | (282) |
| 表 104 | 2016年我国畜牧业主导品种 | (283) |
| 表 105 | 2016年我国渔业主导品种 | (284) |
| 表 106 | 2018年审定通过水稻、小麦、玉米、棉花、大豆品种 | (285) |
| 表 107 | 国家级畜禽遗传资源保护名录 | (297) |
| 表 108 | 国家重点保护农业野生植物资源 | (298) |
| 表 109 | 2017年分地区秸秆综合利用情况 | (302) |
| 表 110 | 2017年分地区农用塑料薄膜使用量 | (307) |
| 表 111 | 录入员数据表填报 | (311) |
| 表 112 | 录入员数据表编辑 | (311) |
| 表 113 | 录入员保存草稿 | (311) |
| 表 114 | 录入员提交审核 | (311) |
| 表 115 | 录入员数据表删除 | (312) |
| 表 116 | 录入员信息校验 | (312) |
| 表 117 | 录入员数据填入表 | (312) |
| 表 118 | 录入员数据表内容显示 | (313) |
| 表 119 | 录入员数据表检索 | (313) |
| 表 120 | 审核员数据表列表 | (313) |
| 表 121 | 审核员数据表检索 | (313) |
| 表 122 | 审核员数据表内容显示 | (314) |
| 表 123 | 审核员数据审核 | (314) |
| 表 124 | 超级管理员用户添加 | (314) |
| 表 125 | 超级管理员用户编辑 | (315) |
| 表 126 | 超级管理员用户删除 | (315) |
| 表 127 | 超级管理员数据表列表 | (315) |
| 表 128 | 超级管理员数据表检索 | (315) |
| 表 129 | 超级管理员数据表内容显示 | (316) |
| 表 130 | 超级管理员任务管理 | (316) |
| 表 131 | 超级管理员规则库 | (316) |
| 表 132 | 超级管理员填报提醒 | (317) |
| 表 133 | 用户初始的实名登记 | (317) |
| 表 134 | 个人信息设置 | (317) |
| 表 135 | 系统数据层类型 | (320) |
| 表 136 | 气流服务层模块 | (320) |

| 表 137 | 系统展示层模块 | (320) |
| 表 138 | 服务器设备硬件环境要求 | (327) |
| 表 139 | 故障信息 | (328) |